广东省文物考古研究所论丛

卜工考古文存

卜工 著

科学出版社

北京

图书在版编目(CIP)数据

卜工考古文存 / 卜工著 . —北京：科学出版社，2016.10
（广东省文物考古研究所论丛）
ISBN 978-7-03-049761-1

Ⅰ. ①卜… Ⅱ. ①卜… Ⅲ. ①考古工作 – 中国 – 文集　Ⅳ. ① K870.4–53

中国版本图书馆 CIP 数据核字（2016）第 209212 号

责任编辑：樊　鑫 / 责任校对：彭　涛
责任印制：张　伟 / 封面设计：美光设计

科 学 出 版 社 出版
北京东黄城根北街 16 号
邮政编码：100717
http://www.sciencep.com

北京厚诚则铭印刷科技有限公司 印刷
科学出版社发行　　各地新华书店经销
*

2016 年 10 月第 一 版　　开本：787×1092 1/16
2022 年 1 月第三次印刷　　印张：18 3/4
字数：440 000

定价：150.00 元
（如有印装质量问题，我社负责调换）

自　　序

本集分三部分：一是个案研究的尝试，系考古学文化研究之心得；二是"中国模式"的思考，多为文明起源系列论著出版前之思考；三是有感而发的记录，属于即兴草成之作。30 余年的考古实践，我着力于考古学文化和早期中国史的探索与研究，不断追求新思考、新理论和新境界。思想的火花助力于逻辑思维、资料积累和理论升华，逐步形成新的认识体系，遂成自家之言。收录早期的想法或许可以反映这些年学习、思考和研究的过程。

我们五〇后这一代人与前辈以及前辈的前辈相同，拥有属于自己特殊的生活和历练。中华人民共和国的成立令人体验生逢其时的优越；社会变革的跌宕起伏，令人对艰难与曲折的人生颇有感悟；风起云涌的世界变化，令人坚定走自己道路的雄心不改。中华民族正在崛起，而这代人却逐渐老去。不过，极少有人抱怨此生遗憾，毕竟拼搏进取，未曾蹉跎。本人：撞见"文革"，"插队"农村；抽调回城，搏浪高考；留校任教，游学东洋；放飞岭南，特区开拓；归队文博，再玩考古；文明自信，著书立说。时代能够赐予的机会基本上都没有错过，何憾之有？大学毕业正值中国考古的黄金时代，能够与时代同行已然是庆幸之至；能够著书立说为学术殿堂添砖加瓦，总算有所作为；留下自己的研究心得供学术界评说，更是快意人生的乐趣和享受。

从《磁山祭祀遗址及相关问题》伊始，我的研究始终与参加考古工作最初十年的科研团队息息相关。首先必须感谢恩师张忠培先生要我留校时规定的从实践学习中国考古学的路数和长期的教诲。还要感谢许伟、陈雍、张文军、许永杰、陈冰白等师友。我的成果中许多认识都不仅仅属于我个人，也包括了他们的学术思想。三十多年的实践，不仅仅收获了考古研究的成果，也发展了良师益友的深情厚谊。时至今日，大家还惺惺相惜，经常切磋，相互交流。本集的篇名就是请教陈雍老师才确定的。

遥想初练考古的情景，激情澎湃的岁月犹如电影一幕幕浮现眼前。从两度探访吕梁山，到易县涞水的考古调查，再到忻州游邀的发掘；从指导七八级、七九级和八一级部分本科生的毕业实习，到组织八五级、八七级本科生的生产实习；从磁山祭祀遗址、庙底沟二期文化的几个问题，到良渚礼制、岭南文明进程，再到文明起源中国模式的研究，探索与追求伴着岁月不知不觉地进入到有所发现、有所发明、有所创造的境界。当年，选择考古只是为考取大学，没有料到职业变事业，考古成人生，更何况考古竟然还能养生。

研究磁山遗址时，没有电脑，都是用稿纸誊写稿件，我字迹潦草，夫人主动请缨帮助抄写。她白天上班，只有夜深人静才开始，往往工作到凌晨。因是处女作又是新课题，对文章质量没把握，反复地修改，改了抄，抄了改，自己都不清楚有多少遍，更不知能否被刊用，不仅苦了夫人，自己也有压力。直到文章发表后才如释重负。若非苏秉琦先生赐函鼓励，真不知是否能继续后来的研究。还有很多妙趣横生的事情和难以忘怀的师友常常萦绕心间，例如：回望高考，大学实习，仙人指路，白燕练翅，吕梁访古，作歌易水，游邀试刀，磁山情结，胜利逃亡，"庙二"之争，放飞岭南，等等。不过，那些人和那些事只能通过口述史的方式记述之。说到此处，当然要致谢资助拙著连续出版的广东省文物考古研究所及几任领导，致谢为拙著出版精心策划提供舞台的科学出版社和闫向东先生，致谢为拙著出版不辞劳苦、不懈努力的编辑们，包括本集的责任编辑樊鑫。

做闲云野鹤享受生活，考古今之变追求真理，是我大学毕业后对生活和事业的憧憬与追求。现在看来基本没有跑偏。如今，已经是到站下车，由公交车时代转入到自选目标，自定行程，自控时速的私家车时代，自由自在，无拘无束，用几十年积累的经验和积蓄规划未来和安排当下成为可能，理想与追求更加贴近实际生活。

还是那段话，一个人如果用一生大部分时间专心致志地做一件事，那肯定体会深刻、感触良多；如果用这种精神去做一件自己喜欢的事，那肯定特别开心、其乐无穷；如果自己喜欢的事过去从没有人做过，那肯定动力十足，勇往直前；如果这件事的完成能够达到预期的目标，那肯定值得回味、欢迎评说。因此，"不管风吹浪打，胜似闲庭信步"和"众里寻他千百度，蓦然回首，那人却在，灯火阑珊处"能够反映我乐在其中的充实心境。

目　录

一、个案研究的尝试

磁山祭祀遗址及相关问题···(3)
河北易县涞水古遗址试掘报告···(10)
燕山地区夏商时期的陶鬲谱系···(45)
庙底沟二期文化的几个问题··(59)
牛河梁祭祀遗址及其相关问题···(72)
北首岭遗址广场墓葬的特殊含义······································(82)
环珠江口新石器时代晚期考古学遗存的编年与谱系··············(94)
环珠江口商时期考古学研究的几个问题····························(105)
广东青铜时代初论··(117)
广东青铜时代的分期与文化格局····································(127)
再论《庙二》··(131)

二、"中国模式"的思考

《文明起源的中国模式》前言···(143)
屋背岭商代墓葬与岭南文明的进程··································(149)
文明起源的中国模式··(152)
探索中国文明历程特殊性的尝试——再论文明起源的中国模式···(157)
从墓葬制度的变化看文明的进程——三论文明起源的中国模式···(160)
关于古文化与古国的思考——四论文明起源的中国模式·········(165)
考古学文化传播的路径与内容——以大石铲、牙璋、彩陶等为例兼谈
　　中国文明的礼制根基···(168)
黄河流域古礼传统东西论··(171)

岭南文明进程的考古学观察 …………………………………………………（177）
良渚礼制研究 ………………………………………………………………（194）
古礼时代的家族及其联盟 …………………………………………………（213）
读石峁古城看文明亮点 ……………………………………………………（227）

三、有感而发的记录

关于中国考古学的基本理念 ………………………………………………（233）
黄土高原仰韶晚期遗存的魅力——《黄土高原仰韶晚期遗存的谱系》读后 …（238）
深圳有家劳务工博物馆 ……………………………………………………（241）
在文化遗产保护中加强考古研究机构的建设 ……………………………（244）
中国考古学的觉醒与理论革命——关于考古学走向成熟的若干思考 ……（247）
后记　在未知世界中漂泊 …………………………………………………（258）
《历史选择中国模式》自序 …………………………………………………（265）
中国水下考古启示录——从"南海Ⅰ号"到"南澳Ⅰ号" ……………………（268）
2011年"南海Ⅰ号"的考古试掘——值得珍藏的记忆（后记）……………（273）
《中国模式解读早期中国》后记 ……………………………………………（279）
温梦的思考 …………………………………………………………………（283）
吹尽狂沙始到金——读《湘西史前遗存与中国古史传说》…………………（287）
岭南考古的新篇（代序）……………………………………………………（290）

一、个案研究的尝试

磁山祭祀遗址及相关问题

据古文献记载，我国古代的祭祀活动在人们的生活中占据相当重要的位置。"国之大事，在祀与戎"，就是这一情况的生动写照。

迄今，考古工作者相继发现的辽宁喀左东山嘴[1]、内蒙古包头附近[2]和辽宁牛河梁[3]等祭祀遗址，已证明这种活动的发端颇为久远。然而，中原地区在前仰韶时代是否已经存在祭祀遗址，构成这类遗址的基本特征是什么，似言者甚少。本文主要根据磁山遗址[4]遗迹构成的具体情况作一些分析，以便对上述两个问题作初步探讨。

一

磁山遗址的总面积约 80000 平方米，已发掘 2579 平方米。在三个发掘区中，共发现灰坑 474 个，房址 2 座。灰坑有长方形、椭圆形和圆形三种，长方形灰坑 345 个，数量最多。该遗址有两期遗存，均属磁山文化。第一期有 186 个灰坑，长方形的 157 个，其中 62 个埋有粮食。无其他遗迹。第二期有房址 2 座，残存的烧土面和卵石面各一处，灰坑 282 个，其中长方形的 188 个，18 个坑的底部埋有粮食，2 个埋有树籽。磁山遗址的主要特点集中表现在遗迹的构成上：缺乏居住址，以灰坑为主体结构。与同时期黄河中上游地区的其他古代遗址有着较大的差别。例如，裴李岗文化的莪沟北岗遗址[5]，面积约 8000 平方米，已发掘 2747 平方米，发现房址 6 座，灰坑 44 个，墓葬 68 座，与磁山相比，有两点最显著的区别：①磁山尚未见墓葬。同时期的遗址，除莪沟北岗外，大地湾[6]等地也在居住区附近发现有墓葬。②磁山的房址和灰坑总数之比为 1∶234，第二期为 1∶141。磁山第一期遗存在第Ⅱ区有 4 个排列整齐的椭圆形坑，报告者推测可能是遭到严重破坏的居址；磁山第二期有烧土面和卵石面各一处，报告者推测后者可能是建筑遗址。如将上述都作为房址考虑，则磁山第一、二期房址和灰坑之比分别为 1∶46.5、1∶75。莪沟北岗为 1∶7.3，由于尚有分期的可能，有一部分灰坑又与墓葬有关，因此，1∶7.3 只能是最大的比值，与磁山相去甚远。如果说灰坑因深度的原因更易于保留，那么，磁山同样也保留了房址。可见，以自然或人为破坏作为磁山房屋遗迹稀少的理由也是不充分的。

就以上比较，莪沟北岗作为村落遗址当无可置疑，而磁山遗址则不能作此解释。由于磁山是以灰坑为主体结构的遗址,因此,确定磁山遗址灰坑的用途和性质就是至关重要的了。

过去,考古发掘中常见的灰坑多被解释为垃圾坑,那些形状规整的,或经特殊加工的则多被视为窖穴,或是废弃的窖穴。可是灰坑无论是作为垃圾坑,还是作为窖穴使用,都应该与居住址发生联系,并构成一定的关系。它们当分布在居住区内,或居址附近,与居址的数量构成一定的比例。仰韶时期的临潼姜寨[7]和龙山时期的客省庄遗址[8]的部分灰坑,正是由于这个缘故才可以确认是窖穴。而磁山遗址的情况却完全不同,只是极个别的房址与数量众多的灰坑相混杂,因此,用窖穴和垃圾坑来说明这些灰坑的用途和性质就显得缺乏根据了。

实际上,磁山遗址的灰坑恰恰不能作为窖穴和垃圾坑来解释。在该遗址345个长方形灰坑中,有80余个埋有粮食或树籽,现存的粮食堆积厚0.3~2米,报告者因此判定它们是贮藏粮食的窖穴。但这类坑中常出有猪、狗的骨架。其中,H12、H14、H265的猪骨架均出于粮食堆积的底部,H5粮食堆积底部有两具猪骨架。不论是把活猪还是死猪置于粮食底部,都显然没有考虑猪肉腐烂的因素。这种现象不能作为贮藏解释是显而易见的。即使坑底堆放的是零乱的猪骨,仍然不能作为贮藏理解,而只能具有某种象征性的意义。有的同志曾指出磁山遗址葬猪的宗教意义[9],是很有道理的。如此,则同坑埋入的粮食也必然与宗教活动有关,两者都是祭祀的奉献,而不是被贮藏的食物。

值得注意的另一个现象是,这类灰坑上部是灰土,内含大量的陶片,有的与粮食之间隔有一层黄色硬土。当粮食腐烂下沉后,便与黄硬土形成空隙(如报告者所举的H386)。这表明,黄硬土不是自然形成的堆积,而是放入粮食后有意填入的,甚至经过踩踏或夯打一类的处理。很明显,贮藏粮食是不需要经过这一类处理的。再者,这类坑中多出完整的陶盂,或成组的陶器。盂是当时的主要炊器,并非盛食器,显然不是无意的遗漏;成组陶器则明显是有意放入的。这些现象都不是灰坑废弃后的结果,而是灰坑形成的原因。因此,我们有理由怀疑传统的窖穴和垃圾坑说,并依据整个遗址遗迹构成的情况和特点,推定磁山遗址数量众多的灰坑应是祭祀遗迹。

磁山遗址的其他遗迹现象也有助于说明这个问题。

先说房址。磁山遗址被明确定为房址的只有F1、F2两座。这两座房址均为半地穴式,共同特点是都没有灶坑和经烧烤、铺垫的硬面,坑底和周壁都未作细致修整,与莪沟北冈和大地湾同期的房址有很大的差别。莪沟北岗的房址均有灶坑或烧火之处,居住面平整,并铺垫有一层坚硬的灰白色土或白胶泥或硬黄灰土。如果以莪沟北岗的房址作为居址的基本标准,那么,不具备灶坑和居住面的磁山的房址显然不是为居住而建造的。它们是用于祭祀活动还是其他,尚待研究。需要说明的是,祭祀场所并不排除房址(包括居址)存在,辽宁喀左东山嘴祭祀遗址就发现过房址1座。

其次,磁山遗址T27、T28、T25的表土下,发现卵石面1处,系用大小不等的卵石平铺而成,宽1.1~1.5米,平面呈"S"形,报告者推测为建筑遗迹。这种遗迹现象尚不见于一般的村落遗址，相反却与甘肃永靖秦魏家墓地[10]中用天然砾石排列的石圆圈有共同点，后者被发掘者认为与祭祀活动有关。

第三，磁山三个发掘区都有出土石磨盘、石磨棒、陶盂、陶支脚等成组器物的地点，共45处。这类出土点均发现在第二期遗存中。距离现在地表的深度虽不相同，但基本在一个平面上。各出土点组合物的数量、位置和组合情况不完全一致，主要由石磨盘、石磨棒、石斧、石铲、陶盂、陶支脚、陶三足器等组成。有圈足罐的组合中不见陶盂和支脚，有的组合中有小口长颈罐、深腹罐等。石磨盘大部分是平放的，磨棒竖立，一头插入土中。陶盂、支脚多分散放置，有的将支脚放入盂内，其他石器、陶器均在磨盘附近。组合物出土点附近有陶片、兽骨和烧土等，有的遗物则很少。这样的出土点比较集中，多者十几组，少者三五组，很少有单组的，最密集的如T110在18平方米内就有10组。报告者认为："组合物中的石磨盘、磨棒是粮食加工工具，石斧、铲等可能是修整场地的工具，陶盂、支脚等陶器应是劳动者生活和劳动的器皿。根据以上对组合物的不同用途分析，初步认为组合物的出土点可能是粮食加工的劳动场所。"遗憾的是报告者没有发表有关的图表，从而无法对这样的出土点作细致的比较。但是根据报告，生产工具、粮食加工工具和陶器是集中在一起的，给人的印象是有意的布置，而非劳动的现场。何况当时10个劳动单位的人们集中在18平方米的狭窄范围内进行粮食加工和生活，既无必要，也不可能。因这些组合物基本上出在一个平面上，大体应视为同时的遗迹。退一步讲，就算是略有先后，也无必要为了粮食加工，而在短时间内在同一地点连续舍弃当可继续使用的同类器物，如花费相当劳动制作的石磨盘等。实际上，45处组合物反映的应当也是一种祭祀活动。组合陶器、生产工具和粮食加工工具结合起来应是一种祭祀语言。以物代言来表达思想和意图的方式，不论在古代的中国还是外国都曾存在。因此，有理由断定磁山遗址的45处组合物也是祭祀的奉献。

另外，磁山遗址灰坑的内涵并不完全相同。埋粮之坑仅限于长方形者，说明当时以粮为奉献已有一定的形式。而贮藏粮食的窖穴不应如此一致。其他坑内堆积中多包含炭粒、草木灰和红烧土块的现象，表明是经过燔烧的，就整个遗址遗迹构成和分布的特征来看，也应当是一种祭祀活动的遗留。结合上述45处组合物分析，磁山遗址应包括几种不同的祭祀方式，两期中祭祀方式的侧重点也有区别。由于资料不完备，还不可能对此作详细的说明。但有一点比较明确，无论哪种方式，都应当是祭地祈年，表达了人们祈求丰收的心情。

甲骨文研究成果和有关文献记载，也为我们上述分析提供了佐证。甲骨文中有一类从兽从"∪"的字，于省吾先生释为陷的初字，作动词用，并指出是一种祭祀行为[11]。依据字形，当为埋兽于坑中。卜辞中陷祭多用羊、犬，以祀河最多，也用于祭方、社。根据有关学者的研究，无论是祀河还是祭方、社，均与祈求丰年有关[12]，陷祭主要是祭地祈年的活动。《尔雅·释天》："祭天曰燔柴，祭地曰瘗埋。"瘗埋当与陷祭同义。《礼记》曰："祭日于坛，祭月于坎。"陷祭、瘗埋以及坎中所祭，均要破土挖坑。这些记载，无论是对于说明磁山遗址灰坑的性质，还是对于说明灰坑中所埋粮食和猪、狗骨架的现象都有重要的参考价值。可以认为，磁山的灰坑就是甲骨文"陷祭"和文献中"瘗埋"的前身。考虑到磁山尚有更大的面积有待发掘，未发掘区有可能存在着居住区，因此，至少可以认为已发掘出来的Ⅰ～Ⅲ区是当时祭地祀年的场所。

二

磁山是目前国内发现的最早的新石器时代的遗址之一。因此，它后来的情况就不能不特别地加以重视。为了便于说明问题，我们选择黄河中上游地区6处新石器时代和2处商代的经大面积揭露的遗址作遗迹构成的比较（表一）。

表一 遗迹构成比较统计表

	遗迹	磁山		庙底沟	紫荆	二里冈
		1期	2期	（仰韶期）[13]	（第四期）[14]	（商代）[15]
甲	房址	无	2	2	无	无
	灰坑	186	282	168	90	24
	比例		1∶141	1∶84		
		1∶234				
	遗迹	莪沟北岗		北首岭[16]	东下冯[17]	台西[18]
					早期　晚期	
乙	房址	6		50	2　　10	14
	灰坑	44		75	16　　20	133
	比例	1∶7.3		1∶1.5	1∶8　1∶2	1∶9.5
					1∶3	

根据这8处遗址，可以看出，仰韶、龙山以至商代，黄河中上游地区的古代遗址，存在两类截然不同的情况。乙类以居址为核心，包括灰坑和其他一些遗迹。基本上可以认定是当时的村落。甲类遗址的遗迹构成与乙类遗址判然有别，而与磁山非常相似，即均以灰坑为主体结构。如庙底沟遗址，该遗址仰韶期的灰坑以平面圆形和椭圆形为主，其中圆形最多。9个坑中发现有人、猪和狗的骨架。共埋人骨架5、猪骨架2、狗骨架9具。此外，一些灰坑出土完整陶器，其中，H12、H203等多达10件以上。某些灰坑集中出某一类器物，如H59，发表的8件陶器中盆就占6件；H12发表的14件陶器中，釜类器达5件，而整个遗址已发表的釜类器也不过七八件。这种情况当不能简单地视为偶然因素。该遗址另一个重要的现象是：T1区灰坑分布呈圆形，似有规律；而T300区则灰坑密布，在约百平方米的范围内即发现有20多个灰坑，其中打破关系甚为复杂，多者竟有17个互相套在一起。按照一定的格局布置灰坑和反复在一个地点挖坑都必有

一定的目的，如果这种目的是为了修筑窖穴和垃圾坑，那简直是不可思议的。

再如二里冈遗址。该遗址的灰坑以长方形为主，均为口略大于底的竖井式，一般距地表5～7米尚未到底，多数坑的两壁都挖有对称的脚窝，并也有完整的人、猪骨架。H5深0.9米处，发现完整猪骨1具；H17深4.1米处，坑壁四周向外凹陷0.3米，在凹陷处放一完整猪骨架。二里冈 C5.1H171[19] 共埋3人，第一人的头骨在深3米处发现，但其腿骨却在深3.6米处；第二人双手作反绑状，缺一手指和两足趾骨，趾骨断处颇平，似被斩断；第三人头东面北，俯身，手臂似被斩断，双足交叉，显系捆绑所致。此人之北，放置一对完整的牛角。M1第一层有人骨架3具，第二层有人、猪骨架各1具，其下又摆放着4个人头骨。报告者推测此墓可能是灰坑，因其深度和形状与长方形灰坑相同，这是正确的，但报告者认为坑内"人骨可能是灰坑废弃后随便抛掷进去的"，则很难解释该坑下部4个人头骨的放置现象。

另外，该遗址 H9、H10 也有集中出土某类陶器（夹砂红陶大口罐）的现象。报告者认为："这类器在其他灰层和灰坑中是很少见的，而在这51平方米范围内就这样集中，显然有着它的特殊意义。"这种现象与庙底沟 H12、H59 出土陶器的情况完全相同，足证按照陶器的用途分置于不同的灰坑当出自某种意图，而非偶然的巧合。

按照传统的认识，二里冈遗址的长方形灰坑都被解释为窖穴。因为这类坑作为居址显然是太深了，并且也难以说成是垃圾坑。其实，作为窖穴的根据，大概是因为坑壁上有供上下的脚窝，但这并非是窖穴的唯一特点，侯马盟誓遗址中的"坎"也有可供上下的脚窝[20]。可见，仅仅依据脚窝推测二里冈灰坑的用途并不可靠。考虑到此处与商城的关系，以及灰坑内成组陶器和人兽同坑等诸种现象，此处当是固定的祭祀场所。这里形制规整的长方形或圆形灰坑当是甲骨文所指的"陷祭"活动的遗留。

根据对前仰韶的裴沟北岗，仰韶期北首岭、姜寨，龙山期的白营[21]、后冈[22]等典型村落遗迹构成的分析，可以得出这样的认识：在一般村落遗址中，居址和作为窖穴或垃圾坑的灰坑的比例在1∶3左右，高于此值者当有用于祭祀的灰坑存在。两者之比与本文甲类遗址相近的，当不是村落遗址所应有的现象。由于各种迹象与当时的宗教祭仪有密切关系，应认定为当时的祭祀场所。

明确用于祭祀的灰坑在村落中也有发现，例如陕西的半坡[23]、客省庄[24]，山西的东下冯遗址[25]等都有。这表明，当时的原始宗教祭仪不是单一的，而是多层次的。如果说磁山一类遗址是公共的祭祀场所，那么，半坡、客省庄和东下冯遗址中的祭祀坑便当与某一村落或某一村落中的某些人相联系。

三

如果本文的观点尚有几分道理的话，那我们可以看到，至少在距今7000年前，我国黄河中上游地区原始先民的自然崇拜意识已发展到了一定程度。与社会基本经济——

农业相联系的祭地祈年活动,是这种崇拜意识的核心。这种宗教意识一直延续到有史时代,至少遗留的迹象如此。

还需要顺便提到一点,过去的传统看法认为,灰坑是垃圾坑,坑内堆积是长时间而不是短期或一次形成的,坑内器物共存的或然率小于墓葬和房址,因此,不止理论上灰坑共存关系的级别低于墓葬,在实际资料的处理上,灰坑的待遇也不及墓葬。考古报告对墓葬描述的详细程度大大超过灰坑,墓葬大都有统计表,可以给人全面的了解,而灰坑却不然,这对于考古资料的综合研究是不利的。因此,对于灰坑应当给予必要的介绍和分析。

注　释

[1]　郭大顺、张克举:《辽宁省喀左县东山嘴红山文化建筑群址发掘简报》,《文物》1984 年第 11 期。

[2]　包头市文物管理所:《内蒙古大青山西段新石器时代遗址》,《考古》1986 年第 6 期。

[3]　辽宁省文物考古研究所:《辽宁牛河梁红山文化"女神庙"与积石冢群发掘简报》,《文物》1986 年第 8 期。

[4]　河北省文物管理处、邯郸市文物保管所:《河北武安磁山遗址》,《考古学报》1981 年第 3 期。

[5]　河南省博物馆、密县文化馆:《河南密县莪沟北岗新石器时代遗址》,《考古学集刊》(1),中国社会科学出版社,1981 年。

[6]　甘肃省博物馆、秦安县文化馆、大地湾发掘小组:《甘肃秦安大地湾新石器时代早期遗存》,《文物》1981 年第 4 期。

[7]　西安半坡博物馆、临潼县文化馆:《临潼姜寨遗址第四至十一次发掘纪要》,《考古与文物》1980 年第 3 期。

[8]　中国科学院考古研究所:《沣西发掘报告——1955—1957 年陕西长安县沣西乡考古发掘资料》,文物出版社,1962 年。

[9]　王仁湘:《新石器时代葬猪的宗教意义——原始宗教文化遗存探讨札记》,《文物》1981 年第 2 期。

[10]　中国科学院考古研究所甘肃工作队:《甘肃永靖秦魏家齐家文化墓地》,《考古学报》1975 年第 2 期。

[11]　于省吾:《甲骨文字释林》,中华书局,1979 年。

[12]　陈梦家:《殷墟卜辞综述》,科学出版社,1959 年。

[13]　中国社会科学院考古研究所:《庙底沟与三里桥》,文物出版社,1959 年。

[14]　商县图书馆、西安半坡博物馆、商洛地区图书馆:《陕西商县紫荆遗址发掘简报》,《考古与文物》1981 年第 3 期。

[15]　河南省文化局文物工作队:《郑州二里冈》,科学出版社,1959 年。

[16]　中国社会科学院考古研究所:《宝鸡北首岭》,文物出版社,1983 年。按层位统计房址和灰坑的比值,Ⅰ区二层为 1∶0.67,三层为 1∶1.25;Ⅱ区二层为 1∶0.63,三层为 1∶2.86。

［17］ 东下冯考古队：《山西夏县东下冯龙山文化遗址》，《考古学报》1983年第1期。

［18］ 河北省文物管理处台西考古队：《河北藁城台西村商代遗址发掘简报》，《文物》1979年第6期。

［19］ 河南省文化局文物工作队第一队：《郑州第5文物区第Ⅰ小区发掘简报》，《文物参考资料》1956年第5期。本文所引二里冈其他资料，均出自《郑州二里冈》一书。

［20］ 陶正刚、王克林：《侯马东周盟书遗址》，《文物》1972年第4期。

［21］ 河南省安阳地区文物管理委员会：《汤阴白营河南龙山文化村落遗址发掘报告》，《考古学集刊》（3），中国社会科学出版社，1983年。

［22］ 中国社会科学院考古研究所安阳工作队：《1979年安阳后冈遗址发掘报告》，《考古学报》1985年第1期。

［23］ 中国社会科学院考古研究所、陕西省西安半坡博物馆：《西安半坡——原始氏族公社聚落遗址》，文物出版社，1963年。该遗址H167便是本文所指的祭祀坑之一。

［24］ 中国科学院考古研究所：《沣西发掘报告——1955—1957年陕西长安县沣西乡考古发掘资料》，文物出版社，1962年。该遗址H45、H46、H96、H156、H164、H173均为本文所指的祭祀坑。

［25］ 东下冯考古队：《山西夏县东下冯龙山文化遗址》，《考古学报》1983年第1期。该遗址H205、H221、H231均为本文所指的祭祀坑。

（原载于《文物》1987年第11期）

河北易县涞水古遗址试掘报告

易县、涞水在河北省中部，太行山东麓。两县南北相依，地势相似，自西而东分别是太行山区、丘陵山地和华北平原。西面过紫荆关可入蔚县盆地和山西省境，北通长城地带达燕山南麓，南依太行山而下与中原交往，东面俯瞰华北平原，地理位置十分重要。

1985年春，继张家口和滹沱河两考古队分别在有关地区工作以后，河北省文物研究所、吉林大学考古专业和保定地区文物保管所又联合组成拒马河考古队，在易县、涞水两县进行为期两个月的实地调查。在调查过程中，逐渐将工作重点放在分布于山前丘陵地带的战国以前的遗存。共发现新石器时代至战国时期的遗存33处（附表），并试掘易县北福地、下岳各庄和涞水县庞家河、富位、炭山五处遗址。发现和确认几种新的文化遗存，初步查明该地区战国以前诸文化的面貌、特征和序列（图一）。

这次工作得到涞水和易县文化局、文保所和燕下都文保所的热情支持，涞水县文保所朱学武同志参加了工作，石器标本承长春地质学院副教授麦延庆同志鉴定，谨此一并致谢。

一、北福地遗址

北福地属易县神石庄乡，东北距县城约15千米。遗址坐落于村南30米的沙丘上，处于丘陵与山区的接壤地带。东、南两面为平川，北依丘陵山地，西面山峦层叠，易水古道从山间伸出，自西向东经沙丘南面而过。遗址东低西高呈缓坡状，高出现河岸约20米，面积约8000余平方米。试掘地点在遗址东部，开2米×10米的探沟6条（T2、T6、T7、T9、T10、T12），试掘面积100余平方米。

（一）文化堆积、遗存分类和分期

北福地遗址的文化堆积层较薄而零散，包含有不同性质的遗存。现以T2、T9的两个地层剖面为例说明。

1. T9北壁地层剖面情况（图二，A）

第1层：耕土，H25开口在此层下，出土夹砂褐陶堆纹口高领袋足鬲、甗腰、敛口

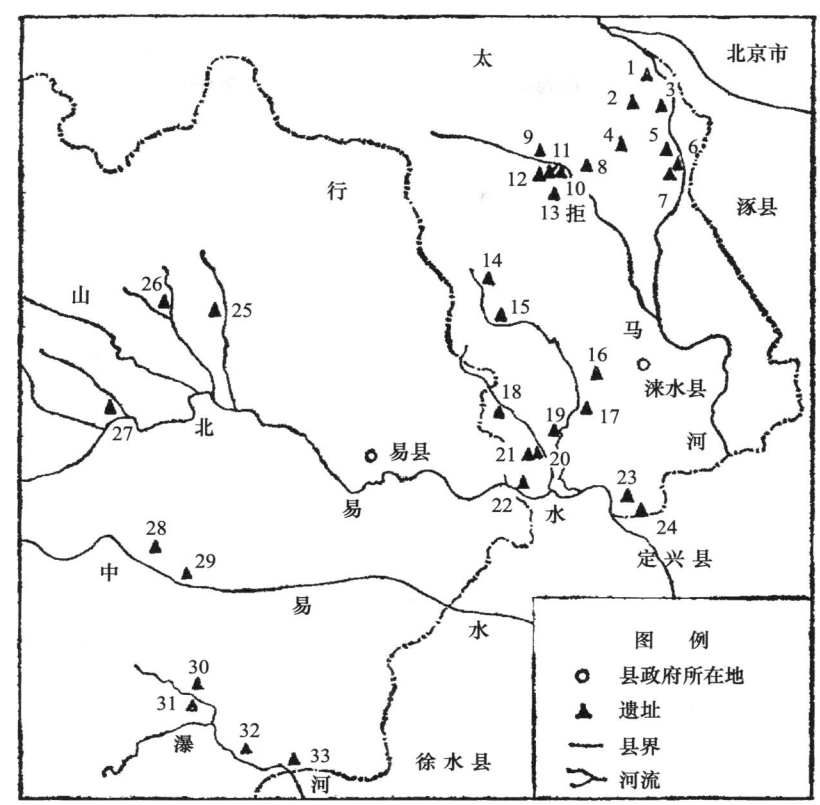

图一　易县涞水县古遗址分布示意图

1. 板城　2. 士庄　3. 石亭　4. 东营房　5. 宋家碾　6. 东赤土　7. 大赤土　8. 中水东　9. 南庄　10. 燕翎村　11. 娄村　12. 福山营　13. 庞家河　14. 东垒子　15. 炭山　16. 南瓦宅　17. 西南租　18. 南桥头　19. 张家洼　20. 东明义　21. 西明义　22. 丁家洼　23. 永乐　24. 富位　25. 中黄蒿　26. 下岳各庄　27. 五道河　28. 北福地　29. 西高村　30. 潦水　31. 北邓家林　32. 孝村　33. 曲城

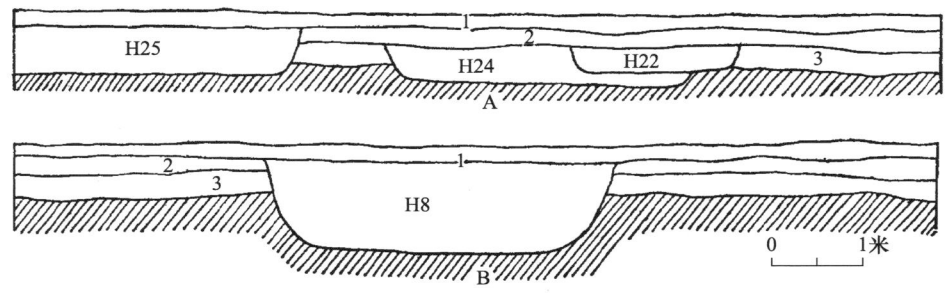

图二　北福地遗址地层堆积剖面图
A. T9北壁：1. 耕土　2. 浅灰沙土　3. 深灰沙土　B. T2东壁：1. 耕土　2. 浅灰沙土　3. 灰褐沙土

钵等。

第2层：浅灰色沙土，质疏松，厚10～25厘米，出土夹砂红陶釜和夹云母红陶盂残片。

第 3 层：深灰色沙土，结构紧密，土质较硬，厚 20~25 厘米，出土陶片与打破此层的 H22、H24 相同，有夹砂红陶釜、小口壶和泥质红陶钵、碗等残片。

2. T2 东壁地层剖面情况（图二，B）

第 1 层：耕土。

第 2 层：浅灰色沙土，质松散，厚约 30 厘米，出土陶片与 H25 相同，打破此层的 H8 也出同类陶片。

第 3 层：灰褐色砂土，结构稍紧密，厚 10~25 厘米，只出夹云母红陶片，复原盂一件。

另外，在断崖边缘发掘的灰坑中有一部分内涵与上面文化层明显不同，如 H1~H3、H14，出土陶片以细云母末黄褐陶为主，器形有高领双耳罐、罐、敛口钵和敞口钵。

该遗址包含有四类遗存：甲类，以夹砂红陶釜、壶、泥质红陶壶、钵、碗为代表；乙类，以夹砂云母红褐陶盂和支脚为代表；丙类，以夹云母末黄褐陶高领双耳罐为代表；丁类，以夹砂褐陶堆纹口高领鬲、瓠腰和敛口钵为代表。

丙、丁两类遗存的年代较清楚，前者与蔚县三关遗址第三期遗存[1]年代相当，后者的年代约在殷墟时期。甲、乙两类遗存，各自有单纯的单位，但又有两类陶片混出的单位，这次试掘的炭山遗址只有甲类遗存，而无乙类遗存，这里暂将甲、乙两类遗存作为一期处理。北福地遗址的四类遗存分为三期，第一期包括甲、乙两类遗存，丙类为第二期，丁类为第三期。

（二）第一期遗存

1. 甲类遗存

（1）遗迹

房址 1 座（F1），灰坑 11 座。

F1 为不规则方形半地穴式建筑，东壁长 3.8、南壁长 3.65、西壁长 3.9、北壁长 3.7 米，墙现存高 27 厘米。东壁正中有宽 80 厘米的缺口，可能是出入口。墙壁及居住面平整，均为黄褐色土，内杂有少许砂粒，经烧烤成厚 2~5 厘米的硬面。东北角有一椭圆形小坑，口径 20~25、深 8 厘米，用途不明。房内堆积一层黄色土，杂有大量木炭，居住面上有釜、壶、器盖、盆等近十件陶器（图三）。

灰坑 有圆形、椭圆形和圆角长方形三类，圆形坑又分为平底和锅底形两种，椭圆形坑均为锅底状。圆角长方形坑只有 H16 一座，底部较平，长 3.75、宽 3.45、残深 0.5 米（图四）。H30 为椭圆形坑，长轴 1.36、短轴 1、残深 0.92 米。H37 为圆形锅底状，口径 1.2、残深 0.8 米。

图三　易县北福地遗址 F1 平、剖面图

（2）遗物

有陶器和石器两类。

1）陶器　分为夹砂陶和泥质陶两类，前者数量最多。夹砂陶羼和大小不等的砂粒，质地酥脆，表皮粗糙。基本上为素面，红色居多，有少量褐色和深褐色。部分器物内外表颜色不一，表面有刮痕或指印纹，内壁打磨光滑。器形有釜、支脚、小口壶、器盖等。泥质陶质地细腻，胎软皮酥，表皮多斑驳，素面红陶最多，红顶碗、钵的下部作浅灰色，器形有小口壶、盆、钵等。陶器制法为手制，由小口壶可看出为泥条叠筑，大多数器口经修整。

夹砂陶器　有釜、支脚、鼎、壶和器盖等。

釜　数量最多，占全部陶器的三分之二以上。由层位关系表明的早晚并依据腹部的变化，可分为二型。

A 型　敛口，圆鼓腹。依口沿分二亚型。

Aa 型　卷沿，圆唇。可分三式。

Ⅰ式：沿外侈，束颈，鼓腹较浅。H16：1，红陶，口径 25.6、高 24 厘米（图五，1）。H37：2，红陶，唇稍厚。口径 34.4、高 29.2 厘米（图五，2）。

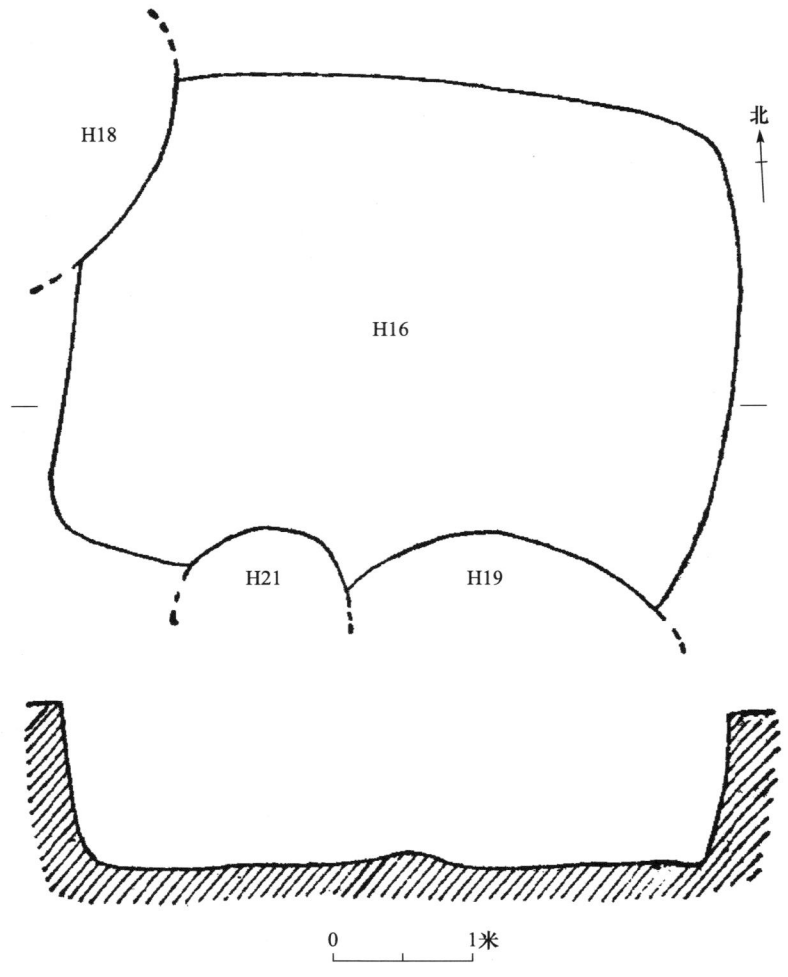

图四 北福地遗址 H16 平、剖面图

Ⅱ式：沿外翻，颈微束，圆腹较深。F1：2，器表粗糙，颜色不均，黑黄相间，内壁打磨光滑，呈深灰色。口径 34.4、高 27.6 厘米（图五，3）。

Ⅲ式：沿平卷，圆腹上壁近直。H18：1，深褐色，有刮痕，胎极酥，底残。口径 28、残高 20 厘米（图五，4）。

Ab 型　折沿，尖圆唇。分三式。

Ⅰ式：束颈，圆鼓腹。H16：3，红陶，底残。口径 32、残高 20 厘米（图五，8）。

Ⅱ式：颈微束，鼓腹下垂。F1：5，器壁稍厚，红陶。口径 24.4、高 21.2 厘米（图五，6）。F1：6，平折沿，器表粗糙，黄褐色。口径 28.8、高 21.6 厘米（图五，9）。

Ⅲ式：口较大，颈微束，弧腹。H35：1，厚圆唇，红陶，内壁有等距的横向刮抹痕。口径 16.8、高 16 厘米（图五，5）。

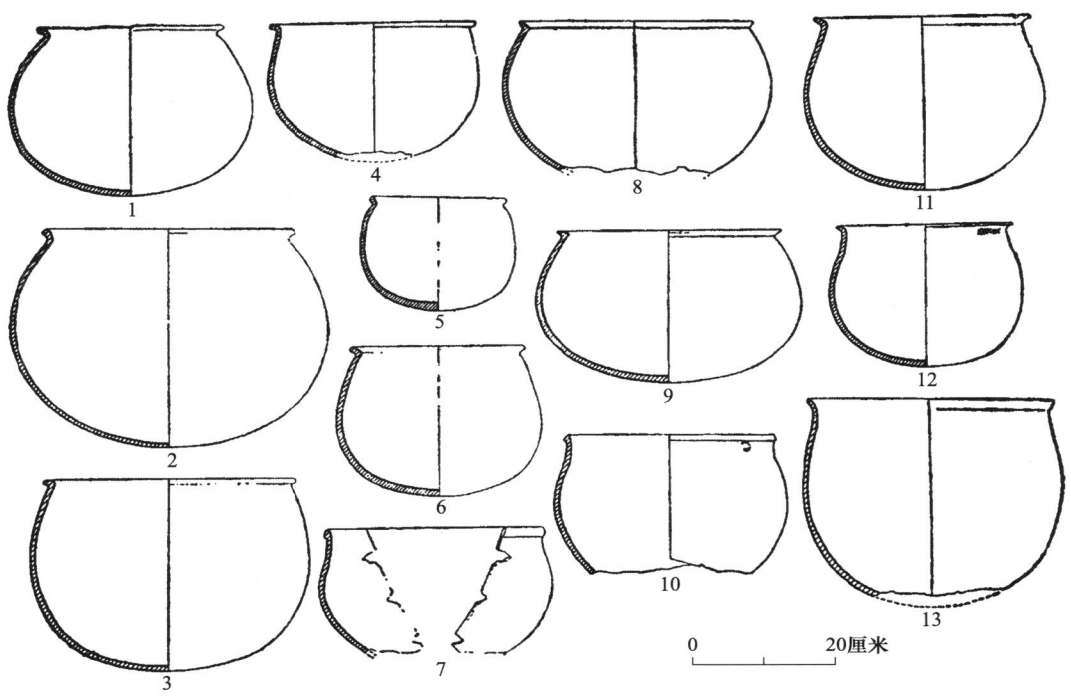

图五 北福地遗址第一期甲类遗存夹砂陶釜
1、2.AaⅠ式（H16∶1、H37∶2） 3、4.AaⅡ、AaⅢ式（F1∶2、H18∶1） 5、6.AbⅢ、AbⅡ式（H35∶1、F1∶5） 7、10.BⅡ式（H16∶5、F1∶11） 8、9.AbⅠ、AbⅡ式（H16∶3、F1∶6）
11~13.BⅠ~BⅢ式（H16∶2、F1∶3、T10③∶4）

B型 口稍敛，圆腹上部斜收。分三式。

Ⅰ式：颈部明显。H16∶2，器表粗糙，素面，红陶。口径28.4、高24.8厘米（图五，11）。

Ⅱ式：短颈。F1∶3，颜色不匀，黑红相间，内壁光滑，有横向刮抹痕。口沿下按压一组指印纹。口径24.7、高20厘米（图五，12）。H16∶5，厚圆唇。口径29.6、残高17.6厘米（图五，7）。F1∶11，口沿下有一乳钉。口径28.8、残高20厘米（图五，10）。

Ⅲ式：颈部不明显。T10③∶4，深腹，素面，橙黄色，表面有刮痕。口径34、残高29.2厘米（图五，13）。

支脚 残片较多，可复原者较少。器面有长条形和圆形两种，前者下部为实心柱状；后者仅一件，下部为空心圈足状。F1∶10，素面，黄褐色。底径11.2、高12.8厘米（图六，6）。F1∶17，已残，素面，红褐色，椭圆形底。高18.8厘米（图六，8）。H18∶2，质粗，红色，器面为圆形，一侧略倾斜，下部为高圈足状，上饰五周指印纹，下有圆镂孔。底径14、高15.6厘米（图六，7）。

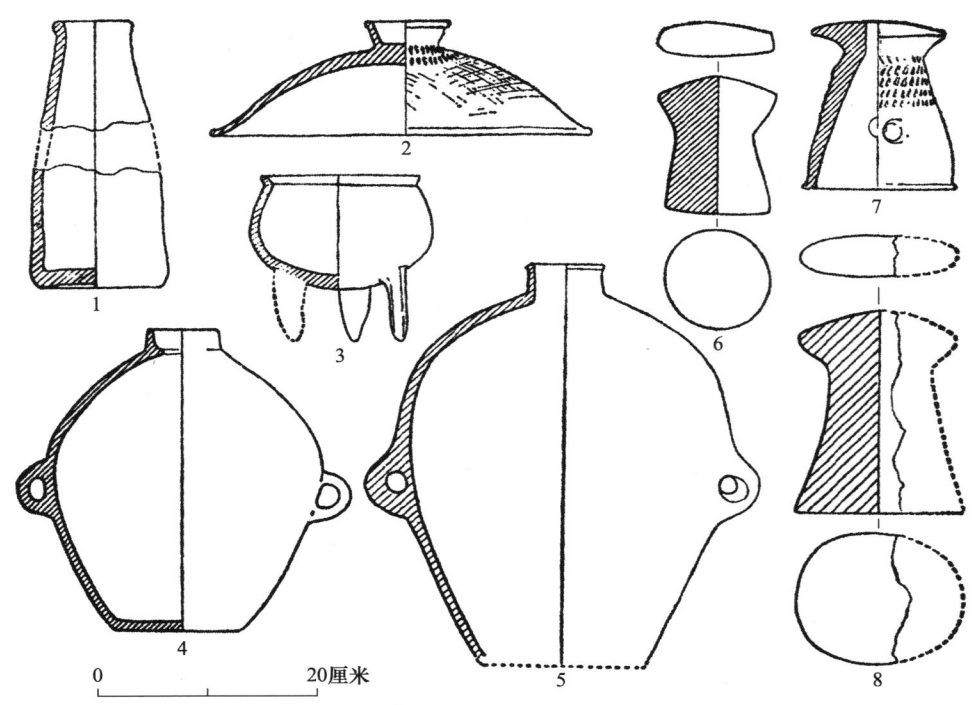

图六 北福地第一期甲类遗存夹砂陶器
1. 筒形器（F1∶27） 2. 器盖（F1∶8） 3. 鼎（H16∶15） 4、5. Ⅰ、Ⅱ式壶（H16∶4、H31∶1） 6～8. 支脚（F1∶10、H18∶2、F1∶17）

鼎 1件（H16∶15）。尖唇，侈沿，微束颈，鼓腹，圜底，扁锥状足。器表粗糙，红色，素面。口径13.6、高15.2厘米（图六，3）。

壶 小口，矮颈，深鼓腹下部斜收，桥状双耳。依肩部的变化分二式。

Ⅰ式：溜肩。H16∶4，圆唇，平底。器表极粗糙，素面，浅红色。口径6.4、高28厘米（图六，4）。

Ⅱ式：鼓肩。H31∶1，方唇，底残。砖红色，有刮痕，胎质极酥。口径6.5、残高37.2厘米（图六，5）。

筒形器 均残，口小，底大。F1∶27，厚圆唇，深筒形腹，凹底，素面。口径6.8、高约25.6厘米（图六，1）。

器盖 1件（F1∶8）。覆盘形，器壁微弧，圈钮。钮根部饰指印纹二周，器表内外均有刮抹痕，褐色。口径34.4、高10.8厘米（图六，2）。

泥质陶器 器形有壶、盆、钵、碗、瓶等。

小口壶 有折腹和球腹两种。H30∶7，尖唇，侈领，溜肩，折腹，小平底，肩部附双耳。素面，砖红色。口径7.2、腹径20、高14.4厘米（图七，9）。F1∶9，已残，球腹。橙黄色，素面，经打磨。残高12厘米（图七，8）。

盆 1件（T10②∶2）。折沿，斜弧腹，底残。红色，素面。口径约37.6厘米（图

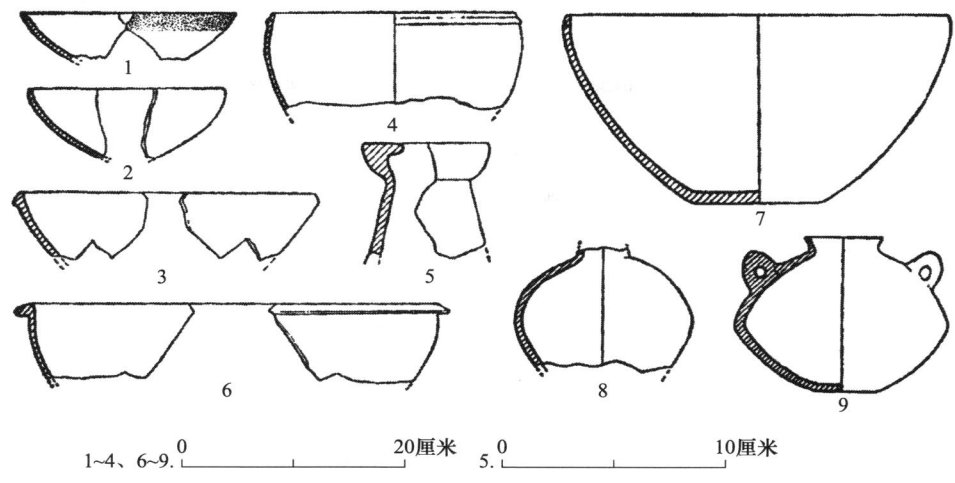

图七　北福地第一期甲类遗存泥质陶器
1～4.碗（H24∶1、H22∶2、H16∶6、H26∶3）　5.瓶（H30∶3）　6.盆（T10②∶2）　7.钵（F1∶7）
8、9.小口壶（F1∶9、H30∶7）

七，6）。此器出自晚期单位。

钵　1件（F1∶7）。微敛口，斜弧腹，平底。素面，红陶。口径35.6、高18厘米（图七，7）。

碗　均残。H24∶1，红顶碗，敞口，斜腹，素面。口径19.8厘米（图七，1）。H16∶6，红顶碗，下为浅灰色。斜方唇，敞口，斜腹。口径27.2厘米（图七，3）。H26∶3，砖红色，口微敛，弧腹，腹稍深。口径22厘米（图七，4）。H22∶2，口微敛，斜弧腹。口径18厘米（图七，2）。

瓶　1件（H30∶3）。已残，敛口，细颈。素面，砖红色。口径6、残高4.4厘米（图七，5）。

2）石器　只有斧和研磨器。

石斧　3件。0∶2，粉砂岩，呈舌状，横截面扁圆形，通体磨光。窄顶，宽弧刃。长12厘米（图八，2）。F1∶19，系斜长角闪岩加工而成，形制同前。长10厘米（图八，1）。

研磨器　2件。F1∶15，砂岩，平面作鞋底形，磨面光滑。长20.4厘米（图八，3）。

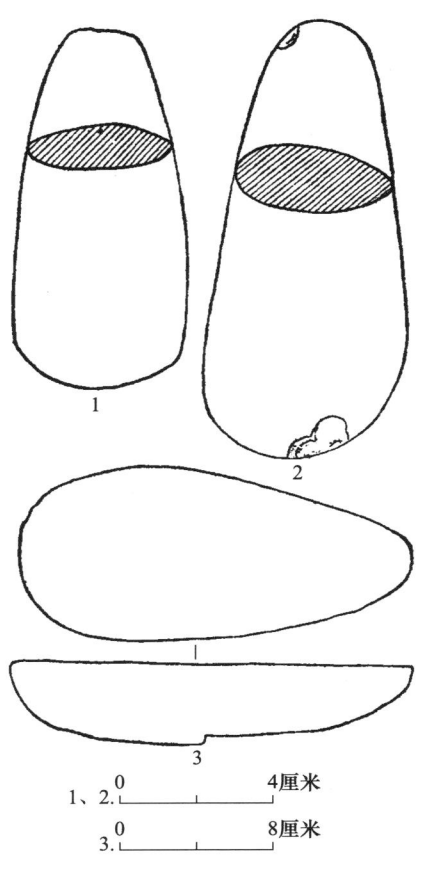

图八　北福地第一期甲类遗存石器
1、2.石斧（F1∶19、0∶2）　3.研磨器（F1∶15）

2. 乙类遗存

（1）遗迹

仅灰坑一种，有 12 座。分圆形、椭圆形和不规则形三种，前两种又有平底和锅底形两种，后者均为锅底形。灰坑口径 0.8～1.8、深 0.4～1.5 米。

（2）遗物

1）陶器 均夹云母陶，羼有小不等的云母大碎片，并有少量细砂。陶色以红色为多，另有少量褐色和橙黄色。胎有厚薄之分，器表多轻打磨，较光滑规整，而内壁则较粗糙。流行压印纹和刻划纹，主要纹样有叶脉状、斜向平行条状和人字形纹（图九，5、7～15）。引人注目的是，在器底或盂的腹上刻划人面图形，有的眼部为镂孔，形象生动，造型奇特（图九，1～4、6）。器形只有盂和支脚两种。

盂 碎片数量极多，可复原者甚少。T2③：2，椭圆形敞口，斜腹，大平底。器壁较厚，口沿下侧刻划有成组的倒三角形纹。口长轴 21.5、高 12.5 厘米（图一〇，2）。H6：1，方唇，口微敛，大平底。器表红褐色，口沿下侧划有斜向平行条纹。口径 28、高 14.8 厘米（图一〇，1）。H9：2，器形较小，椭圆口，近直腹，平底。口长轴 6、短轴 4.8、高 3.3 厘米（图一〇，3）。

支脚 均残，依器面分为矛形和舌形两寸。H9：1，矛形，尖头钝尾，面上及两侧面均压印纹饰。面长 10 厘米（图一〇，7）。T10③：9、T12②：1，与上件相似，唯器面伸出（图一〇，4、9）。H20：1，舌形，头有一道凹槽，侧视似兽嘴（图一〇，6）。这类支脚的器面平整或有纹饰，显然是同盂配套的。器面是先行刮削，做出平面再压印纹饰。H17：4、T10③：8，均为支脚的底座，前者为圆底，中空，两侧饰矩形镂孔；后者马蹄形底，中空，亦饰镂孔；均为红色，素面（图一〇，5、8）。

陶饰 1 件（H5：10）。扁平矩形，一侧穿有两孔，上饰戳印纹。长 8.6、宽 6.5 厘米（图一〇，10）。

2）石器 有碗、斧、凿、磨棒等。

碗 5 件。均残，质料皆细粒闪长岩，琢磨兼制，形制大致相同。方唇，敞口，浅弧腹，内壁打磨光滑，器表琢痕清晰，排列规整有序。H5：1，口径 22、残高 6.4 厘米（图一一，1）。H20：8 唇内侧有一道凸陵。口径 24、残高 4.4 厘米（图一一，2）。

斧 磨制，平面长梯形，宽刃，截面呈椭圆形。T2③：1，粉砂岩，弧形刃，通体磨光。长 9.8 厘米（图一一，6）。

凿 3 件。磨制，单面刀。H7：3，粉砂岩，扁平近梯形，平顶，平刃。长 6.2 厘米（图一一，4）。T10②：3，扁平梯形，弧顶较薄，宽刃。长 6.1、刃宽 4.4 厘米（图一一，5）。H7：2，细砂岩，平面椭圆形，弧顶，窄刃。长 5.8 厘米（图一一，3）。

磨棒 6 件。均残，琢制。T10③：3，玄武岩，两端作圆头，磨面近平，截面为椭圆形。长 19.8 厘米（图一一，7）。H8：1，中粒砂岩，棒端已磨成明显的台阶，截面

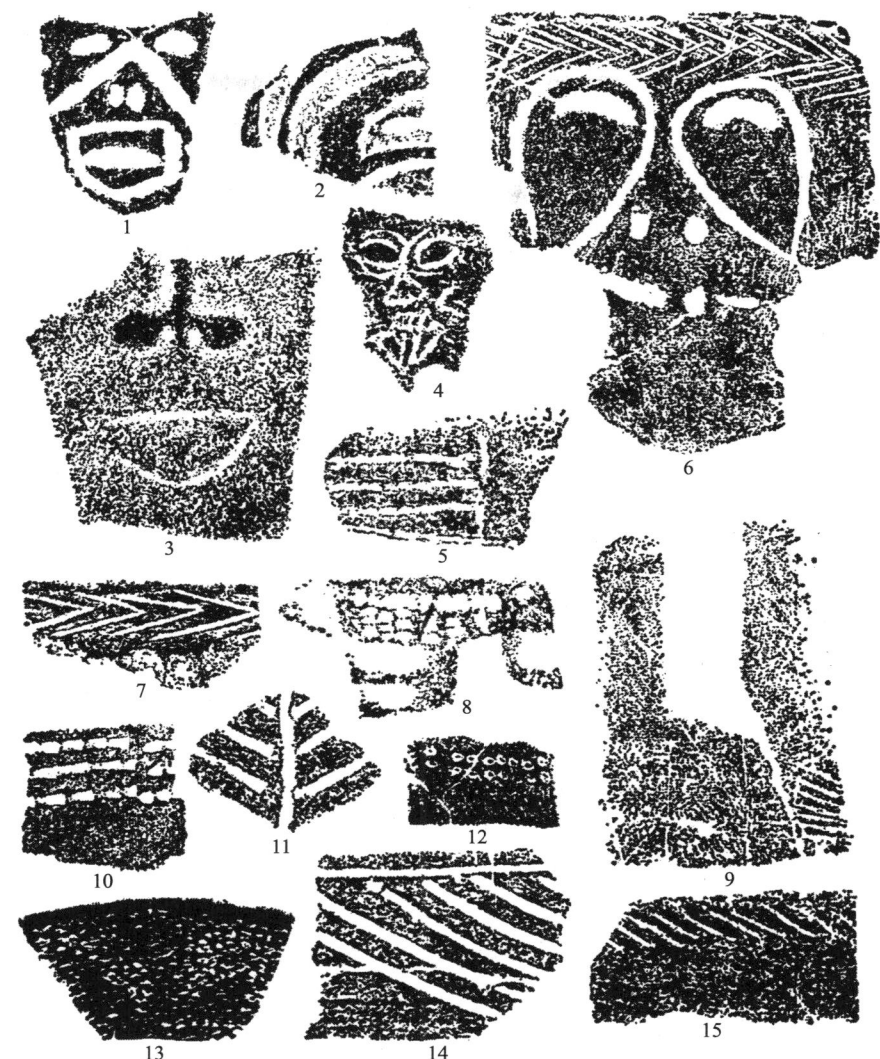

图九 北福地第一期乙类遗存陶器和石碗纹饰拓本
1. 陶器底（H17：5） 2~4、6. 陶盂口沿（H17：6、T10②：4、T10②：5、H34：1） 5. 陶支脚（H20：1）
7、10、12、14、15. 陶盂口沿（H17：2、T10③：6、H9：2、H20：3、H6：1）
8、9. 陶支脚（H9：1、H17：4） 11. 陶器底（H20：2） 13. 石碗（H5：1）

椭圆形。残长 29 厘米（图一一，9）。T10②：1，细砂岩；棒端磨成骨关节形，截面椭圆形（图一一，8）。

（三）第二期遗存

（1）遗迹

只有灰坑一种，皆为圆形锅底状，口径 1~2、深 0.5 米左右。

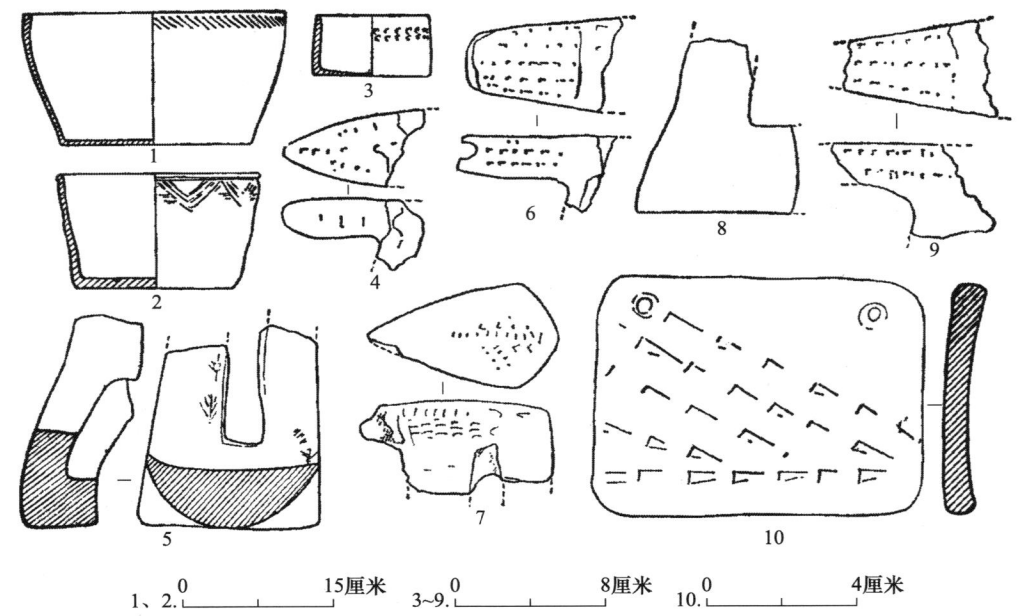

图一〇　北福地第一期乙类遗存陶器

1~3. 盂（H6∶1、T2③∶2、H9∶2）　4~9. 支脚（T10③∶9、H17∶4、H20∶1、H9∶1、T10③∶8、T12②∶1）　10. 陶饰（H5∶10）

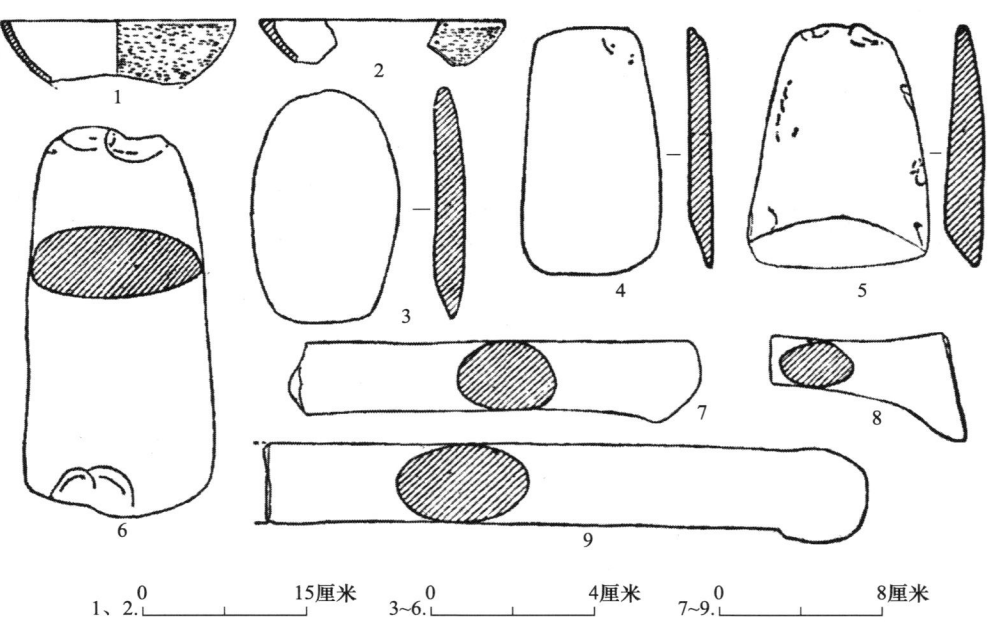

图一一　北福地第一期乙类遗存石器

1、2. 碗（H5∶1、H20∶8）　3~5. 凿（H7∶2、H7∶3、T10②∶3）　6. 斧（T2③∶1）　7~9. 磨棒（T10③∶3、T10②∶1、H8∶1）

（2）遗物

以陶器为主，其质地除钵为泥质陶外，余皆羼细云母末的黄褐陶，以素面最多，彩陶数量很少。器形有高领双耳罐、罐、敛口钵等。

陶高领罐　H14:6，侈口，弧腹，腹侧附桥状耳一对。素面，薄胎，已残。口径16厘米（图一二，2）。

陶罐　H14:3，侈沿，束颈，弧腹，素面，褐色。口径14厘米（图一二，1）。

陶敛口钵　H14:2，斜腹，泥质陶，黄褐色，内外表皆涂红衣，多已脱落（图一二，6）。H14:7，泥质陶，黄褐色，饰紫彩水波纹（图一二，3）。

陶敞口钵　H14:4，圆唇，斜腹，素面，粗糙，红褐色，内壁较光滑。口径26厘米（图一二，5）。T2①:1，折沿，鼓腹。腹以上红色，下为灰色。口径18厘米（图一二，4）。

石器　仅钻头1件（0:4）。系粗砂岩加工而成。长5.5厘米。

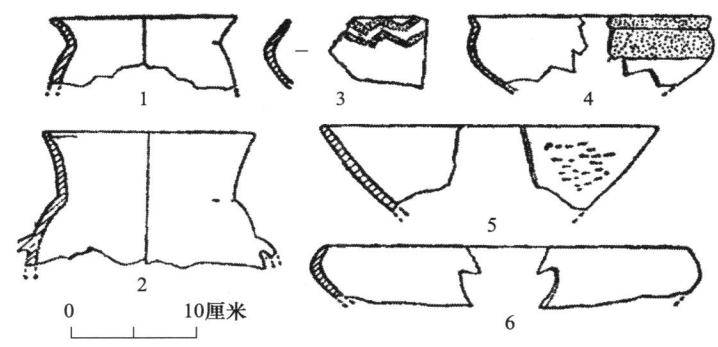

图一二　北福地第二期遗存陶器
1、2.罐（H14:3、H14:6）　3、6.敛口钵（H14:7、H14:2）　4、5.敞口钵（T2①:1、H14:4）

（四）第三期遗存

（1）遗迹

灰坑2座（H8、H25）。均开口于耕土层下，打破第2层。H8为圆形平底坑，H25为不规则形坑。

（2）遗物

只陶器一种，有鬲、甗、钵等。

鬲　复原1件（H25:2）。直口，高领，肥袋足，乳状足尖。口沿外侧附加堆纹一周。三袋足为对接捏合再接领口，其间附加泥条加固。口径21.6、高25.6厘米（图一三，1）。H25:3，柱状实足尖，夹砂陶，红褐色，饰细浅规整的绳纹（图一三，4）。

甗　仅有甗腰1件（H25:4）。夹砂褐陶，饰细绳纹，有腰隔，外侧附加泥条加固（图一三，3）。

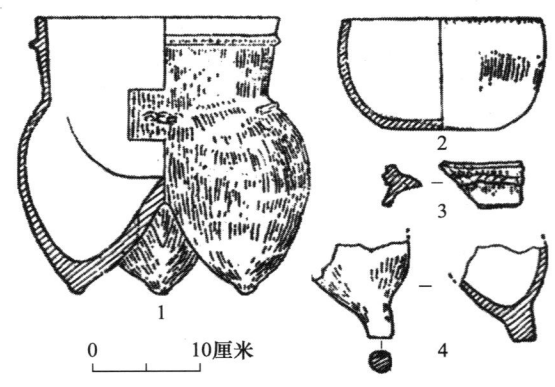

图一三 北福地遗址第三期陶器
1. 鬲（H25:2） 2. 钵（H25:1）
3. 瓶（H25:4） 4. 鬲足（H25:3）

钵 1件（H25:1）。微敛口，弧腹，口边外侧饰指印纹，底与器身分制后黏接。夹砂红陶，饰浅细的绳纹，部分已模糊不清。口径17.6、残高10.2厘米（图一三，2）。

北福地第一期的甲类遗存尚可分早晚，釜数量最多，变化最明显，是探讨这类遗存年代的标准器。其中，Aa型和B型的口径逐渐扩张，腹径相对缩小的趋势尤为明显。乙类遗存的盂、支脚、石碗和磨棒等遗物，尚难以反映它的整体面貌。

第二期遗存与蔚县三关遗址第三期遗存面貌相近，年代也大致相当。其中彩陶纹样后者不见，但与平山县中贾壁遗址的彩陶[2]有相似之处，这里的共生关系为确定它们的相对年代提供了依据。

二、下岳各庄遗址

下岳各庄属易县杨谷庄乡，东北距县城15千米。遗址分布在村东北的山冈上，东西是狭长的河谷，北易水的两条支流在冈下汇合，向南流出山谷。遗址高出现河岸30米，呈不规则圆形，地表较平坦，散布着大量绳纹陶片、盆、瓮、瓶、鬲足等残片，另有瓦片和豆把。断崖上可见灰坑、房址和灰层。面积约5000平方米。

开掘探方5个（T1～T5）。清理灰坑7座（H6、H7、H16～H19、H24）。试掘面积约90平方米。

该遗址的文化堆积有两种情况：一是耕土层下全为灰坑，如T4（图一四，左）。二

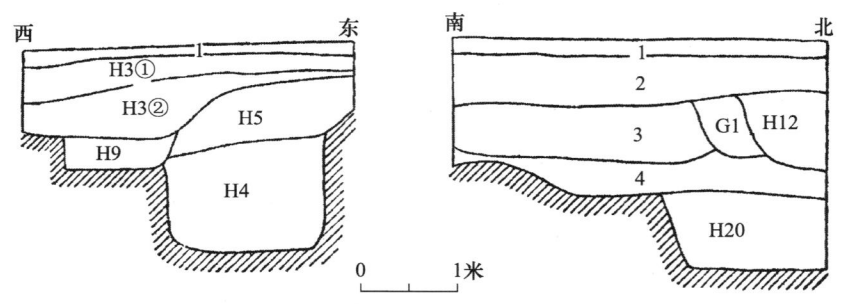

图一四 下岳各庄遗址地层剖面图
左：T4北壁 右：T5西壁

是耕土层下有灰坑也有文化层，如T5（图一四，右），第2层为黑褐土，厚30～60厘米，松散，此层下叠压的G1和H12均出板瓦和燕式鬲足。T5第3、4层，H20及T4的H5、H4、H9都只有卷沿鬲、盆、小口罐和瓮片。

出土陶器的特征鲜明，可确知有三个时期的遗存：第一期以T4的H9、H5、H4和T5的3、4层，H20为代表，与蔚县夏商期第二段遗存[3]的年代相当；第二期只发掘H6，属西周时期；第三期为战国时期（从略）。

（一）第一期遗存

（1）遗迹

只有灰坑一种，共15座（H1、H4、H7～H10、H14～H20、H23、H24）。口部有圆形、椭圆形、圆角长方形和不规则形四种，前三种多直壁平底，后者均锅底状。H10，圆角长方形，直壁，平底，底略大于口，壁面规整，底部平坦。坑内堆积为灰绿色土，含陶片和石器较多。口长1.8、宽1.32、深1.56米。

（2）遗物

有陶、石、骨、铜器四类。

1）陶器　陶质以夹砂陶为大宗，约占总数的90%以上，泥质陶次之。夹砂陶羼不均匀的细砂，多数质粗胎厚，少数胎薄质硬。陶器内外颜色不一，表面深灰色的最多，红褐和褐色较少。均饰浅细规整、清晰的绳纹，附加堆纹和弦纹数量不多，都与绳纹并施，前者只见于甗腰，后者常见于小口罐和甗上部。泥质陶质地粗，胎厚，多素面，经打磨，特别是器口内侧经很好磨光，色深而光滑，具有强烈的时代特色，泥质陶也有个别饰绳纹的。

罐、盆、瓮内壁的套接痕，都是下部的碴口在外，由下包上而成，器口多经轮修，反映器物是分段制作，后套接成形，再经细致修整。鬲有实足尖和无实足尖两类，后者只有三个个体，袋足是模制的，与腹腔结合部位大抵与鬲裆平行。实足尖有贴附和包制两种，这类鬲倒置看，都有一道由实足尖至裆底的棱脊，其上拍印不规则绳纹，多叠压两侧的绳纹，显系后拍印所致，这与无实足尖鬲在制法上明显不同。

夹砂陶器　有鬲、罐、盆、甗、瓮、钵、器盖、纺轮等。

鬲　数量最多，约占器类总数的40%，分实足尖和无实足尖两类。

第一类：实足尖。有圜底袋足和尖底袋足两种，后者碎片很多（形与图一六，6的下部略同）。分为二型。

A型　卷沿，可分二式。

Ⅰ式：侈沿。H23∶1，圆唇，深灰色，绳纹浅细。口径14厘米（图一五，2）。H23∶23，口残，垂腹，圜底，肥袋足，胎较薄，绳纹细而规整（图一五，3）。H5∶50，灰褐色。口径16厘米（图一五，1）。

Ⅱ式：近平沿。H7∶1，外表褐色，内壁灰褐色。垂腹，肥袋足。口径14.5、残

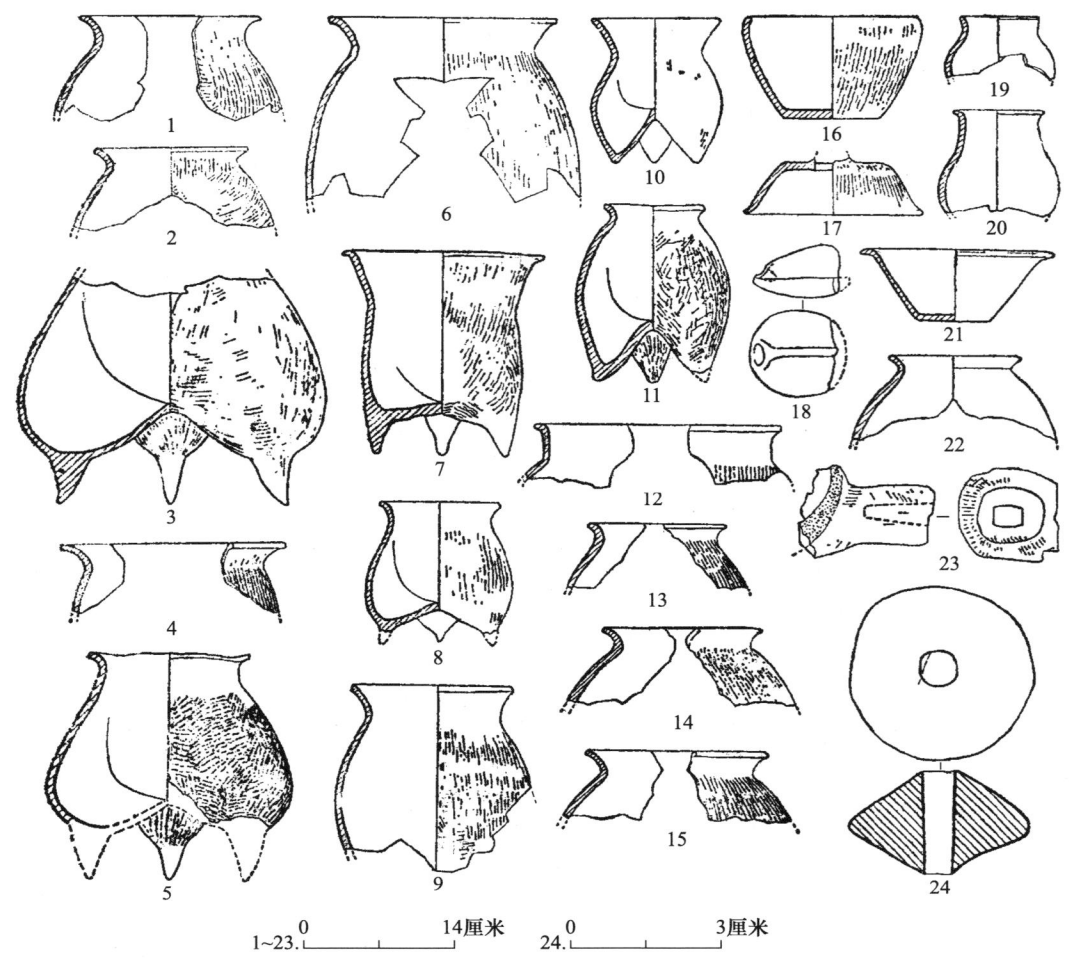

图一五 下岳各庄第一期陶器

1~3.AⅠ式鬲（H5：50、H23：1、H23：23） 4、5.AⅡ式鬲（H4：11、H7：1） 6.B型鬲（H23：16） 7~11.鬲（H7：7、H20：2、H23：33、H4：1、H19：1） 12.A型小口罐（H20：8） 13、14.BⅠ式小口罐（H23：27、H5：48） 15.BⅡ式小口罐（H7：11） 16.钵（H4：18） 17.器盖（H23：24） 18.垫（H4：2） 19、20.罐（H4：19、H9：1） 21.盆（H1：11） 22.罐（H8：1） 23.器柄（H7：3） 24.纺轮（H5：1）

高 21.5 厘米（图一五，5）。H4：11，灰色，饰粗绳纹。口径 20 厘米（图一五，4）。

B 型　折沿。H23：16，圆唇，斜沿，褐色，绳纹规整，陶胎较薄，足残。口径 20 厘米（图一五，6）。

另有 2 件鬲与上不同。H7：7，近平唇，斜领外侈，微束腰，瘪裆且低，素面足尖顺势捏成。器形与筒形鬲相似。通体绳纹，深灰色。口径 18、高 19 厘米（图一五，7）。H20：2，圆唇，侈口，束颈，足尖残。红褐色，留有未抹掉的绳纹痕。口径 10、残高 12 厘米（图一五，8）。

第二类：3 件。器表有饰绳纹与素面磨光两种。H19：1，圆唇，侈口，束颈，深腹，足外撇。褐色，绳纹不规整。口径9、高16厘米（图一五，11）。H23：33，下部残，圆唇，侈口，绳纹规整，黄褐色。口径14、残高17.6厘米（图一五，9）。H4：1，宽沿外侈，束颈，深褐色，打磨光滑。口径11.7、高13.5厘米（图一五，10）。

小口罐　分曲领和直领二型。

A型　直领。H20：8，圆唇，黄褐色，领部经打磨，以下饰绳纹。口径22厘米（图一五，12）。

B型　曲领，分二式。

Ⅰ式：领微卷。H23：27，领以下饰整齐的绳纹，灰色。口径13.2厘米（图一五，13）。H5：48，口径14厘米（图一五，14）。

Ⅱ式：领外翻。H7：11，溜肩，饰绳纹。口径16厘米（图一五，15）。H18：1，圆唇，溜肩，鼓腹，大平底。夹砂陶，表灰胎红，领下细绳纹上饰七周不规则弦纹。口径20、高35.5厘米（图一六，3）。H5：47，尖唇，溜肩，弧腹。口径16厘米（图一六，1）。

盆　分鼓腹、斜腹和深腹三型。

A型　卷沿，鼓腹。分二式。

Ⅰ式：沿微卷。H23：28，尖圆唇，腹部绳纹规整，口沿外的绳纹被抹掉，器表灰

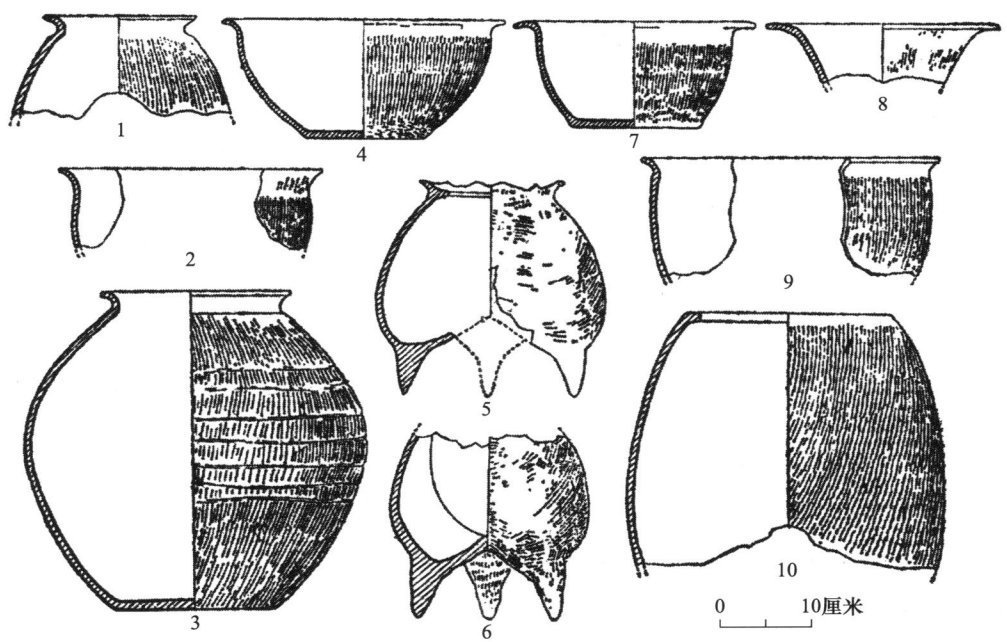

图一六　下岳各庄第一期夹砂陶器
1、3. BⅡ式小口罐（H5：47、H18：1）2、4. AⅠ式盆（H23：28、H4：9）5、6. 甑（H7：6、H10：1）
7. AⅡ式盆（H7：12）8、9. B、C型盆（H7：2、H5：7）10. 瓮（H23：19）

褐色，胎及内壁红褐色。口径27.6厘米（图一六，2）。H4∶9，圆唇，平底，口边以下饰竖绳纹，近底处横绳纹，褐色。口径30、高13.7厘米（图一六，4）。

Ⅱ式：沿下翻。H7∶12，圆唇，宽沿，平底，黄褐色，绳纹浅细。口径25.6、高12.4厘米（图一六，7）。

B型　宽沿，斜腹。H7∶2，浅灰色，绳纹浅细，经刮抹纹痕不显，底残。口径25.2厘米（图一六，8）。

C型　深腹。H5∶7，圆唇，卷沿，弧腹近直，深灰色，绳纹规整，底残。口径31.6厘米（图一六，9）。

甗　只有甗下部，上部与盆难以区别。H10∶1，尖底袋足，素面实足尖，黄褐色，绳纹较粗，壁较厚（图一六，6）。H7∶6，圜底袋足，素面实足尖微内勾，有腰隔，褐色，绳纹浅细，器壁较薄（图一六，5）。

瓮　口沿残片较多。H23∶19，平沿内折，敛口，深弧腹，浅灰色，绳纹规整。口径22、残高28厘米（图一六，10）。

钵　H4∶18，圆唇，敛口，斜弧腹，平底，深灰色，饰绳纹。口径15.6、高9.6厘米（图一五，16）。

器盖　H23∶24，覆碗形，器钮为榫卯式结合，已脱落。浅灰色，内壁较粗糙。口径16.4、残高4.9厘米（图一五，17）。

器柄　1件（H7∶3）。已残，横断面矩形，中空，夹砂红陶，质粗胎厚，系坩埚一类的柄（图一五，23）。

纺轮　H1∶12，扁圆形，夹砂红陶。直径5.4厘米。H5∶1，算珠形，素面磨光。直径4厘米（图一五，24）。

陶垫　H4∶2，垫面椭圆形，背部隆起一脊，脊中贯通一圆形孔，稍残。短轴4厘米（图一五，18）。

泥质陶器　有罐和盆两种

罐　均残。H8∶1，侈口，卷沿，束颈，弧肩，褐色，经打磨。口径12厘米（图一五，22）。H9∶1，尖圆唇外卷，小口，长颈，球腹，底残。口径8厘米（图一五，20）。H4∶19，圆唇，侈领，圆肩，深褐色，素面磨光。口径7.2厘米（图一五，19）。

盆　1件（H1∶11）。尖唇，敞口，平沿，斜腹，平底，素面磨光。口径1.56、高5.6厘米（图一五，21）。

2）石器　有镰、刀、铲、斧、锛和饼状器。

镰　17件。数量仅次于石铲，是主要生产工具之一，均粉砂岩质料。H4∶5，弧背，弧刃，单面刃，磨制。长13.5厘米（图一七，1）。H10∶3，弧背，弧刃，双面刃，磨制精细。长13.3厘米（图一七，4）。

刀　12件。均粉砂岩，矩形。以无孔者为主，有孔者仅1件（T5G1∶1），出自晚期单位，疑属早期遗物（图一七，2）。H5∶9，双面刃，直刃。长7厘米（图一七，3）。

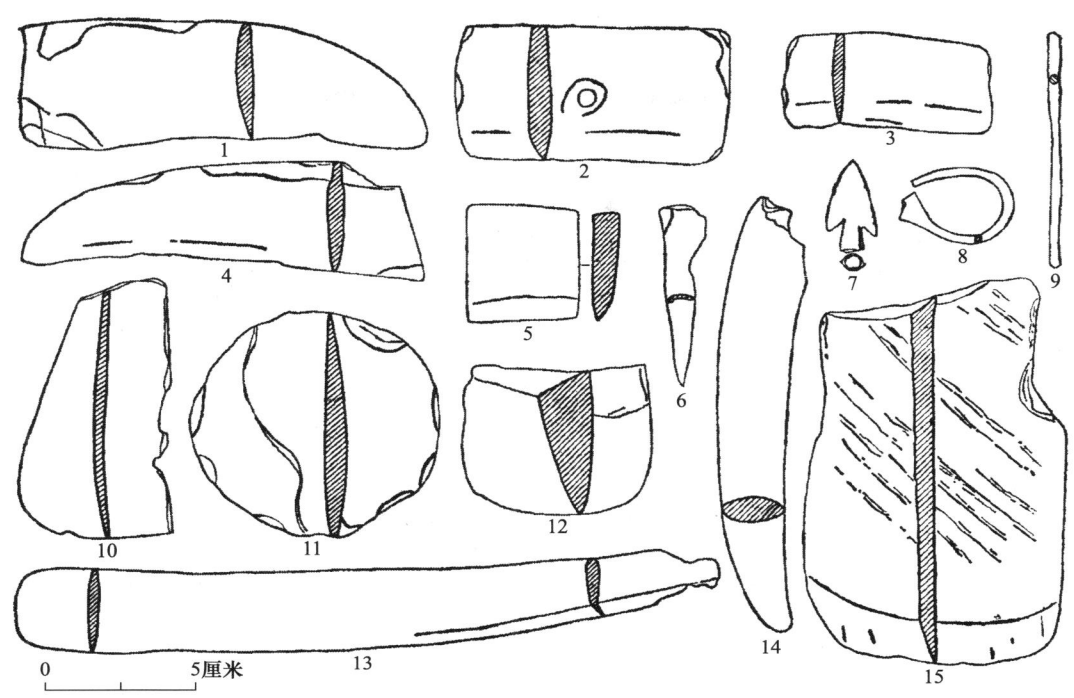

图一七　下岳各庄第一期遗存出土器物

1、4. 石镰（H4：5、H10：3）　2、3. 石刀（T5G1：1、H5：9）　5. 石镞（H15：1）　6、14. 骨锥（T5④：6、T5②：3）　7. 铜镞（H5：10）　8. 铜耳环（H5：13）　9. 铜笄（H19：5）　10. 骨铲（H10：2）　11. 石饼（H8：3）　12. 石斧（H1：1）　13. 骨刀（H10：10）　15. 石铲（H5：3）

铲　数量最多，估计约有20件，均大理岩，多为单肩。H5：3，单肩，单面刃，弧刃，通体打磨。长13.5、最宽8.5厘米（图一七，15）。

斧　2件。H1：1，已残，细砂岩，双面弧刃，横截面椭圆形。宽6.4厘米（图一七，12）。

饼状器　2件。H8：3，页岩，扁圆形，周边经琢制加工。直径8厘米（图一七，11）。

镞　1件（H15：1）。扁平方形，单面刃。长3.8厘米（图一七，5）。

3）骨器　有刀、锥、铲等。

刀　1件（H10：10）。长条形，系兽肋骨磨制而成。弧背，弧刃，刃部锋利。长23.5厘米（图一七，13）。

锥　T5④：6，羊肢骨磨成。长6.2厘米（图一七，6）。T5②：3，羊角加工而成，出自晚期单位。长15厘米（图一七，14）。

铲　1件（H10：2）。已残，系牛肩胛骨制成，体扁薄而光滑（图一七，10）。

4）铜器　有镞、耳环和笄。

镞　1件（H5：10）。平面三角形，双翼，短铤，有銎。长3.2厘米（图一七，7）。

耳环　1件（H5：13）。已残，椭圆形，横截面圆形，一端扁宽（图一七，8）。

笄　1件（H19∶5）。已残，横截面为六棱形。残长7.8厘米（图一七，9）。

（二）第二期遗存

（1）遗迹

仅有灰坑1座（H6）。因过于残破，难以辨其原貌。该坑被第三期遗存叠压，打破生土。

（2）遗物

只陶器一种，有鬲、瓮、罐等。

鬲　均残。0∶10，尖圆唇，宽折沿，沿面有数道突棱；近直腹，夹砂红陶，饰绳纹。口径28、残高22厘米（图一八，1）。

瓮　1件（H6∶1）。夹砂陶，红褐色。卷沿，小口，斜肩，斜壁，深腹，平底。口径23.2、高46.4厘米（图一八，2）。

小口罐　1件（H6∶2）。已残，圆唇，沿外卷，束颈，圆肩。领下饰绳纹，其上饰凹弦纹数周。夹砂灰陶，口径20厘米（图一八，3）。

下岳各庄第一期遗存还可以进一步细分，鬲、盆、小口罐虽有不同的型式，但口沿部分变化最明显，其共同的趋势是由外侈向翻卷的方向发展。这种演变具有鲜明的时代特色，在冀中、冀北地区有一定的代表性。

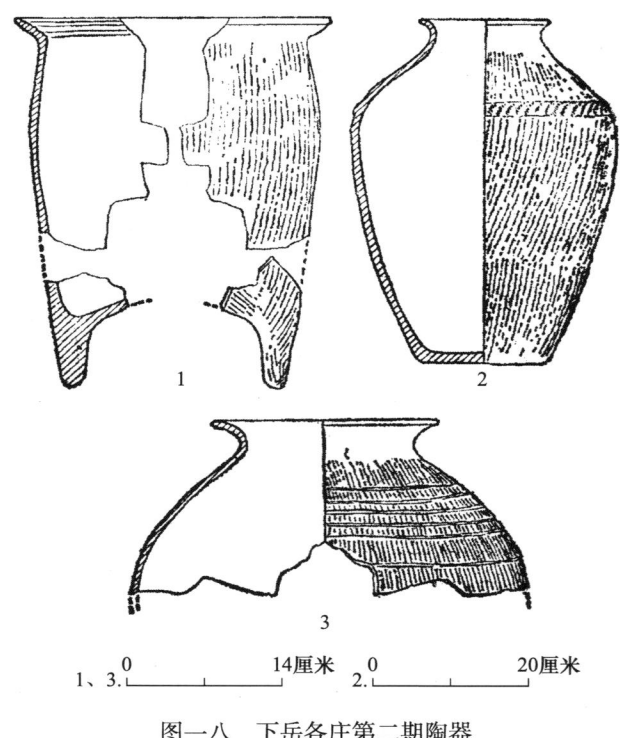

图一八　下岳各庄第二期陶器
1.鬲（0∶10）　2.瓮（H6∶1）　3.小口罐（H6∶2）

三、庞家河遗址

庞家河属涞水县娄村乡，东南距县城 10 千米。遗址位于村西 0.5 千米隆起的高地上，被一条土路分作东西两部分。调查时在遗址西部断崖边缘清理了 H1，为圆形斜壁平底坑，口径 3.8、底径 2、深 1 米。包含物很丰富，主要是陶器，还有石器。

1）陶器　有夹砂陶和泥质陶两类，前者数量最多，其中绝大多数是红胎黑皮陶，质地疏松，个别的器表黄褐色，均饰绳纹，甗、盆兼饰弦纹。泥质陶质地细腻，内外表颜色一致，有深灰、青灰和褐色三种，多为素面，只在敛口瓮的腹片上见到三角形划纹。

夹砂陶器　有鬲、甗、盆、罐等。

鬲　1件（H1：5）。已残，侈口，束领，领饰瘤状耳。黄褐色，饰细密绳纹。口径 14 厘米（图一九，2）。

甗　只有腰部残片 4 件。H1：15，有腰隔，是甗上部直接坐于下部的敛口上，再于内外抹泥加固（图一九，3）。H1：14，制法同前，只是用泥饼于外壁加固（图一九，4）。

小口罐　1件（H1：10）。已残，圆唇，高领，弧肩，领下部饰绳纹；其上再饰凹弦纹数周，口径 20 厘米（图一九，5）。

卷沿鼓腹盆　H1：22，方唇，卷沿，底残，绳纹细而规整，深灰色。口径 26 厘

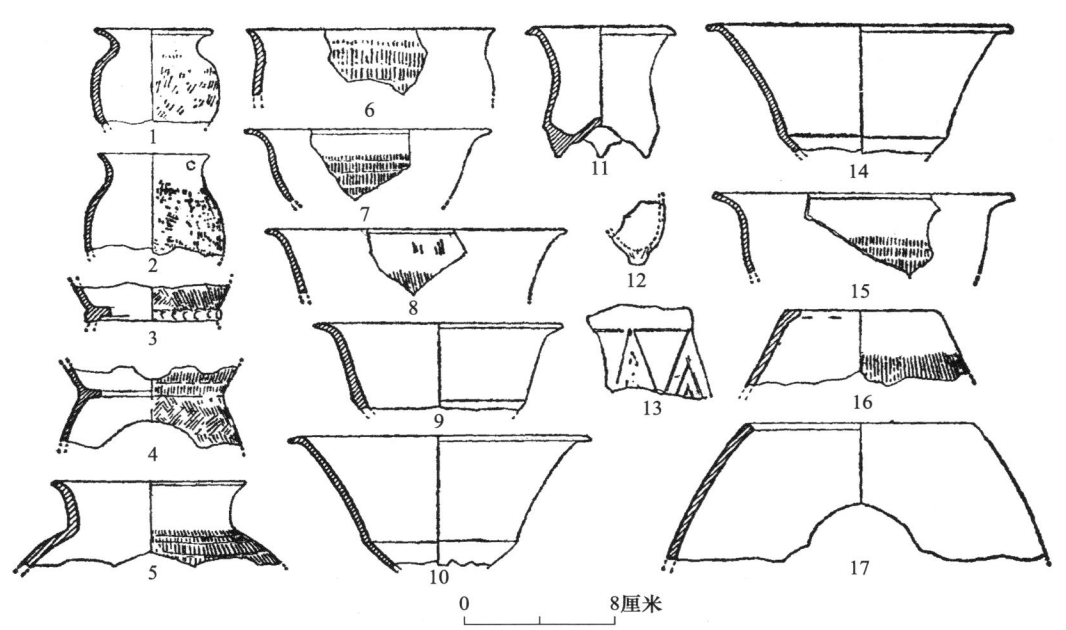

图一九　庞家河遗址出土陶器
1. 小罐（H1：17） 2. 鬲（H1：5） 3、4. 甗（H1：15、H1：14） 5. 小口罐（H1：10） 6~8. 盆（H1：8、H1：22、H1：9） 9、10、14. 尊（H1：11、H1：3、H1：2） 11. 鬲（H1：1） 12. 鬲足（H1：19） 13、16、17. 敛口瓮（H1：18、H1：12、H1：13） 15. 盆（H1：7）

米（图一九，7）。

侈口鼓腹盆　H1∶8，尖唇，腹微鼓，饰绳纹，其上饰凹弦纹。口径26厘米（图一九，6）。这种盆的质地与颜色和甗腰相若，有的可能是甗的上部。

敞口斜腹盆　H1∶9，圆唇，饰绳纹。口径31.6厘米（图一九，8）。

小罐　H1∶17，卷沿，束颈，鼓腹，底残，器表经打磨。口径6.2、残高5.2厘米（图一九，1）。

泥质陶器　有鬲、尊、盆、瓮等。

鬲　H1∶1，尖唇，斜沿，大口，束腰，款足横截面作椭圆形，尖锥状足尖，上有刮痕，素面，深灰色。口径14、高14.4厘米（图一九，11）。H1∶19，残足，圆柱状足尖，素面，黄褐色（图一九，12）。

尊　H1∶3，敞口，斜折腹，底残。素面，经打磨，深灰色。口径32.4、残高12.4厘米（图一九，10）。H1∶2，形制同上，宽平沿，黄褐色，素面。口径34.8、残高14厘米（图一九，14）。H1∶11，敞口，卷沿，折腹，素面，青灰色。口径26.4、残高9.2厘米（图一九，9）。

盆　H1∶7，敞口，方唇，卷沿，弧腹，饰绳纹、弦纹，橙黄色。口径32厘米（图一九，15）。

敛口瓮　H1∶12，平沿内折，鼓腹，浅灰色，绳纹规整。口径16厘米（图一九，16）。H1∶13，方唇，鼓腹，腹饰三角划纹。口径24、残高15.2厘米（图一九，17、13）。

2）石器　仅镰1件（H1∶23），粉砂岩，弧背弧刃，单面刃，通体磨制精细。长20厘米。

庞家河遗址的陶器与西辽河水系的夏家店下层文化接近，年代约在蔚县夏商期第二、三段遗存之间。易县最南端的孝村遗址也发现有夹砂黑皮陶和泥质陶尊式鬲的残片，是这次调查的这类遗存最南的分布点。

四、富位遗址

富位属涞水县胡家庄乡，北距县城约9千米。遗址紧依村南，地势稍高而平坦。东西两侧有土路通过，形成高约2米的断崖，可见有灰坑。西去约0.5千米便是北易水河道。遗址面积约5000平方米。试掘地点集中在遗址西缘，开探方1个、探沟3条（T3～T6），清理灰坑4座（H1、H2、H4、H16），试掘面积约100平方米。

富位遗址在试掘范围内均为灰坑，缺乏文化层。有两组打破关系：一是T4的H11和H7打破H5，后者又打破H17（图二○）；二是T3的H6打破H8（图二一）。

H11出土陶房模型1件，四面分别以阴线刻出青龙、白虎；H7出夹云母红陶瓮片、豆把等。前者属东汉，后者为战国时期。H5、H6、H8出土物相同，均有方唇折沿鬲、假腹豆，当属早商时期。H17出土无实足尖漏斗状模制袋足，与下岳各庄第一期遗存第

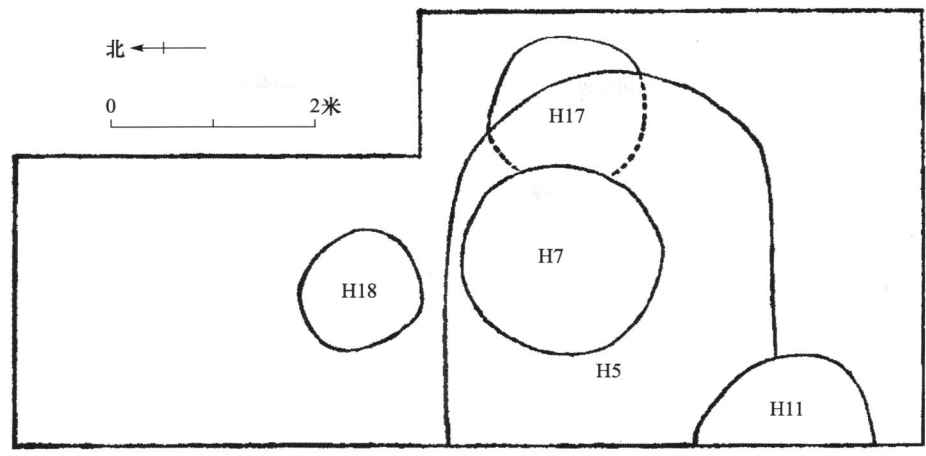

图二〇 富位遗址 T4 平面图

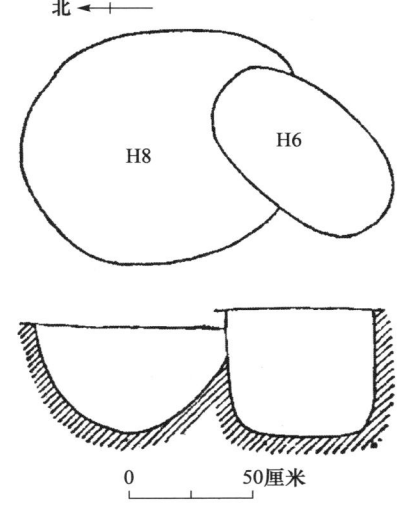

图二一 富位遗址 H6、H8 平、剖面图

二类鬲的形态一致,年代应相当。

调查时还采集到仰韶时期和与下岳各庄第二期遗存相似的陶片,故知该遗址在战国之前还有仰韶、夏、早商和西周四个时期的遗存。其中,第三期遗存是试掘的主要资料,其他几个时代的情况从略。

第三期遗存

(1) 遗迹

仅灰坑一种,共 14 座。分圆形、椭圆形和不规则形三种,前两种均有筒状平底和锅底状两种,后一种仅 1 座。

H10，圆形筒状平底，直径 1、深 0.8 米。H6，椭圆形，长轴 2.15、短轴 1.2、深 1.2 米。

（2）遗物

主要是陶器，还有骨器。

1）陶器　有夹云母陶、泥质陶和夹砂陶三种，前者数量最多，占陶片总数的 60% 以上，后一种最少，仅占 4% 左右。

夹云母陶也含一定数量的砂粒，质粗，胎厚，多红褐色，也有深灰和褐色的，器内外壁颜色多不一致。纹饰以竖行、印痕较深的绳纹最多，交错绳纹数量较少，弦纹比较发达，多与绳纹兼饰。器形有鬲、罐、小口罐、尊、盆。

泥质陶，质地细腻较松软，棱角极易磨损，胎较薄，厚薄均匀，内外表颜色一致，多为灰、褐、黄褐色。绳纹一般较规整，数量最多。器形有盆、尊、罐、豆、簋、钵、碗，还有三足瓮残片。

夹砂陶，质硬，胎薄，较精致。陶色有灰、褐、橙黄三种，陶胎及内外壁颜色一致。粗绳纹数量最多，器形仅鬲、罐两种。

制法有三种情况，夹砂陶鬲的实足尖多贴附结合，夹云母陶鬲多榫卯式结合，前者口沿部分制作精细，统一规范。罐、尊、盆的制法与下岳各庄第一期遗存同类器基本相同。另外，假腹豆和假腹簋都是由浅盘和下体两部分结合的。

夹砂陶器　仅有罐、鬲两种。

罐　与 H1∶24（图二二，19）同，均口沿碎片。

鬲　夹砂鬲定为 A 型。分三式。

AⅠ式：斜折沿，方唇下缘突起。H10∶1，瘦高，唇面凹槽深。器表黄褐色，饰粗绳纹。口径 22.5、高 32 厘米（图二二，1）。H1∶19，口沿内侧饰弦纹一周，上腹弦纹以下为粗绳纹，深灰色。口径 16、残高 8.4 厘米（图二二，2）。

AⅡ式：斜折沿，方唇下缘微凸。H8∶1，较Ⅰ式稍胖，沿面内折成凹槽，深灰色，绳纹较粗。口径 21、残高 27 厘米（图二二，3）。

AⅢ式：平折沿。H15∶1，灰褐色，绳纹较粗。口径 16.4、残高 11.6 厘米（图二二，4）。

夹云母陶器　有鬲、尊、罐、盆等。

鬲　定为 B、C 二型。圆唇或方唇，裆低平，实足尖较粗，多拍印绳纹。

B 型　卷沿。大者均红色，小的皆灰色。分二亚型。

Ba 型　斜方唇，分两式。

Ⅰ式：沿外敞。H16∶11，胎及内外表均红色，竖行绳纹。口径 22.4 厘米（图二二，5）。

Ⅱ式：沿微翻。0∶1，饰交错绳纹。口径 23.6 厘米（图二二，6）。

Bb 型　圆方唇，分二式。

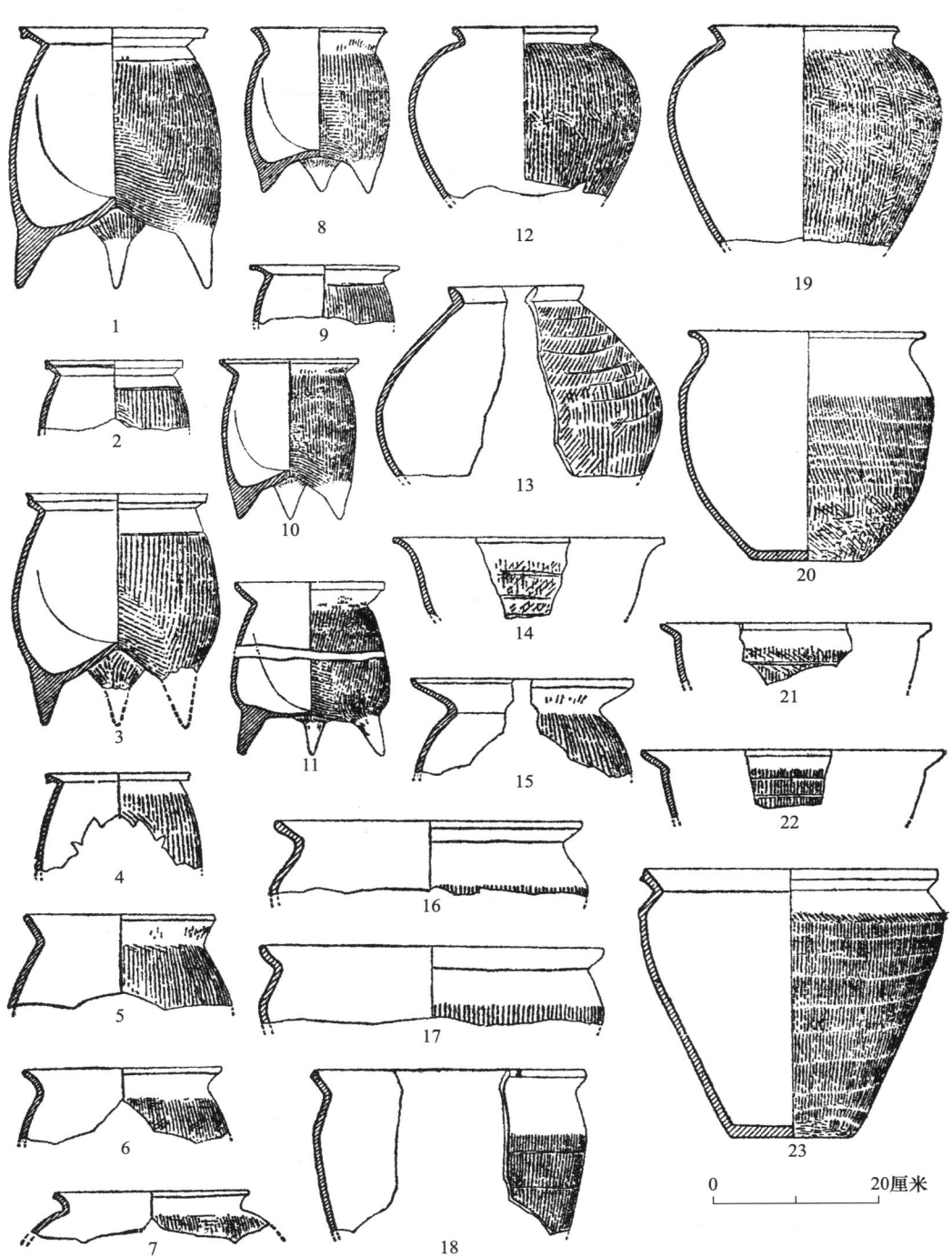

图二二　富位遗址第三期夹砂陶器

1、2. AⅠ式鬲（H10∶1、H1∶19）　3、4. AⅡ、AⅢ式鬲（H8∶1、H15∶1）　5、6. BaⅠ、BaⅡ式鬲（H16∶11、0∶1）　7、12、13、19. 小口罐（H15∶6、H1∶5、H12∶1、H1∶24）　8、9. BbⅠ、BbⅡ式鬲（H1∶17、H15∶3）　10. 鬲（H10∶2）　11、15. CⅠ、CⅡ式鬲（H8∶2、0∶2）　14. 卷沿盆（H13∶10）　16、17. AⅠ、AⅡ式尊（H16∶1、H6∶3）　18、23. BⅡ、BⅠ式尊（0∶3、H1∶4）　20. 大口罐（H5∶1）　21、22. 折沿盆（H9∶3、H12∶2）

Ⅰ式：沿外敞。H1∶17，裆部低平，深灰色，饰交错绳纹。口径15.6、残高20厘米（图二二，8）。

Ⅱ式：沿外翻。H15∶3，深褐色，绳纹规整。口径17.6、残高0.9厘米（图二二，9）。

C型　宽折沿，分二式。

Ⅰ式：沿斜侈，沿面较平。H8∶2，方唇，深灰色，胎及内壁为红色。口径17.2、高约20.8厘米（图二二，11）。

Ⅱ式：沿下翻，沿面下凹。0∶2，方唇内敛，灰褐色，竖行绳纹。口径23.6、残高12厘米（图二二，15）。

另有1件鬲与上不同。H10∶2，方唇，侈沿，尖底袋足，附素面实足尖。器表红褐色，内壁深灰色。口径16、高19.2厘米（图二二，10）。

尊　分二型。

A型　圆唇，圆肩。又分二式。

Ⅰ式：口径小于肩径。H16∶1，肩以下饰直绳纹，褐色。口径35.6厘米（图二二，16）。

Ⅱ式：口径与肩径相等。H6∶3，褐色。口、肩径均为36厘米（图二二，17）。

B型　方唇，折肩。分二式。

Ⅰ式：口径小于肩径。H1∶4，折肩处饰斜绳纹，以下竖行绳纹。器表颜色不均，褐与深灰两色相间，内壁深灰色。口径34.4、高32.2厘米（图二二，23）。

Ⅱ式：口径与肩径略等。0∶3，肩部折棱已不明显，肩以下饰绳纹、凹弦纹。深灰色，红胎。口、肩径31.6厘米（图二二，18）。

小口罐　方唇，圆肩，鼓腹罐。H1∶5，器表灰褐色，粗绳纹。口径16.8、残高21.2厘米（图二二，12）。H15∶6，器表灰色，肩部拍交错绳纹。口径23.2厘米。斜方唇，鼓肩，最大腹径偏上（图二二，7）。H1∶24，器表橙黄色，粗绳纹。口径22.4、残高26.4厘米。尖唇，溜肩，突鼓腹（图二二，19）。H12∶1，器表红褐色，饰绳纹、凹弦纹。口径15.6、残高23.6厘米（图二二，13）。

大口罐　H5∶1，口沿外卷，折肩，鼓腹，平底。肩以下饰较细绳纹，其上饰五周不规则弦纹，器内外表均褐色。口径28、高28.4厘米（图二二，20）。

折沿盆　均残，敞口。H12∶2，圆唇，宽折沿，斜腹。器表灰色，饰绳纹、凹弦纹。口径35.6厘米（图二二，22）。H9∶3，圆唇，斜弧腹。器表灰色，饰绳纹、凹弦纹。口径32.4厘米（图二二，21）。

卷沿盆　H13∶10，方唇，敞口，斜弧腹。器表褐色，饰绳纹。口径31.6厘米（图二二，14）。

泥质陶器　有豆、簋、鬲、尊、甑、罐、盆、钵、碗等。

假腹豆　分三型。

A 型 弧腹，分二式。

Ⅰ式：宽沿，浅腹。H14：1，器表浅灰色，素面。口径 16、残高 9.5 厘米（图二三，1）。

Ⅱ式：窄沿，深腹。H15：12，器表青灰色，素面，腹与圈足相接处饰凸弦纹。口径 16、残高 8.6 厘米（图二三，2）。

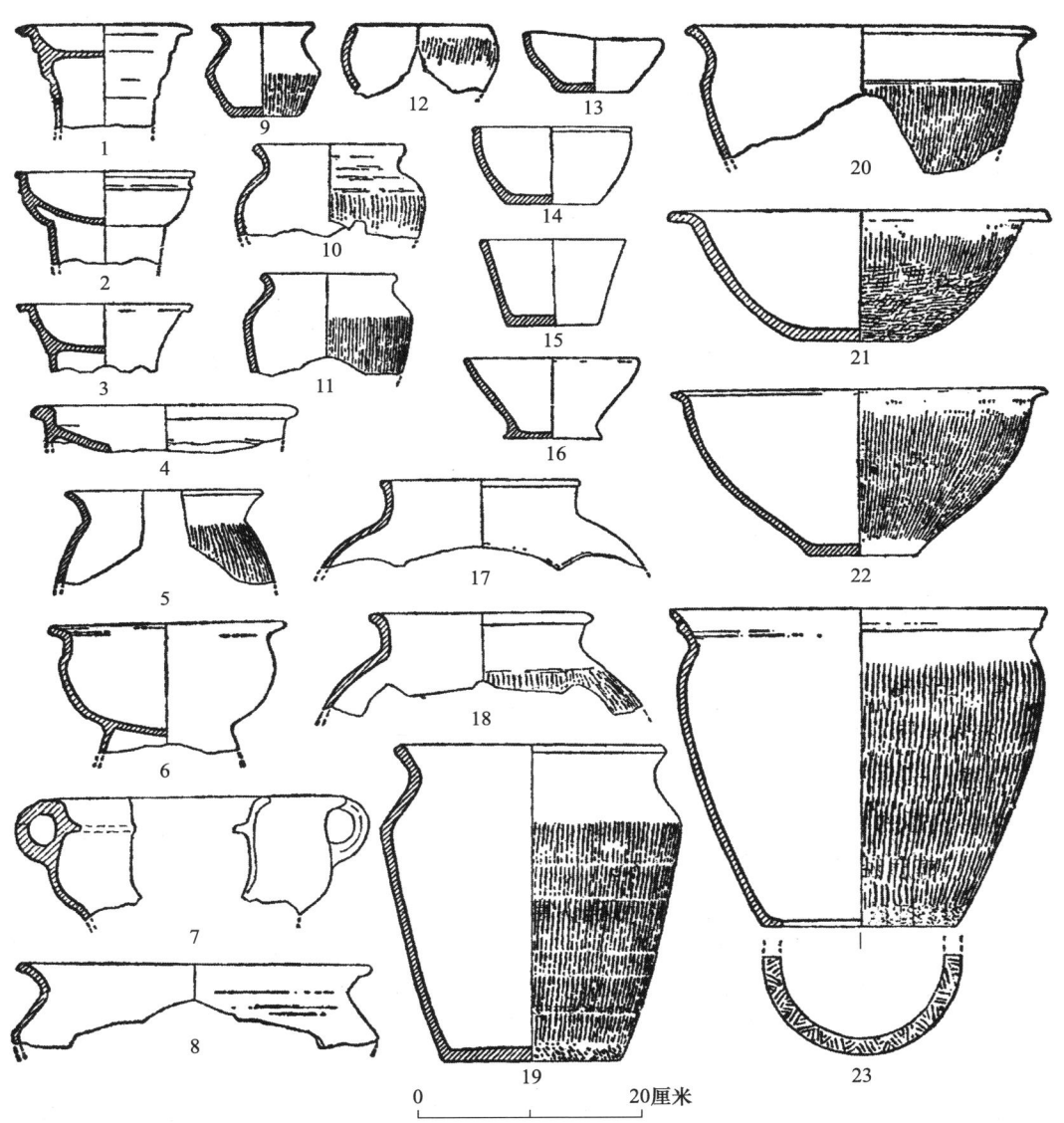

图二三　富位遗址第三期泥质陶器
1、2. AⅠ、AⅡ式豆（H14：1、H15：12）　3、4. B、C 型豆（H1：3、H15：13）　5. 鬲（H10：3）
6、7. 簋（H1：10、H18：6）　8、19. 尊（0：21、H1：8）　9～11. 小罐（0：4、H1：23、H15：7）
12. 钵（H9：2）　13～16. 碗（0：23、H13：11、0：10、H1：9）　17、18. 罐（H8：5、H1：22）
20～22. 盆（H1：18、H1：11、H1：25）　23. 甑（H1：26）

B 型　斜腹。H1∶3，方唇，宽平沿，器表浅灰色，素面。口径 16、残高 8.4 厘米，（图二三，3）。

　　C 型　直腹。H15∶13，厚圆唇，浅盘，器表浅灰色，素面。口径 23.6 厘米（图二三，4）。

　　簋　1 件（H1∶10）。圆唇，平沿，沿面二周弦纹，束颈，窄肩，斜弧腹，圜底，圈足残。器表深灰色，素面。口径 21.5、残高 12 厘米（图二三，6）。

　　假腹簋　2 件，均残。H18∶6，圆唇，侈口，浅腹，深假腹，口腹间附桥形耳。器表浅灰色，素面。口径 27.2、残高 11.2 厘米（图二三，7）。

　　鬲　1 件（H10∶3）。已残，圆唇，卷沿，束颈，颈下饰浅而规整的绳纹。口径 17.6 厘米（图二三，5）。

　　折沿折肩尊　均残，与夹云母陶 A 型尊相似。0∶21，圆唇，肩饰凹弦纹两周，器表深灰色。口径 32 厘米（图二三，8）。

　　卷沿折肩尊　1 件（H1∶8）。与夹云母陶 B 型尊相似。方唇，束颈，折肩，斜腹，太平底，肩以下饰竖绳纹。口径 24.4、高 29.6 厘米（图二三，19）。

　　甑　1 件（H1∶26）。侈口，微束颈，窄弧肩，斜弧腹，底有一大圆孔。口沿外贴一周泥条，肩以下饰粗绳纹。口径 34、孔径 12.8、高 30 厘米（图二三，23）。

　　罐　均残，小口，直领。H8∶5，方唇，弧肩，素面经打磨。口径 17.6 厘米（图二三，17）。H1∶22，圆唇，弧肩。口径 20 厘米（图二三，18）。

　　盆　H1∶11，方唇，宽折沿，斜弧腹，平底。器表深灰色，绳纹极粗。口径 31.6、高 12 厘米（图二三，21）。H1∶18，尖圆唇，侈沿，微束颈，窄折肩，饰凹弦纹一周，其下饰绳纹。口径 29.2、残高 15.2 厘米（图二三，20）。H1∶25，尖圆唇，窄沿，斜弧腹，小平底。口外侧包泥条一周，器表灰、黄两色相间，均于断碴处截然分开。口径 34、高 15.6 厘米（图二三，22）。

　　小罐　3 件。H1∶23，厚圆唇，卷沿，束颈，圆肩，肩饰数周凹弦纹，其下拍绳纹。口径 13.5 厘米（图二三，10）。0∶4，侈沿，束颈，折肩，斜腹，平底。折肩以下和器底饰绳纹。口径 9.2、高 8.5 厘米（图二三，9）。H15∶7，斜方唇，侈沿，束颈，圆折肩，斜腹，器表浅灰色，素面。口径 12、残高 9.6 厘米（图二三，11）。

　　敛口钵　2 件，均残。H9∶2，圆唇，敛口，圆腹，饰绳纹。口径 12.4、残高 6 厘米（图二三，12）。

　　碗　浅灰色，素面，器表粗糙。一种敞口，斜腹，H1∶9，假圈足式平底，口径 15.2、高 7.6 厘米（图二三，16）。0∶10，平底，口径 12.8、高 8 厘米（图二三，15）。另一种口稍敛，弧腹，平底，H13∶11，口径 14、高 7.2 厘米（图二三，14）。0∶23，口径 12、高 5.6 厘米（图二三，13）。

　　2）骨器　有骨匕和卜骨。

　　骨匕　1 件（H4∶1）以兽肋骨磨制而成，刃锋利，通体磨光，柄部未经整修。长

22厘米。

卜骨　3件。均为牛肩胛骨。H1∶30、H1∶31，骨面经修整，骨臼以下刮出平槽，槽内施圆钻，钻窝深，兆痕清晰。

富位遗址三期遗存可分两个年代组：H1、H8、H10、H16稍早，为第一组；H6、H15稍晚，为第二组。两组陶器的变化特点：①鬲口沿由斜折斜侈向平折下翻发展；② A 型豆由浅盘渐变深盘；③尊肩径缩小，而口相对变大。

另外，H5打破H17的层位关系，可确认富位三期遗存的年代，晚于下岳各庄一期遗存。

五、炭山遗址

炭山属涞水县永阳乡，东南距县城约12千米。遗址分布在依山傍水的村南岗地上，东南地势逐渐开阔平坦，西北则重峦叠嶂。秋兰河顺地势而下，经遗址南向东后注入北易水。遗址经长年取土，破坏殆尽。其东侧被土路切断，形成高约3米的断崖，当地俗称四岗子。开探沟1条（G1），清理灰坑2座（H1、H2）。文化堆积包含第一期（H1）遗存和第二期（G1、H2）遗存。

（一）第一期遗存

只有陶器，其中夹砂红陶最多，泥质红陶较少，陶器质地、颜色及器类与北福地第一期甲类遗存基本相同。

夹砂陶器　有釜、壶两种。

釜　3件。H1∶2，圆唇，折沿，弧腹，素面，红褐色。口径36、残高16.4厘米（图二四，1）。H1∶3，叠唇，直领，鼓腹，器表有刮抹痕，褐色。口径31.6、残高12厘米（图二四，4）。H1∶5，圆唇，折沿，弧腹，口沿下饰指印纹，红褐色。口径22、残高6厘米（图二四，2）。

壶　2件。H1∶4，残存口部，圆唇，直领，素面，红色。口径7.2厘米（图二四，3）。0∶10，尖唇，斜直领，鼓肩上附一对环状耳。素面，红色。口径10.8、残高14.4厘米（图二四，7）。

泥质陶器　有壶、钵。

壶　1件（H1∶1）。圆唇，斜直领，溜肩，鼓腹，溜肩处附一对环状耳。素面，砖红色。口径10.8、残高20.4厘米（图二四，5）。

钵　1件（H1∶6）。圆唇，弧腹。近口处一周红顶，其下呈黄褐色。口径16、残高4厘米（图二四，6）。

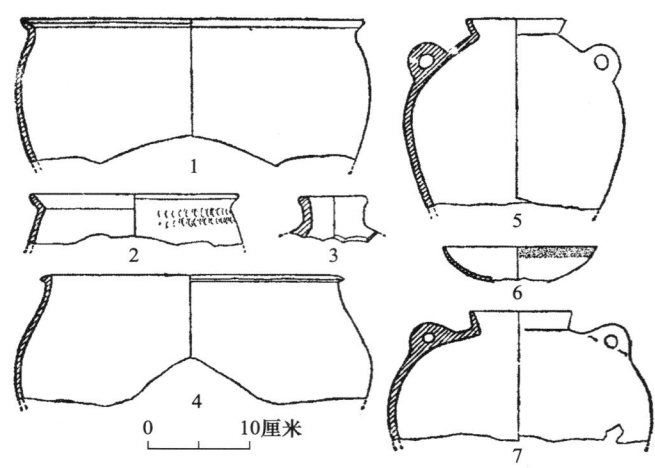

图二四　炭山遗址第一期陶器
1、2、4. 釜（H1∶2、H1∶5、H1∶3）　3、5、7. 壶（H1∶4、H1∶1、0∶10）　6. 钵（H1∶6）

（二）第二期遗存

只有陶器，以夹云母陶为主，夹砂陶和泥质陶数量很少。夹云母陶质地粗，胎厚，内壁粗糙，器表可见晶莹的云母碎末。陶色主要是红褐、黑灰和橙黄色三种。绳纹的数量最多，有竖行痕深的，也有交错拍印的。夹砂陶的粗绳纹若花生皮状。附加堆纹占一定的比例，多见于鬲和盆的颈部。

夹砂陶器　只鬲一种。H2∶2，圆唇，宽折沿，体扁，裆较低，器表褐色，绳纹较粗。口径 18.6、高 12 厘米（图二五，1）。

夹云母陶器　有鬲、甗、罐、盆等。

带把鬲　1 件（G1∶1）。残存器把，灰色，绳纹，口沿外侧有一周泥条，上按指印纹（图二五，2）。

高领鬲　均残。H2∶8，近直口，口外侧附加堆纹一周，三袋足为对接捏合，器表红褐色。口径 30 厘米（图二五，3）。

折沿鬲　形同夹砂陶鬲，均残。

此外，还有一些鬲足。漏斗形，0∶5，器表红褐色（图二五，8）。柱形，0∶4，器表红色，绳纹规整，较粗（图二五，7）。0∶7，绳纹浅细（图二五，6）。尖锥形，H2∶6，器表红色，绳纹细而规整（图二五，5）。

甗　1 件（H2∶3）。圆唇，侈口，微束颈，斜弧腹，通底无隔。颈部饰附加堆纹一周，器表黄褐色，交错绳纹。口径 38、高 32.8 厘米（图二五，13）。

大口罐　1 件（H2∶1）。圆唇，侈口，微束颈，斜弧腹，平底。器表深灰色，饰斜绳纹。口径 36.8、高 30.8 厘米（图二五，9）。

小口罐　1 件（0∶1）。已残，侈沿，束颈，鼓腹。器表红褐色，领下饰绳纹、凹

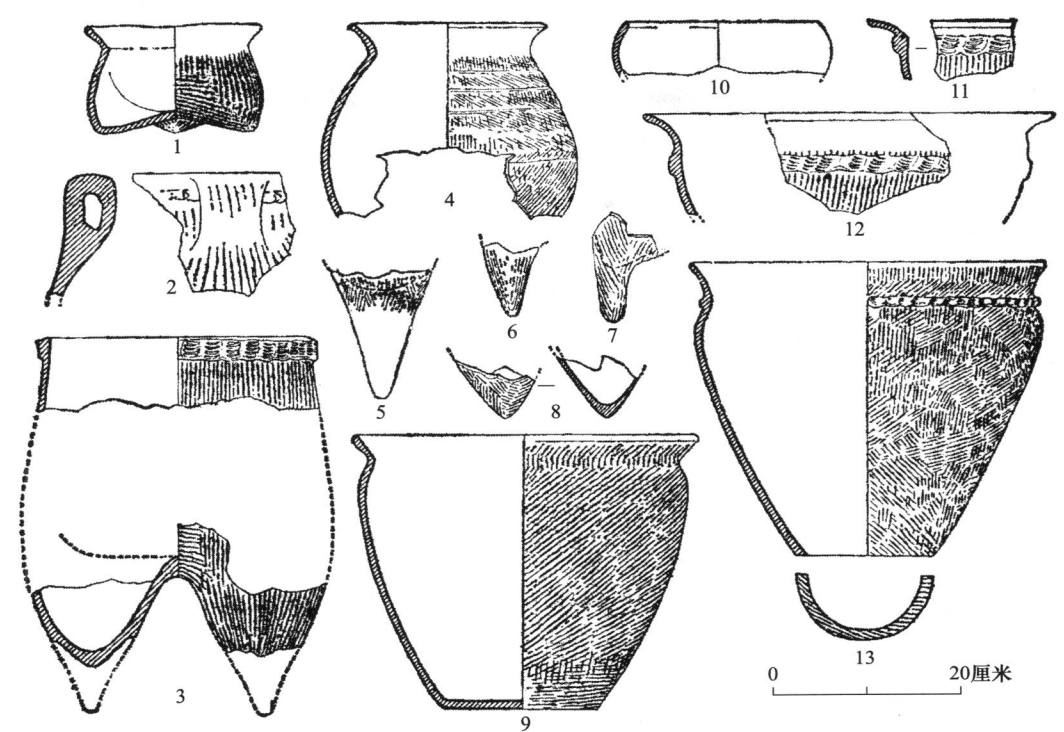

图二五　炭山遗址第二期陶器

1. 鬲（H2∶2）　2. 带把鬲（G1∶1）　3. 高领鬲（H2∶8）　4. 小口罐（0∶1）　5～8. 鬲足（H2∶6、0∶7、0∶4、0∶5）　9. 大口罐（H2∶1）　10. 钵（H2∶5）　11. Ⅱ式盆（H2∶4）　12. Ⅰ式盆（0∶2）　13. 甑（H2∶3）

弦纹。口径20厘米（图二五，4）。

盆　敞口，宽沿。分二式。

Ⅰ式：卷沿。0∶2，尖圆唇，斜弧腹。绳纹较粗，颈下饰附加堆纹一周，器表红褐色，口径43厘米（图二五，12）。

Ⅱ式：折沿。H2∶4，尖唇，折沿处饰附加堆纹一周，器表深灰色（图二五，11）。

泥质陶器　只敛口钵一种。H2∶5，已残，圆唇，敛口，器表红褐色，素面经打磨。口径20厘米（图二五，10）。

第一期的陶器与易县北福地甲类遗存为同一文化系统，年代亦相当。第二期遗存的陶器中，以夹砂陶鬲最有鲜明的时代特征，约当西周初年。涞水县张家洼、西明义以及易县燕下都城址[4]都有这类遗存的分布。

六、结　　语

这次调查试掘所得资料，特征鲜明，年代清楚，丰富了以往对该地区古代文化的认识，为今后的工作提供了新的线索。

1）这次调查、试掘所得资料，基本上反映了该地区战国以前古代文化的发展情况。调查试掘的遗存分为八个阶段，其年代序列如下：①北福地遗址一期；②富位遗址一期；③北福地遗址二期；④下岳各庄遗址一期；⑤富位遗址三期；⑥北福地遗址三期；⑦炭山遗址二期；⑧下岳各庄遗址三期。

①至③段分别相当前仰韶、仰韶早期和仰韶晚期。其余五段依次为夏、早商、晚商、西周和战国时期。其中①、④、⑤段的遗存，尚能划分为不同的年代组，其演进变化和发展线索比较清楚，为该地区今后的工作，确立了可资比较的发展序列标尺。

2）北福地遗址第一期的甲乙两类遗存是这次工作的重要收获。两者都具有较早的时代特征。乙类遗存尤其明显，文化面貌与磁山文化的某些因素相同，年代应大体相当。甲类遗存的釜与支脚相配套的复合式炊器与磁山文化的复合式炊器有共同的时代特点，年代应早于河北境内后冈一期文化的四十里坡类型[5]、南阳庄类型和下潘汪类型[6]。包括炭山遗址 H1 为代表的甲类遗存已萌生了四十里坡类型的某些因素，如夹砂陶小口壶、钵、釜，器形非常相近，两者应有文化上的渊源关系。甲类遗存的发现，排除了磁山文化是后冈一期文化直接前身的认识。

值得重视的是，乙类遗存的石碗尚属首次发现。在我国已知的新石器时代文化中，如老官台、磁山、裴李岗等，均未见过石容器。年代大体相当的西亚耶莫文化及晚于此期的萨玛腊文化[7]中都有大量的石碗。这次新的发现表明，我国也存在石容器与陶器共存的阶段。饶有趣味的是，石碗表皮的琢痕相当精细，独具匠心，或与篦纹有相似之处，从其熟练程度分析，当有较长的历史传统。这时期刻划的人面图形造型奇特，手法别致。人面图形多刻在盂的外壁，而眼嘴则以透雕镂空表示，失去了器物的实用功能，可能与原始宗教活动有关。

3）夏时期两种遗址交错分布和三类遗存错居杂处的材料，集中发现于庞家河和下岳各庄遗址。

庞家河遗址出土大宗的红胎黑皮夹砂陶引人注目。陶器质地酥松，绳纹数量最多，鬲少而甗多。陶器有敞口尊、尊式鬲、盆、罐、甗、瓮。前三种器类与西辽河水系夏家店下层文化相近，瓮与太行山西侧汾河中游的同期陶器[8]相同，且共出具有北方因素的瘤耳鬲，但有腰隔的甗与夏家店下层文化无腰隔的甗完全不同。因此，这类遗存可能是夏家店下层文化在拒马河流域的地方变体。其年代略晚于蔚县夏商时期第二段遗存。

年代稍早于庞家河的下岳各庄第一期遗存是另一种风格。陶器有鬲、甗、瓮、小口罐、盆和钵，而无尊和尊式鬲。夹砂陶质粗、胎厚，极少质地酥松的红胎黑皮陶。炊器以鬲的数量最多。这些都与庞家河不同，形成鲜明对比，反映了两者有不同的文化传统。

两类陶鬲共生是下岳各庄第一期遗存的主要特点。两类陶鬲有明显不同的制法和传统，当属不同的谱系。试掘了解到它们在下岳各庄遗址所占比例是极为悬殊的。第一类鬲的数量远远超过第二类鬲，居于主导地位，而这一点恰恰与年代大致相同的蔚县夏商第二段遗存相区别。在蔚县后者占主导地位，前者则为个别因素。这种差别反映两者有不同的分布中心和分布区域。蔚县前堡遗址[9]中只含第二类陶鬲的单位，为这种认识提供了根据。因而有理由认为两类陶鬲代表两种不同的遗存。这样本地区夏时期至少有三类遗存。

① 下岳各庄第一类鬲代表的遗存。主要见于太行山东麓。其中的卷沿圜底袋足鬲与目前称为先商文化的同类器形态相近，似有较密切的关系。但陶器组合与冀南豫北的邯郸涧沟[10]、新乡潞王坟[11]等地有所区别，如缺乏素面陶，夹砂陶中不见中口罐。

② 下岳各庄第二类鬲代表的遗存。主要分布在燕山南麓，是夏商时期燕山土著遗存。它与夏家店下层文化关系密切，但源流不同。

③ 庞家河遗址的遗存。这类遗存是夏家店下层文化在京津地区的变体，似乎在太行山和燕山围拱的地带流动，其南似不逾滹沱河。

4）富位第三期遗存包含两种不同的文化因素。一类是以 A 型鬲、假腹豆、簋为主体，具有浓郁商文化的色彩。其中，A1 式鬲与郑州二里冈 C1H1[12]所出鬲大体相当，AⅢ式鬲不晚于藁城台西 M14[13]所出鬲，其年代约当早商。这类陶器与藁城北龙宫遗址[14]的几乎没有差别。另一类则不见于其他地区。其中以鬲最为明显，宽翻沿、深腹、平裆、足根多拍有绳纹，其作风与早商文化的折沿、分裆、素面实足根鬲不同。但它与商文化的联系密切。比如，具有本地特色的尊，器形虽与商文化的大口尊不同，但变化点相同，都是口径扩大而肩径相对缩小。本地陶鬲修整唇部的风格也与商文化的影响有关。反过来，商式 A 型鬲的形态与变化特点又受地方因素的影响。如 A 型鬲，形体瘦高，袋足不向外撇，变化最明显的部位在口沿斜折的程度上。这与台西商文化、蔚县庄窠[15]等地的同类器有所区别，与郑州二里冈商文化也有些差别。造成这种差别的原因来自土著因素的影响，本地 B、C 两型均有这种变化的特点和相似的器形。这从一个方面反映了富位早商的地方因素有较强的文化传统，证实了试掘材料所反映的地方因素在数量上占主导地位的现象当不是出自偶然，同时也表明这两种因素的融合程度。因此，富位第三期遗存是商文化与地方文化相结合的一种新的文化遗存。

5）属晚商期的北福地第三期遗存，材料较少，尚难反映其整体面貌和特征。但堆纹口高领袋足鬲很有特色，与其相似的陶鬲习见于长城沿线地区。如唐山古冶[16]、天津围坊[17]、吕梁山区的柳林高红、汾阳县杏花村[18]等地。以这种陶鬲代表的遗存，年代上限不超出二里冈上层，下限不晚于西周中期，大致相当殷墟和商周之际。由于其分布与北方草原植被的南缘[19]接近，与北方青铜器出土地点有重合之处，且年代吻合，当是北方青铜文化的遗存。随着近年来这类材料的不断增多，已成为今后长城沿线地区考古研究工作中的重要课题。

值得指出的是，这类遗存虽与商文化分属不同的系统，又不是本地区原生的遗存，但它对本地区具有强烈的影响，它为西周时期本地土著遗存注入了新的文化成分，其中的某些成分还延续很长时间。

6）西周时期的遗存含有特征相当显著的三种文化因素。一是以炭山 H2∶2 为代表

（图二五，1）；二是以下岳各庄 H6∶1、H6∶2 为代表（图一八，2、3）；三是以炭山 G1 和 H2 中占绝大多数的夹云母陶器为代表。

第一种因素在河北境内分布最广，大厂大坨头[20]、房山琉璃河[21]、邯郸龟台寺[22]、易县燕下都[23]等都有发现，是商文化在周初的遗留。第二种因素在沣西、天马等地有相同的对应器物，显然属周文化系统。第三种因素则是所发现的最富有地方性特征的遗存，它与前两种因素迥然有别，自成一系，与本地区早商和晚商期的遗存均有密切联系。例如，炭山 H2∶8 鬲显然与北福地 H25∶2 鬲存在嬗变关系，下岳各庄 0∶10 鬲（图一八，1）与富位第三期的 B、C 型鬲有谱系上的联系，炭山二期的甑、罐与富位三期的甑形态酷似，富位三期的地方因素与炭山二期的陶系、纹饰方面也有明确的继承性。当然，它们之间也存在着缺环。试掘的资料尚不能提供更严密的陶器演变关系来说明这种连续性，但可确定第三种因素是西周时期的地方性遗存。它既不是周人分封带来的，也不是商人遗留下来的，而是从富位三期遗存中生长出来的，并融合了北方青铜文化的因素。由于它与春秋战国时期的所谓"燕式鬲"在质地、纹饰和形态等方面具有某种联系性，因此，很可能是西周时期土著燕人的物质文化。

上述三种因素平行发展，相互影响和制约，是本地区西周时期考古文化的突出特点。这种情况比之房山县琉璃河西周墓地所呈现的现象更为复杂。在已报道的琉璃河西周墓地中，可区别出两种文化因素，即相当于本地区的第一、二种因素，而缺乏第三种因素。这表明西周时期此地的文化结构复杂，而土著文化尚游离于西周燕文化之外，仍然保持着自己的文化传统。

附记：这次调查工作直到报告的编写，得到了张忠培、孔哲生先生的具体指导；陈雍、许伟、张文军老师给予热情的帮助，提出宝贵的意见；吉林大学八一级考古专业的 6 名学生在调查中付出了艰苦的劳动。本报告由李言同志负责摄影，朱永刚同志绘图。

执笔者：卜　工　朱永刚　吴东风

附表　涞水、易县古遗址调查登记表

县	编号	遗址名称	面积（平方米）	保存情况	时代
涞水县	1	板城	400	较差	战国
	2	土庄	?	较差	战国
	3	石亭	500	破坏严重	战国
	4	东营房	800	较差	战国
	5	宋家碾	100000	较好	战国
	6	东赤土	500	较差	战国

续表

县	编号	遗址名称	面积（平方米）	保存情况	时代
涞水县	7	大赤土	?	破坏严重	战国
	8	中水东	4000	较差	战国
	9	南庄	100	较差	战国
	10	燕翎村	500	较差	战国
	11	娄村	1000	较差	战国
	12	福山营	500	较差	战国
	13	庞家河	2000	破坏严重	早商
	14	东垒子	2000	较好	战国
	15	炭山	200	破坏严重	前仰韶、西周
	16	南瓦宅	200	破坏严重	战国
	17	西南租	10000	较好	战国
	18	南桥头	12500	较好	战国
	19	张家洼	1500	较差	晚商、西周、战国
	20	东明义	1000	破坏严重	战国
	21	西明义	1500	较好	晚商、西周
	22	丁家洼	20000	较好	战国
	23	永乐	50000	较好	战国
	24	富位	5500	破坏严重	仰韶、夏、早商（偏晚）、西周、战国
易县	25	中黄蒿	500	破坏严重	战国
	26	下岳各庄	5000	破坏严重	夏、西周、战国
	27	五道河	1000	破坏严重	战国
	28	北福地	8000	较好	前仰韶、仰韶晚期、晚商
	29	西高村	100	破坏严重	夏代
	30	潦水	7500	破坏严重	战国
	31	北邓家林	50	破坏殆尽	夏代
	32	孝村	2000	较好	夏代
	33	曲城	2000	破坏严重	早商

注：13、15、24、26、28 为试掘遗址。

注　释

[1]　张家口考古队：《蔚县考古报告》，待刊。

[2]　滹沱河考古队：《滹沱河流域考古调查与试掘》，待刊。

[3]　张家口考古队：《蔚县夏商时期考古的主要收获》，《考古与文物》1984年第1期。

[4]　笔者在燕下都城址参观时所见。

[5] 张家口考古队:《蔚县考古纪略》,《考古与文物》1982 年第 4 期。
[6] 河北省文物管理处:《磁县下潘汪遗址发掘报告》,《考古学报》1975 年第 1 期。
[7] 杨建华:《试论萨玛腊文化》,待刊。
[8] 晋中考古队:《晋中考古》,待刊。
[9] 张家口考古队:《蔚县考古报告》,待刊。
[10] 北京大学、河北省文化局邯郸考古发掘队:《1957 年邯郸发掘简报》,《考古》1959 年第 10 期。
[11] 河南省文化局文物工作队:《河南新乡潞王坟商代遗址发掘报告》,《考古学报》1960 年第 1 期。
[12] 河南省文化局文物工作队:《郑州二里冈》,科学出版社,1959 年。
[13] 河北省文物管理处台西考古队:《河北藁城台西商代遗址发掘简报》,《文物》1979 年第 6 期。
[14] 河北省文物研究所:《藁城北龙宫商代遗址的调查》,《文物》1985 年第 10 期。
[15] 张家口考古队:《蔚县夏商时期考古的主要收获》,《考古与文物》1984 年第 1 期。
[16] 河北省文物研究所:《唐山市古冶商代遗址》,《考古》1984 年第 9 期。
[17] 天津市文物管理处考古队:《天津蓟县围坊遗址发掘报告》,《考古》1983 年第 10 期。
[18] 晋中考古队:《晋中考古》,待刊。
[19] 《中华人民共和国地图集》(甲种本),1957 年第一版。
[20] 天津市文化局考古发掘队:《河北大厂回族自治县大坨头遗址试掘简报》,《考古》1966 年第 1 期。
[21] 中国社会科学院考古研究所、北京市文物工作队琉璃河考古队:《1981—1983 年琉璃河西周燕国墓地发掘简报》,《考古》1984 年第 5 期。
[22] 北京大学、河北省文化局邯郸考古发掘队:《1957 年邯郸发掘简报》,《考古》1959 年第 10 期。
[23] 河北省文化局文物工作队:《河北易县燕下都故城勘察和试掘》,《考古学报》1965 年第 1 期。

(原载于《考古学报》1988 年第 4 期)

燕山地区夏商时期的陶鬲谱系

在我国黄河流域及其以北的广阔区域中，从龙山时代到战国时期，在某些地区甚至到汉代，不同的考古学人们共同体，始终以实用特定形态的陶鬲为自己的文化特征，或作为相互区别的重要标志。在数千年的历史过程中，这一地区的陶鬲连绵不断，久而不衰，其形态多样，谱系分明，构成以黄土高原为中心的面向亚洲腹地文化区域的主要特征，而与以沂泰为中心的面向海洋的文化区域相区别。

处于上述两大文化区域相互接触、相互作用地带的燕山地区（本文所指燕山地区，大体上北起西拉木伦河，南到滹沱河，西至太行山，东抵医巫闾山），陶鬲的发生明显晚于黄土高原，这里考古学文化形成和发展的条件，尤其是夏商时期的情况与中原地区也有区别，诸多具体的历史和自然的因素，对这一地区夏商时期陶鬲谱系的制约，或者陶鬲所由产生的特点，历来为考古界重视。本文试图通过对陶鬲的形态的排比分析，探讨这一地区夏商时期陶鬲的谱系脉络，并由此探索了解和认识这一地区夏商时期考古学文化所反映的复杂历史现象。

一

燕山地区已发表的夏商时期陶鬲，主要见于以下诸地点：内蒙古赤峰药王庙[1]、夏家店[2]、蜘蛛山[3]、四分地东山嘴[4]、敖汉大甸子（见注[5]A）、小河沿[5]、翁牛特旗五分地[6]、宁城南山根[7]、辽宁建平水泉[8]、北票丰下[9]、喀左后坟[10]、朝阳南台地[11]、锦州山河营子[12]、小库伦[13]、北京昌平雪山[14]、房山琉璃河[15]、河北蔚县[16]、唐山小官庄[17]、大厂大坨头[18]、易县北福地[19]、易县下岳各庄[20]、涞水庞家河[21]、涞水富位[22]、蓟县张家园[23]、蓟县围坊[24]。上述遗存中共出土完整陶鬲69件，它们在形态、制法、纹饰、质地等方面存在着诸多区别，反映了该地区夏商时期陶鬲谱系的复杂特点。

从陶质上看，这些陶鬲中有泥质者，也有夹砂者；从纹饰上看，既有素面磨光的，也有器表施彩绘的，还有一些陶鬲器表绳纹密布，这些差别是否有主次之分，哪一项要素的意义最大？由于辽宁朝阳南台地H1中绳纹夹砂陶鬲的形态与内蒙古敖汉大甸子、河北蔚县三关墓葬的施有彩绘或素面磨光泥质陶鬲完全一致；唐山小官庄和蔚县三关墓葬[25]的素面鬲，又与蔚县前堡[26]房址中出土的绳纹鬲形态相近，故知该地区遗址和墓葬所出陶鬲的区别主要表现在纹饰和质地方面，而在器形方面两者是相通的。由于一定形态的陶鬲与一定的制法相统一，因此，以陶鬲的形态为主线是可以使复杂的现象简明些的。可是，这一地区夏商时期陶鬲的口、腹、足等部位，存在着十分明显的差异，哪些部位的特点指示年代意义，哪些是类型特征？却需要加以分析。河北蔚县庄窠[27] T11⑥：28 单把鬲、内蒙古敖汉大甸子双贯耳鬲[28]，显然属于不同的系统，从形态上容易区别，但其他诸多的陶鬲却无这样鲜明的差异，在这种情况下对它们作形态划分，当然就需要充分的根据。北京房山琉璃河、河北蔚县前堡、大厂大坨头等单位提供了这方面的资料。

琉璃河 M1 中存在着鼓腹和直腹两种形态的陶鬲，前堡 F1 中存在鼓腹和斜腹两种形态的陶鬲，大坨头 H1 也有鼓腹和直腹两种形态陶鬲，这样的共生关系在燕山地区发表的资料中，数量虽然不是很多，但因上述单位的年代不同，属于同一腹形的陶鬲，在形态上又存在着可以反映时代因素的细微差别，因此，这便暗示出不同腹形的陶鬲，有自己特定的发展轨迹，也就是说鼓腹鬲不可能是直腹或斜腹鬲。由此可以确定燕山地区夏商时期陶鬲的主要区别在于鬲的腹形，而其他部位的差异则处于从属地位。

按这种认识，燕山地区夏商时期无耳的陶鬲，又可分为鼓腹、弧腹、斜腹和直腹四类。属鼓腹类的有：琉璃河 M1：2、前堡 F1：7、翁牛特旗的 1 件、丰下 T9③：3、大甸子的 1 件、下岳各庄 H19：1、张家园 T2②：8、T1②：3、F4：1、古冶 T8②：332、雪山 H109：1、H66④：94、围场 T3③：13、T4H2：2、T2③：9、T1③：30、小官庄 M戊：3、T5①：1、T8②：5、大坨头 H1：5、H1：6、H2：15、三关 M2015：1、山河营子 3A：3；属弧腹类的有：三关 H2022：26、下岳各庄 H7：1、富位 H10：1、庄窠 T20⑥：1、炭山 H2：1；属斜腹类的有：前堡 F1：37、TC1②：6、富位 H8：1、庞家河 H1：1、四分地东山嘴 H11：7、H11：8、南山根 T1③：35、T1③：34、丰下 T8④：2、T23②：1 以及大甸子发表的 4 件和南台地 H1 的 1 件。

据此分析，可发现一个十分重要的现象：已知的燕山地区夏商时期的陶鬲 95% 以上都可以按照腹形这一特征归类，唯独大甸子的双耳鬲和庄窠的单把鬲，难以用相同的特征概括，这表明它们当属于另外地区的文化因素，而不是本地特有的基本成分，所以下文的讨论，自然就不涉及这两种形态的陶鬲了。

二

考古学分类的目的，旨在探索古代人们的自身分类，对器物形态的划分只是认识的第一步，器形划分的意义所在或认识的正确与否，是要依靠这些器物自身演变序列提供反证的。

属于鼓腹类的陶鬲间，形态上存在着一些区别。琉璃河 M1∶2 鼓腹程度最甚，形体见方，而张家园 T2②∶8 则鼓腹程度明显缩小，形体变为长方形，可是既然两者都属鼓腹系统，那么，它们的差别就只能具有年代的意义。基于这种认识，在两者之间分别加入前堡 F1∶7、雪山 H66④∶94，则递嬗线索就一目了然了。由于琉璃河 M1∶2 与河北张家口贾家营 H2∶7[29]（图一）形态相近，后者系龙山时代的陶鬲在本地的延续，因此可知鼓腹系统最早形态，是鼓腹较甚且位置偏上者；而鼓腹相对缩小，最大腹径偏下和实足根逐渐生成是晚期的形态，按此认识并把纹饰和器形方面的微小差别一并考虑，那么，自琉璃河 M1∶2 之后，鼓腹鬲又可分为以下四支（图一）。

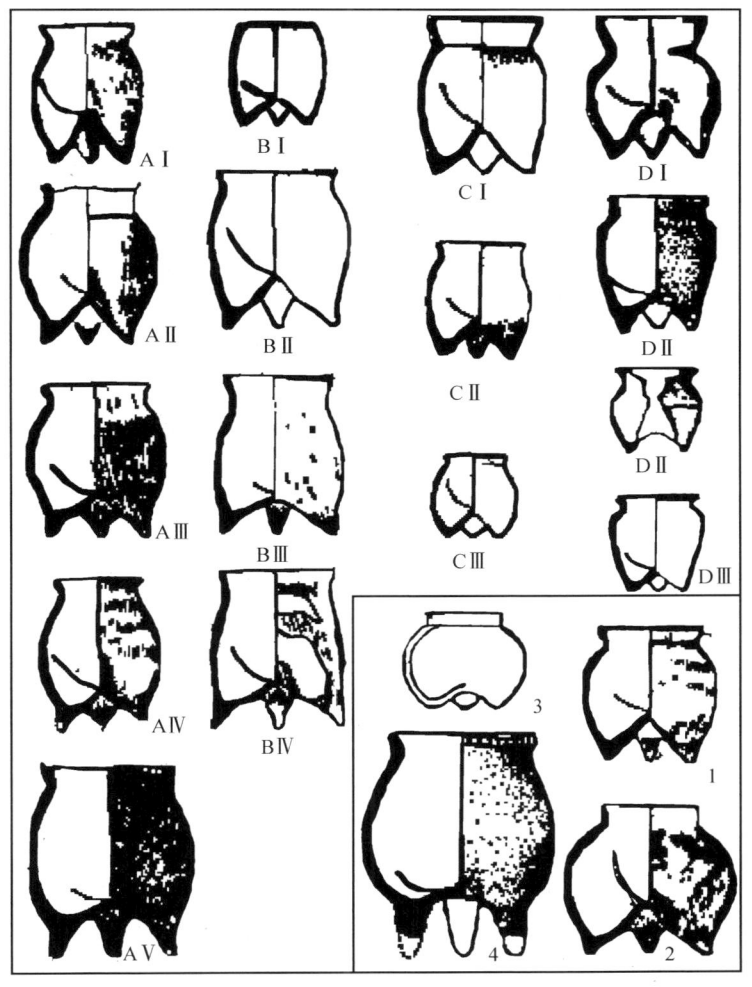

图一　鼓腹鬲各支演变序列
1. 琉璃河 M1∶2　2. 贾家营 H2∶7　3. 红山后　4. 水泉 T27③∶3

A Ⅰ前堡 F1∶7，Ⅱ丰下 T9③∶3，Ⅲ张家园 T2②∶8，Ⅳ大坨头 H2∶15，Ⅴ古冶 T8②∶332。

B Ⅰ雪山 H109∶7，Ⅱ雪山 H66④∶94，Ⅲ围场 T3③∶13，Ⅳ雪山的 1 件。

C Ⅰ张家园 T1②∶3，Ⅱ围场 T4H2∶2，Ⅲ大坨头 H1∶5。

D Ⅰ三关 M2015∶1，Ⅱ唐山小官庄 M戊∶3，Ⅲ四十里坡 H28∶标，Ⅳ大坨头 H1∶6。

以上四支陶鬲的变化特点有些区别，C、D 始终保持无实足根的特点，足根不向外撇。A 支分裆向弧裆发展，实足根外撇程度小于 B 支。鼓腹鬲的制法是将三个空足对接捏合后，再接上部，结合的部位一般在腹部最大横径处。年代方面，AⅡ、BⅡ、DⅡ式按蔚县夏商时期陶鬲的分期标准，不晚于二里冈下层阶段，或在夏商之际，排在它们之前的，则均已进入夏代纪年。AⅢ、BⅢ、CⅠ式属早商时期，AⅤ式口部按压花边和弧裆、柱状实足根的作风，大抵属于晚商时期。关于 BⅡ式过去有文章考订，其年代应已进入夏代[30]，近来又有文章称其为河北龙山文化，据本文的认识 BⅡ式绝不能早于 BⅠ式这件被确认为夏家店下层文化的陶鬲。至于 BⅣ式原亦被认作河北龙山文化[31]，然其年代毕竟不能早于早商时期。

直腹类的陶器形态比较规范，根据款足底部的区别，又可分为尖底和圜底两个分支，这当与鬲模的形态有关，若以涞水庞家河 H1∶1 即此类鬲中较晚形态向上追溯的话，则知更早形态的当是直口、束腰不甚明显者，按此逻辑排比，这两支的发展线索分别是（图二）：

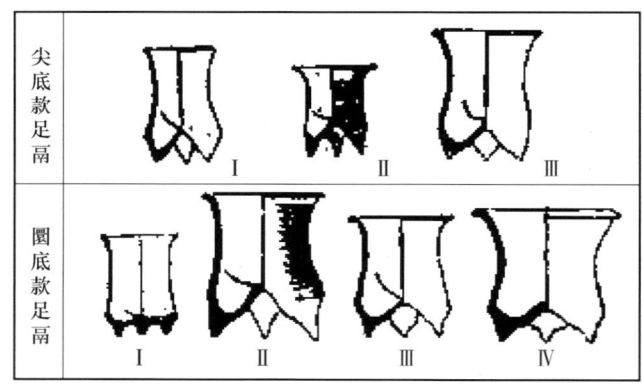

图二 直腹鬲演变序列

尖底款足 Ⅰ四分地 H11∶8 → Ⅱ三关 M2008∶1 → Ⅲ丰下 T23③∶1 → Ⅳ后坟的 1 件（原报告图一，7）。

圜底款足 Ⅰ琉璃河 M1∶1 → Ⅱ丰下 T8④∶2 → Ⅲ南台地 H1 → Ⅳ庞家河 H1∶1。

这两个分支都是直口向卷沿发展，缘面外翻向下塌发展，款足由直立向外撇变化。

直腹鬲的制法，是三个款足平接相连后，再接于尊形器的下部。尖Ⅲ式与鼓腹鬲丰下T9③∶3层位相同，后者与鼓腹鬲AⅡ式年代相近。故知尖Ⅲ式以前的陶鬲，均已进入夏代，尖Ⅳ则不能早于早商时期；圜Ⅳ式属于早商时期，排在它前面的几件陶鬲，均已进入夏代。

	夏			商			周
	早	中	晚	早	中	晚	
鼓腹鬲	贾H2∶7	琉M1∶2	丰T9③∶3、FH19∶1、前F1∶7、雪H109∶7、H66④∶94、三M2015∶1、小M戊∶3	张F4∶1、T2②∶8、围T3③∶13、张T1②∶3、四H28∶标	大H2∶15、雪山1件、围T4H2∶2、T8①∶5、翁牛特旗1件	古T8⑧∶332、后（图一，1）、昌乐邹店F4∶1、大H1∶5、山3A∶3、大H1∶6	朝阳水泉T27③∶3、赤峰红山后、宁城南山根∶01
直腹鬲		四H11∶8、琉M1∶1	三M2008∶1、南T1③∶34和35、丰T8④∶2	丰T2③∶1、南台地H1、庞H1∶1		后（图一∶7）	
弧腹鬲			三H2022∶26、下H7∶1	庄T20⑥∶1	富H10∶1	炭H2∶1	董T2㉚∶36、燕下都1件、怀柔Ⅰ式釜
斜腹鬲			前F1∶37、TC1②∶6		富H8∶1		下岳各庄采集者

斜腹鬲数量不多，以往在燕山地区很少发现。主要特点是折沿、高体、深腹。这类鬲的相对顺序是：Ⅰ前堡F1∶37，Ⅱ前堡TC1②∶6，Ⅲ富位H8∶1。其演变的逻辑是口径逐渐扩张，鬲裆向底平发展（图三）。这类鬲的制法，早期是在深腹罐下接三个漏斗状空足，空足与罐身结合的部位，大抵与鬲裆平行；晚期则只是在深腹罐下贴附施有绳纹的实足根。其中Ⅱ式属于夏商之际，Ⅲ式则相当于二里冈上层偏晚阶段。

弧腹鬲都有较长的素面实足根，这是区别于其他几类陶鬲的重要标志。这类陶鬲的相对顺序是：Ⅰ三关H2022∶26，Ⅱ下岳各庄H7∶1，Ⅲ庄窠T20⑥∶1，Ⅳ富位H10∶1，Ⅴ炭山H2∶1（图三）。Ⅰ式与河北南部邯郸涧沟和磁县界段营H8∶35等目前称为先商文化的陶鬲[32]非常相似，就形态而言并不比前两者为晚，因而可确定它的年代已进入夏纪年。Ⅲ式属二里冈上层，Ⅳ式为二里冈上层偏晚，Ⅴ式则与殷墟四期AaⅦ[33]形似，唯是底已趋于圆钝，但较河北邯郸龟台寺西周第一期[34]者，又稍显尖锐，其位置自当处于两者之间，如此，该鬲应该在商周之际或西周初年。Ⅴ式与Ⅳ式之间有明显缺环，但从殷墟陶鬲演变的规律看，它们应属于同一谱系。这类鬲的制法是三个肥硕的袋足对接后，再接颈口的。

对于上述四类陶鬲年代及对应关系的认识，这里用上表做简明的概括。

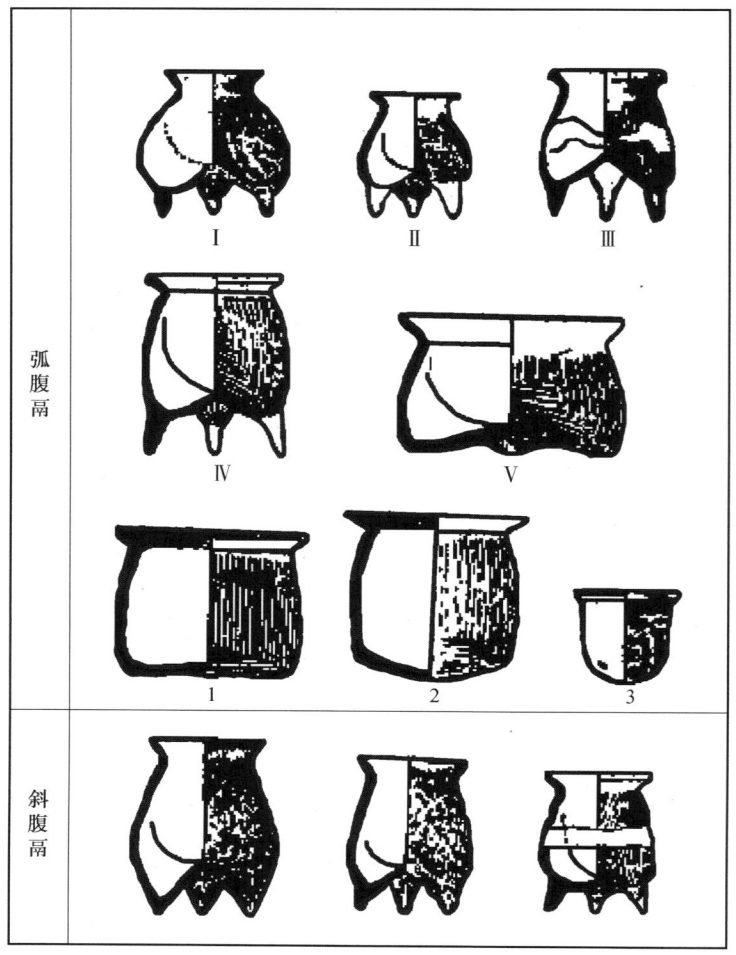

图三 弧腹鬲和斜腹鬲演变序列
1. 房山董家林 T2③:36 2. 易县燕下都 3. 北京怀柔

三

燕山地区夏商时期四类陶鬲的分布线索和在西周以后的流向,是认识它们谱系的重要方面。

鼓腹鬲在燕山南麓有完整的发展过程,这里无疑是它的中心区域,见于燕山以北的鼓腹鬲,显然是由这里派生出去的,因此,把鼓腹鬲视作燕山南麓夏商时期的土著居民的代表,当不至于引起疑义。直腹鬲多见于燕山以北地区,燕山以南虽有发现,且其南端已抵河北易县,但它最繁荣、最发达的地区,还在燕山以北地区。因此,当是那里土著民族的代表。斜腹鬲主要见于燕山西部的太行山东麓,自应是太行山东麓土著居民的代表。弧腹鬲则明显属于商文化系统，它在燕山地区的分布线索，大体上与斜腹鬲吻合，但向南的分布范围，远远超出了斜腹鬲的所在区域。

弧腹类的商式鬲，在燕山西部地区经历了先商、早商和晚商几个时期。其中，晚商的资料目前发表很少，但易县三勾兵和涞水县张家洼颇具商文化因素的青铜器[35]，以及房山琉璃河黄土坡早于西周的城址[36]，都可以反映商人经营此地的规模和性质，为认识商式鬲在这里延续发展提供了重要的资料。

年代约相当于商周之际的涞水炭山H2：1，发展到西周时期的明确继承者，是房山董家林T2③：36[37]（图三），再晚一个阶段的标本是易县燕下都的1件[38]（图三）。此时商式鬲的变化，绝不同于沣西地区的周式鬲，其特点是颈径向着与腹径趋等的方向发展，裆部由分而合向圜底变化，整体形态由扁方向长方演化。按照这个逻辑，北京怀柔城北的Ⅱ式釜[39]正处于这个序列之末（图三）。这种变化可能始于商周之际。易县燕下都发现的春秋时期的圜底鬲，形态与釜相同，唯圜底下贴附三个失去实际功能的小实足根[40]，也可能说明商式鬲最后的归宿是转化为釜，成为战国燕文化的标型器之一，这个结果自然是商式鬲在燕山地区自身形态发展的必然逻辑。这种情况充分显示出商人在燕山西南部的影响远远超出了属于它们自己的那个时代，在燕山地区占有极特殊而重要的地位。

斜腹鬲发展到二里冈上层偏晚阶段，仍然保持折沿、高体、深腹的特征，鬲裆底平，实足根上饰有绳纹，这些特征表明了它与商式鬲有不同的传统。易县下岳各庄等地曾发现属于这一系统西周时期的陶鬲[41]，亦系深腹高体，柱状实足根上也饰有绳纹，且陶质为夹砂红陶，这些特征既有别于此地商式鬲，也明显不同于此地周式鬲，不论从形态、制法、还是陶质的特点看，都与此地战国时期的燕式鬲有某种亲缘关系。目前，尽管这类陶鬲的资料相当稀少，但已知的线索，足以表明它们是一个独立的陶鬲系统，因此，进一步的发现只能是时间问题了。

以燕山以北为中心的直腹鬲，约当与晚商时期便很少有线索了。由于燕山南部的京津地区也有直腹鬲的发现，故曾有以直腹鬲代表的遗存由北而南发展的推测，可是燕山南麓的直腹鬲与燕山以北的鼓腹鬲一样，都是从自己的中心地区分化出来的，见诸燕山南麓的直腹鬲不完全是它的晚期形态，便足以否定这类遗存由北而南发展的推测。属于晚商时期后坟所出的直腹鬲，很难在燕山地区找到它的延续线索，就形态和制法的传统看，松嫩平原白金宝文化[42]的直腹鬲与它非常接近，松嫩平原是无鬲地区，西周以后大量出现了鬲，显然是有鬲文化强烈冲击或直接插入的结果。

来自燕山南麓龙山时期的鼓腹鬲，在夏商时期有稳定的连续的发展过程。进入西周以后的继承者，可以辽宁朝阳水泉T27③：3[43]为代表，而赤峰红山后的1件[44]，则是鼓腹鬲C支的延续。近来，鼓腹鬲最东的分布，已在锦州附近发现，反映出此类陶鬲有逐渐向东推进的趋势。鼓腹鬲的东进和直腹鬲的北上，显然不是偶然的巧合，这种现象应是中原夏商文化不断发展，逐渐向东北方向扩张渗透所造成的连锁反应。

四

燕山地区夏商时期四类陶鬲在西周时期不断延续的事实，自然缩短了它们与有关文献的年代差距，从而有条件把陶鬲谱系及其相关问题与文献记载结合起来考虑。

第一，关于土著燕人的文化遗存。《史记》关于西周燕国的记载，由于考古发现和研究已成为信史，但是，这里已知的西周时期的考古资料，除了典型的周文化，再就是商文化在西周时期的延续，然而，该地区的土著居民，无疑应当有自己的文化传统和历史渊源。过去，考古文献以战国的燕式鬲代指燕文化，便是出于探索土著燕人遗存的良好愿望。囿于考古资料的限制，这种愿望未能实现。不要说西周以前，就是西周时期土著燕人的物质遗存，也鲜为人知。据本文的分析，燕山西南部的斜腹鬲代表的遗存，从陶鬲的谱系和分布范围等方面，都与战国或春秋晚期的燕文化有亲缘关系，因此，应是土著燕人所代表的遗存。值得注意的是，这类遗存始终与商式鬲代表的遗存关系密切，而与周文化的关系相对疏远。见诸房山琉璃河西周燕国贵族墓地[45]中，只有周式鬲和商式鬲的共存，而不见斜腹鬲；在富位和炭山等遗址中只见斜腹鬲与商式鬲，而不见周式鬲，或许可以反映这种情况。但是，到了春秋晚期土著燕人游离于西周燕文化之外的情况，便骤然改变，北京怀柔城北东周墓葬中商人、周人和土著燕人陶器共生的现象，为这一认识提供了根据，同时也表明西周时期的燕文化与战国时期的燕文化具有质的差别。

第二，关于燕亳所属的文化遗存。《左传》昭公九年将肃慎与燕亳并提，指明了燕亳是商周之际仍然存在的古族。一般国内的研究者，都是把燕亳作为当地土著居民看待的，认为它是"一个自然生长的国家，武王灭商以前已存在于北方……武王不过是承认它为诸侯之邦而已，并非召公迁建"[46]，或者"夏家店下层文化燕山型同燕亳应该是有联系的，也有可能两者就是一回事"[47]。其实，大凡文献记载的亳与商文化都有某种内在联系，例如偃师的西亳就发现了商城[48]；郑州的亳城也以二里冈商文化而闻名；陕西的杜亳虽然有关记载的文献成书年代要晚，但西安老牛坡[49]也发现了商人的墓地；至于山东的薄姑能否通作亳姑，当然需要古文字学家的考证，不过，那一带也确有商文化的发现。

"亳社"大约是商人特有的某种形式用于祭祀活动的建筑。据《左传》记载，春秋时期宋、燕、卫、晋、鲁等国家，均有亳地，这大概是周人灭商之后，像文献所记载的那样，并没有彻底破坏商人内部的组织结构，而是按宗氏来治理他们的，因此，商人的某些习俗，包括"奉其先祀"也有条件延续下去。《左传》定公四年就有"盟公及三桓于周社，盟国人于亳社"的记载，说明商王朝覆灭之后的相当长的历史时期内，亳社依然存在。这一事实同时揭示出这样一种逻辑：哪里有商人的后裔或其完整的宗族组织——亳社，哪里有亳社，哪里就可能因亳社而产生出亳的地名。反过来，亳的地名和亳社便可借以表示商人的存在了。可见《左传》有关亳地的记载，可以反映西周以后商人分布的实际状况。燕山地区夏商周三个时期商式鬲在太行山东麓连绵发展的事实，房山琉璃河黄土坡的城址，都是燕地商人在这里稳定发展的物质见证。因此，所谓燕亳不过是燕地商人的代名词，而绝非指当地的土著居民。认识这一点，基本上可以确定燕亳仅仅分布于燕山南部的太行山东麓，而在燕亳基础上建立的西周燕国，至少在西周初年，也仅仅集中在太行山东麓。

第三，关于肃慎古族所属的遗存。这是东北考古和东北史研究中经常引起讨论的课题。目前国内学者对于肃慎古族的地望，主要有三种推测，一是在黑龙江下游[50]，二是在吉林中部[51]，三是在辽西地区[52]，至于山东半岛说[53]，很少有人提及了。现在人们赖以谈论肃慎古族较早的文献，主要有以下几点：

A 今本《竹书记年》：舜二十五年"息慎氏来朝弓矢。"

B《淮南子·原道训》："昔舜能理三苗纳肃慎。"

C《左传》昭公九年："及武王克商……肃慎燕亳吾北土也。"

D《尚书·序》："成王既伐东夷，肃慎来贺。"

E《国语·鲁语下》，仲尼曰"隼之来之远矣，此肃慎氏之矢也。"

F《史记·司马相如列传》："且齐东者巨海……邪与肃慎为邻。"

据A、B两条，知肃慎在夏代之前（即龙山时代晚期）便与中原地区发生了联系；C、D、E、F四条，则说明此族自商、西周直到春秋战国时期，当有连续发展的线索，其中C条表明商周之际肃慎是与燕亳为邻的，F条更反映出春秋战国时期肃慎的具体方位。因此，若从文献推测肃慎古族所属的遗存，必须考虑从龙山时代以后到春秋时期，有连续发展的线索，其地与燕亳为邻，并曾与东北地区发生过文化联系这三条因素。据此可知，肃慎在黑龙江下游说，不论与较早的文献，还是考古学资料，都有很大差距，显然不足为信。关于肃慎在吉林中部说的主要依据，是西团山文化，而西团山文化不早于西周时期，因而年代上存在着难以克服的矛盾。关于肃慎在辽宁西部说，主要依据的是夏家店下层文化，该文化晚商时期在燕山南麓已销声匿迹了，且与燕亳之间，尚隔有以鼓腹鬲代表的燕山南麓的土著居民，因此，也与前述文献相抵牾。

根据上文所引的文献，燕山地区的肃慎古族，只能是以鼓腹鬲为代表的遗存。这类遗存自龙山时代以来有明确的发展线索，到春秋时期仍然有迹可循，与燕亳为邻；晚商又有东进的趋势，曾与东北地区的古文化发生过联系。可见，肃慎古族的遗存，非此莫属了。《后汉书》、《三国志》皆称挹娄即古肃慎国，而挹娄确在东北，这些记载大概正是对燕山地区鼓腹鬲系统代表的遗存，进入东北地区以后的朦胧记忆。

需要指出，过去人们一般把肃慎的老家推定在东北地区，除了较晚的文献把挹娄说成是肃慎外，其中很重要的原因，是出于对燕亳和西周燕国疆域理解的误会。至少现在还有许多同志认为晚商的燕亳和西周的燕国相等，包括了整个燕山南麓和燕山以北的部分地区，以为辽宁凌源马厂沟小转山北坡等地发现的带有铭文的青铜器，是燕国疆域的最佳物证[54]。可是，这种青铜礼器完全可以通过联盟、联姻、掠夺等多种途径，从燕国传向另一集团，甚至通过后者间接地传递到第三集团。考古学文化之间的交流，文化因素的流动与某国的疆域，显然是完全不同的两回事。有的同志注意到喀左窖藏青铜器中，有不见于中原同期青铜器的因素[55]，是很重要的，北京平谷刘家河商代墓葬[56]中，也有此类现象，倘若该墓不出金臂钏，那么，很可能把它误作商人最北的墓葬。正是由于金臂钏的客观存在，人们就不能简单地以商文化的青铜器来判定该墓主人的族属。与商文化相邻的平谷刘家河墓葬尚且如此，对于更加遥远的喀左地区的窖藏青铜器，不是应该有更具体的分析吗？根据本文的分析，商周之际的燕亳和西周的燕国，仅仅分布在太行山东麓，而燕山南麓的京津唐地区，并不在燕亳和周初燕国所辖的范围之内，文献中关于晚商时期这里有孤竹，春秋时期有无终、令支的存在，与本文据陶鬲类型学的分析所得认识大体吻合。如此看来，肃慎这个在东北史研究中反复讨论的古族，其原生地竟在燕山南麓。

五

以往，在燕山地区夏商时期的文化遗存，大都被纳入夏家店下层文化的范畴，并在此基础上讨论它们的年代与类型。尽管人们已注意到鼓腹鬲系统和直腹鬲系统的遗存，在分布上的区别和陶器群方面的差异，而将它们分别称为雪山型、辽西型，或燕南型、燕北型。近年又有以大坨头类型代称燕南型者。不论怎样易名，所指遗存完全相同，而且从文化系统上，是把两者视为一体的。其实，鼓腹鬲和直腹鬲代表的遗存，不仅仅有自己的分布中心，不仅仅在陶鬲谱系上存在重要区别，从宏观上看，也当分属不同的文化系统。

从目前的资料看，以直腹鬲为代表的夏家店下层文化中，很有特色的三足盘、细把盘形豆、簋形器、三足罐形鼎和不带腰隔的甗，都与山东龙山文化乃至岳石文化的同类器，极为相似，特别是早期的直腹鬲与茌平尚庄[57]的直腹鬲，在形态和制法上如出一辙。这些共性反映出夏家店下层文化与山东龙山文化和岳石文化有某种亲缘关系，它们当属于同一大的文化系统。相比之下，以鼓腹鬲为代表的燕山南麓的土著遗存，则明显继承了黄土高原地区考古文化的许多特点，例如发达的绳纹，带腰隔的甗，缺乏鼎、壶等器类。这些特点表明燕山南麓鼓腹鬲代表的遗存，应属于以黄土高原为中心的面向亚洲腹地的文化区域；而夏家店下层文化，则属于以沂泰为中心的面向海洋的文化区域。这两大文化区域不同系统遗存，在燕山地区长期的碰撞和相互渗透，造成了燕山地区诸遗址中往往同时存在不同谱系的遗存，但是这两类遗存仍然是泾渭分明。不同的文化传统反映了两者代表着不同的人们共同体，因此，不宜将燕山南麓夏商时期的遗存归入夏家店下层文化。

燕山地区的夏商时期，除了面向海洋的文化区域和以黄土高原为中心的面向亚洲腹地文化区域诸文化复杂的交织关系外，北方青铜文化也不断地向此地渗入。此外，燕山东部地区对此也有明显的影响，翁牛特旗的蛇纹鬲，易县北福地堆纹口高领鬲，大甸子横耳鬲，都可以说明这个问题。另外，燕山地区对于邻近地区也有影响，例如山东昌乐县邹家庄遗址 F4：1[58]绳纹鬲，就是燕山南麓鼓腹鬲 B 支的继承者。

上述认识可以下表作为总结：

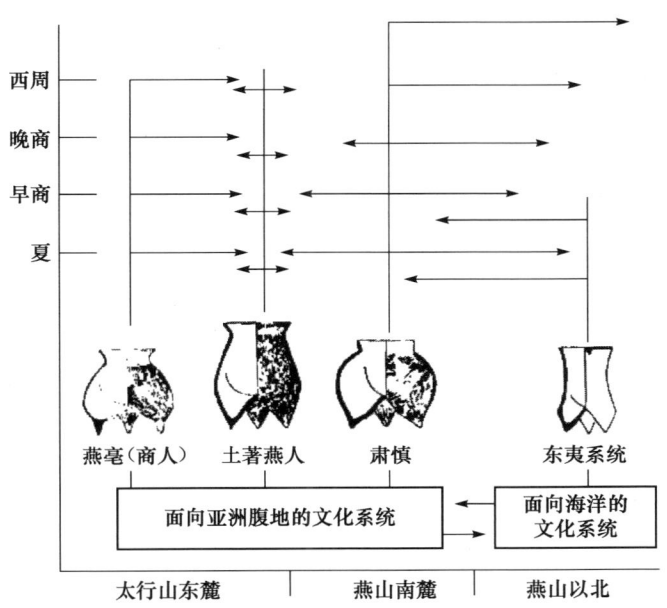

早在 40 年前，苏秉琦先生在研究斗鸡台瓦鬲时，就形象地将鬲概括为"中华古文化的一种代表化石"[59]。在黄河流域和本文的燕山地区，成熟形态的鬲是夏商周三代的标型器，它与华夏文明形成时期相始终的事实，使这种器物显得特别的重要。正如苏秉琦先生所说的那样："瓦鬲不但可以目为中华古文化的代表化石，对于追溯中华古文化的始源与流变问题，更具有特别的意义。因此，瓦鬲的研究可以成为中国考古学上的单独课题。"[60]

注　释

[1]　中国科学院考古研究所内蒙古工作队：《赤峰药王庙、夏家店遗址试掘报告》，《考古学报》1974 年第 1 期。

[2]　中国科学院考古研究所内蒙古工作队：《赤峰药王庙、夏家店遗址试掘报告》，《考古学报》1974 年第 1 期。

[3]　中国社会科学院考古研究所内蒙古工作队：《赤峰蜘蛛山遗址的试掘》，《考古学报》1979 年第 2 期。

[4] 辽宁省博物馆、昭乌达盟文物工作站、赤峰县文化馆：《内蒙古赤峰县四分地东山嘴遗址试掘简报》，《考古》1983年第5期。

[5] A. 内蒙古文物工作队：《敖汉旗汉杖子古墓葬发掘简报》，《内蒙古文物考古》第3期。B. 中国科学院考古研究所辽宁工作队：《敖汉旗大甸子遗址1974年试掘简报》，《考古》1975年第2期；中国社会科学院考古研究所：《新中国的考古发现和研究》，文物出版社，1984年，图八五；辽宁省博物馆、昭乌达盟文物工作站、敖汉旗文化馆：《辽宁省敖汉旗小河沿三种原始文化的发现》，《文物》1977年第12期。

[6] 刘观民：《试析夏家店下层文化的陶鬲》，《中国考古学研究》，文物出版社，1986年。

[7] 中国科学院考古研究所内蒙古工作队：《宁城南山根遗址发掘报告》，《考古学报》1975年第1期；内蒙古自治区文物工作队：《内蒙古宁城县小榆树林子遗址试掘简报》，《考古》1965年第12期。

[8] 辽宁省博物馆、朝阳市博物馆：《建平水泉遗址发掘简报》，《辽海文物学刊》1986年第2期。

[9] 辽宁省文物干部培训班：《辽宁北票县丰下遗址1972年春发掘简报》，《考古》1976年第3期。

[10] 喀左县文化馆：《记喀左县后坟村发现的一组陶器》，《考古》1982年第1期。

[11] 孙国平：《朝阳胜利三角城子遗址群调查记》，《辽宁文物》1982年第3期。

[12] 刘谦：《锦州山河营子遗址发掘报告》，《考古》1986年第10期。

[13] 《貔子窝》，1928年。

[14] A. 邹衡：《夏商周考古学论文集》，文物出版社，1980年。B. 韩嘉谷：《京津地区商周时期古文化发展的一点线索》，《中国考古学会第三届年会论文集·1981》，文物出版社，1984年。

[15] 北京市文物管理处、中国社会科学院考古研究所、房山县文教局琉璃河考古工作队：《北京琉璃河夏家店下层文化墓葬》，《考古》1976年第1期。

[16] 张家口考古队：《蔚县夏商时期考古的主要收获》，《考古与文物》1984年第1期。

[17] 安志敏：《唐山石棺墓及其相关的遗物》，《考古学报》第7册，1953—1955年。

[18] 天津市文化局考古发掘队：《河北大厂回族自治县大坨头遗址发掘简报》，《考古》1966年第1期。

[19] 拒马河考古队：《河北省易县涞水古遗址试掘报告》，《考古学报》1988年第4期。

[20] 拒马河考古队：《河北省易县涞水古遗址试掘报告》，《考古学报》1988年第4期。

[21] 拒马河考古队：《河北省易县涞水古遗址试掘报告》，《考古学报》1988年第4期。

[22] 拒马河考古队：《河北省易县涞水古遗址试掘报告》，《考古学报》1988年第4期。

[23] 天津市文物管理处：《天津蓟县张家园遗址试掘简报》，《文物资料丛刊》（1），文物出版社，1977年；天津市历史博物馆考古队：《天津蓟县张家园遗址第二次发掘》，《考古》1984年第8期。

[24] 天津市文物管理处考古队：《天津蓟县围坊遗址发掘报告》，《考古》1983年第10期。

[25] 张家口考古队：《蔚县夏商时期考古的主要收获》，《考古与文物》1984年第1期。

[26] 张家口考古队：《蔚县夏商时期考古的主要收获》，《考古与文物》1984年第1期。

[27] 张家口考古队:《蔚县夏商时期考古的主要收获》,《考古与文物》1984年第1期。

[28] A. 内蒙古文物工作队:《敖汉旗汉杖子古墓葬发掘简报》,《内蒙古文物考古》第3期。B. 中国科学院考古研究所辽宁工作队:《敖汉旗大甸子遗址1974年试掘简报》,《考古》1975年第2期;中国社会科学院考古研究所:《新中国的考古发现和研究》,文物出版社,1984年,图八五;辽宁省博物馆、昭乌达盟文物工作站、敖汉旗文化馆:《辽宁省敖汉旗小河沿三种原始文化的发现》,《文物》1977年第12期。

[29] 陶宗冶:《河北张家口考古调查简报》,《考古与文物》1985年第6期。

[30] 张忠培、孔哲生、张文军等:《夏家店下层文化研究》,《考古学文化论集》,文物出版社,1988年。

[31] 韩嘉谷:《京津地区商周时期古文化发展的一点线索》,《中国考古学会第三届年会论文集·1981》,文物出版社,1984年。

[32] 邹衡:《夏商周考古学论文集》,文物出版社,1980年。

[33] 邹衡:《夏商周考古学论文集》,文物出版社,1980年。

[34] 邹衡:《夏商周考古学论文集》,文物出版社,1980年。

[35] 王国维:《观堂集林》,中华书局,1985年。

[36] 北京市文物局工作队:《建国以来北京市考古和文物保护工作》,《文物考古三十年》,文物出版社,1979年。

[37] A. 邹衡:《夏商周考古学论文集》,文物出版社,1980年。B. 韩嘉谷:《京津地区商周时期古文化发展的一点线索》,《中国考古学会第三届年会论文集·1981》,文物出版社,1984年。

[38] 中国历史博物馆考古组:《燕下都城址调查报告》,《考古》1962年第1期,图六:12。

[39] 郭仁:《北京怀柔城北东周两汉墓葬》,《考古》1962年第3期。

[40] 中国历史博物馆考古组:《燕下都城址调查报告》,《考古》1962年第1期,图六:12。

[41] 拒马河考古队:《河北省易县涞水古遗址试掘报告》,《考古学报》1988年第4期。

[42] 黑龙江省文物考古工作队:《黑龙江肇源白金宝遗址第一次发掘》,《考古》1980年第4期,图一:5。

[43] 辽宁省博物馆:《建平水泉遗址发掘简报》,《辽海文物学刊》1986年第2期。

[44] 滨田耕作、水野清一:《赤峰红山后》,《东亚考古学丛刊》甲种第6册,东亚考古学会,1938年。

[45] 中国社会科学院考古研究所、北京市文物工作队琉璃河考古队:《1981—1983年琉璃河西周燕国墓地发掘简报》,《考古》1984年第5期。

[46] 郭沫若:《中国古代社会研究》,人民出版社,1954年。

[47] 邹衡:《夏商周考古学论文集》,文物出版社,1980年。

[48] 中国社会科学院考古研究所河南二队:《1984年春偃师尸乡沟商城宫殿遗址发掘简报》,《考古》1985年第4期。

[49] 西北大学历史系考古专业:《西安老牛坡商代墓地的发掘》,《文物》1988年第6期。

[50] 张博泉:《东北地方史稿》,吉林大学出版社,1985年。

[51] 佟柱臣:《吉林的新石器时代文化》,《考古通讯》1955年第2期。

[52] 邹衡:《夏商周考古学论文集》,文物出版社,1980年。
[53] 金毓黻:《东北通史》。
[54] A.佟柱臣:《吉林的新石器时代文化》,《考古通讯》1955年第2期。B.中国科学院考古研究所:《新中国的考古收获》,文物出版社,1961年。C.陈梦家:《西周铜器断代(二)》,《考古学报》第十册。D.喀左县文化馆、朝阳地区博物馆、辽宁省博物馆北洞文物发掘小组:《辽宁喀左县北洞村出土的殷周青铜器》,《考古》1974年第6期。
[55] 喀左县文化馆、朝阳地区博物馆、辽宁省博物馆北洞文物发掘小组:《辽宁喀左县北洞村出土的殷周青铜器》,《文物》1977年第12期。
[56] 北京市文物管理处:《北京市平谷县发现商代墓葬》,《文物》1977年第11期。
[57] 山东省博物馆、聊城地区文化局、茌平县文化馆:《山东茌平县尚庄遗址第一次发掘简报》,《文物》1978年第4期。
[58] 北京大学考古实习队、昌乐县图书馆:《山东昌乐县邹家庄遗址发掘简报》,《考古》1987年第5期。
[59] 《苏秉琦考古学论述选集》,文物出版社,1984年。
[60] 《苏秉琦考古学论述选集》,文物出版社,1984年。

(原载于《北方文物》1989年第2期)

庙底沟二期文化的几个问题

一

庙底沟二期文化是黄河中游地区最先进入龙山时代的考古学文化。它得名于1956年发掘的河南陕县庙底沟遗址[1]，但最初的发现可追溯到20世纪20年代初瑞典学者安特生发掘的河南渑池仰韶村和不召寨遗址中[2]，对此我国学者早有论述[3]。60多年来，这种文化的资料虽然不断有所积累，但对它较全面的研究却是最近几年的事情。

目前，在该文化的研究中，存在着一个应引起重视的倾向，即不论从纵的方面探讨它的年代分期，还是从横的方面探讨它的类型划分，都有不断扩大概念的趋势。有些文章把山西夏县东下冯龙山早期，芮城西王村上层、陕西商县紫荆四期遗存的部分单位、扶风案板三期遗存，甚至把河南郑州大河村五期遗存统统包括在该文化中[4]。如此，庙底沟二期文化的年代跨度拉长了，类型增多了，但它的概念却更加模糊了。这种使概念不断外延的倾向，主要是由于《庙底沟与三里桥》（以下简称《庙底沟》）及后来的一些研究者把庙底沟遗址第二期遗存视为一个不可分割的整体所造成的。因此，这个文化自被认识以来，便具有天然的模糊色彩[5]，直接影响了后来的研究。事实上，庙底沟遗址第二期遗存是包含了不同年代、不同性质遗存的复合体，是可以进行再分析的。

二

属于庙底沟遗址第二期遗存的有房址1座、陶窑1座、灰坑26个、墓葬145座，它们大都分布在T500区。通过第551号房址被同时期的灰层所叠压的零星介绍可以了解到，这些单位间存在着一定的表明时间早晚的相互关系。遗憾的是《庙底沟》一书插图中没有T500区的遗迹平面图，文字中也没有详细介绍该区遗迹间的相互关系，给进一步研究带来了一定的困难。本文的分析只能依靠《庙底沟》一书所提供的陶器共生关系，并通过对陕晋豫地区早于和晚于庙底沟遗址二期阶段的有关遗存的同类器物的演变规律，辨识和确认诸单位的相对关系，进而探讨它们的年代及差异。

《庙底沟》提供的资料较全面的单位有：H568、H563、H569、H202、H558、H35、H564、H570。

H568 发表的陶器有瓶口、素面折沿罐、鼎、罐、双耳盘、盆、夹砂折沿罐、器底等9件。其中，瓶口（H568：21）的喇叭状颈下都有1周凸棱，细泥黑陶。素面折沿罐（H568：36）为宽折沿，鼓腹，细泥黑陶。鼎（H568：35）为罐形，宽折沿，鼓腹，唇按压指印纹，鼎足外撇。夹砂折沿罐（H568：29）方唇，深腹，腹微鼓，唇按压花边，通体拍竖向篮纹，其上又饰附加堆纹，夹砂粗陶。盆（H568：30）口部亦印有花边，弧腹较直，大平底。

H563 发表的陶器有平底瓶、杯、盆、器盖、罐、钵、釜8件。平底瓶（H563：44）喇叭口，溜肩，腹饰横篮纹，泥质灰陶。杯（H563：07）和盆（H563：50）均细泥红陶。钵（H563：45，《庙底沟》原称盆）大敞口，斜壁，近底处曲收，小平底，饰横篮纹，夹砂粗灰陶。釜（H563：34，《庙底沟》原称盆）方唇，折沿，夹砂粗灰陶。

H569 只发表了2件完整器。鼎（H569：19）折沿，深腹，圜底。斝（H569：03）高领，扁腹，三空足上部内聚。

H202 发表的器物也不多。盆（H202：27）深腹，壁微内弧，平底，夹砂粗灰陶。夹砂罐（H202：04）方唇，折沿，整体作筒状，饰篮纹，口沿以下饰附加堆纹。单耳罐（H202：20）尖圆唇，折沿斜侈，腹饰篮纹。

H558 发表了6件陶器。鼎2件（H558：54、H558：50），其一卷沿圆唇，斜直腹，平底；另一件（H558：50）圆唇侈口，斜直腹，近底处折收，均夹砂粗灰陶。斝（H558：52）直领，深腹，下腹圆折，三空足上部分离，夹砂粗灰陶。盆3件（H558：42、H558：35、H558：53），一件（H558：42）敞口，圆唇微侈，深腹；另两件盆均浅腹，平底，腹附鋬耳。

H35 是发表陶器较多的单位之一。其中有夹砂罐2件、灶2件，斝、盆、碗各1件。夹砂罐（H35：93）口微侈，斜直腹，饰篮纹，其上又饰若干周附加堆纹。斝（H35：92）高领斜侈，扁腹圆折，三空足分置于器底的边缘。灶（H35：90）整体器身为筒形，近底处有近方形的灶门，接近口缘处有4个相对称的灶眼，饰横篮纹，其上又饰数周附加堆纹。

H564 发表的陶器有小口折肩平底瓶、小口圆肩罐、斝、鼎、罐、盆等。小口折肩、平底瓶（H564：23）肩、腹均饰横篮纹，泥质灰陶。斝（H564：20）斜直领，腹饰绳纹，三空足分置于器底的边缘。鼎（H564：25）鼓腹，夹砂粗灰陶。另外，罐（H564：37）为直领，鼓肩，底微上凹。

H570 发表了细泥黑陶圈足碗（H570：23）和折沿夹砂粗灰陶罐（H570：21）两件陶器。

如果将上述单位作一比较，可以发现它们之间存在着区别：H568 的喇叭口瓶、素面折沿罐和口部压有"花边"的鼎不见于其他单位；H569、H558、H35、H564 的斝和釜灶也不见于 H568 和 H570，这些单位的夹砂罐既不像 H568 的那样在方唇上按压"花边"，口沿宽、折的程度也明显不如 H570 的为甚，而后者的圈足碗（H570：23）又与

H568∶33 接近。据此，可把上述单位分为 A、B 两群。A 群有 H568 和 H570 两单位，B 群包括 H563、H569、H564、H202、H35、H558 等单位。

将 A、B 两群陶器与目前一般称为"庙底沟二期文化"的遗存作比较，可看到这样的情况：

第一，有一部分遗存与 A 群相同。山西夏县东下冯[6]小口尖底瓶（H230∶1）、夹砂罐（H208∶5），芮城西王村[7]小口瓶（H4∶2∶45）、素面折沿罐（H3∶3∶2），襄汾陶寺[8]喇叭口瓶和夹砂罐（H356∶18、H356∶14），陕西商县紫荆[9]的喇叭口瓶、夹砂罐（H124∶20、H124∶21），长安花楼子的喇叭口瓶、夹砂罐（H11②∶1、H11②∶5），华阴横阵[10] H37 的尖底瓶，山西平陆盘南村[11] H1 的夹砂罐，分别与庙底沟 A 群的同类器相同（图一）。华阴横阵 H91 的彩陶与盘南村 H1，东下冯 H215∶1、T202④∶1 相同，这不仅表明它属于 A 群，而且反映了彩陶是 A 群的基本特征之一。至于庙底沟 C3 深腹盆（0∶13），显然应归入 A 群。

第二，有一部分遗存与 B 群相同。山西垣曲龙王崖[12]的小口瓶（H106∶11）、釜（T105∶5）、灶（H104∶8），垣曲古城东关[13]的小口平底瓶、釜灶、斝、鼎、钵（H251∶54、H251∶45、H251∶16、H251∶43、H251∶58），垣曲丰村[14]的釜（H204∶6）、夹砂罐（T212∶4∶15）、单把罐（T201∶3D∶21），以及襄汾陶寺早期[15]的小口平底瓶和斝（M3002∶10、M3002∶2）、釜灶（T1∶3B∶3）、夹砂罐（H103∶7）、鼎（M2053∶4）、单把罐（M1111∶5），陕西绥德小官道[16] G2F2∶8，二里头 H1 等，都可以在庙底沟遗址 B 群中找到对应的器形（图二）。需要说明的是，B 群中的小口瓶、斝、夹砂罐和釜灶等尚有型别差异和指示年代差的式别变化。

第三，有部分遗存与 B 群有某些联系，但又有许多区别。陕西扶风案板三期[17]的夹砂罐（H7∶24）、斝（H20∶37），武功浒西庄[18]的斝（H33∶16），与庙底沟遗址 B 群同类器相一致，但这些单位中其他数量较多的器物又与庙底沟遗址 B 群陶器判然有别，两者之间显然不能简单地划一等号。

第四，还有的遗存既不同于 A 群，又与 B 群缺乏联系。河南郑州大河村五期遗存[19]中既没有 A 群的喇叭口尖底瓶，又没有 B 群的斝、夹砂罐、小口平底瓶及釜灶等器物，显然与庙底沟遗址第二期遗存无涉。陕西长安花楼子遗址[20]所谓庙底沟二期文化，实际上属于半坡四期遗存的偏晚阶段，这两种遗存泾渭分明，不能混淆。

耐人寻味的是，已有的资料表明，属于庙底沟 A、B 两群的陶器绝不共生，凡 A 群的单位就不出 B 群的陶器，B 群的单位也不出 A 群的典型陶器。

三

以往对庙底沟二期文化的认识主要来自庙底沟遗址第二期遗存。上文已将该遗址第二期遗存分为 A、B 两群，因此，这两群陶器的年代和性质等问题，是认识庙底沟二期

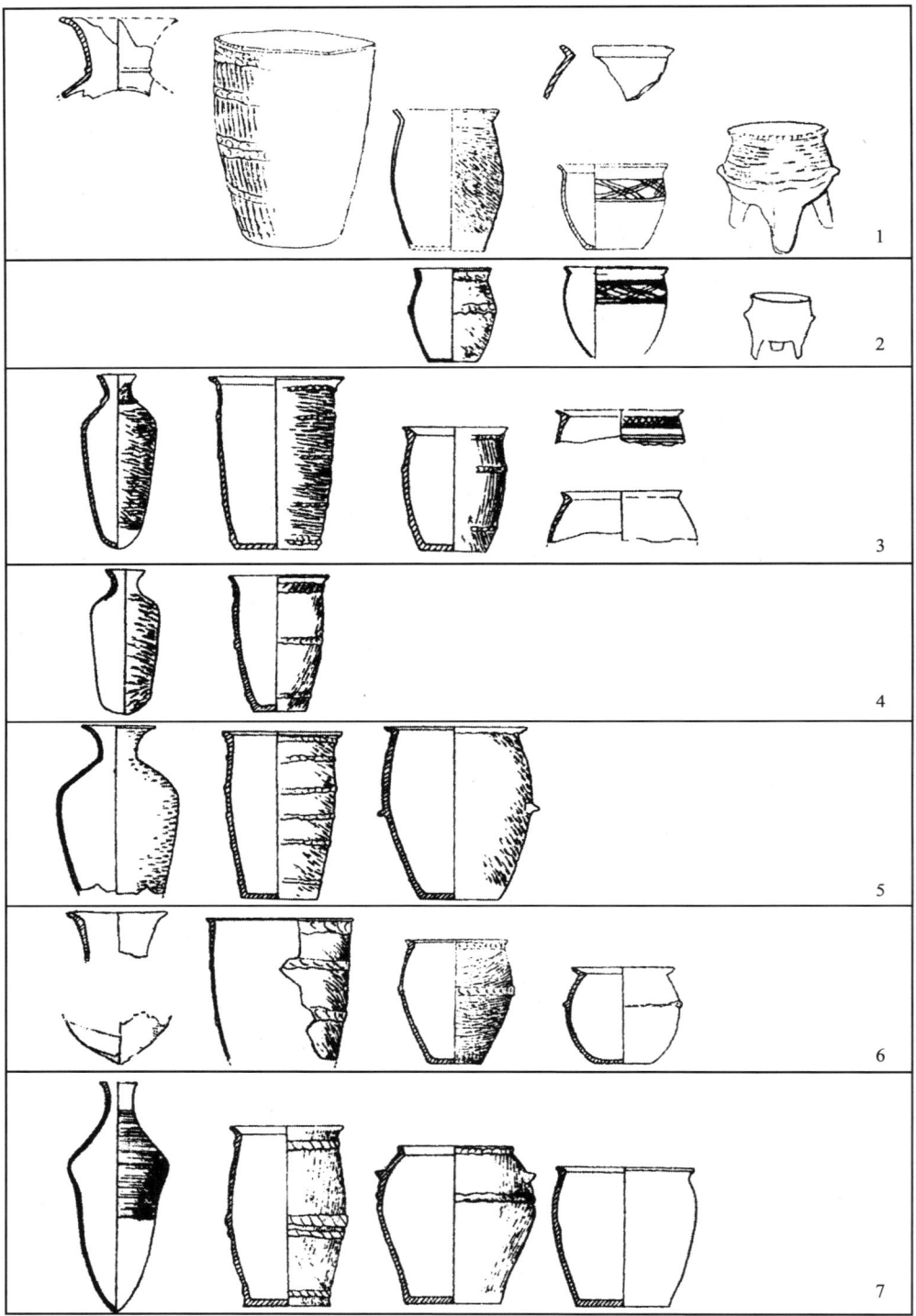

图一 庙底沟遗址 A 群及其他遗址同类陶器的比较
1. 庙底沟 H568、H570　2. 盘南村 H1　3. 东下冯 H230、H208　4. 紫荆 H124　5. 陶寺 H356、H3438
6. 西王村 H18　7. 花楼子 H11

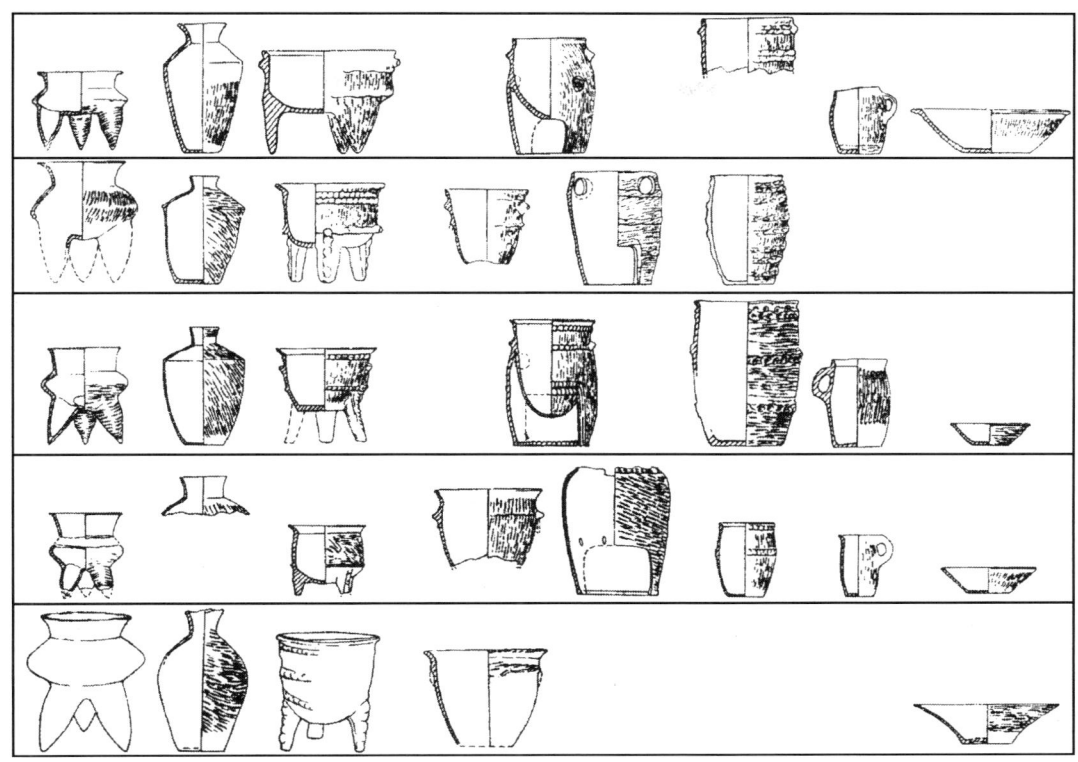

图二　庙底沟遗址 B 群及其他遗址同类陶器的比较（庙底沟二期文化典型器的演进趋向）
自下而上：I. 庙底沟 H563、H569　II. 二里头 H1、龙王崖 104　III. 古城东关 H251　IV. 庙底沟 H35、H564
V. 陶寺早期

文化的关键。这里首先分析庙底沟遗址数量最多的 B 群陶器。

从陕晋豫地区半坡四期以后的陶器演化规律来看，庙底沟 B 群的 H563 的喇叭口平底瓶（H563：44）应是 A 群 H568 同类器物的继承者，年代应晚于 H568，而 H564 小口折肩平底瓶（H564：23）又当晚于 H563：44，据此可推知 H564 晚于 H563。H564 的斝（H564：20）与 H35 所出的斝（H35：92）形制虽有区别，但斝足与器底结合的部位相同，可作为两者年代相近的证据。H35 的夹砂罐（H35：93）折沿已经消失。从本地半坡四期以后的夹砂罐口部折沿由加厚到竖立直至消失的规律看，H202 所出的夹砂罐（H202：04）明显早于 H35 所出者。另外，这里的釜源于夹砂罐，因而其口沿变化与后者自有相通之处。H563 釜的口沿外侈程度较 H202 的夹砂罐为甚，故 H202 当早于 H35 和 H564，晚于 H563。H558 斝足的位置与 H564 的相同，故年代相近。H569 所出的斝三空足上部内聚相连，且深腹罐形鼎都早于 H35 和 H564 的同类器，这里暂归入 H563 代表的阶段。

根据以上分析，可把庙底沟遗址 B 群的单位分为 3 个年代组：H563 和 H569 最早，H202 次之，H35、H564 和 H558 最晚。按照这种认识分析山西垣曲古城东关、龙王崖、丰村、襄汾陶寺的资料，可以把庙底沟遗址 B 群陶器的演变关系归纳为图二。

图二中显示出陶器的以下一些演变过程：釜由折沿向直口发展，它与灶的结合部位逐渐升高；夹砂罐由折沿或侈沿向无沿直口的方向变化；斝由三空足内聚相连而逐渐走向分离；单把罐折沿趋于消失，把手的位置下移；鼎由深至浅；钵由斜直口发展到平沿。

B 群陶器的演进特点及陶器组合特征鲜明地反映出与 A 群存在着质的区别，可以断定 B 群在年代上晚于 A 群。现在的问题是，两者能否归为同一种考古学文化。

先看 A 群陶器。从宏观方面考察，A 群陶器与半坡四期遗存（或西王村Ⅲ期遗存）最为密切，它们的陶器组合基本相同，至少小口尖底瓶没有中断，彩陶还在延续，夹砂罐依然是主要的炊器。如果把小口尖底瓶和彩陶作为陕晋豫地区仰韶时代的特征，那么 A 群当归入仰韶时代。与此相反，B 群陶器则具有质的变化。尖底瓶被平底瓶所替代，斝脱颖而出，釜灶大量使用，一改仰韶时代的传统。这种变化既鲜明又突出，远远超过了 A 群与半坡四期的差别，充分显示了一个新时代的到来。过去，把庙底沟二期文化称作"过渡性遗存"[21]，是因为 A 群陶器确具有仰韶时代的特征，而 B 群陶器又具有龙山时代的特征。在资料和认识都不充分的 30 多年以前，未能将 A、B 两群陶器正确地区分开来是可以理解的。现在众多的资料都证明 A、B 两群面貌截然不同的陶器绝不共生，在襄汾陶寺还获得了 A 群早于 B 群的直接层位关系[22]，因此，把两者区分开就不仅是必要的，也完全是必然的。"过渡性遗存"的概念应该随着认识的深化而被淘汰。

如果根据 A、B 群陶器将庙底沟二期文化仅仅划分为早晚两个阶段，实际上是抹杀了 A、B 两群陶器在质的方面的差别。同一考古学文化不同阶段遗存的差别和同一时代的不同考古学文化之间的差别，以及不同时代的不同考古学文化之间的差别，显然是不相同的。以一二种典型器物为代表的陶器组合的变化应是不同考古学文化之间的差别。对于庙底沟 A、B 两群陶器来说，它们的差别更具有表示时代的意义。正是基于这种认识，有的学者在 10 年前就将西王村遗址中与本文 A 群相似的遗存称为西王村Ⅲ期文化[23]。

至此，可以得出这样的认识：庙底沟 A、B 两群陶器所代表的遗存年代不同、性质有别，当分属于两个不同的考古学文化。A 群为半坡四期文化或西王村Ⅲ期文化，B 群才是庙底沟二期文化。以小口平底瓶、斝、釜灶、夹砂罐和鼎构成的陶器基本组合是庙底沟二期文化的本质所在，是该文化时间和空间方面的重要指征，也是确认和讨论庙底沟二期文化的基点。换言之，该文化的陶器组合、特征与早于它的遗存相比是含斝而无喇叭口尖底瓶，与晚于它的遗存相比则不包含鬲，这正是它处在龙山时代早期所特有的标志。本文把陶寺早期归入庙底沟二期文化，将陶寺中、晚期遗存排除在外，其主要依据也就在此。

关于陶寺早期与庙底沟二期文化的关系，一般认为，两者的陶系十分接近，灰陶都居绝对多数，陶器的制法基本相同，器类器形方面存在较多的共同之处；生产工具与庙底沟二期的同类器的形制颇为一致；陶寺早期半地穴式白灰面房子常在室内一侧掏小龛或窑洞的做法、灰坑的形制等，都与庙底沟遗址二期的相似；就墓葬形制、葬式和没有随葬陶器这几点看，两者也颇为相像[24]。概括地说，陶寺早期斝、釜灶、夹砂罐、鼎、折肩平底瓶的基本组合没有变，构成文化特征的基本要素没有变，传统的生活习俗没有变，因此，它应属于庙底沟二期文化。河南渑池郑窑[25]、仰韶村和不召寨[26]，以及陕西华阴横阵[27]发现的釜灶都与陶寺早期相同，可见它的分布范围远远超出了临汾盆地，正与庙底沟遗址B群陶器的分布相吻合。陶寺早期也有它自身的特点，有一些庙底沟遗址所不见的器物，新出现了凿井技术、玉石器磨制穿孔技术、镶嵌工艺和复杂的图案，这些新的现象多出自大型墓葬中，是墓葬中的特殊现象。由于陶寺遗址的规格、级别和性质是庙底沟遗址所不能等量齐观的，因此，不能根据这些特殊的现象否定陶寺早期与庙底沟遗址B群陶器在陶器组合方面的共同性。依照庙底沟二期文化的指征，陶寺早期的遗存应属于庙底沟二期文化，而陶寺中、晚期遗存则属于另一种考古学文化。

四

与庙底沟遗址B群陶器有所联系的陕西扶风案板三期遗存和武功"浒西庄类型"是否可以归入庙底沟二期文化呢？限于资料，这里只分析前者。

扶风案板三期遗存所包含的文化因素比较复杂，因此，有必要对典型单位作具体分析，才能得出接近客观实际的认识。

H26是发表陶器最多的单位。其中，夹砂罐（H26∶50）最有特色，它与庙底沟二期文化的同类器相似，但侈沿、鼓腹与后者折沿筒腹有着本质不同。就整体形态看它与陇东镇原常山下层[28]的夹砂罐（H26∶10）几乎没有区别。此外H26所出的双耳罐、双大耳罐、单耳杯等也与常山下层的非常相似或完全相同。

H20发表的陶器虽多，但年代很不单纯。H20可分为上下两层，"上层灰土与下层灰土之间夹有一层较纯净的黄土，可知上下两层堆积，应有一段时间的间隔"[29]。根据层位学，H20的两层堆积当做两个单位处理。令人遗憾的是，报告者却把两个单位合并在一起，笼统地以H20一个单位表示。这样有悖于划分两层的初衷，也人为地丧失了一组极好的层位关系。幸好，发掘者指出了上层基本不见喇叭口瓶，据此可推知已发表的两件瓶（H20∶59、H20∶61）应该出于下层，瓮（H20∶55）也有此可能性。如果把其余的陶器姑且作为H20上层所出，那么斝和鼎（H20∶37、H20∶46）显然与庙底沟二期文化的比较接近，斝的空足上部相连与庙底沟H569∶03基本一致，反映了它们的年代当相距不远。子母口罐（H20∶56、H20∶57）榫卯结构的鋬耳与陕西宝鸡石嘴头东区[30] H1∶12、H1∶18完全相同，此类器耳也见于客省庄遗址[31]；釜（H20∶43）与客省庄斝的上部（H68∶16）形态酷似；双耳壶（H20∶42）则与属于常山下层的六十亩坪01形态相同。

H7被认定是较早的单位。但筒形夹砂罐（H7∶26）和单耳罐（H7∶20）与庙底沟遗址 H35 的同类器几乎完全一致，年代亦应相近。罐形斝、瓮、器盖（H7∶29、H7∶10、H7∶85）分别与客省庄遗址的Ⅱ式斝（H85）、覆盘式器盖（H110）及Ⅳ式器盖相近。

基于上述认识，可把案板三期遗存进一步分为三类：第一类以 H26 为代表，包括 H20∶42，是常山下层因素；第二类以 H20∶56、H20∶57、H20∶43、H7∶29、H20∶85、H20∶10 为代表，是客省庄文化因素[32]；第三类以 H20∶37、H20∶46、H7∶26、H20∶20 为代表，是庙底沟二期文化因素。泾水流域相对单纯的常山下层遗存，西安以西的渭河流域地区和以东的渭河下游地区相对单纯的客省庄文化，以及庙底沟二期文化，为辨识和区别案板三期中的这三种文化因素提供了比较依据。泾渭之交的地区比上述地区相对复杂，在这里三种文化有过频繁的接触和交流，因而是研究三种文化年代关系的关键之所。

关于以上单位的相对年代，发掘者认为 H20、H26 属偏晚阶段，H30 和 H7 则早于前两单位。不过从武功赵家来 T101 ⑤层的夹砂罐与其所叠压的 H12 所出夹砂罐的差别看[33]，这里的夹砂罐也有折沿、侈沿向无沿发展的趋势，以及鼓腹向筒腹变化的过程。准此，H30、H7 的直口筒腹夹砂罐应晚于 H26 侈沿鼓腹夹砂罐，前者与庙底沟遗址 H35 接近，后者的与西王村 H18 的夹砂罐相似，这种对比或许有助于说明它们的年代关系。与案板 H26 面貌相近的常山下层 ^{14}C 测定数据为 2930±180B.C.[34]，而案板 H7 为 2670B.C.[35]，与本文据类型学推测的结果相符。至于所谓案板 H26 与 H20 上层的面貌相同，从目前发表的资料中很难得出这样的认识。案板 H26 年代稍早，内涵单纯，完全可以从案板三期中区分出来。如此，案板三期遗存的主体是上文分析的第二、三两类文化因素。

目前，不论对案板三期遗存持何种意见，都不否认它与客省庄文化有某种联系，也不否认与庙底沟二期文化有某种联系，这反映了上文对第二、三两类文化因素的划分是大体上接近客观实际的。现在见诸报道的类似案板三期的资料中，这两种文化因素所占比例大体相当，难分伯仲，在这种情况下，与其把它勉强归入两种文化的任何一方，不如把它作为一个独立的文化类型划分出来，这样似乎更符合客观实际。因为任何一种考古学文化都不仅具有时间方面的过渡性，也具有空间方面的过渡性。这种过渡一般是通过诸多遗迹单位包含的陶器显示出来的，而有时一个遗迹单位包含的陶器反映这种过渡性更为鲜明。遗迹是构成遗存的骨骼，而它们包含的陶器等既决定遗迹的属性，也规定遗存的面貌，如果某遗迹单位所出陶器与另一单位完全不同，那很容易将两者分开，并确认这两个单位是不同个体的骨骼。假若两种完全不同风格的器物出自一个单位，那这个骨骼便无法再行分解了，这样的单位自应属中间类型。陕西彬县下孟村 F1[36]就出有半坡文化和庙底沟文化两种不同风格的陶器，其性质无疑介于两者之间。其实，这种现象在哲学领域早有讨论，恩格斯曾说过："中间形态是存在的，有些机体我们简直没法说它们是植物还是动物，因而我们总不能在植物和动物之间划出鲜明的界限。"[37]目前属于案板三期的遗迹单位中，尚未发现一种单纯文化因素的陶器独立存在，那么，这种不同性质的文化因素混合共生的现象本身就是它的特征。这样，也就无法将它归入庙底沟二期文化了。

五

以本文确认的庙底沟二期文化的指征来考察庙底沟二期文化的空间分布，大体上可以勾画出两个层次。山西省南部以及黄河对岸的河南省灵宝、陕县和渑池是庙底沟二期文化的中心区，其东大致以新函谷关为界，西安以东的渭河下游是它的西区，晋南以北及陕北的黄河两岸是它的北方区，北面似不能越过管岑山。至于庙底沟二期文化影响的波及区则远远超出了上述区域。北面河套地区有它的影响[38]，东面达到了河南偃师、登封[39]，西面波及陕西扶风，南面越过秦岭，陕西西乡李家村遗址也有它的因素[40]。需要指出，这些地点的庙底沟二期文化因素，都属庙底沟二期文化较早阶段，它们在当地都缺乏连续发展的线索。

以晋南为分布中心的庙底沟二期文化，发展到陶寺早期终止了自己的前进步伐。据已知的 ^{14}C 年代测定数据，庙底沟 H558 为 2780±145B.C.[41]，陶寺早期的Ⅱ区 T101H102 为 2875±185B.C.，Ⅱ区 T1∶3B 为 2465±130B.C.，Ⅱ区 T2∶3B 为 2460±140B.C.，Ⅱ区 T2∶3B 为 2340±130B.C.，墓地 H1102∶2 为 2340±130B.C.[42]。庙底沟 H558 陶器在庙底沟二期文化的年代序列中显然不早，故庙底沟二期文化的年代上限不应以 H558 的 ^{14}C 年代数据为依据。陶寺早期另四个年代数据比较接近，自可反映庙底沟二期文化的下限。考虑到甘肃秦安大地湾仰韶晚期[43]、常山下层遗存及陕西商县紫荆 H124[44] 均在 2895B.C. 以前，由此可推知，庙底沟二期文化大约从 2900B.C. 到 2300B.C.，经历了 600 年左右的时间。

目前可以断定庙底沟二期文化的直接前身和主要来源是西王村Ⅲ期遗存。后者很少见到釜灶，但大量口沿加厚、腹贴附加堆纹的夹砂罐似乎与灶的配套使用有所联系，若然，釜灶可能不是庙底沟二期文化所独有的器物，而同夹砂罐一样是从仰韶时期延续下来的。鼎在晋南的出现始于庙底沟二期文化，从其形态来看不外乎折腹和圆腹两类，它们与泰沂地区大汶口文化系统的同类器物完全一致的事实，可证这两种形态的鼎均来自泰沂地区。关于庙底沟二期文化斝的来源，就已知资料分析，尚难以作出肯定的结论，但从现有的资料中可以找到一些线索。河南禹县谷水河[45] Ⅲ期的高领罐形鼎与庙底沟二期较早的斝形态酷似，特别是它上部素面磨光，下半部较为粗糙，也与后来斝的这种特点相同。尤为值得重视的是，谷水河Ⅲ期已经存在着空足三足器——鬶。而禹县谷水河Ⅲ期与西王村Ⅲ期年代相若，早于斝出现的年代。庙底沟二期文化早期的斝足上部内聚，与谷水河Ⅲ期鬶足的形态非常相似。据此可以推断：斝很可能是在鬶的直接影响下，对像谷水河Ⅲ期那种高领罐形鼎加以改造而产生的。这种创造要首先归功于庙底沟二期文化的居民。他们的体质特征与"接近东亚蒙古人种"的大汶口文化系统的居民相似，同时又具有接近"蒙古人种的现代和新石器时代的南亚类型"的仰韶文化居民的特点[46]。这种情况与文化结构分析的认识交验互证，可以说明庙底沟二期文化是东方大汶口文化系统与陕晋豫地区半坡四期遗存长期碰撞、频繁交流、逐步融合的结晶。

令人思索的是，什么原因促使庙底沟二期文化最终在晋南消失？如果河北蔚县[47]、山西石楼岔沟[48]的陶鬲确能代表晋南以北广大地区考古学文化的基本特征，那么促使庙底沟二期文化消失的原因只能是这种陶鬲所代表的人们共同体的南下。因为见诸陶寺中期的陶鬲就其主要特征来看，明显晚于石楼岔沟者。庙底沟二期文化虽然在晋南消失，但它并没有就此而消踪匿迹，河南西部（主要是洛阳左近）龙山晚期普遍流行的釜形斝无疑是它的继承者。豫西釜形斝空足分置于器底的边缘，是晚生的形态。晋北陶鬲南下和豫西釜形斝兴起的年代大体吻合，充分反映了两者的内在联系，有助于理解庙底沟二期文化的去脉。需要指出的是，豫西龙山晚期的斝又呈现一些新的变化特点，即由圜底向平底过渡，领部增高或折领日渐显著，空足不断退化，等等，这些虽然与庙底沟二期文化有所区别，但将两者联系起来，黄河中游地区龙山时代陶斝发展演变的全过程恰好就充分显示出来了。这个过程的存在便否定了庙底沟二期文化是客省庄文化直接前身的可能性，而只能说明客省庄文化吸收了庙底沟二期文化的一些因素。至于青龙泉三期文化的陶斝[49]非但不能早到庙底沟二期文化阶段，就是距豫西龙山晚期的斝也有一定的年代差，其中的盆形斝，若按山西襄汾大柴遗址[50]同类器的形态来衡量，其年代大致相当二里头文化的早期。

综括上述，庙底沟二期文化在黄河中游地区率先跨入龙山时代，它最先吸收来自东方大汶口—龙山文化系统的鬶，并创造出符合于自己需要的斝。这种信息对东方的反馈，这种经验对于西方的影响，其意义是同样深远的。河南郑州旭旮王 C20H19[51]那样陶斝的出现，表明青铜斝已经到了呼之欲出的阶段。这一事实反映出庙底沟二期文化在华夏文明缔造史中的杰出贡献和重要地位。

注　释

[1]　中国科学院考古研究所：《庙底沟与三里桥》，科学出版社，1959年。本文有关庙底沟遗址的资料皆出自此书。

[2]　Andersson J G. Prehistoric Sites in Honan. 1947: 121.

[3]　A. 黄景略、张忠培：《梁思永先生与中国现代考古学》，《考古与文物》1981年第3期；B. 尹达：《中国新石器时代》，生活·读书·新知三联书店，1979年，第129~138页。

[4]　梁星彭：《试论陕西庙底沟二期文化》，《考古学报》1987年第4期。

[5]　苏秉琦：《关于编写田野考古发掘报告问题》，《辽海文物学刊》1987年第1期。

[6]　中国社会科学院考古研究所、中国历史博物馆、山西省文物工作委员会东下冯考古队：《山西夏县东下冯龙山文化遗址》，《考古学报》1983年第1期。

[7] 中国科学院考古研究所山西工作队：《山西芮城东庄村和西王村遗址的发掘》，《考古学报》1973年第1期。

[8] 中国社会科学院考古研究所山西工作队、山西省临汾地区文化局：《陶寺遗址1983—1984年Ⅲ区居住址发掘的主要收获》，《考古》1986年第9期。

[9] 商县图书馆、西安半坡博物馆、商洛地区图书馆：《陕西商县紫荆遗址发掘简报》，《考古与文物》1981年第3期。

[10] 中国社会科学院考古研究所陕西工作队：《陕西华阴横阵遗址发掘报告》，《考古学集刊》(4)，中国社会科学出版社，1984年。

[11] 黄河水库考古工作队河南分队：《山西平陆新石器时代遗址复查试掘简报》，《考古》1960年第8期。

[12] 中国社会科学院考古研究所山西工作队：《山西垣曲龙王崖遗址的两次发掘》，《考古》1986年第2期。

[13] 中国历史博物馆考古部、山西省考古研究所、垣曲县博物馆：《1982~1984年山西垣曲古城东关遗址发掘简报》，《文物》1986年第6期。

[14] 张岱海、高天麟、高炜：《晋南庙底沟二期文化初探》，《史前研究》1984年第2期。

[15] A. 中国社会科学院考古研究所山西工作队、临汾地区文化局：《山西襄汾县陶寺遗址发掘简报》，《考古》1980年第1期；B. 中国社会科学院考古研究所山西工作队、临汾地区文化局：《1978—1980年山西襄汾陶寺墓地发掘简报》，《考古》1983年第1期；C. 高天麟、张岱海、高炜：《龙山文化陶寺类型的年代与分期》，《史前研究》1984年第3期。

[16] 陕西省考古研究所陕北考古队：《陕西绥德小官道龙山文化遗址的发掘》，《考古与文物》1983年第5期。

[17] A. 西北大学历史系考古专业八一级实习队：《陕西扶风县案板遗址1984年试掘的主要收获》，《西北大学学报》(哲学社会科学版)1985年第2期；B. 西北大学历史系考古专业：《陕西扶风县案板遗址第二次发掘》，《考古》1987年第10期；C. 王世和、张宏彦、莫枯：《论案板三期文化遗存》，《考古》1987年第10期。

[18] 梁星彭：《试论陕西庙底沟二期文化》，《考古学报》1987年第4期。

[19] 郑州市博物馆：《郑州大河村遗址发掘报告》，《考古学报》1979年第3期。

[20] 郑洪春、穆海亭：《陕西长安花楼子客省庄二期文化遗址发掘》，《考古与文物》1988年第5、6期合刊。

[21] 中国科学院考古研究所：《庙底沟与三里桥》，科学出版社，1959年。

[22] 中国社会科学院考古研究所山西工作队、山西省临汾地区文化局：《陶寺遗址1983—1984年Ⅲ区居住址发掘的主要收获》，《考古》1986年第9期。该文的庙底沟二期文化即本文的A群，而陶寺早期正是本文的B群。

[23] 张忠培：《试论东庄村和西王村遗存的文化性质》，《考古》1979年第1期。

[24] 高天麟、张岱海、高炜：《龙山文化陶寺类型的年代与分期》，《史前研究》1984年第3期。

[25] 河南省文物研究所、渑池县文化馆：《渑池县郑窑遗址发掘报告》，《华夏考古》1987 年第 2 期。

[26] Andersson J G. Prehistoric Sites in Honan. 1947: 121.

[27] 中国社会科学院考古研究所陕西工作队：《陕西华阴横阵遗址发掘报告》，《考古学集刊》(4)，中国社会科学出版社，1984 年。该文图二二，4、7，如图所示当为残破的釜灶。

[28] 中国社会科学院考古研究所泾渭工作队：《陇东镇原常山遗址发掘简报》，《考古》1981 年第 3 期。

[29] 王世和、张宏彦、莫枯：《论案板三期文化遗存》，《考古》1987 年第 10 期。

[30] 西北大学历史系考古专业八二级实习队：《宝鸡石嘴头东区发掘报告》，《考古学报》1987 年第 2 期。

[31] 中国科学院考古研究所：《沣西发掘报告》，文物出版社，1963 年。

[32] 张忠培：《客省庄文化及相关诸问题》，《考古与文物》1980 年第 4 期。

[33] 中国社会科学院考古研究所武功发掘队：《1981~1982 年陕西武功县赵家来遗址发掘的主要收获》，《考古》1983 年第 7 期。

[34] 中国社会科学院考古研究所泾渭工作队：《陇东镇原常山遗址发掘简报》，《考古》1981 年第 3 期。

[35] 王世和、张宏彦、莫枯：《论案板三期文化遗存》，《考古》1987 年第 10 期。

[36] 北京大学历史系考古教研室：《元君庙仰韶墓地》，文物出版社，1983 年。

[37] 恩格斯：《反杜林论》(第一篇哲学：自然哲学、有机界)，人民出版社，1963 年。

[38] 吉发习、马耀圻：《内蒙古准格尔旗大口遗址的调查与试掘》，《考古》1979 年第 4 期。

[39] A. 中国社会科学院考古研究所洛阳发掘队：《河南偃师"滑城"考古调查简报》，《考古》1964 年第 1 期；B 中国社会科学院考古研究所二里头工作队：《河南偃师二里头遗址发现龙山文化早期遗存》，《考古》1982 年第 5 期；C. 河南省文物研究所：《登封告成北沟遗址发掘简报》，《中原文物》1984 年第 4 期。

[40] 魏京武：《李家村新石器时代遗址的性质及文化命名问题》，《中国考古学会第一次年会论文集》，文物出版社，1980 年。该文图一，13 属庙底沟二期文化；图一，12 属西王村 III 期文化。该遗址测定的 ^{14}C 年代数据校正后为 2690 ± 145B.C.（ZK169），适在庙底沟二期文化的年代范围之内。

[41] 中国社会科学院考古研究所：《中国考古学中碳十四年代数据集》，文物出版社，1983 年。

[42] 高天麟、张岱海、高炜：《龙山文化陶寺类型的年代与分期》，《史前研究》1984 年第 3 期。

[43] 王世和、张宏彦、莫枯：《论案板三期文化遗存》，《考古》1987 年第 10 期。

[44] 中国社会科学院考古研究所：《中国考古学中碳十四年代数据集》，文物出版社，1983 年。

[45] 河南省博物馆：《河南禹县谷水河遗址发掘简报》，《考古》1979 年第 4 期。

[46] 韩康信、潘其风：《古代中国人种成分研究》，《考古学报》1984 年第 2 期。

[47] 张家口考古队：《一九七九年蔚县新石器时代考古的主要收获》，《考古》1981 年第 2 期。

[48] 中国社会科学院考古研究所山西工作队:《山西石楼岔沟原始文化遗存》,《考古学报》1985 年第 2 期。

[49] 长办文物考古直属工作队:《一九五八至一九六一年湖北郧县和均县发掘简报》,《考古》1961 年第 10 期。

[50] 中国社会科学院考古研究所山西工作队:《山西襄汾县大柴遗址发掘简报》,《考古》1987 年第 7 期。

[51] 河南文化局文物工作队第一队:《郑州旭岇王村遗址发掘报告》,《考古学报》1958 年第 3 期。

（原载于《文物》1990 年第 2 期）

牛河梁祭祀遗址及其相关问题

近年，辽宁、内蒙古等地新石器时代祭祀遗址的突破性发现，大大开阔了人们的眼界，利用考古资料探讨我国原始宗教发展线索的课题，愈益引起重视。本文试图通过辽宁牛河梁一类遗址和中原地区的同类遗址的比较分析，对它们各自的特点，及其所体现的原始宗教的阶级性特点，进行如下探讨。

一

目前已知的牛河梁一类祭祀遗址，主要见于北纬40°线的长城地带。除辽宁牛河梁[1]外，尚有辽宁喀左东山嘴[2]、内蒙古大青山西段的莎木佳、黑麻板和阿善[3]等地。主要特征是用石块垒砌祭坛，有的还发现女性偶像，这些地点作为祭祀活动的场所当无可置疑，根据分布的线索来看，确实是北方地区的主要特点。其中，牛河梁的女神庙、积石冢最有代表性，是研究我国古代思想史和原始宗教不可多得的实物资料。对于这样重要的发现，一方面使人们激动不已，另一方面也促使人们冷静的思考。牛河梁女神庙和积石冢到底反映着怎样的宗教内容？也就是说，应该怎样认识这些重要的遗迹现象？牛河梁最重要，最有特点的遗迹现象莫过于女神庙，而要认识女神庙在原始宗教中所处的位置则必须了解女神的性质，因为，已有的研究表明：在古代人们的思想中或宗教意识中，人格化的自然神和神化的人，历来是两个不同的概念，两者所表示的宗教内容也截然不同。人格化的自然神是自然崇拜的对象，神化的人则是祖先崇拜的对象。牛河梁的女神是前者还是后者呢？这就必须从原始宗教的不同内容体系和它们各自阶段性的特点谈起。

按照历史唯物主义的观点，人类的原始宗教是一个历史的范畴。不论以往研究者对原始宗教内容作怎样的分类，如果从人和外部世界的关系考察原始宗教的内容，不外乎有两个方面：一是对自然界的认识；二是对人类自身的认识。前者产生自然崇拜及其相应的宗教崇拜仪式，后者产生对人类自身的崇拜，包括祖先崇拜及相应的崇拜仪式。最初的人类，没有也不可能把自己看到的，并且必须与之发生关系的那些动物和植物区分开来，其原因当然是因为他们压根就没有把自己同自然界区分开来。因此，这个阶段的人类如果有宗教意识的话，那还只能属于自然崇拜的范围。这个阶段人类主要是对具体、直观的现象的崇拜。马克思在《德意志意识形态》中所说的"自然界起初是作为一种完全异己的、有无限威力的和不可制服的力量与人们对立的,人们同它的关系完全像动物同它的关系一样,人们就像牲畜一样服从它的权力,因而,这是对自然界的一种纯粹动物式的意识"[4],指的便是这个阶段的情况。

从世界范围来看,至迟于欧洲旧石器中期的尼安德特人[5],已经开始安葬死去的亲人,说明人类对自身有了相当程度的认识,并力图与动物界相区别。过去的研究者都注意到:尼人安葬的死者不仅有祖辈,还有各种年龄的死者,甚至包括小孩,因此,认为不能证明尼人有祖先崇拜的意识,这无疑是正确的。但是,不论怎样,尼人的墓葬都表明了人类对自身认识有了质的飞跃,因之,反映两种内容的宗教意识在尼人所处的阶段不仅是应该,而且完全可以区分开来了。确切地说,尼人的墓葬标志着两种不同的宗教意识体系的形成。由于人类认识的发展是缓慢、曲折的,因而,这两种不同的宗教意识往往是交织在一起的,相互渗透,相互影响。但是,人类对自身认识有了发展,并不能取代对自然界的认识,换言之,自然崇拜的意识发生的年代虽早,但与祖先崇拜不是前后相接、顺序相承的递进关系,而是两个不同的内容体系,随着时代的变迁它们各自按照自己方向或自己的道路发展,即使到了祖先崇拜有了充分发展的阶段,自然崇拜意识仍然相当强烈,在宗教内容上占有重要位置。这个情况在我国,不但见诸于殷墟卜辞,在后来的文献中也有比较充分的反映。

我国旧石器时代晚期的山顶洞人[6]的宗教意识,明显进入了更高的阶段。他们已经有了许多抽象的概念,灵魂便是其中之一。在山顶洞,活人住在上室,死者被安葬在下室,下室内埋葬着青年妇女、中年妇女和老年男子各一名。他们的身上和周围,撒着赤铁矿的粉末。据研究,近代一些尚处于原始阶段的部落,都将赤铁矿粉末或红色碎石块比作凝固的鲜血,认为人的鲜血是灵魂寄居的所在,是生命的源泉。这些有助于理解山顶洞人这样处置死者的目的。与山顶洞人年代相近的法国南部拉塞尔山洞[7],曾发现2万年前的一个浮雕,是右手拿着牛角的妇女。苏联发现过约1万年前的两个木雕像[8],她们的腹部和臀部都很大,被认为是用来祈求人口繁荣和生产兴旺的。可见,这个时期人类对自身的认识又有了长足的进展。在我国公元前2000多年,自然崇拜的对象已经有了明显的神化迹象。中原地区的"磁山"[9]先民为祈求天地的保佑,获得丰年,往往采取"陷祭"的形式,向自然神奉献大量的粮食、猪、犬等实物供品。人们的认识已经脱离了具体、直观的思维阶段,具有了抽象的能力,并掌握了抽象的概念思维。

到了公元前5000多年的仰韶时期,出现了人祭现象[10],反映了当时的人们已经把自然神加以人格化了,他们是完全按照现实生活的情况来供奉自然神的。人类只有对自身的认识达到了一定的程度,才可能将自然神加以人格化,同时,只有人格化的自然神才要求人祭一类的供品,才需要神化的人作为中间媒介,以沟通人神之间的关系。

就人类原始的自然崇拜而言,大体上经历这样三个阶段:首先是对个别、具体自然现象的崇拜;其次是认识自然界诸种现象本原之外的灵魂,即出现自然神;最后才是自然神的人格化。一般说来，自然崇拜的意识是由具体、个别向抽象发展，而人类对自身的认识，尤其是祖先崇拜是由笼统、抽象向着具体、明确的方向发展。

有了这个认识再分析牛河梁的女神像，许多问题就不辨自明了。牛河梁已出土的六个个体的人像残片中，它们的体量大小不一，在女神庙主室中心部位，出土了相当于真人器官三倍的大鼻大耳。这恰恰与古代希腊神话中人格化的自然神相同，希腊的自然神同人相比，身材更高大，体格更强壮，声者更洪亮，他们和人的一切区别都是量的区别，神体也有四肢百骸[11]。可见，女神庙中的塑像属于人格化的自然神的可能性更大。就其发达程度而言，无疑已经达到了自然崇拜的高级阶级。已有的研究表明，在自然崇拜的内容中，对大地母神的崇拜只是农业部落发展之后才出现的，其发生的年代并不甚早，这一点与女神庙的情况正相符合，不论是在考古学编年体系中，还是 ^{14}C 的年代数据方面，女神庙的年代都不那么早。

另外，女性的塑像显然是同母权制时代紧密联系在一起的。"在人类社会的历史中，实行对偶婚制的母权制社会，是妇女的唯一的黄金时代。女神占着重要地位的宗教，是和母权制联系在一起的"[12]。但是，如果那时因只知其母，不知其父，才只供奉女神的话，那么，女神庙中为何同时供奉几位体量不同的女神，为何又有猪龙和禽类共存？尤其是猪龙和禽类的形体硕大，同样是神化的偶像，如果作为图腾崇拜的遗痕理解，那就与女神的祖先相抵牾了。因为图腾崇拜是人类对自身和自然界认识的混合产物，标志着对自身渊源认识的程度。既然红山先民已经认识到他们是女神的后代，那又何必供奉猪龙和禽类呢？如果猪龙和禽类不是图腾崇拜的遗痕，不是追溯自身渊源的偶像，那么，女神庙中的女性塑像也难以解释为祖先的化身。可见，牛河梁女神庙主室中的偶像很可能就是大地母神的化身，其他的个体当是另外的自然神，而不是祖先的化身，她们和猪龙禽类一样都是人们祈求丰年和家畜兴旺的对象，都属于自然崇拜的对象。当然并不排除具有祭祖的可能性。《牛河梁红山文化女神头像的发现与研究》[13]指出："在红山文化遗址中普遍发现一种大型起土耕具——石犁耜，这在其他地区同时期新石器文化中极少见或不见，是红山文化农业相当发达而且独具特色的一个突出标志。当时对农业关心，祈求丰年的愿望，对大地母神的崇敬，是红山文化先民寻求的最大精神寄托，红山文化宗教祭祀的发达和以女神为主要崇拜对象，首先是以农业经济的发展为基础。"这个认识无疑是非常正确的，不仅从资料上而且从逻辑上支持了上述的推断。

既然女神庙不是用以祭祖，而是用以祈年的对象，那么与之相对应的积石冢也需要给以重新的分析。牛河梁积石冢的特点：一是形制特殊，结构复杂；二是墓内只有玉器，墓外排列彩陶筒形器。这些特点不但与中原同时期的墓葬相去甚远，就是与"辽宁半岛以及东北亚地区发现的积石冢也迥然不同"。当然，尚不能仅仅根据这两点就否定积石冢是一般意义的墓葬，但是决不能忽视牛河梁女神庙和积石冢的结构关系。相同的遗迹现象在不同的遗址结构环境中当能显示出其不同的性质和用途。从积石冢的形制来看，它们方向一致，为一整体，但形制各异，Z1、Z2均以大石块垒砌规则的外墙，平面呈方形，Z3 则是三圈淡红色石柱圈成的三层叠起的圆坛，就形态分析，这种布局结构与东山嘴祭祀遗址是相同的，Z3 相当于东山嘴前端部分的石圆形台址，Z1、Z2 则相当于东山嘴遗址的方形基址。不同的是牛河梁方框内安置的为积石冢，而东山嘴是并排竖置长条石，可谓异曲同工。值得注意的是东山嘴石圈形台地东北侧，揭开黄土层底部的一层红烧土面即见一具人骨，其头和脚端两侧各置有两块不规则形石板，用以确定人骨架的范围，无随葬品。这种现象与牛河梁 Z3 完全相同，Z3 表层积石中暴露有三具人骨架，亦无任何随葬品。这样，就从内容上把牛河梁积石冢与东山嘴的祭坛联系起来了，因此，有理由认为牛河梁积石冢都不是一般意义的墓葬，而与东山嘴的祭坛具有相同的功能，也就是说，牛河梁的积石冢是另一种形式的祭坛。积石冢内的人骨很可能是奠基仪式的用牲。辽宁阜新胡头沟的大石圆圈也系此类建筑[14]，那里的石圆圈一端尚有出入口，其东外侧也压有一排彩陶筒形器——红山文化最常见的祭器，显然也是一处祭坛，其后来者当是内蒙古阿善西台地南端岗梁上的石堆建筑。按照这个逻辑推测，牛河梁 Z3、胡头沟大石圆圈与牛河梁 Z1、Z2，东山嘴的方形祭坛应该是不同的单元，两者既可以合，又可以分，前者自然反映它们的性质相同，说明的是联系性，后者则表明组合方式的区别，是祭祀活动层次上的差别。东山嘴的方形祭坛，牛河梁 Z1、Z2 在后来的莎木佳、黑麻板的延续正是说明这一问题的有力证据。依文献的记载，这种方形和圆形的区别，当与古代人们"天圆地方"的认识有关，如此看来，这种认识的渊源相当久远。

牛河梁女神庙和积石冢正如《辽宁牛河梁红山文化"女神庙"与积石冢群发掘简报》[15]指出的那样，是有机的整体。女神庙居中心最显著的地方，遥对猪山，积石冢环绕四周，这些特点无疑反映出牛河梁是红山文化的一个祭祀中心，同时也表明以方形和圆形为特征的祭坛，由于位置的关系是处于从属地位的，其规格低于女神庙。由此可以进一步推知，红山先民的祭祀活动可能至少有三个层次，女神庙和方形、圆形祭坛的组合是最高的层次，东山嘴方形和圆形的祭坛组合次之，单独方形或圆形祭坛再次之。东山嘴虽无规模宏大的女神庙，但却同样出有女性塑像，恰恰可以说明祭坛和女神庙在实际的用途上功能相同及其规格的高低。

二

与北方区自然崇拜仪式采取坛祭相反，黄河中上游地区新石器时代的自然崇拜仪式则主要采取陷祭的形式。过去，一些同志曾指出这个地区及新石器时代的人祭[16]和葬猪习俗[17]的宗教意义，实际上已经涉及这个问题。遗憾的是以往的研究多限于个别的现象，而缺乏遗迹整体结构的分析。

根据已知的资料和认识，中原新石器时代的祭祀遗迹至少有以下三个问题需要研究：一是公共的祭祀场所；二是村落中的祭祀地点；三是祭祀遗迹的阶段性变化特点。

（1）所谓公共的祭祀场所，是指与村落住地相分离的，专门用以从事祭祀活动的地点。中原地区年代最早,最典型的祭祀场所要首推磁山遗址[18]。提出这一认识的根据在于磁山遗址遗迹结构的特殊性。该遗址发掘面积为2579平方米,共发现灰坑474个,房址2座,两者总数之比为1:238,若按第二期遗存房址和灰坑计算其比例为1:181,这与同时期中原其他考古文化的遗址相比是判然有别的。磁山的第二个特点是灰坑的用途难以用传统的窖穴和垃圾坑说解释,尤其是坑内埋有整猪、粮食,以及坑内多出完整或成组器物的现象,显然与祭祀活动有关。磁山的第三个特点是45处组合物出土点可确定是祭祀活动的奉献。另外,磁山的房址由于缺乏烧火之处和居住面而与一般的居址形成了差别。该遗址还存在类似秦魏家墓地石圆圈的建筑遗迹[19]。正是在这样一个遗迹结构的环境中,可以断定磁山数量众多的灰坑与甲骨文的"陷祭"[20],文献中的"瘗埋"[21]、"坎"[22]性质相同,是祭祀活动的遗留,并且,由此推定"磁山"是一处公共的祭祀场所,祭祀的内容在于祈求丰年。

磁山遗址性质的推定,不仅使前仰韶时期的自然崇拜仪式获得了直接的物证,更重要的是提供了识别古代遗址性质的模式,这就是依据遗迹结构判断遗址的性质,相同的遗迹现象在不同的遗迹结构环境中,当具有不同的作用和性质。

根据前仰韶的莪沟北岗[23],仰韶期的北首岭[24]、姜寨[25],龙山期的白营[26]、后冈[27]等典型村落遗址结构的分析,可以得出这样的认识:在一般的村落中,房址和作为窖穴或垃圾的灰坑比例在1:1.5至1:3左右,两者数量比例超过1:10,或高于1:20以上者,当是超常的现象,这种遗址是不能简单地视为村落住地的。倘若这种遗址中有较多的房址,就应该分析灰坑的内涵,确定以及区别出祭祀的用坑。按照这个认识分析见诸报道的资料,可以在村落和墓地之外再区分出专门的祭祀场所。例如:庙底沟[28]、紫荆[29]、二里冈[30]等遗址。这些遗址的遗迹结构和遗迹的自身特点与磁山完全相同,这不仅证明磁山祭祀遗址并非孤证,而且提供了在更多的资料中,在更广阔的时空范围内探讨这类遗址的可能性。这类遗址共同的特点是:

A. 灰坑形状规整,以圆形袋状和椭圆形直壁坑或方形直壁坑为基本形状。

B. 这类坑常有人、兽骨架。磁山、庙底沟、紫荆、二里冈均有此类现象。

C. 灰坑中大量完整陶器,以及某些灰坑专出某类陶器是重要的特点。例如庙底沟H12、H59,二里冈的H1、H10等。

D. 这类坑中的灰土多包含有炭粒、烧土块、烧骨,以及其他经过燃烧的痕迹或遗痕。

E. 由这类坑构成的遗址,文化层的堆积相对简单,而遗迹之间叠压打破的关系却相对复杂。另外,庙底沟遗址第Ⅰ区灰坑的分布呈规则圆形,而第Ⅳ区灰坑相对集中,都值得重视。

(2)村落中的祭祀地点。已知的资料表明,村落中祭祀地点的出现约在仰韶前期。除去人们注意的半坡的大房子[31],以及人祭现象,这个时期尚流行用墓之祭的习俗,其地点有选在村落中心者,也有见于公共的祭祀场所者。宝鸡北首岭Ⅳ区就是当时用墓之祭的地点。北首岭遗址有两处墓葬区:一处是Ⅳ区,分布有39座墓葬;另一处是Ⅵ

区，分布有409座墓葬。Ⅳ区墓以《宝鸡北首岭》认定的早中期为主，Ⅵ区以中晚期的墓为主。北首岭中期的年代跨度较长。大致可分三个阶段，Ⅳ、Ⅵ两区中期墓葬在这三个阶段上年代是对应的[32]，其差别也是鲜明的：

A.墓葬分布的位置不同。Ⅳ区墓葬正处在遗址居住区的中心，Ⅵ区则在居住区之外，这种情况与临潼姜寨相同[33]，当不是孤立的现象。

B.墓葬间打破关系的复杂程度不同。Ⅵ区409座墓只有17组打破关系，占此区墓葬总数的4.1%，其中，中期墓葬相互打破、叠压的只一例。Ⅳ区39座墓，竟有14组打破关系，其中9组是同期墓葬相互叠压打破的，叠压和打破关系，占墓葬总数的35%，后者高于前者达十倍之多，理所当然应该给予重视。

C.墓葬的处置方式有明显的差别。Ⅳ区墓葬坑壁规整，多经细致加工，骨架底部有板灰或席子，Ⅵ区则缺少这些现象。特别是Ⅳ区墓葬多以几个一组的形式出现，每一组墓葬的方向、大小、深度和随葬器物基本相同，其中，三墓为一组5例，二墓一组2例，五墓一组的一例。与此相反，Ⅵ区则多见数座墓葬连成一片的现象。

D.随葬器物的多寡不同。Ⅳ区中期墓葬34座，除3座合葬外，出8件陶器以上的4座，6~8件的10座，4~6件的13座。Ⅵ区属中期的83座墓中，没有随葬8件陶器者，6~8件的只1座，5件以上者仅6座。Ⅵ区的情况与姜寨沟外墓地和半坡遗址墓葬的情况相似。半坡174座墓中，只有71座有随葬器物，姜寨1972年发掘的33座墓中9座无随葬陶器，4座只有一件陶器。

E.随葬品的类别不同。Ⅳ区墓中多见骨器、牙饰、螺壳、颜料和石研盘，这在Ⅵ区是绝对不见的，最具北首岭特色的Ⅱ式瓶、尖底器、折腹平底罐等也几乎都出在Ⅳ区，这不能不引起人们的重视。

对于上述差别，应怎样解释？按照传统的认识，从死者在亲族中的地位、身份，以及死因去探讨其原因，似乎只能得到劳而无功的结果。因为这两区墓葬显然都是北首岭遗址不可分割的组成部分，目前还没有任何根据证明在同一氏族内都存在两种不同规格的墓地，或者在氏族墓地之外还有什么别的墓地。因此，只能从遗迹结构的环境去探求造成这种差别的原因。

北首岭Ⅳ区墓葬本身的特点构成特定的遗迹结构环境，与居住址又构成一种遗迹结构的环境，Ⅵ区亦然，诸多的墓葬本身是一种结构环境，与居住区又形成一种组合关系。如果说Ⅵ区的情况与半坡遗址和姜寨沟外墓地相同，可以作为氏族公共墓地的标准，那么Ⅳ区显然不是一般意义的墓地。

北首岭Ⅳ区中埋葬着非正常死亡的死者，有的甚至是有意被处死的。78M7中的儿童眉心插有一根骨头，手指和脚趾骨不存；77M13死者也缺手指和脚趾骨；77M17无头骨，等等。这些非正常死亡的死者往往成组地被埋入Ⅳ区，所谓成组的墓葬无论从陶器所反映的时间上，还是墓葬间距和形制所反映的空间关系上，都说明它们是同时修建的，由于成组墓葬中存在二次葬者，故成组墓葬并不表示它们的墓主人是同时死亡的，经常性的同时安置不同时间死亡的死者，不能不说是一种宗教习俗。一些同志曾指出半坡文化流行"割体葬仪"的现象有宗教意义，但是否因为死者生前有特殊的社会地位或职能才施以割体葬仪，还是他们本身是否就是某种宗教仪式的牺牲者，这是两个不同的问题。78M7中的小孩生前当不具有特殊的社会地位和职能，因此前一种可能性不大。就北首岭Ⅳ区墓葬本身的结构特点而言，与殷墟王陵前的排葬坑[34]有惊人的相似之处，例如，排葬坑中骨骼不全，以及同时安置的人牲的祭坑，其形状、大小、深度基本相同，都与Ⅳ区的情况相似。然而，由于两者年代的差距，使人们很难将它们联系起来。殷墟排葬坑中有不同年龄、不同性别的死者，有的死者基本为全躯，甚至还有随葬陶器，其尸骨放置得井井有条，这样的祭坑倘若出在孝民屯墓地中，人们可能会以此为据讨论晚商时期的家族形态，可是，由于它们出在祭祀地点，人们理所当然地视其为祭祀遗迹，这实际上是通过遗迹结构的环境判定遗迹的性质。北首岭Ⅳ区墓葬叠压打破关系极其复杂，完全丧失了氏族墓地所特有的规整有序的特点，而这种情况恰恰与庙底沟先民反复在同一地点进行陷祭活动的情况相同，墓葬成组排列的现象又与殷墟王陵前的排葬坑相似，Ⅳ区中多见的猪羊骨骼又是陷祭用牲的主要对象，Ⅳ区墓葬中有的死者明显是有意处死的，这些现象只有从宗教活动方面方能得到合理的解释。因此，可以认为Ⅳ区是村落中的固定祭祀地点，而这里的墓葬当是用墓之祭。牛河梁Z3外墙的小墓往往两墓共用一壁，与北首岭Ⅳ区成组墓葬的情况相同，可断定是同时修建的用墓之祭，由于它们与祭坛的关系，更支持了上述用墓之祭的推断。

西亚萨玛腊文化[35]中也有类似情况，与北首岭遗址Ⅳ区的墓葬相对应。在属于萨玛腊文化的梭万遗址的下层。发现由一个院子和十四间房舍构成的一组建筑，房舍内没有灶、窖穴及其他生活器皿，只有女性石像和泥像（其中仅一件为男性），据研究此处是祭祀遗址，正在这组祭祀建筑的地面下，发现了一百三十多座墓葬，其中大多数埋葬着小孩。可见，这不是一般意义的墓地，而是用墓之祭的地点。

（3）不同阶段上崇拜（或祭祀）内容的变化特点。目前，我国新石器时代，大致分为前仰韶、仰韶和龙山三个时期。在中原，仰韶和前仰韶时期自然崇拜的内容和仪式有所区别。这不仅是由于前仰韶时期未见祭祀用人为牲的现象，更重要的是磁山所反映的宗教内容有更古朴的成分，其表现是实物的奉献。磁山第二期遗存中，象征性的奉献已居主导地位，似乎说明这种变化发生的年代更早些。

仰韶时期与龙山时期的重要区别在于人祭的来源和量的变化。仰韶时期的用墓之祭的死者多来源于本氏族内部；由于属于用墓之祭的紫荆M12与横阵属于陷祭的H103采用完全相同的方法处置死者，故可认为陷祭的人牲也多来源于本氏族，当然，并不排除使用战俘的可能性。到了龙山时期，村落中人祭的数量明显增多，包含人祭的村落数量也大有增加。更重要的是，在邯郸涧沟龙山遗址中发现的人头骨，据研究，这些头骨是从人体上砍下来的，另外，该遗址HJ2H18所埋的10人中，有数具可判定是被处死的，有一人可能是活埋的，另几具从头骨上的伤痕和火烧痕来看，处死这些人的手段相当残酷，因此研究者判断，涧沟龙山灰坑的人头骨可能与云南西盟佤族在举行原始血祭时到异氏族、部落所猎取的人头性质相同，灰坑中被处死的死者可能是战俘[36]。需要说明的是，除了处置人牲的手段相当残酷之外，涧沟的人牲都缺乏北首岭用墓之祭的死者的那种待遇，即他们死后不给予厚葬，或不给予一定的生活用器。

综合上述：中原和北方区原始宗教的崇拜仪式存在着极大的差别。在自然崇拜仪式中，中原新石器时代黄河中上游地区的先民以陷祭的形式为主；北方区的红山先民则以坛祭为主要形式，而它们恰恰是后来文献中祭天地、求丰年的基本方式，并且以成文的形式固定下来，这当然不是偶然的巧合，而是充分反映了我国古代文化和礼俗的历史继承性。可是，在新石器时代，这两种崇拜仪式分别被不同地区的人们所偏爱，其渊源是再清楚不过了。另外，中原和北方区的先民在原始宗教习俗方面又有密切的联系，例如牛河梁也有"陷祭"的发现，牛河梁H2、H3和H1都是此类例证。磁山的卵石面建筑或许与坛的功能相同，用墓之祭则是两区共有的习俗。就中原仰韶时期陷祭用人为牲和用墓之祭而言，所反映的原始宗教意识确实也达到了自然崇拜的高级阶段，甚至可以认为在这个方面是与牛河梁女神庙并驾齐驱的，至少并不落后。

众所周知，考古学是通过遗留的物质形态，探讨古代社会的一些重要问题的。由于我国历史特点和史学传统，史前的某些问题的研究，往往离不开文献和民族学资料的类比研究。然而，任何文献和民族学资料都有自己时空范围的限定性，这便是与考古资料类比的局限性。这种局限性有时比起考古资料间的类比要大得多。任何类比都需要明确的基点，如此才能求得未知。牛河梁、磁山、殷墟的排葬坑所反映的原始宗教内容和崇拜仪式无疑是相当清楚的。因此，它们自然成为比较的基点。在这种比较研究中，根据遗迹结构的环境和遗迹自身的特点，考察和确定遗迹，乃至遗址的性质是基本的原则之一。就本文的论述而言，只能通过这种方法确定某类遗址和遗迹的性质，充其量，认识尚停留在描述现象的阶段，更深入地了解现象的本质，尚有待于专家和同道的共同努力。

注　释

[1]　辽宁省文物考古研究所：《辽宁牛河梁红山文化"女神庙"与积石冢群发掘简报》，《文物》1986年第8期。

[2]　郭大顺、张克举：《辽宁省喀左县东山嘴红山文化建筑群址发掘简报》，《文物》1984年第11期。

[3]　包头市文物管理所：《内蒙古大青山西段新石器时代遗址》，《考古》1986年第6期。

[4]　马克思、恩格斯：《德意志意识形态》，《马克思恩格斯选集》（第1卷），人民出版社，1972年。

[5]　Coles J M, Higgs E S. The Archaeology of Early Man. London: Faber and Faber, 1969.

[6]　朱天顺：《原始宗教》，上海人民出版社，1978年。

[7]　朱天顺：《原始宗教》，上海人民出版社，1978年。

[8] 朱天顺：《原始宗教》，上海人民出版社，1978年。

[9] 河北省文物管理处、邯郸市文物保管所：《河北武安磁山遗址》，《考古学报》1981年第3期。

[10] 王克林：《试论我国人祭和人殉的起源》，《文物》1982年第2期。

[11] 约·科阿·克雷维列夫：《宗教史》，中国社会科学出版社，1984年。

[12] 张忠培：《座谈东山嘴遗址》，《文物》1984年第11期。

[13] 孙守道、郭大顺：《牛河梁红山文化女神头像的发现与研究》，《文物》1986年第8期。

[14] 方殿春、刘葆华：《辽宁阜新县胡头沟红山文化玉器墓的发现》，《文物》1984年第6期。

[15] 辽宁省文物考古研究所：《辽宁牛河梁红山文化"女神庙"与积石冢群发掘简报》，《文物》1986年第8期。

[16] 王克林：《试论我国人祭和人殉的起源》，《文物》1982年第2期。

[17] 王仁湘：《新石器时代葬猪的宗教意义——原始宗教文化遗存探讨札记》，《文物》1981年第2期。

[18] 卜工：《磁山遗址的性质及相关问题的讨论》，待刊。

[19] 中国科学院考古研究所甘肃工作队：《甘肃永靖秦魏家齐家文化墓地》，《考古学报》1975年2期。

[20] 于省吾：《甲骨文字释林》，中华书局，1979年。

[21] 《尔雅·释天》："祭天曰燔柴，祭地曰瘗埋。"

[22] 《礼记》："祭日于坛，祭月于坎。"

[23] 河南省博物馆、密县文化馆：《河南密县莪沟北岗新石器时代遗址》，《考古学集刊》（1），中国社会科学出版社，1981年。

[24] 中国社会科学院考古研究所：《宝鸡北首岭》，文物出版社，1983年。

[25] 西安半坡博物馆、临潼县文化馆：《临潼姜寨遗址第四至十一次发掘纪要》，《考古与文物》1980年第3期。

[26] 河南安阳地区文物管理委员会：《汤阴白营河南龙山文化村落遗址发掘报告》，《考古学集刊》（3），中国社会科学出版社，1983年。

[27] 中国社会科学院考古研究所安阳工作队：《1979年安阳后冈遗址发掘报告》，《考古学报》1985年第1期。

[28] 中国科学院考古研究所：《庙底沟与三里桥》，科学出版社，1959年。

[29] 商县图书馆、西安半坡博物馆、商洛地区图书馆：《陕西商县紫荆遗址发掘简报》，《考古与文物》1981年第3期。

[30] 河南省文化局文物工作队：《郑州二里冈》，科学出版社，1959年。

[31] 汪宁生：《中国考古发现中的"大房子"》，《考古学报》1983年第3期。

[32] 倚天：《宝鸡北首岭遗址广场墓葬的特殊含义》，待刊。

[33] 临潼姜寨广场中心也分布着打破关系极其复杂的墓葬，其墓葬型制与壕沟外墓葬有别，发掘者认为广场中心的墓葬均晚于沟外墓葬，属姜寨第二期遗存（见本文注[25]）。但是苏秉琦先生在《姜寨遗址的发掘意义》中指出：广场中心和壕沟外墓葬至少有相当一部分在年代上是平行

共进的。如此，姜寨的情况正与北首岭完全相同（《考古与文物》1981年）。
[34] 安阳亦工亦农文物考古短训班、中国科学院考古研究所安阳发掘队：《安阳殷墟奴隶祭祀坑的发掘》，《考古》1977年第1期。
[35] 杨建华：《试论萨玛腊文化》，待刊。
[36] 邹衡：《夏商周考古论文集》，文物出版社，1980年。

（原载于《辽海文物学刊》1990年第2期）

北首岭遗址广场墓葬的特殊含义

一

宝鸡北首岭遗址[1]是经大面积揭露的半坡文化的村落之一。在已发掘的4727平方米内，共发现"半坡"的房址50座，灰坑75个，陶窑4座，排水沟2道，灶坑2个，墓葬451座，是探讨半坡文化聚落形态的重要资料。

如果将北首岭与已知的姜寨遗址[2]作一比较，不难发现两者具有共同的特点：第一，居住址是环绕在四周的，中心是一个广场；第二，墓葬主要分布在两个地点，一是居住区外，一是中心广场。这两个特点相互联系，不可分割，无疑是"半坡"居民这类规格村落的主要特色。

以往，人们研究这类村落的布局时，往往把广场中的墓葬排除在外，其重要的因素可能在于，一旦将广场墓葬与居住区外的墓葬和居住址在年代上联系起来，则无法说明同一考古学文化一个村落的居民为何同时具有两处墓地，人们无法逾越这一理论上的障碍，就只好从年代上去寻找原因了。例如姜寨遗址的发掘者就把广场中的墓葬统统归为该遗址的第二期遗存，而把居住区四周的房址和居住区外的墓葬归为该遗址的第一期遗存[3]，如此，广场中的墓葬便成了村落废弃后的产物，它们与居住区及其之外的墓葬就没有必然的联系了。然而，苏秉琦先生在《姜寨遗址发掘的意义》[4]中指出，属于姜寨一期的居住址和壕沟外墓葬，与广场墓葬至少有相当一部分在年代上是平行共进的，从而提出广场同时作为墓地也很费解的问题。对于姜寨遗址一、二两期遗存的年代认识，苏先生列举了确凿的物证，令人信服。北首岭的资料原报告分早、中、晚三期。广场墓葬以中期的为主，间有少量早期的，居住区外墓葬以中、晚期为主。陈雍先生对北首岭遗址三期遗存的年代分析[5]表明，北首岭广场与居住区外墓葬在"中期"存在着相对应的年代关系，从而使广场同时作为墓地的矛盾更加突出，但也提供了考察它们差别的前提条件。

北首岭广场（原报告的Ⅳ区）和居住区外（原报告的Ⅵ区）的中期墓葬存在着十分明显的区别，归纳起来主要有以下几点：

（1）墓葬分布的地点、规模和数量不同。广场中期墓葬34座，分布在居住区外的85座[6]。

（2）两地墓葬间的叠压或打破关系的复杂程度不同。从居住区外404座墓葬的总体情况看，有24组叠压或打破关系，广场39座墓葬却有21组叠压或打破关系，前者占该区墓葬总数的5.8%，后者占53%。从中期的情况看，居住区外85座墓葬只1组是中期墓葬之间的打破关系，而广场34座中期墓葬竟有11组叠压或打破关系[7]，前者不足墓葬总数的1%，后者超过30%，这种现象理应予以重视。

（3）两地墓葬的处置方式不同。广场墓葬的墓坑一般较规整，多经细致加工，骨架底部多有板灰或席痕。例如，77M4墓坑的东南部，有一道长72、宽12厘米的板灰。77M1墓底部抹有一层厚约1厘米的草拌泥，其上有局部的木灰痕。人骨架腿骨上有席痕，席痕之上又有一片树皮样的木灰痕。77M17骨架上有明显的席子覆盖痕迹，其上有皮毛样灰痕，再下又有木板灰痕。78M7墓底也有局部的板灰痕。77M2东壁有局部的朱红色遗痕。广场中期34座墓中有9座有板灰和席子，而这些情况在Ⅵ区404座墓中竟无一例。值得重视的是77M6的情况，该墓是在一个大坑底部再分别挖成三个长方形小坑，每个长方形小坑的墓壁和底部均有一层厚约1.5厘米的黄色草拌泥，甲乙两坑各有骨架一具，丙坑只有碎骨殖。甲坑的骨架仰卧伸直，面向东，双手压在臀下，骨架上下普遍有席痕，可以看出是从身下卷上来覆盖在身上的。乙坑骨架除此现象之外，在席痕之上还有局部的烧过的树枝痕迹。丙坑除骨殖外还有碎陶片。此外，三个长方形坑的西南角，都分别放有一个陶瓶，瓶口向上，瓶身靠着大坑的坑壁。

另一个重要现象是：广场墓葬往往成组排列。例如77M1、77M2、77M7为一组，均向西北，分别在312°～317°之间，墓葬间距仅10～20厘米，整整齐齐排列在由东北向西南的一线上，各墓墓底距地表深度在3.45～3.65米之间。另外，77M4、77M8、77M11、78M7、78M8、78M17也是成组排列的，从Ⅳ区的遗迹平面图分析78M10、78M14、78M15、78M18、78M6也似成排排列的。报告者指出：每一个排列组墓葬的方向、深度、随葬品与其他的排列组都有一定区别。居住区外只是在北首岭晚期才偶见这种现象的苗头，多见的现象是有些墓葬往往连成一片，且无随葬品。

（4）随葬器物的种类不同，随葬陶器的多寡有别。广场墓葬多见骨器、牙饰、螺壳，39座墓中只有6座无骨器和牙饰，其中3座为二次葬，2座墓大部分在探方外。居住区外404座墓葬随葬有骨器和牙饰的加起来才只有20座。另外，最具北首岭特色的折腹小平底罐、尖底器几乎都出在中心广场，Ⅱ式瓶、Ⅲ式圆腹小平底罐也多见于广场，而Ⅰ式圆腹小平底罐则为居住区外墓地多见。

两处中期墓葬陶器的数量差也很突出。居住区外的墓葬以随葬3件陶器的数量最多，约占75%以上，4～6件者占21%左右，7件以上者不足2%。而广场墓葬中随葬3件陶器只占23%左右，4～6件者占35%，7件以上竟达40%。

特别是广场中的77M4：（5）陶罐中盛有两只鸡，77M17：（13）陶罐中盛有两条鱼，这不仅是居住区外墓葬绝对不见的，与半坡文化的其他墓地相比，也是极为特殊的现象。

（5）从报告举例的情况分析，广场墓葬中肢体残缺不全的现象，似乎也多于居住区外墓地。

以上是北首岭广场与居住区外墓葬区别的主要之点，由于遗迹的结构环境往往具有决定遗迹性质的作用，因此与墓葬相关的其他遗迹和遗物现象也不能忽视。北首岭广场中还有两个非常引人注意的现象：一是77T1~T4中出土的动物骨骼以猪骨为主，而很少其他动物骨头；二是有9个与墓葬发生关系的灰坑。其中77H8：1为陶塑半身人像，似女性，这使人很自然地想到红山文化东山嘴祭坛[8]所出的小型女性陶塑像，显而易见，这类遗物当有特殊的意义。

广场和居住区外的墓葬存在上述显著的差别当有其特定的原因。由于广场墓葬的位置、陶器的特征都与居住区外墓葬紧密相关，因此，它无疑是北首岭遗址的重要组成部分，居住区外墓葬的特点，可以反映出它是氏族公共墓地，相形之下，广场却难作氏族公共墓地理解。

二

北首岭广场墓葬的特殊性首先在于它所处的位置，因此，欲了解这里墓葬的性质必须认识北首岭一类村落中心广场的作用。北首岭的报告者曾明确指出："在中期的时候，在相当于晚期广场的地方没有房屋建筑和遗迹，只有两层路土和一些窖穴，可能也是一块空阔的场地。值得注意的是，这一时期偏上的那层路土是经过加工的，其中铺垫有料姜石、红烧土块，路面有的地方被烧红，并发现有大量的被火烧烤过的动物骨骼，又发现有不规则的20多个柱洞等，因此，这里很可能栽有木桩，是举行剽牲一类祭祀活动的场地。"这个认识相当重要。从世界范围来看，欧洲、美洲和亚洲的史前时期，普遍存在着与北首岭和姜寨村落布局相类似的遗址。例如，美洲印第安部落的曼丹人的村落也呈圆状分布，四周以柱做栅栏，"房屋在栅栏之内非常密集"，村子中央有一块空地，人们在那里举行宗教仪式和节日庆典[9]。阿尔贡金人的波梅奥克村也是这种情况[10]。折颜部落的五个氏族的居住址也是排成圆圈，居住址中央则是一个部落议事会的大帐篷。苏人集团诸部落，一年一度的新年佳节即定于仲夏，种种主要祭仪均于此时举行，节日历时数日，邻近部落成员亦应邀莅临，一座座帐篷（称蒂皮）排列成庞大的环形，中央设一祭坛，太阳柱竖立其侧[11]。凡此足以说明具有向心倾向的村居形式，与居住区的中心广场有必然的联系，而联结它们的纽带自应是当时的宗教祭祀活动。换言之，北首岭一类村落的中心广场实际上是当时同一村落居民的祭祀场地，因此，北首岭的报告者所指出的那些特殊现象就不仅仅具有合理性，而且具有必然性。

既然北首岭中心广场是祭祀活动的场地，那么，埋入此地的墓葬是否与祭祀活动有关呢？这是需要讨论的第二个问题。其中，至少有两点是相互联系，要做回答。

第一，利用墓葬的形式进行祭祀活动仅仅是一种推测，还是确有实证？这显然是一个前提。第二，北首岭广场墓葬中有哪些现象与宗教祭祀活动有关？从目前的资料分析，对于第一个问题似乎无须过多地论证了，因为这种情况或例证在国外新石器时代的考古发掘中早有发现，如西亚萨玛腊文化梭万遗址建筑Ⅰ，该建筑东侧四间房屋中最北端的那间中部，与门相对处有一壁龛，龛下发现母神像，房内无窖穴和生活用具，只有泥塑和石像，地面下发现130座墓葬，大多数是埋葬小孩的，研究者认为从这个建筑的布局、内涵及与之相关的墓葬看，此处当是一处祭祀场所，而墓葬是用作护符女性石像的[12]。可见，这里的墓葬是用于祭祀活动的。我国晚商时期殷墟王陵前的祭祀坑和殷墟基址前的"落成墓"也显然是用墓葬的形式进行祭祀活动的遗存[13]。

那么，北首岭广场墓葬中有哪些现象与祭祀活动有关呢？从理论上说与祭祀活动有关的现象自应与氏族公共墓地的诸种情况有区别，而这种区别是要放在半坡文化诸墓地中加以考察的。

首先应指出的是，广场墓葬中埋葬着非正常死亡的死者，有的甚至是有意被处死的。78M7中的儿童眉心插有一根骨头，显然不是自然死亡的，如果说该墓的儿童可能死于某种偶然原因，那么77M17没有头颅者便可以排除这种可能性。78M17的死者下颌骨放置于头颅之前，78M17左胫骨折断，下半截横放显然也是有意的安置。值得重视的是："上述例子，都排除了自然破坏或遗址打破造成的可能"，而这些非正常死亡的死者往往成组地埋入广场。成组墓葬无论从陶器反映的时间上，还是墓葬方向和间距以至型制所反映的空间关系上，都说明一组中的数座墓葬是同时修建的。这些墓葬的墓主人除死于特殊原因之外，有的还经过燔烧，如77M6便有此现象，有的还将墓壁涂红，如77M2和77M17。这些特点与半坡文化其他墓地的情况大异其趣，而恰恰与安阳后冈祭祀坑[14]经燔烧和人骨加工成红色的情况相一致。需要指出，同时安置不同时间死于特殊原因的死者显然与某种宗教习俗相关，这里成组墓葬恰好是以三墓一组的数量为多，与晚商时期卜用三骨[15]及殷墟基址前"落成墓"[16]也是三墓一组或三人一墓的数字相同，这大概不是偶然的巧合。

值得重视的是，北首岭广场墓葬用石斧、骨镞一类生产工具随葬的比例很大。34座中期墓除2座的大部分在探方之外，情况不明，余下32座中有19座随葬石斧或骨镞。而这种情况在半坡文化的其他墓地却是极为罕见的。例如，甘肃秦安王家阴洼63座墓中，唯M30出有石斧[17]，渭南史家村墓地43座墓葬中只有2座用石斧随葬[18]，华县元君庙仰韶墓地能参加分期的46座墓葬只3座用骨镞随葬[19]；华阴横阵24座墓葬只MⅡ2出有石斧；临潼姜寨1972年发掘的33座墓葬中用石斧随葬者一，用骨镞者三[21]；北首岭居住区外中、晚两期404座墓葬中用石斧随葬者也仅仅只有3座，而无用骨镞者。可见，用石斧或骨镞随葬并不是半坡文化墓葬的特点，上述墓地中的个别现象无疑具有一定的偶然性，而广场墓葬的情况恰好相反，超过半数以上的墓中以石斧或骨镞随葬则表明了一定的倾向性，由此反映出它的目的性，这种现象甚至都可以理解为一种语言，它表示特定的意图。

另外，与广场墓葬相联系的遗物也带有浓郁的宗教色彩。例如，这里多见猪骨，而很少其他动物骨骼。该遗址所出的动物遗骸，经鉴定有兽类、鸟、鱼、龟和软体动物五大类，至少代表二十一种。可见，北首岭居民并不专以猪为肉食的对象，因此，猪骨集中于广场墓葬附边明显具有人为的因素，当有着特定的意义。据前仰韶时代的磁山先民即以猪为祭祀活动的用牲来看[22]，广场墓葬附近的猪骨可能出自同样的原因。77H8：(1)女性塑像与宗教祭祀活动的关系更为密切。

综上所述，北首岭广场墓葬种种特殊现象集中出在祭祀活动的场地，而这些重要现象又与已知的商代祭祀活动有相似之处，因此，广场墓葬不是一般意义的墓葬。考虑到仰韶时期用人为牲的习俗已经流行。例如，半坡遗址F1[23]居住面下的人头骨多被认为是死于奠基仪式，为人牲，所以把北首岭广场墓葬理解为放有人牲的坎或许更为接近客观实际。

北首岭广场墓葬中既有一次葬者，也有二次葬者，还有的只有零碎的骨殖，能否把它们都视作祭祀活动的遗留？例如像前述的77M6那样在一个大坑底部，再挖3个长方形小坑，甲、乙两坑各置一具骨架，丙坑只有碎骨殖，甲、乙两坑人骨之上普遍有席痕，乙坑尚有燔烧过的痕迹，3个小坑的西南角外靠大坑壁处分别放有一口向上的陶瓶。这种情况使人想到太平洋新喀里多尼亚的土著居民，在祭天求雨时，就有到墓地盗掘死人尸骨的习俗[24]。他们把骨头带到某洞穴中，再按人体形状拼凑起来，悬挂在一些芋叶上，然后用水浇洒骨头，他们相信死者的灵魂将把这些水取走并转化为雨。俄罗斯的居民也存在类似的习俗[25]。可见，近代未开化民族中依然保留着用陈旧尸骨进行求雨祈年的习俗。与此相对照，77M6求雨祈年的场面不是跃然纸上了吗？

最近，在甘肃秦安大地湾仰韶晚期的房址中发现的地画[26]，恰恰就是这种祭祀活动的真实写照。有的同志曾指出地画中的长方形框是木棺，棺内两物实为两人[27]，这种认识大概与实际情况已相去不远了。其实，长方形框应是墓圹，地画再现的当是这种用人为牲的祭祀活动场面。这一资料为本文的推断提供了新的证据，同时，依本文的认识解释和说明它的实际内容也是再恰当不过了。需要说明的是，在当代原始民族的埋葬习俗中，确有颇类于北首岭广场成组墓葬的情况。印度南部的图达人，一般为死者举行两次葬礼，成人的第二次丧礼经常是几人同时举行[28]，这可以反映当时应存在着同时安置不同时间死亡的死者的习俗。但鉴于北首岭广场墓葬的特殊位置和它自身的许多特点都与半坡文化居民的埋葬习俗有别，因此，仍不能据上述民族学资料，把北首岭广场墓葬与一般意义的墓葬等同起来。

三

北首岭广场墓葬是目前所知的较早使用人牲的坎，但这类坎却常常被误认作是墓葬，而抹杀了它的实际意义。殷墟王陵前的祭祀坑就曾被认作是从属于大墓的小墓[29]，或"排葬坑"、"散葬坑",只是随着研究的深入,才逐步认识到它的实际意义。可见,将北首岭广场中的坎认作是墓葬也不可以厚非。坎和墓葬在有些情况下是很难辨别的。山西侯马晋国盟誓遗址[30]和侯马牛村古城晋国祭祀遗址[31]中的坎,都是由于所处位置的特殊性而使人们能够比较敏锐地发现它们的与众不同,磁山遗址大量"灰坑"的性质也是从遗迹构成方面才能加以定性的。因此,遗迹的存在环境和它自身特点是确认其性质的主要依据。

在我国,类似于北首岭广场中的坎被认作是墓葬的情况几乎在各地都有。二里头遗址一号夯土台基上的M55[32]便是此例。该墓"墓穴十分狭窄,宽仅32厘米,死者两手紧贴髂骨,左右上肢骨脱位,好像捆绑的样子","M108内有具俯身葬的人骨架和一具兽骨",这类遗迹由它们与夯土台基的关系而论,大体都与殷墟"Zt"基址[33]上的祭祀墓性质相同,不是一般意义的墓葬和垃圾坑,而属于祭祀活动的坎和坑。陕西商县紫荆遗址[34]第二期M9、M10的墓主人都是身首异地而葬,不是自然死亡的结果一望而知,属于第三期M24、M27的两位女性的咽部和后颈分别插有16、15厘米的骨匕,显而易见是被处死的,它们集中出现于此地并非偶然。另外,该地M12人骨胸腹部压有9块石头,与横阵H103E号人骨的处置方式相同。紫荆遗址二至四期遗存均以灰坑和这类"墓葬"为主体结构,其连续性非常明显,因此,这些现象虽然特殊,但却并不孤立,可以确定是祭祀活动的遗留现象。山东长岛县砣矶岛大口遗址[36]两期文化遗存都发现有"墓葬"和"兽坑",其中M8、M11、M12等均在骨架上压有石块,兽坑内一般以埋一头猪为主,也有用狗者,这些兽骨架上也多压有石块,这种习俗过去在山东半岛地区尚未发现,报告者结合兽坑和墓葬均在穷人顶的南坡下,推测兽坑有祭祀穷人顶山神的可能性,并提出这里"墓葬"的性质可能与"兽坑"相同,都是用于祭祀活动的,这一认识非常正确。联系到齐家文化墓葬中的同类现象[37],可以认为在人骨架上压放石块是黄河流域仰韶时代到龙山时代比较流行的安置人牲或牺牲的方式,具有某种特定的宗教意义。

以龙、虎图形而闻名的濮阳西水坡遗址M45[38]其西面小龛内的女性死者的头部有明显的刀砍痕迹,由该墓的特殊情况推定她是死于某种宗教祭仪的人牲,该墓是某种宗教祭仪的产物是可以理解的。余杭瑶山祭坛上的墓葬[39]被认为是用来安置巫师或祭司的,其实应是安放焚巫、暴巫的坎。从巫师为牲求雨祈年的记载甲骨文中习见[40]。更为重要的是,只有用于祭祀活动的坎才与祭坛存在因果关系,而一般意义的墓葬规则而整齐地排列在祭坛上反倒是不能理解的,瑶山祭坛上的坎以及大量的祭器为追溯甲骨文所记述的古老宗教习俗提供了更为直接的物证,实在不可多得。红山文化牛河梁祭坛上小墓的性质与瑶山祭坛的坎基本相同,应是祭祀活动的遗留,而非一般意义的墓葬。此外,像洛阳矬李[42]、孟津小潘沟[43]、河北邯郸涧沟[44]、山西太谷白燕等遗址都存在这类性质的坑、坎。问题是应该怎样认识它们,怎样说明和解释它们存在的具体环境。

这里特别要对横阵墓地的情况加以说明。过去,一般认为横阵的埋葬制度特别严谨，层次分明，是研究当时家庭形态和社会组织的极好资料，从上文的分析看，这个墓地还提供了说明当时原始宗教祭仪发达程度的资料。横阵仰韶期的灰坑被称作乱葬坑，其中的人骨架多被认作是某次战争中敌对部落的牺牲者或被处死的战争俘虏，可是，敌对部落的俘虏为何埋在自己氏族墓地附近？那些没有人骨架的灰坑又作何解释？这些灰坑形状规整，圆形袋状坑底往往还挖一圆坑，这种特殊的形制与大坑套小坑的复合式墓葬非常相似，至少两者的形式是相同的。这些有疑问的现象是不可以随意解释的，其实像横阵这样的复合式墓葬显然出于某种宗教仪式，因此从宗教体系方面考察这片墓地或遗址是第一位的，它们本身不是为了安置死去的亲人，而是通过这种祭仪来表达某种祈求和意图，它们是现实宗教生活的产物，而不是一般意义的墓葬制度或组织形式。横阵H103等30余座坑应与某种宗教祭仪相始终，甚至是它的一个组成部分，因为这里并没有半坡居民的居住址，而且灰坑中坑套坑的现象与墓葬中坑套坑的现象是一致的。所以横阵仰韶时期的灰坑当是宗教祭仪的产物。在我国黄河流域的新石器时代，一些墓地中"灰坑"和墓葬往往存在某种内在联系。齐家文化的甘肃武威皇娘娘台遗址[46]中，"灰坑"与墓葬杂处，其中往往埋有人骨架，"有的一个或两个个体，一般骨架凌乱，身首分离，肢体不全，甚至没有头骨，肢骨残断堆放在一起"，皇娘娘台的墓葬排列不很规整，"灰坑"的分布也杂乱无章。与此不同，甘肃永靖秦魏家[47]的齐家文化墓地，墓葬的排列规整有序，相对应的是"灰坑"独处一区。这表明"灰坑"是随着墓葬的排列而变化自己布局形式的。当然，类似于上述墓地中的"灰坑"是丧葬仪式中的一个组成部分，还是像后代墓葬上的享堂建筑一样是为了祭祀先人的，目前还难以断定，但无论与这两种情况的哪一项相符，都与当时的宗教祭祀活动有关却是可以肯定的。印度南部的图达人一般为死者举行两次丧礼，第二次丧礼有很多仪式与第一次相同，但牺牲的牛却比第一次更多。他们举行一种烦琐的引导仪式，然后将第一次牺牲的残骨涂上牛油，与某些器皿、工具以及其他宗教法器一起放在一圈石头中烧掉，灰烬要埋起来，再盖上一块石头，然后由一男子摇铃，围绕这块地方走三圈，再将一新罐子在石头上砸碎[48]。这些作法，同我国新石器时代某些墓地和以灰坑为主体结构的遗址中的灰坑所包含遗物反映的情况非常相近。这一类坑中，有的出有人骨或动物骨骼，有的出有完整陶器，有的出有生产工具，但不论出有什么种类的遗物，一般都含有大量的炭粒、灰烬和破碎的陶片，显然是经过燔烧一类的处置，唯此便不能将它们视为垃圾坑，而有理由断定它们是某种宗教祭仪活动的遗留。按照图达人第二次丧礼所提供的经验，大体上可以推测出，我国黄河流域新石器时代至夏商时期，利用坑、坎形式所从事的宗教祭仪，可能存在着与图达人第二次丧礼极为相似的具体过程。同时，由于"灰坑"中所包含的遗物往往不同，因之可推测这类宗教祭仪活动当存在着级差。在像山西侯马中村古城和盟书遗址中的坎、坑，都是祭祀的遗留，但又存在着用牲与否的区别一样，可能反映着祭祀者或被祭祀的对象及祭祀的内容存有某些差别。

四

我国新石器时代的原始宗教祭祀遗迹，就已知的考古资料分析，大致可分为两种类型，一是坛祭，二是以坑、坎为代表的"陷祭"，它们的分布线索大体上反映出新石器时代原始宗教生活的基本格局。前者以辽宁牛河梁、喀左东山嘴的祭坛为轴心，沿长城地带而西，有包头左近的阿善、莎木佳、黑麻板[49]和甘肃永靖秦魏家墓地中的祭坛；向南有余杭瑶山祭坛[50]，考虑到昌都卡若[51]遗址也发现有圆石台、石围圈等类似祭坛的遗迹，故可推知祭坛可能是环抱中原腹地的居民所共有的、比较普遍流行的祭仪形式。此外，江苏铜山丘湾商代祭祀遗存[52]与辽宁喀左东山嘴的祭坛有某种相似之处，自应属坛祭系统，由此知坛祭形式延续的年代也颇为久远。值得注意的是，坛祭与岩画的分布有重合叠映的线索，虽然后者的年代判定有相当的难度，但两者的关系也难以因此而否定，有待进一步的研究。"陷祭"则以黄土高原为主要分布地区，其中心似在黄河中游一带。

上述两种宗教祭仪形式在很大程度上有赖于地理环境和自然条件，及其由此产生的生活习俗、经济类型等，但随着考古学文化逐渐趋向统一的发展，至迟于夏商时期这两种祭仪形式便已经结合起来。《礼记》中"祭日于坛，祭月于坎"，便是对这两种祭仪形式作成文的规定。由此看来，我国的礼俗、礼制源远流长，是华夏文明的重要组成部分。

根据目前的考古资料，大体上可以揭示出这两种祭仪形式的主要发展线索。其中，坛祭和陷祭都有平面上的方圆之名，可能代表着不同的发展道路。以坑、坎为代表的"陷祭"出现的年代较早，在中原地区连续发展的环节更为清晰，平面为长方或方形的坎其发展线索可作如下概括：

磁山的长方形坎──→北首岭广场"墓葬"代表的坎──→商县紫荆 M9、M12 为代表的坎──→紫荆 M24 为代表的坎──→山东长岛砣矶岛早晚两期墓葬代表的坎──→二里头 M55 为代表的坎──→二里冈 H1 为代表的坎──→殷墟王陵前的祭祀坑──→侯马中村古城祭祀遗址中的坎；平面作圆形的坑其发展环节是：磁山遗址中圆形坑──→横阵遗址 H103 一类圆形坑──→庙底沟遗址 H12 代表的一类圆形坑──→紫荆遗址 H12 代表的一类圆形坑──→东下冯遗址 H231 一类圆形坑──→客省庄遗址 H45 代表的圆形坑──→二里头 H108 代表的圆形坑──→二里冈遗址中的圆形坑──→后冈圆形祭祀坑和殷墟中埋有石刀和出甲骨的圆形坑──→西周时期埋有青铜礼器的圆形坑。

需要说明的是，殷墟发现了埋有大量石刀和甲骨的窖穴，如 1928 年秋第三次发掘，在小屯村北的大连坑 B14 及其稍北，一次出土了上千件石刀。1932 年秋第七次发掘在 E181 方形窖穴内与甲骨、白陶、玉器、残铜器同出有石刀 444 件，石斧 1 件，蚌器 78 件。据统计第二至第七次发掘，一坑出土在数百件以上石刀的，还有纵二甲支，纵二甲乙，纵五癸东支，横十三、二五乙等单位，所储集到的石刀，总数达 3640 件。这些坑历来被认为是储积东西的，石刀则"是堆积于宫室所在的小屯集中管理"的。其实，这些坑应是当时祈求丰年的祭祀坑，数以百计的石刀当象征着收获谷物，是用实物表达祈求者渴望丰收的心情和愿望，否则，若是单单为了储藏石刀这一类生产工具，那么同坑中就不会共出甲骨、铜器、玉器一类常用于祭祀活动的器物，况且，石刀这种简单的生产工具是否有统一管理的必要还是需要考虑的。殷墟中埋藏甲骨的情况大致与上述情况相同。董作宾把埋藏甲骨的情形分为存储、埋藏、散佚、废弃四类，陈梦家则分为储积、累积和零散三类[53]。其实，存储和埋藏，储积和累积都是指灰坑中大量堆积甲骨的情形而言，这些甲骨绝大多数是碎片，许多是砸碎后置于坑中的，所以甲骨才可能缀合，另外，坑中还出有陶器、石器等，或含大量的炭粒，这些现象当不能作为储积和累积解释，而反映出晚商的殷人可能存在某种专用甲骨举行宗教活动的祭仪。小屯南地[54]大量出甲骨的窖穴与F1等夯土基址构成的关系，以及这里确凿无疑的祭祀坑的存在，都为认识晚商时期殷墟出甲骨、石刀的灰坑性质和这种祭仪形式的存在提供了资料。

现在再回到北首岭广场墓葬所反映的另一些问题上。北首岭广场墓葬是目前已知的最早与村落相结合的坎，不像牛河梁祭坛和余杭瑶山祭坛上的坎那样远离村寨，同时也是迄今所知较早的人祭遗存。联系到华阴横阵、商县紫荆、西安半坡、陕县庙底沟、濮阳西水坡等地的人祭遗存，可知仰韶时代是人祭习俗流行的时期，当时的宗教意识和祭仪较之以前取得了长足的发展。从北首岭广场墓葬出土的陶器等随葬器物可判定这类坎与居住区外墓葬的文化属性相同，就其所处的位置而言也是北首岭仰韶遗存不可分割的组成部分，如北首岭广场墓葬确系本文推测的陷祭之一种，其中的死者为人牲，那么它们的来源当出自北首岭村落中的居民，而非战争的俘虏。这一认识涉及如何看待仰韶时代人牲的来源问题，需要更多科学的发掘资料和研究检验。但古代世界的许多地区人祭的来源都不仅仅限于战俘一个方面，而包括民族成员却是客观的事实。马来半岛密林深处的塞芒人因畏惧雷神而施血祭，是以刀割身，滴血于水中，向雷鸣电闪处洒布。腓尼基人和叙利亚人每逢至关重要的时刻则以活人献祭。充任牺牲者并非仅限于战俘，事神虔敬者须献最珍爱之物，父母须献初生婴儿，首胎尤佳，并残害于神像之前，基辅居民便以子女祭鬼。弗拉基米尔大公征战获胜后以人祭神，而用抽签的办法决定谁充任牺牲者[55]，等等。

我国先秦文献中这方面的记载为数不多，但也有线索可寻。《吕氏春秋》载"昔者汤克夏而王天下，天大旱，五年不收。汤乃以身祷于桑林，曰：余一人有罪，无及万夫；万夫有罪，在余一人……于是翦其发；䃺其手，以身为牺牲，用祈福于上帝，民乃甚悦，雨乃大至。"甲骨文中也有焚巫、暴巫的记载，这些都反映出至少在商代死于祭祀活动的人牲，有相当一部分出自商人内部。从考古资料来看，例如殷墟武官村大墓东西两阶殉葬的41人，均全躯，有的有墓穴和木棺，有的则无，有的随葬成套青铜礼器，有的则无，它们之间虽有差别，但与椁室以上填土内发现的被砍伐下的人头骨性质显然不同；侯家庄W1001椁室顶部有木棺的6人，墓道夯土中有墓坑，并有随葬成套青铜礼器的 2 人，当与那些身首分置的死者具有不同的性质。《商周考古》[56]称前者为殉人，后者为人牲，已经从形式上将两者区别开了。其实那些有棺有墓坑或有随葬器物的死者当出自商人本族，说他们是近臣也好，侍卫也好，总是商人，而不是俘虏，否则便不会以商人的礼制和礼器随葬，殷墟王陵中祭祀坑里被砍伐的人牲经体质人类学研究证明他们与商人存在体质方面的差别，应包括一部分战俘，对于他们恰恰不给以商人的礼器或礼制，足证战俘与本族成员作为人牲的待遇是完全不同的。当然，商代死于祭祀活动的人牲绝大部分或主流来源于战争中的俘虏，但那时的人牲也包括部分商人却是毋庸置疑的。他们与战俘在死后的待遇上存在明显而重要的差别，这种差别为正确认识北首岭广场墓葬——坎中人牲的来源，提供了比较的资料。有鉴于此，便不能把仰韶时代的人牲都归之于战俘，那种认为新石器时代的人牲绝不可能来自本氏族成员的看法，无疑把问题推向绝对化而走向反面，既有违了"神不歆非类，民不祀非族"的古代观念，也与考古资料反映的事实相悖。

仰韶时期用人为牲虽然已非孤立现象，但与晚商时期相比其规模显然是微不足道的，两者在性质和内容上当有所不同。用人为牲是一历史现象，有其发生、发展和消亡的过程。从世界范围看，几乎所有的古代祭仪都包括有用人为牲的内容，可是，不同地区、不同时代的人们共同体在用人为牲的内容和形式方面却不完全相同，即或在同一地区也因时代的推移而不断改变这一习俗的内容和形式。这种变化具有标志社会发展里程的界标作用。仰韶时期充任人牲者，由北首岭广场墓葬的情况得知他们可能来自本氏族成员，晚商时期充任商人祭仪中的人牲，由甲骨文研究和体质人类学研究和考古发现证明，他们绝大部分来自战争中的俘虏，前者无疑反映着氏族成员的献身精神，体现着氏族成员为本氏族利益而奋斗的权利和义务，这一精神甚至洋溢在当代的体育竞技活动中，在遥远的氏族制时期可能更为光彩照人，然而后者却是战争、掠夺和压迫的见证。

注　释

[1]　中国社会科学院考古研究所：《宝鸡北首岭》，文物出版社，1983 年。本文有关北首岭的资料均出自该报告。

[2]　西安半坡博物馆、临潼县文化馆：《陕西临潼姜寨遗址第四至十一次发掘纪要》，《考古与文物》1980 年第 3 期。

[3]　西安半坡博物馆、临潼县文化馆：《陕西临潼姜寨遗址第四至十一次发掘纪要》，《考古与文物》1980 年第 3 期。

[4]　苏秉琦：《姜寨遗址发掘的意义》，《考古与文物》1981 年第 2 期。

[5]　陈雍：《北首岭新石器时代遗存再检讨》，待刊。

[6]　34 座广场中期墓葬包括原报告推定为早期，但不出三足罐的 M12、M18。居住区外 85 座中期墓葬中，83 座暂依《宝鸡北首岭》(附录四宝鸡北首岭仰韶墓葬登记表)，M267 和 M341 因出 I 式圆腹小平底罐和 I 式直腹小平底罐归入中期。

[7] 这十一组叠压或打破关系是：77M1→77M8，77M2→77M11，77M2→77M12，77M12→77M6，77M6→77M20，77M21→77M17，78M3→78M16，78M5→18，78M2→78M16，78M2→78M6，78M17→78M17（箭头指向被叠压或被打破者）。

[8] 郭大顺、张克举：《辽宁省喀左县东山嘴红山文化建筑群址发掘简报》，《文物》1984年第11期。

[9] 路易斯·亨利·摩尔根著，李培茱、陈观胜校译：《美洲土著的房屋和家庭生活》，中国社会科学出版社，1985年。

[10] 路易斯·亨利·摩尔根著，李培茱、陈观胜校译：《美洲土著的房屋和家庭生活》，中国社会科学出版社，1985年。

[11] 谢·亚·托卡列夫著，魏庆征译：《世界各民族历史上的宗教》，中国社会科学出版社，1985年。

[12] 杨建华：《试论萨玛腊文化》，《考古学文化论集》（1），文物出版社，1987年。

[13] A.安阳亦工亦农文物考古短训班、中国社会科学院考古研究所安阳发掘队：《安阳殷墟奴隶祭祀坑的发掘》，《考古》1977年第1期；B.石璋如：《小屯》，中研院历史语言研究所，1959年。

[14] 中国科学院考古研究所安阳发掘队：《1958—1959年殷墟发掘简报》，《考古》1961年第2期。

[15] 郭沫若：《安阳新出土的牛胛骨及其刻辞》，《考古》1972年第2期。

[16] 石璋如：《小屯》，中研院历史语言研究所，1959年。

[17] 甘肃省博物馆大地湾发掘小组：《甘肃秦安王家阴洼仰韶文化遗址的发掘》，《考古与文物》1984年第2期。

[18] 西安半坡博物馆、渭南县文化馆：《陕西渭南史家新石器时代遗址》，《考古》1978年第1期。

[19] 北京大学历史系考古教研室：《元君庙仰韶墓地》，文物出版社，1983年。

[20] 中国社会科学院考古研究所陕西工作队：《陕西华阴横阵遗址发掘报告》，《考古学集刊》（4），中国社会科学出版社，1984年。

[21] 西安半坡博物馆、临潼县文化馆：《1972年春临潼姜寨遗址发掘简报》，《考古》1973年第3期。

[22] 卜工：《磁山祭祀遗址及相关问题》，《文物》1987年第11期。

[23] 王克林：《试论我国人祭和人殉的起源》，《文物》1982年第2期。

[24] 詹·乔·弗雷泽：《金枝》，中国民间文艺出版社，1987年。

[25] 詹·乔·弗雷泽：《金枝》，中国民间文艺出版社，1987年。

[26] 甘肃省文物工作队：《大地湾遗址仰韶晚期地画的发现》，《文物》1986年第2期。

[27] 李仰松：《秦安大地湾遗址仰韶晚期地画研究》，《考古》1986年第11期。

[28] 乔治·彼得·穆达克著，童恩正译：《我们当代的原始民族》，四川民族研究所，1980年。

[29] 胡厚宣：《中国奴隶社会的人殉和人祭（上篇）》，《文物》1974年第7期。

[30] 陶正刚、王克林：《侯马东周盟誓遗址》，《文物》1972年第4期。

[31] 山西省考古研究所侯马工作站：《山西侯马牛村古城晋国祭祀建筑遗址》，《考古》1988年第10期。

[32] 中国科学院考古研究所二里头工作队：《河南偃师二里头早商宫殿遗址发掘简报》，《考古》1974年第4期。

[33] 石璋如：《小屯》，中研院历史语言研究所，1959 年。
[34] 商县图书馆、西安半坡博物馆、商洛地区图书馆：《陕西商县紫荆遗址发掘简报》，《考古与文物》1981 年第 3 期。
[35] 中国社会科学院考古研究所陕西工作队：《陕西华阴横阵遗址发掘报告》，《考古学集刊》（4），中国社会科学出版社，1984 年。
[36] 中国社会科学院考古研究所山东队：《山东省长岛县砣矶岛大口遗址》，《考古》1985 年第 12 期。
[37] 青海省文物管理处考古队、中国社会科学院考古研究所：《青海柳湾——乐都柳湾原始社会墓地》，文物出版社，1984 年。
[38] 濮阳市文物管理委员会、濮阳市博物馆、濮阳市文物工作队：《河南濮阳西水坡遗址发掘简报》，《文物》1988 年第 3 期。
[39] 浙江省文物考古研究所：《余杭瑶山良渚文化祭坛遗址发掘简报》，《文物》1988 年第 1 期。
[40] 陈梦家：《殷墟卜辞综述》，中华书局，1988 年。
[41] 辽宁省文物考古研究所：《辽宁牛河梁红山文化"女神庙"与积石冢群发掘简报》，《文物》1986 年第 8 期。
[42] 洛阳博物馆：《洛阳矬李遗址试掘简报》，《考古》1978 年第 1 期。
[43] 洛阳博物馆：《孟津小潘沟遗址试掘简报》，《考古》1978 年第 4 期。
[44] 邹衡：《夏商周考古学论文集》，文物出版社，1980 年。
[45] 晋中考古队：《山西太谷白燕遗址第一地点发掘简报》，《文物》1989 年第 3 期。
[46] 甘肃省博物馆：《武威皇娘娘台遗址第四次发掘》，《考古学报》1978 年第 4 期。
[47] 中国科学院考古研究所甘肃工作队：《甘肃永靖秦魏家齐家文化墓地》，《考古学报》1975 年第 2 期。
[48] 乔治·彼得·穆达克著，童恩正译：《我们当代的原始民族》，四川民族研究所，1980 年。
[49] 包头市文物管理所：《内蒙古大青山西段新石器时代遗址》，《考古》1986 年第 6 期。
[50] 浙江省文物考古研究所：《余杭瑶山良渚文化祭坛遗址发掘简报》，《文物》1988 年第 1 期。
[51] 西藏自治区文物管理委员会：《昌都卡若》，文物出版社，1985 年。
[52] 南京博物院：《江苏铜山丘湾古遗址的发掘》，《考古》1973 年第 2 期。
[53] 陈梦家：《殷墟卜辞综述》，中华书局，1988 年。
[54] 中国科学院考古研究所安阳工作队：《1973 年安阳小屯南地发掘简报》，《考古》1975 年第 1 期。
[55] 谢·亚·托卡列夫著，魏庆征译：《世界各民族历史上的宗教》，中国社会科学出版社，1985 年。
[56] 北京大学历史系考古教研室商周组：《商周考古》，文物出版社，1979 年。

（原载于《辽海文物学刊》1991 年第 2 期）

环珠江口新石器时代晚期
考古学遗存的编年与谱系

近年来，环珠江口地区（包括香港、澳门和附近的岛屿）的田野考古发掘及研究工作取得了长足的进展。特别是深圳、珠海等地经科学发掘的一批面积较大的遗址，提供了相当好的层位关系和陶器的基本组合关系，使人们能够有条件从考古学上的单位入手考察一遗址不同时期考古学遗存的面貌与特征，分析同一时期不同遗址中相类遗存的差别及意义，从而更准确更深入地了解这一地区考古学文化发展的基本脉络和大体的格局，探索文化的谱系结构及其机制变化的动因。

一

深圳市大黄沙沙丘遗址[1]文化堆积比较丰富，是研究环珠江口地区新石器时代晚期考古学文化及分期最常用的资料。据发掘简报，该遗址自上而下分五层，有的探方第五层尚能分A、B两层。第五层只公布了陶釜一种器物，第四层出大量彩陶、支脚和圈足盘、釜等，第三层的资料极少，第二层以陶釜和器座最有特色。过去的研究，一般是把这几层的资料笼统地称之为类型或文化[2]。然大黄沙遗址第四层和第二层出土的陶器面貌差别很大，前者以彩陶和圈足盘为组合特征，后者则以釜和器座为基本组合，在该遗址的资料中尚不见两者共生，应该是性质不同的两种考古学遗存。有的研究显然已经注意到大黄沙遗址第四层和第二层的这种区别。其实，大黄沙遗址的重要还不仅仅在于提供了该遗址四层和二层所代表遗存年代上的早晚关系；更重要的是第五层陶器的面貌暗示出在环珠江口地区的新石器时代晚期，有一类无彩的遗存并不晚于彩陶圈足盘代表的遗存而独立存在的事实。它同第四层和第二层代表的遗存在年代上都有进一步分析的可能，它们在大黄沙都只是自身发展过程中的某一阶段，而并非其全过程。此外，陶釜由早到晚始终存在，是一相对稳定的因素，用来说明文化的连续性可以，作为指示阶段性差别的标准则要考虑。

根据大黄沙遗址的层位关系和圈足盘、釜等器物的特征，可以将环珠江口地区大黄沙遗址第四、第五层代表的遗存分为5个年代组：

第 1 组：深圳大黄沙 T201 ⑤ A 层、T202 ⑤ B 层，珠海草堂湾[3] T2 ⑥层和珠海横琴岛赤沙湾[4] T1 ③层的器物为代表。此组未见彩陶，圈足盘盘浅，底平，圈足之高与盘深几乎相等，釜有宽凹沿鼓肩和平沿直腹两种，刻划纹以写实的波浪图形最有特点。

第 2 组：珠海后沙湾[5] T2 ⑥层的器物为代表。此组彩陶流行，但图案简单，为单线条的写实波浪纹，多施于圈足，圈足盘仍平底，盘深略大于圈足之高。釜未见完整器。

第 3 组：深圳小梅沙[6]、中山龙穴[7]的一件彩陶圈足盘属这个阶段。此组彩陶发达，圈足盘底斜收，渐深，彩陶图案以弧线、圆圈、圆点为主。

第 4 组：深圳大黄沙 T101 和 T202 ④层的和香港春坎湾[8]的部分器物为代表。这是彩陶最发达的时期，器表着彩的面积大增，图案多样，矩形、三角形等几何形图案流行，彩上再施划纹者多见。

第 5 组：高要蚬壳洲[9] T1 ③层、东莞万福庵[10]、中山龙穴 90T3 ③层等单位的器物为代表。此时，彩陶仍有，圈足盘整体向方形发展，彩陶图案更接近刻划纹。

上述 5 个年代组基本上可概括本地区目前已知的这类遗存的资料。彩陶圈足盘和釜是这类遗存最典型的器物，也是陶器的基本组合。圈足盘早期平底，稍后则平底斜收，由浅而深，整体由扁向见方的方向发展，即通高与横径之比逐渐接近，彩陶图案由简而繁，由写实向抽象的几何形发展。这些特点构成有序的发展逻辑，表明这类遗存在环珠江口地区有自己发展的过程，是可以进行年代分析的（图一）。完整釜的数量虽然不多，但型制多样，凹折沿由折幅较大到接近直立的趋势明显，平沿釜似也有此趋势，因完整器少，对此时陶釜整体的认识不如彩陶圈足盘那样充分。但这里陶釜的一些变化特征与湖南澧县三元宫[11]、安乡汤家岗[12]、湖北荆州王家岗[13]等遗址的釜有相似之处，那里的分期认识可以借鉴。

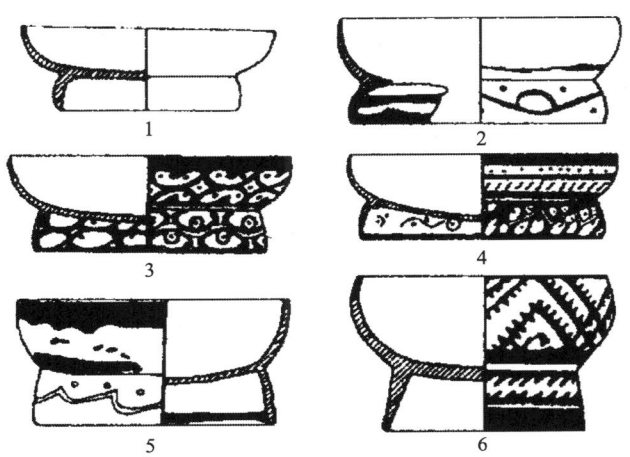

图一 圈足盘排序

1.珠海草堂湾 T2 ⑥∶1　2.珠海后沙湾 T2 ⑥∶7　3.深圳小梅沙 SLS∶01　4.中山龙穴出土　5.香港春坎湾出土　6.中山龙穴 90T3 ③∶1

过去，有的研究曾根据深圳大黄沙遗址第四层和第二层的层位关系及出土器物的差别，论证珠海后沙湾遗址第一期遗存早于珠海草堂湾遗址第一期遗存[14]；也有的研究认为深圳咸头岭遗址早于大黄沙遗址，或持疑义[15]。这些见仁见智的分歧，除了认识上的差别，其根本原因就在于本地区这类遗存陶器排序和编年的基础研究相对薄弱。其实，珠海后沙湾第一期遗存和深圳大黄沙第四层虽然都出彩陶，但图案有明显区别，圈足盘的形态也不同，两者不能等量齐观。珠海与深圳两地这么近的距离，仅仅用地域的原因来解释，显然缺乏说服力。此外，大黄沙遗址第二层的釜与珠海草堂湾 T2⑥层的同类器也有区别，年代上自不可同日而语，倒是大黄沙 T201⑤A 层的釜，宽沿内凹的风格与草堂湾 T2⑥层的基本相同。若把两者的宽凹沿陶釜的口部与其下部作一解析，则不难发现这类釜口部的形态与草堂湾 T2⑥层圈足盘的上部基本相同，这显然不是巧合，当是时代风格相同所致。珠海横琴岛赤沙湾遗址试掘的 T1③层中，大黄沙遗址 T202⑤B：5 平沿式陶釜与珠海草堂湾 T2⑥层的宽凹沿的釜和圈足盘共生是强有力的证据（图二）。鉴此，完全有理由推导出草堂湾 T2⑥层早于大黄沙第四层的认识，后者所出彩陶圈足盘（原简报图五：一，T101④：19）口比后沙湾者敛，腹比后沙湾者深，显示了由早至晚的发展顺序，这个关系显然不能颠倒，而后沙湾的彩陶圈足盘适在两者之中。因之便可以排定圈足盘由草堂湾、后沙湾、小梅沙到大黄沙再到龙穴的发展顺序。大黄沙遗址的层位关系业已指示出几种型制陶釜的年代变化主要体现在口沿，无疑可支持这一认识。由此也可以检讨在彩陶圈足盘年代变化认识上存有的争议[16]。过去关于圈足盘的变化，有的认为是由深而浅，口部由敛而敞；有的则认为反之，圈足盘上部是由浅而深发展。现在看来，圈足盘虽然至少有敞口和敛口两种以上的形态，盘的深浅却反映年代变化。故后一认识比较接近实际。至于深圳咸头岭遗址的大部分遗存

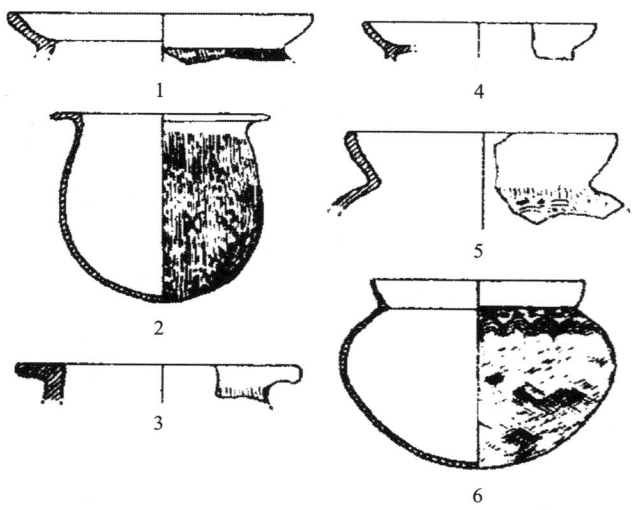

图二 珠海草堂湾、赤沙湾与深圳大黄沙第五层陶器比较

1、2. 深圳大黄沙 T201⑤A：7、T202⑤B：5　3～5. 珠海赤沙湾 T1③：5、T1③：6、T1③：3　6. 珠海草堂湾 T2⑥：2

与大黄沙遗址第四层的遗存孰早孰晚也并不难认定。大黄沙遗址第四层厚重的陶釜口沿比咸头岭的同类器显得原始，咸头岭流行器座而陶支脚不见，圈足盘也走到了尽头，圈足行将消失，印痕深且粗犷的刻划纹发达，这些都是咸头岭大部分遗存年代晚于大黄沙第四层的特征。咸头岭遗址经两次发掘，探方分散，相同序号的层位是否能直接对应尚需研究，同是第二层的器物，年代上明显存在区别。咸头岭遗址报道的部分陶片（原简报图八：29、31、21等）与大黄沙遗址发掘简报公布的T202④层的部分陶片（原简报图四：12、13、16等）相同，表明了两者曾有平行发展的阶段，或年代比较接近，其中，咸头岭T201②层代表的遗存早于T101②层，更早于T107②层，后者的器物略晚于大黄沙遗址第二层，就是说咸头岭遗址的部分遗存与大黄沙遗址第四层年代相近，部分遗存的年代在大黄沙遗址第四层之后，有的晚于大黄沙遗址第二层。可见对咸头岭的遗存不能一概而论，应有必要的分析。上述5个年代组中，珠海后沙湾、香港春坎湾、中山龙穴、深圳大黄沙第四层以彩陶为特色，珠海草堂湾、珠海横琴岛赤沙湾、深圳咸头岭等遗址相同阶段的遗存中则彩陶相对缺乏，说明深圳大黄沙遗址第五层披露的信息并非孤立的现象。

二

环珠江口地区新石器时代晚期的彩陶消失之后，曾经与之共存的陶釜继续发展，后来它又同小口圈足罐结成新的搭档，延续了颇长时期，构成环珠江口地区新石器时代晚期考古学遗存又一鲜明特色。此时发现的陶釜个体数量甚多，能够复原者很少；加之其器型虽简单，形态却多样，仅凭口沿残片难以窥测全貌和捕捉其变化点；更重要的是，陶釜的变化特征在本地区的不同时代似有重演的现象，这无疑增加了对陶釜研究的难度。

根据已知的资料，深圳咸头岭遗址T201②层、香港涌浪南遗址"新石器时代中期"的部分资料和深湾遗址[17]的部分遗存相近，陶器的基本组合是釜、罐、器座、钵、碗、盆等，刻划纹发达，平底器多见，亚腰形器座流行。彩陶圈足盘基本不见，小口圈足罐的线索很少，应是一承前启后的阶段。囿于资料这里暂归为第6组。综合以往环珠江口地区发表的资料，可将此后的陶釜及小口圈足罐排为以下8个年代组：

第7组：深圳大黄沙遗址T201②层（原简报图六：4，8，14）。

第8组：香港涌浪南遗址新石器时代晚期的部分资料，咸头岭遗址T101②：4与涌浪南遗址的陶釜的腹形相同，年代亦应相当，此层虽出彩陶圈足（T101②：29），然年代则似须依陶釜而定。

第9组：三水银洲遗址[18]M32的资料，香港涌浪遗址的部分资料和深圳咸头岭遗址T107②层的资料。

第10组：三水银洲遗址M37[19]的资料。

第11组：深圳鹤地山遗址[20]下层的部分资料。

第 12 组：深圳赤湾沙丘遗址[21]的部分资料。

第 13 组：珠海后沙湾遗址第二期遗存[22]的部分资料（主要是部分采集品）。

第 14 组：珠海淇澳岛亚婆湾遗址第 1 组[23]的部分资料。

以上排序主要是卷沿型陶釜和小口圈足罐的直领型的器物排队（图三）。这个编年顺序可以反映卷沿陶釜发展演变的大致过程，卷沿逐步外翻，束颈扩张，整体由扁而方，口沿的修整越发得到重视。圈足罐的腹形也有从扁向圆发展的趋势。直领和侈领应是小口圈足盘的两种型制。应该说明，本文的排序仅仅只是力求认识某一型制陶釜变化的一个过程。而环珠江口地区存在着诸多型制的陶釜，自然不能将其逐一对号入座，特别是陶釜的变化明显存在重演的现象。佛山河宕遗址商周之际的釜也有本文早期阶段的

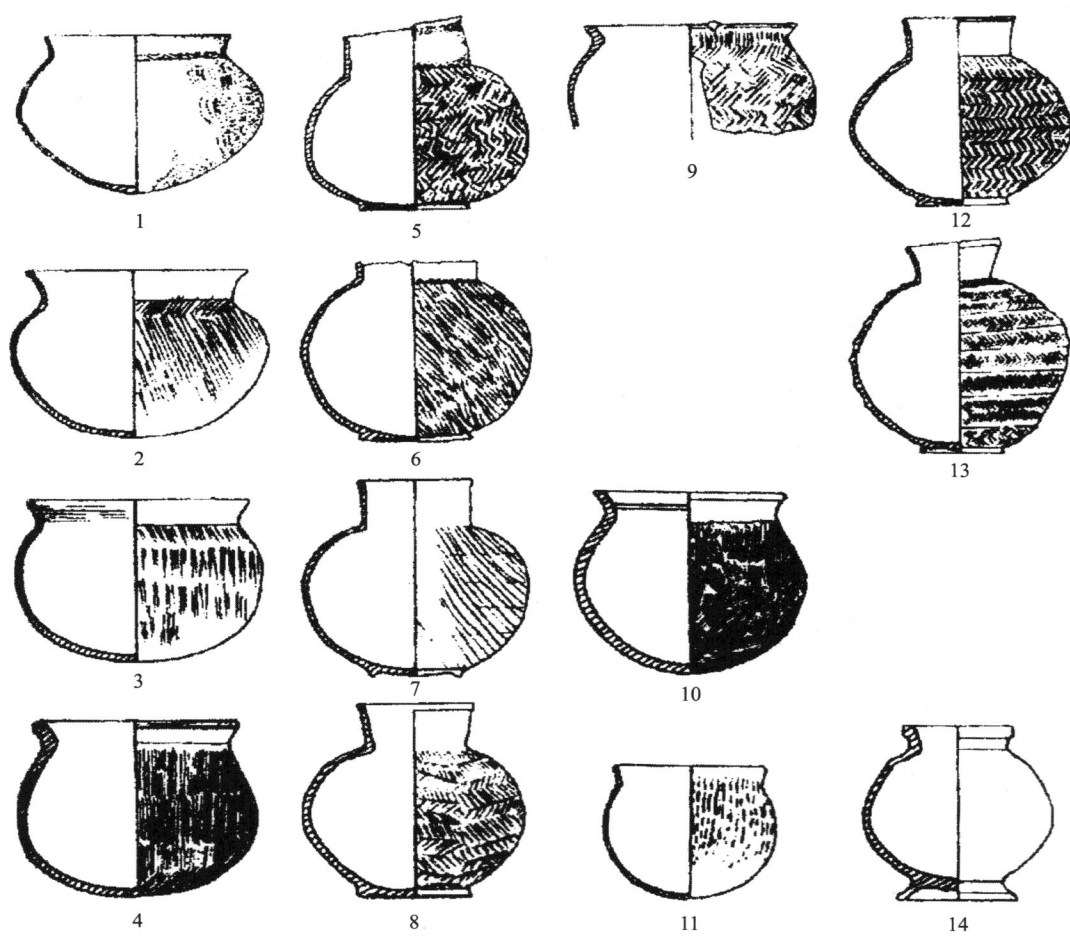

图三　卷沿陶釜、小口圈足罐排序

1. 香港涌浪南遗址出土　2、3. 三水银洲遗址 M32：1、M37：1　4、8. 深圳鹤地山 SNH：13、SNH：19　5、6. 香港涌浪遗址 92：1148、93：469　7. 珠海宝镜湾遗址出土　9. 珠海南沙湾 T2②：7　10. 深圳向南村 T9③：187　11、14. 珠海亚婆湾采集：3、11　12. 深圳赤湾 SNCH：08　13. 珠海后沙湾采集：12（1~8 为第 8~11 组，9~14 为第 12~15 组）

特征便是一个例证。众所周知，新石器时代的黄河流域半坡文化和庙底沟文化都有小口尖底瓶，尽管型制不同，但都是寻着由溜肩向鼓肩、尖底向圜底至平底发展；龙山时期以及后来的夏、商、周时期都有鬲，虽然发生的年代有别，但共同的演进倾向是由高裆向低平发展，袋足逐步被腹腔所取代。这种器物的重演现象在我国新石器时代很多地区都存在。但是，一种器物一定有自己变化的规律，只要认识这个规律，就能从复杂的现象中抽出头绪和线索，区别出那些重演的器物，本地区的陶釜当然也不例外。这是本文对陶釜排序的出发点。需要指出，香港涌浪南遗址"新石器时代中期"资料，报告者认为较早，但细观之（原报告图10A、图10B）属本文第6组，据涌浪南遗址的分期研究，该遗址新石器时代晚期釜（图三，1）的年代当不早于第6组，此陶釜鼓肩、尖圜底，与咸头岭T101②：4的腹形酷似，由此推知咸头岭该阶段应有小口圈足罐存在。咸头岭T201②层代表的遗存过去未曾将其独立出来认识，它的一些因素显然来自大黄沙遗址第四层代表的遗存，人们笼统地论及咸头岭并因此而推测它们早于大黄沙，然咸头岭T201②：30、T201②：32、T201②：49和T102②：25（原简报图十：4、10、2，图九：18）等器物断然不能早于大黄沙遗址第四层，它们的确有某种新意，因为代表着一个新的阶段，而这个阶段的遗存正是过去所认为的环珠江口地区长期存在的空白或缺环。现在可以通过对它的研究将本地区新石器时代晚期的考古学遗存联系起来了。此外，三水银洲遗址早期3座墓葬的器物风格不同，反映了年代上有早晚关系，它们同被银洲中期遗存叠压，打破生土，其可分性显而易见，故这里分作3个年代组，其中，M30的鼎为瓦状足，在环珠江口地区唯珠海宝镜湾遗址[24]第二层出过一件（T2②：17），此墓的年代不早于本文第13组，能否直接与粤北的石峡文化[25]联系尚需研究。

三

以上14组陶器的编年顺序，按标型器组合特征分三大阶段：

第一段，1～5组，圈足盘和陶釜组合；

第二段，6组、7～13组，圈足罐和陶釜组合；

第三段，14组是豆、折肩尊和陶釜组合。

从年代上看，第1组珠海草堂湾的釜（T2⑥：2）与湖南澧县三元宫遗址1式釜（H8：22）鼓肩的风格一致，当不晚于湖南安乡汤家岗遗址1式釜（H7：1）。第4组深圳大黄沙遗址T101④层出土炭化粮食标本ZK2513的^{14}C年代为距今5600±200年（树轮校正为6255±260年）。第5组高要蚬壳洲遗址KWG-817 ^{14}C为距今5130±100年。这些对于认识和说明本地区第一阶段遗存的年代应有所帮助。本地区第一阶段大致与中原地区的仰韶时期相当。

本地区第二阶段包括八个年代组，实际的资料还可以分得再细。深圳赤湾遗址的小口圈足罐（图三，12）与石峡文化第三期墓葬所出的圈足罐（M45：31）几乎相同，年代也应相近。石峡文化第三期墓葬（M43）^{14}C 年代为距今 4330±90 年、M26^{14}C 年代为距今 4020±100 年，树轮校正为公元前 2480±150 年。香港涌浪遗址的部分资料分别排在本文的第 8、9 组，但这并不是说该遗址的资料只能分两个年代组，有一些年代则晚。据 1995 年该遗址报告的资料："涌浪南遗址的文化层有二，分属新石器时代中期及晚期。15 件出土物的 ^{14}C 测定结果都相当一致，显示出遗址于公元前 4100～前 3600 年间及公元前 2600～前 2400 年间先后有人类聚居。"从本文对圈足罐排序及与石峡文化的对比来看，涌浪南遗址新石器时代晚期的 ^{14}C 年代数据可能比较客观地揭示了实际情况，真实地反映了本文第 8 组年代为公元前 2600 年左右。1997 年的报告引用了七个 ^{14}C 年代数据[26]，其中六个在距今 4170±80～3810±70 年间，另一个距今 4700±120 年，报告者认为年代偏早。这批 ^{14}C 年代数据是 1995 年报告中较晚的那部分，恰恰在这批陶器的资料中有本文第二阶段最晚者（原报告图十七：9），其型制与珠海后沙湾遗址第二期遗存中的采集品大致相同或稍早。后者陶片的热释光年代数据为距今 3898±390 年，与前者的年代下限吻合，因此有理由用这批数据中年代较晚者推定本文第二阶段最后一组的年代。至于第二阶段的年代上限，根据上文对第 8 组的分析，当不晚于公元前 2600 年，在公元前 3000～前 2600 年间，这个阶段最早的第 6 组可能随着资料的发现而最终独立出来。本地区第二阶段大致跨了中原龙山和夏代两个时期。

本地区第三阶段第 14 组属商时期，已超出本文的范围，将另文讨论。

多年以来，环珠江口地区新石器时代晚期考古学研究中一直有两个问题值得检讨：一是考古学遗存研究主要是陶器的类型学研究和在此基础上建立的编年体系；一是划分考古学文化的标准和如何使用这个标准。前者是基础，缺乏这个基础就难以正确认识这里考古学遗存的复杂性。依本文的编年认识来考察，那些曾被视为有代表性的或具有分期标尺意义的某期或某组的遗存，所含遗物的特征上反映出年代并不单纯。这大概是因为基于很小面积的发掘和有限的层位及陶器组合关系，串联了大量的采集品，从而导致遗存分类和分期上的不够严格；人们虽然摆脱了简单的"沙、软、硬"概念，也注意到陶器在考古研究中的重要作用，但习惯于以遗址为单位来作比较研究，因此往往会忽略一些差别，遗漏一些现象，模糊一些概念。这主要表现在两个方面：首先，以往本地区第一段和第二阶段较早的部分遗存，通常是不加区分地混在一起被作为一种考古学文化加以论证的。人们在用彩陶圈足盘作考古学文化指示性器物的同时，却忽视了被囊括在该考古学文化的诸多遗存中并不存在彩陶圈足盘的事实。深圳大黄沙遗址第二层、大梅沙、香港深湾遗址、咸头岭遗址的大部分遗存就没有彩陶圈足盘，现在可以确知这种差别的原因在于年代不同，它们的年代距离虽然可能并不那么遥远，但所处的大阶段截然不同，与其勉强捏合在一起，不如根据彩陶圈足盘这个标准将其区分开，在研究中坚持一个标准，坚持在明确的概念和统一的标准下讨论问题为好。本地区第二阶段的遗存只是较早的部分与第一段较晚遗存的陶器质地、纹饰、器型非常接近，因为两者有渊源关系；在告别了彩陶阶段之后，有自己稳定发展的过程，陶器的组合特征十分清楚，釜、小口圈足罐和器座的组合与第一阶段遗存彩陶圈足盘和釜的文化结构截然不同，因此必须区别开。如果这些遗存不被区别出来，则概念将有不断外延的趋势，推演下去，香港涌浪遗址新石器时代晚期遗存也将被纳入同一考古学文化之中，而这样只能模糊考古学文化间的界限。显而易见，这有违于研究者的初衷，所以还是按"结构决定性质"的法则认识两段遗存的区别才是客观的。从本文的年代认识来看，本地区第一、二两段的分野，正是中原地区"仰韶"和"龙山"的分界，这绝非偶然，充分反映了岭南的环珠江口地区在这个阶段与中原文化息息相关的联系，和能跟上时代的脉搏与节奏而发展的事实。简言之，以往本地区被认定的新石器时代晚期的考古学文化中实际上包容了不同阶段的遗存。

其次，即便是用彩陶圈足盘作为划分考古学文化的标准考察环珠江口地区同时期的遗存，也存在涵盖方面的局限。因为本地区第一阶段实际上存在甲乙两类遗存，它们应该代表着两个完全不同的系统。甲类是以珠海后沙湾遗址T2⑥层、深圳大黄沙遗址第四层、高要蚬壳洲、东莞万福庵以及澳门黑沙[27]遗址的部分遗存为代表，特点便是彩陶圈足盘。乙类以深圳大黄沙遗址第五层、珠海草堂湾T2⑥层、珠海横琴岛赤沙湾T1③层、咸头岭遗址和香港大屿山东湾[28]遗址的部分遗存为代表，特征是没有彩陶圈足盘，与彩陶具有同等意义的刻划纹发达，两者泾渭分明。深圳大黄沙遗址的层位关系可证乙类并不晚于甲类，乙类珠海草堂湾T2⑥层的圈足盘放在甲类中也属年代较早者，中山龙穴和高要蚬壳洲都发现彩陶圈足盘与刻划纹共处，说明两类遗存既独立存在又有联系。特别是甲乙两类遗存发达的彩陶和刻划纹有诸多共性，应是它们平行发展的见证，将两者混为一谈，不加区别，显然有碍于认识环珠江口地区新石器时代复杂的历史现象。

应该指出，目前很多研究者都已经认识到本文第一阶段的遗存与大溪文化，主要是洞庭湖一带的大溪文化有惊人的相似之处[29]。其中，白陶、彩陶、器型、纹饰的工艺和制法等与大溪文化如出一辙，这实际上主要是讲甲类遗存，并不包括乙类遗存。本地与洞庭湖一带大溪文化的联系并非一过性，甲类遗存与大溪文化的相似表明两者有直接的亲缘关系。当然两者的区别也非常明显，大溪文化的器类要比甲类遗存丰富，陶器的质地和颜色也有差异，但是在诸多因素中像彩陶图案的母题更能反映人们共同体的心理素质，彩陶技法更能体现工艺的传统，这是其他因素不能比拟的。正如庙底沟文化的彩陶和小口尖底瓶所波及的地区往往被视为该文化的辐射范围一样，上述文化因素证明岭南是大溪文化的辐射区域，这里产生大溪文化的考古学地方性变体符合历史的逻辑，因此不难理解。从彩陶圈足盘变化特点观察，目前见诸香港、澳门的同类遗存均系本地区第一阶段较晚者，粤北山地"前石峡文化"[30]虽未见彩陶，但明显具有大溪文化较早的特征，可以说明大溪文化由北而南跨越韶关直插岭南的传播路线。换言之，香港、澳门的彩陶圈足盘代表的遗存只是流，而非源，所以，即便赞同岭南的彩陶与大溪文化有亲缘关系，而在研究中仍坚持用最初发现岭南彩陶圈足盘遗存的地点香港大湾来作考古学文化的命名，容易造成香港是这类遗存的中心和源头的误解。加之上述年代和文化系统方面的问题，大湾文化的名称便存有一定局限性。从考古学文化区系类型研究的格局出发，直呼本地区第一段甲类遗存为大溪文化岭南型，倒是更直接更贴切，用地方性变体的概念认识和说明甲类遗存既与大溪文化有联系，又与大溪文化性质不同，应该更符合历史事实。这对于认识大溪文化的历史地位无疑很重要，对于理解考古学文化区系类型的理论同样也很重要。这种现象使人联想到黄河中游的庙底沟文化，它横跨甘陕晋冀，北抵内蒙古，南达湖北枝江，与长江中游的大溪文化南下相呼应，一个开拓北疆，一个开发岭南，其文化的活力着实耐人寻味。大溪文化岭南型在环珠江口地区的历史作用不能低估，本地区乙类遗存的刻划纹有一些便是来自甲类，反映了它对土著的影响相当深刻。需要指出，大溪文化开发岭南适逢全新世海进引起世界各地三角洲环境演变的关键时期[31]，两者的联系值得注意。生态环境的变化可能是吸引第一代"客家人"入驻岭南的重要因素之一。新石器时代环珠江口地区特殊的地理环境和生态条件造就了第一阶段甲乙两类遗存错居杂处，既有联系，又有区别的复杂态势，乃至于同一时期相距很近的古代居民却分别体验着不同类型的经济生活。

在相当于仰韶的阶段不仅环珠江口地区，包括粤北山地都有大溪文化岭南型的分布。然而，如同庙底沟文化解体之后，它曾覆盖的地区孕育出许多考古学文化和类型一样，大溪文化岭南型解体后环珠江口地区便与粤北山地分道扬镳了，后者发育出吸收了诸多文化因素而形成自身特点的石峡文化，前者由乙类遗存生长出咸头岭类型，再到涌浪类型，两地文化平行发展，彼此又有交流，但谱系截然不同。可见，乙类遗存应是环珠江口地区新石器时代晚期的原住居民。

本地区第二阶段遗存的小口圈足罐来源尚不清楚，从本文排序的情况分析，其较早者均出自环珠江口地区，这里可能是其原生地，粤北山地的同类器当是它的流。资料显示它同粤东地区的联系较其他地区更为紧密，可能反映出本地区这个阶段遗存对外联系的主要通道和方向。龙山晚期黄河以及长江流域诸考古学文化经历了分化组合的动荡局面，然环珠江口地区却相对稳定，自成一系，历史的进程也明显落后于中原。只是到了早商时期这里的考古学文化才开始发生新的变化，缓慢的发展、相对封闭的状态和新石器时代晚期的那种格局才得以改变。

注　释

[1]　《深圳市大黄沙沙丘遗址发掘简报》，《深圳考古发现与研究》，文物出版社，1994年。

[2]　邓聪、黄韵璋：《大湾文化试论》，《南中国及邻近地区古文化研究》，香港中文大学出版社，1994年；李松生：《试论咸头岭文化》，《深圳考古发现与研究》，文物出版社，1994年。

[3]　梁振兴、李子文：《三灶岛草堂湾遗址发掘》，《珠海考古发现与研究》，广东人民出版社，1991年。

[4]　梁振兴：《横琴岛考古调查》，《珠海考古发现与研究》，广东人民出版社，1991年。

[5] 李子文：《淇澳岛后沙湾遗址发掘》，《珠海考古发现与研究》，广东人民出版社，1991年。
[6] 《深圳市先秦遗址调查与试掘》，《深圳考古发现与研究》，文物出版社，1994年。
[7] 中山市博物馆：《中山历史文物图集》，1991年，第14页图2；杨式挺、林再圆：《从中山龙穴及白水井发现的彩陶谈起》，《南中国及邻近地区古文化研究》，香港中文大学出版社，1994年。
[8] 邓聪、黄韵璋：《大湾文化试论》，《南中国及邻近地区古文化研究》，香港中文大学出版社，1994年；李松生：《试论咸头岭文化》，《深圳考古发现与研究》，文物出版社，1994年。
[9] 广东省博物馆、高要县文化局：《广东高要县蚬壳洲发现新石器时代贝丘遗址》，《考古》1990年第6期。
[10] 广东省博物馆、东莞市博物馆：《广东东莞市三处贝丘遗址调查》，《考古》1991年第3期。
[11] 湖南省博物馆：《澧县梦溪三元宫遗址》，《考古学报》1979年第4期。
[12] 湖南省博物馆：《湖南安乡县汤家岗新石器时代遗址》，《考古》1982年第4期。
[13] 湖北省荆州地区博物馆：《湖北王家岗新石器时代遗址》，《考古学报》1984年第2期。
[14] 李子文：《珠海史前文化序列初论》，《珠海考古发现与研究》，广东人民出版社，1991年。
[15] 邓聪、黄韵璋：《大湾文化试论》，《南中国及邻近地区古文化研究》，香港中文大学出版社，1994年；李松生：《试论咸头岭文化》，《深圳考古发现与研究》，文物出版社，1994年；杨式挺：《"大湾文化"初议——珠江三角洲考古学文化命名探讨》，《南方文物》1997年第2期；《深圳市大鹏咸头岭沙丘遗址发掘简报》，《深圳考古发现与研究》，文物出版社，1994年。
[16] 邓聪、黄韵璋：《大湾文化试论》，《南中国及邻近地区古文化研究》，香港中文大学出版社，1994年；李松生：《试论咸头岭文化》，《深圳考古发现与研究》，文物出版社，1994年；李子文：《珠海史前文化序列初论》，《珠海考古发现与研究》，广东人民出版社，1991年。
[17] 秦威廉：《涌浪南的新石器中期及晚期文化》，《东南亚考古论文集》，香港大学美术博物馆，1995年。又见注[2]。
[18] 朱非素：《广东考古新发现的几点思考》，《东南亚考古论文集》，香港大学美术博物馆，1995年。
[19] 朱非素：《广东考古新发现的几点思考》，《东南亚考古论文集》，香港大学美术博物馆，1995年。
[20] 《深圳市先秦遗址调查与试掘》，《深圳考古发现与研究》，文物出版社，1994年。
[21] 《深圳市先秦遗址调查与试掘》，《深圳考古发现与研究》，文物出版社，1994年。
[22] 李子文：《淇澳岛后沙湾遗址发掘》，《珠海考古发现与研究》，广东人民出版社，1991年。
[23] 唐振雄、李子文：《淇澳岛亚婆湾、南芒湾遗址调查》，《珠海考古发现与研究》，广东人民出版社，1991年。
[24] 珠海市博物馆：《广东珠海市宝镜湾遗址试掘简报》，《东南文化》1999年第2期。
[25] 广东省博物馆、曲江县文化局石峡发掘小组：《广东曲江石峡墓葬发掘简报》，《文物》1978年第7期。
[26] 香港古物古迹办事处：《香港涌浪新石器时代遗址发掘简报》，《考古》1997年第6期。
[27] 邓聪、郑炜明：《澳门黑沙》，香港中文大学出版社，1996年。
[28] 区家发、邓聪：《香港大屿山东湾新石器时代沙丘遗址发掘简报》，《纪念马坝人化石发现三十

周年文集》，文物出版社，1988年。

[29] 何介钧：《环珠江口的史前彩陶与大溪文化》，《湖南先秦考古学研究》，岳麓书社，1996年。

[30] 杨式挺：《广东新石器时代文化及相关问题的探讨》，《岭南文物考古论集》，广东省地图出版社，1998年。

[31] 李平日：《珠江三角洲一万年来环境演变》，海洋出版社，1991年。

（原载于《文物》1999年第11期）

环珠江口商时期考古学研究的几个问题

一、商时期考古学遗存的年代分析与时代界标

我国华南地区特别是岭南，自新石器时代晚期至两周时期普遍流行几何印纹陶，其特色之鲜明，历时之长远，受到学术界的高度重视。1978年8、9月间，在庐山举行江南地区印纹陶问题的学术讨论会，对几何印纹陶的研究成果作了比较系统的总结，为后来的研究奠定了基础[1]。环珠江口是岭南面向海洋的窗口，新石器时代晚期大溪文化岭南型[2]解体之后，这里的刻划纹、拍印纹迅速发展，与粤北山地的石峡文化[3]形成明显区别，构筑出不同的文化区域。已有的资料表明，几何印纹陶在环珠江口地区滥觞于新石器时代之末，发展于商，盛于周。由于商时期这里陶器的质地、纹饰等都与新石器时代晚期遗存有直接的承袭关系，因而对它们的研究往往容易产生注重文化相似性，而忽视差别的倾向。近年来，南海鱿鱼岗[4]、三水银洲[5]、佛山河宕[6]、珠海棠下环[7]、深圳向南村[8]、珠海宝镜湾[9]、珠海后沙湾、珠海淇澳岛亚婆湾以及珠海诸岛的考古调查和发掘资料[10]等多已见诸报道，其中，前四个地点都对遗址的分期作过有益的尝试，取得了值得重视的认识。随着材料不断增加，对环珠江口地区这个时期文化遗存作进一步的研究已经提到日程上来。根据已知资料，这一地区商时期的考古学遗存至少可以分为五个年代组（图一）。

第1组：包括珠海淇澳岛亚婆湾遗址第1组的部分器物，南海鱿鱼岗M31，珠海后沙湾遗址第二期T3、T1④等单位。

第2组：包括三水银洲H93、H9②、M12等，以及珠海宝镜湾遗址试掘的97T1②A等单位。

第3组：包括三水银洲H22，珠海南沙村T1、T2②等。

第4组：包括深圳向南村T9③，三水银洲T1③、M15，高要茅岗[11]AT3②，珠海香洲区棱角嘴[12]，三灶青湾遗址[13]，金鼎白沙[14]、染沟埔遗址[15]的部分遗物。

第5组：包括三水银洲H11，珠海棠下环和佛山河宕遗址，珠海北水营地山[16]、珠海淇澳岛亚婆湾第2组，南芒湾[17]第2组，前山镇水涌遗址[18]第2组的部分遗存。

图一虽只是对本地区商时期几种器物的简单排比，但其中的变化仍有规律可循。陶尊和圈足罐都有口部扩大，肩部缩小的趋势；豆的子母口早期为直立，尔后斜平，再后

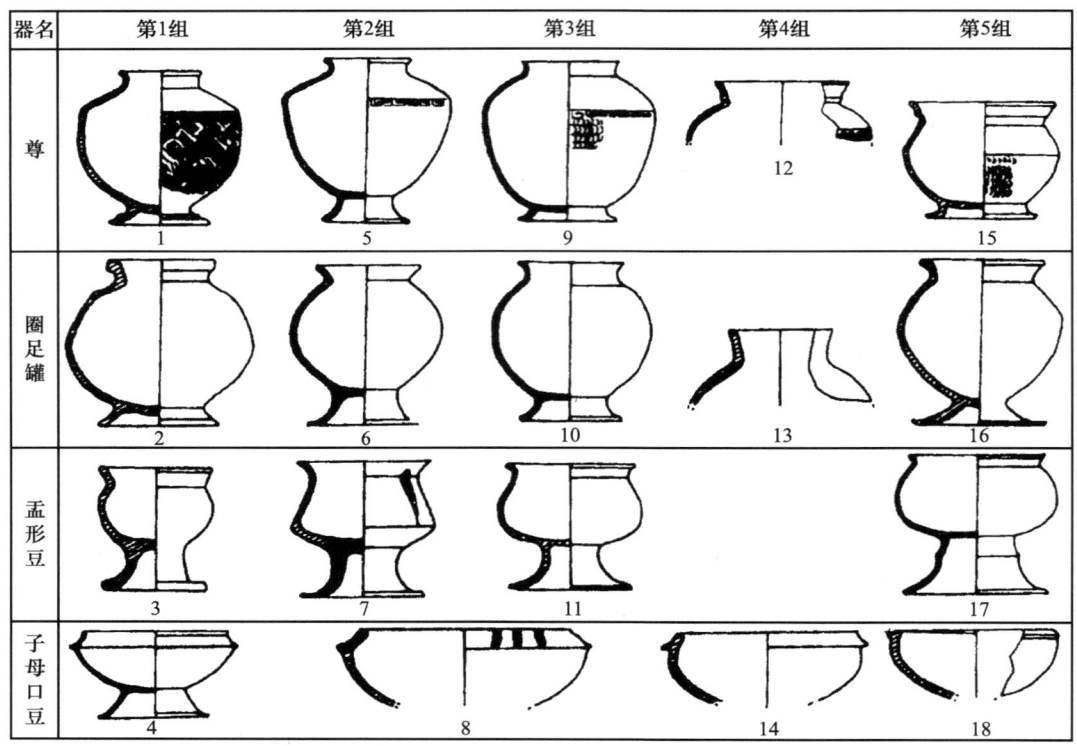

图一　环珠江口商时期陶器编年

1～3. 珠海淇澳岛亚婆湾采集第1组陶器（0∶10、0∶11、0∶12）　4. 南海鱿鱼岗（M31∶2）　5～11、14、15、17. 三水银洲（H93①、H9②、M12∶2、H64∶2、H22③、H22③∶2、H64∶5、T1①∶9、H11∶6、2号鱼塘底）　12、13. 深圳向南村（T9③∶221、T9③∶224）　16. 佛山河宕　18. 珠海棠下环（T33④a∶20）

近于消失。南海鱿鱼岗遗址有层位关系的M31与M6、M7中同类器物的差异有助于理解这一认识。这个序列为将本地区散见的资料串联起来认识提供了可资参照的标准。香港大湾[19]M7的宽侈沿球腹形陶釜（图二，1）、尊（图二，2）分别与鱿鱼岗M12∶1（图二，5）、银洲H93①（图一，5）形态相近，年代也接近，应不早于本文第2组；深圳咸头岭[20]出土的宽侈沿垂折腹形的陶釜85M4∶2（图二，7）与鱿鱼岗M31∶1（图二，6）相似，年代当与本文第4组、第5组相当。有的研究者早已指出这类陶釜的年代与亚婆湾第2组相若[21]，可判定为商时期，而非新石器时代晚期。香港马湾岛东湾仔北[22]第二期遗存包含有球腹和垂折腹两种陶釜（图二，3、4），并有尊，该遗址提供的层位关系与陶器的特征均显示出存在着进一步分期的可能，然年代大致在本文所列五组之中，明显具有本地区商时期遗存的典型特征。第三期属浮滨类型的墓葬与第二期遗存的年代关系尚有待研究，据此墓在该基地的位置和报告者认为"折肩圜底罐与第二期遗存的同类器相似"的分析，目前还难以将此墓排除在该墓地之外。香港大屿山白芒遗址[23]第一期遗存也属商时期，其特色是凹底器的出现。

关于上述五组的年代，时下只能作大致的推断。三水银洲H93①（图一，5）与江

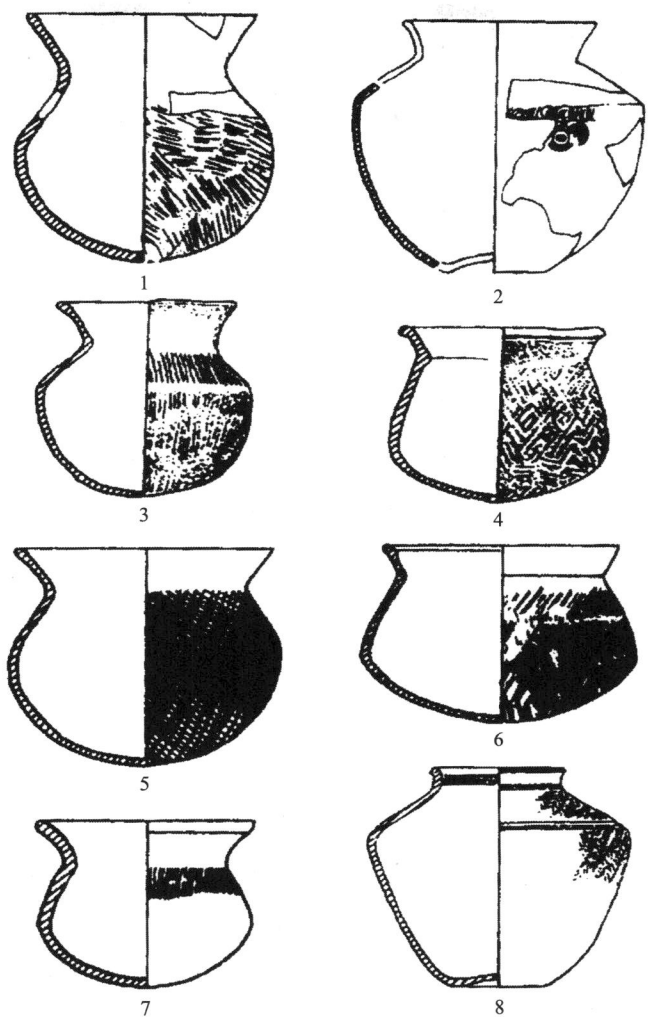

图二 环珠江口商时期陶器与周边陶器的比较

1、2. 香港大湾（M7） 3、4. 香港马湾岛东湾仔北（C1607、SF12） 5、6. 广东南海鱿鱼岗（M12∶1、M31∶1）
7. 广东深圳咸头岭（85M4∶2） 8. 江西清江吴城（74秋ET9H11∶16）（2、8. 尊，余皆为釜）

西吴城文化[24]三期的尊（图二，8）几乎完全相同，唯后者无圈足，是理解两者年代相近而地域有别的依据。考虑到本文第3组、第4组的雷纹与吴城文化第三期同类器相似，故本文第2组当在吴城文化第二、三期之间。参照广东平远西周陶窑[25]出土器物的情况，将本文第5组的年代推定在商周之际应比较接近客观实际。第1组则不晚于吴城文化第二期。由此可知，环珠江口地区商时期遗存，其年代集中在二里冈上层至殷墟末期。需要说明的是，南海鱿鱼岗遗址第一期的年代未必如报告者认为的那样早，M31所出子母口豆与银洲的同类器相近，此墓中陶釜的雷纹（原简报称方格纹）也与银洲相似，因此年代应很近。有的研究者通过与珠海后沙湾第二期遗存和粤北石峡文化的比较[26],进而论证南海鱿鱼岗以 M31 为代表的遗存年代,这种桥连法似有不妥。因为后沙湾遗址第二期遗存的年代不单纯,目前来看至少可分两组,采集的圈足罐为一组,年代显然偏早,与香港涌浪[27]、深圳赤湾[28]等遗址的同类遗存性质基本相同,是本地新石器时代最晚的遗存。此种小口圈足罐在商时期已经消失或改形,是鱿鱼岗、河宕、向南村、银洲等遗址无其踪迹的原因。另一组包括后沙湾遗址原报告所列的 BⅡ、BⅢ式釜,与鱿鱼岗 M31 中釜宽沿外侈、束颈鼓腹的特征相同,Ⅱ式素面罐与亚婆湾第 1 组的素面罐相同,后沙湾二期的雷纹应属此组,与鱿鱼岗 M31 和亚婆湾第 1 组的雷纹构成对应关系。鱿鱼岗 M6、M7 大致与三水银洲 M15 接近,属于本文第 5 组。就是说,鱿鱼岗两期四段遗存基本处在本文五个年代组之内,这与报告者认为鱿鱼岗二期四段遗存前后衔接,缺环不大的认识吻合。如果将来鱿鱼岗、河宕、银洲、向南村等遗址的发掘报告正式刊出,商时期本地考古学遗存的编年体系会更充实、细致和完善,因为在已知的商时期资料中,有些器物是可以排在本文第 1 组之前的。本文的年代组仍只是一个分期线索。

按以上的认识去核检已知的几何印纹陶资料,不难发现曲折纹、云纹、菱形纹、方格纹、叶脉纹、圆圈纹等在新石器时代晚期虽已出现,但与商时期的同类纹饰又有差别。主要变化倾向是由潦草向规整,单一向复合发展。图三可以说明雷纹、云纹明显的变化特点。雷纹稍早显得凌乱,拍印有重叠,尔后规整,再后雷纹中部的中心点凸起增大,最后中部形成方块。方格纹也有此变化特点。云纹从螺旋形纹发展起来,然后呈"S"形,再到勾云形。这与江西赣江流域几何印纹陶[29]发展变化的特点有共同之处(参见江西清江筑卫城中层、吴城二期与江西地区西周时期的雷纹),可与本文排序的认识互证。

图三　环珠江口商时期的雷纹、云纹
1.珠海后沙湾　2.珠海宝镜湾　3.珠海棠下环　4.南海鱿鱼岗　5.佛山河宕　6.深圳向南村

其中，雷纹最具时代特色。纵观环珠江口的邻近地区，相当于龙山时期的考古资料中都未见典型的雷纹出现，相比之下后沙湾二期的雷纹就显得与众不同了。现在有了对后沙湾遗址第二期遗存年代再分析的认识，便可以确认目前所知的雷纹在环珠江口地区出现于商时期，而非新石器时代晚期。珠海淇澳岛亚婆湾第1组的雷纹与后沙湾二期的完全相同，当是这一认识的有力证据。本地与赣江流域商代雷纹的形态和技法都不尽相同，前者大体上以回字形为蓝本，正中为圆点，后者为一不间断的线条从里向外环绕成形，可见两地的雷纹属不同系统。这说明环珠江口地区商时期的几何印纹陶的纹饰同陶器形制一样，有自己发展的过程和序列。从香港涌浪[30]出有最原始的云纹（原简报图十六，5）推测，环珠江口地区的云纹、雷纹都不是照搬照抄，直接拿来的，而有消化和改造的创意，可视为土生土长的产物。

20世纪80年代，当环珠江口地区发现的考古资料还相当不充分的时候，有的研究者提出东澳湾遗存的概念，将其分为四期，推测其年代范围在距今4000～3000年之间，意在建立珠江口西岸夏、商时期考古学遗存的编年序列[31]。但有关资料显示，这个地区进入夏代纪年范围的考古学遗存，文化面貌与此前相比并没有质的变化，像珠海草堂湾第二期遗存以小口圈足罐和釜为组合特征，纹饰中连潦草的云雷纹都没有出现，其年代与香港涌浪新石器时代晚期的遗存接近，文化的联系更是密不可分。所以，这类遗存应归入新石器时代范畴。环珠江口地区远离中原，夏代文明的光芒没有照耀到这里，按中原的模式，根据^{14}C测定年代人为地分出夏代一期显得勉强。把它与后来的遗存组合为夏、商时期的遗存，文化面貌又有差别，所以，还是按考古学惯例根据陶器的面貌做取舍为妥。要说环珠江口地区新石器时代晚期以后考古学文化面貌上的变化，集中表现在本文的第1组，此时尊的出现，小口圈足罐的改型，云雷纹及其他几何印纹陶纹饰的规范都表明了一个新时代的开始，至少从文化面貌上加以区别是有根据的。这也是本文以商时期命题的依据。

综上所述，环珠江口地区商时期考古学遗存有三个明显特点：一是尊、凹底器的出现，带来陶器基本组合的变化。二是规范的云纹、雷纹的发展改变了传统纹饰的风格。三是与青铜制品相关的器物增加了考古文化的内涵。这些与本地区新石器时代晚期遗存有质的变化和区别，是步入新时期的界标，它们的^{14}C测年大都在商代纪年内，与长江以南地区商时期的考古学遗存又有诸多共性。因此不能再把这类遗存笼统地称为新石器时代晚期遗存，而应将其区别出来，直呼为商时期遗存。这对于认识本地区考古学文化发展的格局和阶段性，对于认识岭南地区在多元一体化的历史进程中的地位和作用无疑是非常重要的。

二、生产力的发展水平与迟来的青铜制品

1961年，广东历史学会曾讨论过广东地区是否经历过青铜时代。30多年过去了，

随着考古资料的积累，这早已不再成为问题。但广东特别是环珠江口地区的青铜时代究竟始于何时却依然在探索之中。青铜时代是指示社会生产力水平进步程度的概念，因此关于环珠江口地区青铜时代的研究自应从考察社会生产力水平方面入手。

从目前的资料分析，环珠江口地区新石器时代延续的时间比中原地区长，社会发展的总体水平具有明显滞后的特点。大约相当于中原的仰韶时期，洞庭湖一带的大溪文化曾经开发岭南，留下大量的彩陶、白陶，对这些遗存研究的成果现在已经逐步成为学术界的共识[32]。大溪文化岭南型在环珠江口地区有广泛的分布，然而此时有另一种以刻划纹为特色的遗存与大溪文化岭南型相对应，这就是以深圳大黄沙遗址第五层、珠海草堂湾遗址第一期遗存等为代表的，主要分布于近海岛屿的一类考古学遗存。研究表明这类遗存并不晚于岭南型，应是环珠江口地区土著居民的物质遗留[33]。相当于中原的龙山时期，环珠江口地区文化遗存以陶釜和圈足罐为基本组合，与粤北石峡文化的面貌截然不同，这表明环珠江口作为一个相对独立的考古学文化区域业已形成。

此时的生产力水平如何呢？从香港涌浪、珠海宝镜湾、深圳咸头岭等遗址的资料看，陶器种类不多，制作粗糙。生产工具品种单一，主要是网坠、石锛、石凿、砺石之类，见有石环、玉环及其半成品。居址的情况不十分清楚，墓葬少见。这种生产力水平距离青铜时代显然还有很遥远的路程。而且这一状况延续了颇长时间，只是到了商时期，考古学文化的结构才发生变化，生产力水平才稍有改观。与中原地区龙山晚期到夏代群雄逐鹿，社会剧变相比，环珠江口地区无疑属世外桃源。根据三水银洲、佛山河宕、深圳向南村、珠海棠下环等地的情况看，商时期遗址面积增大，文化堆积丰富，居址、灰坑等遗迹多见，显示出当时村落的规模扩大，生产工具中砍砸器、石斧等增多，纺轮、骨器多见。河宕遗址760平方米的发掘范围内就出土了3500多件不同种类的动物骨骸，有象、牛、猪、猕猴、马来鳄和多种鱼类、蚌壳类[34]，表明经济生活的多样化。墓葬的数量增多，反映出精神生活方面的变化和进步。特别是在珠海棠下环发现的石范，更使以往研究中种种推测黯然失色。20世纪80年代在珠海的考古调查，曾在淇澳岛亚婆湾采集到4件石范标本，淇澳岛南芒湾和南屏白沙坑各1件，东澳岛南沙湾1件，斗门县乾务镇缯船埔遗址1件，中山南萌龙穴遗址2件[35]。因系采集品，且上述地点又多存在春秋战国时期的遗存，这些石范的年代很难断定，在这种情况下棠下环石范的发现就显得特别重要了。其重要性当然不仅仅在于说明环珠江口地区确实存在或经历过青铜时代，更重要的是提出了一些令人们思考的问题，诸如棠下环遗址的年代属于商代的哪个阶段；棠下环遗址所反映的社会生产力水平究竟是怎样，与其他遗址同时期的遗存相比有什么差别；为什么三水银洲、佛山河宕、东莞村头、深圳向南村发掘面积都不算少，但却没有发现青铜器及相关的石范等。

关于棠下环遗址的年代，报告者使用商时期的概念表述，因此准确而明了。根据本文的认识，棠下环遗址主要遗存的年代确属于商时期，是商时期比较晚的遗存，就是说环珠江口地区的考古学遗存在商时期其文化面貌有了一个质的飞跃。然而可资说明青铜时代的资料相对较晚,这一方面可能是受资料发现的局限,另一方面则可能真实地反映了中原文化向岭南文化传递的历史进程。环珠江口地区本无凹底器,其来源不外乎广东韩江流域的浮滨类型[36]、江西赣江流域的吴城文化。从地域上看,前者相距很近,也曾发现凹底器,但从新石器时代以来此地无凹底器的传统;后者相距较远,凹底折肩罐渊源较长。按吴城文化的分期,第一期相当二里冈上层,第三期相当于殷墟三、四期,凹底折肩罐始终存在,由高向矮发展。可是,环珠江口地区商时期的遗存与吴城文化存在一定差别,特别是陶器的形态、组合和几何印纹陶都存在不同的渊源。所以,环珠江口地区的凹底器直接来自吴城文化的可能性较小。因此,尽管棠下环的石范与吴城文化第二期的同类器基本相同,也难以将其归为吴城文化直接影响的结果。广东韩江流域浮滨类型的分期研究尚处于探索阶段,韩江流域与环珠江口地区是完全不同的地理单元,是联系赣江流域和沟通闽南的咽喉要道,商代的考古学遗存呈现出多样而复杂的特点,圈足、平底、凹底器交织在一起。考虑到新石器时代这里同闽南一样都没有凹底器的传统,且浮滨类型的许多陶器与吴城文化更接近,可推知这两地的凹底器均与吴城文化的影响有关,是次生的形态。因此,更大的可能是吴城文化通过粤东的浮滨类型影响环珠江口地区文化发展的历程。本文第 5 组的珠海淇澳岛亚婆湾第 2 组与珠海前山镇水涌第 2 组遗存[37]拥有几乎没有区别的带流垂折腹形的陶釜或罐,前者包含有石范,后者包含有粤东浮滨类型的典型器物大口尊,这三种器物的共生关系虽有待于今后的资料进一步证实,但这一现象暗示出环珠江口商时期石范的来源与粤东的浮滨类型有密切关系。

棠下环的石范是本地区目前所知通过发掘获得的最早的也是唯一与青铜器有关的资料。即或将来本地区商时期更早的阶段发现与青铜器有关的线索,但与邻近地区相比,青铜时代对于环珠江口地区而言不能不说是一个迟来的时代,它不是在这块土地上自然生长出来的,而是文化传播和影响的结果。由于它的发现可以正确认识过去的那些采集品,因此便不存在孤证的问题,并可以证明商代末期环珠江口的居民已开始认识小型的青铜制品。

三、两类聚落、两种经济模式与文化类型

自新石器时代以来,环珠江口地区就存在着沙丘和贝丘两种类型的遗址,这两种遗址的特点、差别及其意义,引起许多研究者的重视[38]。据不完全统计,广东沿海发现沙丘和贝丘遗址各约百余处,其中环珠江口地区沙丘遗址最为密集,有 60 余处,贝丘遗址也以环珠江口地区为多。研究者将贝丘遗址的特点归纳为:分布地段一般沿着三角洲边缘低岗、河谷阶地和三角洲内地低岗,多数选择大江干流或支流附近的珠江口内原岛丘海湾附近定居。首先是水源丰富,交通便利,江河有充足可取的食物,附近有可射猎的动物。沙丘遗址则位于大陆沿海、海中岛屿南向小海湾的沙堤或沙洲,海湾两端均有岬角,形成一个内凹的半环形,遗址前是一片海滩;遗址背山,两侧有低丘包围,地

表高出海面 7～10 米，有小溪流经。文化面貌上，陶器以夹砂陶为主，手制，器形有釜、钵、碗、器座、盘、豆，纹饰丰富，彩陶图案基本上是几何形；磨制和打制石器都有，斧、锛、砧、网坠、砺石常见，石器是在当地制作的。这些认识无疑包含有相当多的正确因素和基本常识。但现在看来，以往关于沙丘和贝丘遗址的研究始终存在两个问题。

第一，是年代问题。过去，环珠江口甚至岭南地区，从新石器时代晚期到商时期的考古学遗存的年代只有粗略的框架或谓简单的分期。因为缺乏必要的标型器的排比序列，对器物演变逻辑和陶器组合变化认识模糊，在遗址乃至考古学文化的分期方面就难免有失偏颇，对时代的分野就难以提出明确的标准。所以，一些商时期的遗存多年来一直被误认为属于新石器时代。此外，人们在研究这两类遗址时，往往使用"史前"的概念，于是便很自然地把新石器时代和商时期的遗址混为一谈，然而这两个时期的遗址是有区别的。人们用史前的概念讨论沙丘遗址的特点，而人们所了解的贝丘遗址，或利用来说明贝丘遗址特点的资料恰恰大部分是商周时期的，商时期本地区聚落的变化被纳入到新石器时代，如此便抹杀了商时期中原文化对岭南地区的渗透影响和制约岭南地区逐步走上多元一体化道路的动因。

第二，沙丘遗址是今人根据今日的遗址状况提出的概念，而在古代这些沙丘是远离大陆的。查清末的《香山县志》，可知现今在珠海发现的沙丘遗址原来都位于海岛之上，由于地转偏向力的作用，珠江的泥沙在入海口自然偏向西面，日积月累，终于将珠海水域的许多岛屿与陆地连接起来。所以，正确地说，环珠江口地区的许多沙丘遗址原来是古代的海岛遗址。可见，讨论沙丘和贝丘遗址不能忽略环境变迁的因素。

按这种认识去考察商时期的珠海棠下环、珠海宝镜湾等沙丘遗址与佛山河宕、三水银洲、东莞村头等贝丘遗址，可以得到下列结论。

（1）贝丘遗址的遗迹构成有别于沙丘遗址。前者居址、灰坑、墓葬多见，遗址中存在不同功能的区域；后者遗迹相对少见，难以区别不同功能的区域。但珠海棱角嘴遗址曾发现一些一面抹平另一面有夹竹、木或芦条之类印痕的烧土块，推测为倒塌的木骨泥墙[39]。宝镜湾遗址发现很多柱洞，虽缺乏规律，难以复原居址状况，但仍能证明海岛遗址的人们是居有定所的。

（2）贝丘遗址的生产工具种类多样，骨质、石质、陶质齐全，反映了经济生活多样化和征服自然的能力增强。而海岛文化的石器主要是网坠，棠下环遗址 1500 平方米的发掘范围内出土数以百计的石网坠，珠海宝镜湾遗址 500 多平方米的发掘区中竟获几百件石网坠，而石镞少见，垦荒工具不见，石锛、凿个体较小，数量少，可见，海岛遗址的经济是以获取水生资源为特色。

（3）海岛遗址常见石器加工场所，而贝丘遗址相对少见。珠海棠下环、宝镜湾，澳门黑沙[40]等遗址都有这类遗迹现象，发现大量石网坠、石环的半成品和砺石，表明海岛先民有自己的石器生产加工体系，其发达程度似乎超出了自身的需要，无疑是他们经济生活的重要组成部分。

（4）海岛遗址的陶器质地疏松，火候较低，以夹砂陶为主；贝丘遗址夹砂陶烧制火候、陶器的质地明显不同于海岛遗址，且泥质陶多见。这些区别说明海岛遗址的陶器不是从贝丘搬来的，而是在海岛当地烧制而成的，两者陶器的功能可能不尽相同。

（5）海岛遗址中多见非当地所产的物品。其精美程度令人叹为观止。这反映了海岛的先民在当时的交换贸易方面比较活跃，可跨越文化类型不同的障碍，直接从海上获得所需。这大概是海岛居民很早与粤东发生联系的重要原因之一，也是商时期环珠江口地区海岛居民率先拥有与青铜器相关的石范，较早认识和使用小型青铜制品，而贝丘遗址至今仍未见到这类器物的关键所在。

过去，有的研究者因为海岛遗址与贝丘遗址的陶器面貌相似，把两者视为一体，进而推导出贝丘遗址是定居的基地，海岛遗址是临时的、季节性驻地的结论。可是上述分析表明，这两种类型遗址的区别归根结底在于经济模式的不同，如果过分强调其共性，把海岛遗址置于贝丘遗址的从属地位，便不利于正确认识两类遗址的差别、性质及其意义所在。近年，有的研究者已经开始修正过去的认识，提出海湾沙丘遗址不应只是季节性驻地[41]，有的提出海岛遗址的概念[42]，人们更加关注经济类型在岭南考古学文化研究中的地位，从而推进了研究的深入。其实道理很简单，若海岛遗址是临时性的，那根本不需要有自己的石器加工场、制陶业，海上交换贸易所得物品也会及时传递到贝丘遗址，而情况并非如此。新石器时代晚期以降，古代先民不断经营海岛，留下的遗存自成系列，连绵不断。到了商时期，海岛遗址与沿海的贝丘遗址的分野更加明显，陶器的面貌与风格也逐渐显露出差异，尤其经济生活的内容和方式迥然有别。各自的区域也相对独立。这两种不同的经济模式可概括为海岛型和沿海型，其渊源有自，相辅相成，构成环珠江口地区商时期考古学文化的鲜明特色。其中，沿海的贝丘遗址自然能追溯到新石器时代晚期的高要蚬壳洲[43]，是大溪文化岭南型代表的农业经济在沿海一带向多种经济发展的结果；海岛型是本地区新石器时代晚期遗存的延续和发展。在岭南的广袤大地上，商时期考古学文化的多样化和多元性与经济模式的多重结构息息相关。其南的海岛型以获取水生资源为特色，其北的农业以稻作经济为主要内容，沿海型的多样化经济模式居中，三者环环相扣，成为决定岭南商时期考古学文化类型分布及走向的重要因素之一。

21世纪是海洋的世纪。探索海岛型文化发生发展的过程，研究两个类型相互影响而共同繁荣的特征，对于认识人类征服自然，开发和利用海洋资源的历史，对于理解环珠江口地区在中国古代文化多元一体化进程中的地位，无疑有着积极的意义。

注　释

[1]　文物编辑委员会：《文物集刊（3）——江南地区印纹陶问题学术讨论会论文集》，文物出版社，1981年。

[2] 卜工:《环珠江口新石器时代晚期考古学遗存的编年与谱系》,《文物》1999 年第 11 期。

[3] 广东省博物馆、曲江县文化局石峡发掘小组:《广东曲江石峡墓葬发掘简报》,《文物》1978 年第 7 期。

[4] 广东省文物考古研究所、北京大学考古系实习队:《广东南海市鱿鱼岗贝丘遗址的发掘》,《考古》1997 年第 6 期。

[5] 朱非素:《广东考古新发现的几点思考》,《东南亚考古论文集》,香港大学美术博物馆,1995 年。

[6] 杨式挺、陈志杰:《谈谈佛山河宕遗址的重要发现》,《岭南文物考古论集》,广东省地图出版社,1998 年。

[7] 广东省文物考古研究所、珠海市平沙文化科:《珠海平沙棠下环遗址发掘简报》,《文物》1998 年第 7 期。

[8] 深圳市文管会办公室、深圳市博物馆、南山区文管会办公室:《深圳市南山向南村遗址的发掘》,《考古》1997 年第 6 期。

[9] 珠海市博物馆:《广东珠海市宝镜湾遗址试掘简报》,《东南文化》1999 年第 2 期。

[10] 珠海市博物馆、广东省文物考古研究所、广东省博物馆:《珠海考古发现与研究》,广东人民出版社,1991 年。

[11] 杨豪、杨耀林:《广东高要县茅岗水上木构建筑遗址》,《广东省文物考古资料选辑》(第一辑),广东省博物馆,1989 年。

[12] 珠海市博物馆、广东省文物考古研究所、广东省博物馆:《珠海考古发现与研究》,广东人民出版社,1991 年。

[13] 珠海市博物馆、广东省文物考古研究所、广东省博物馆:《珠海考古发现与研究》,广东人民出版社,1991 年。

[14] 珠海市博物馆、广东省文物考古研究所、广东省博物馆:《珠海考古发现与研究》,广东人民出版社,1991 年。

[15] 珠海市博物馆、广东省文物考古研究所、广东省博物馆:《珠海考古发现与研究》,广东人民出版社,1991 年。

[16] 珠海市博物馆、广东省文物考古研究所、广东省博物馆:《珠海考古发现与研究》,广东人民出版社,1991 年。

[17] 珠海市博物馆、广东省文物考古研究所、广东省博物馆:《珠海考古发现与研究》,广东人民出版社,1991 年。

[18] 珠海市博物馆、广东省文物考古研究所、广东省博物馆:《珠海考古发现与研究》,广东人民出版社,1991 年。

[19] 区家发、冯永驱、李果等:《香港南丫岛大湾遗址发掘简报》,《南中国及邻近地区古文化研究》,香港中文大学出版社,1994 年。

[20] 深圳市博物馆:《深圳市大鹏咸头岭沙丘遗址发掘简报》,《深圳考古发现与研究》,文物出版社,1994 年。

[21] 朱非素：《广东考古新发现的几点思考》，《东南亚考古论文集》，香港大学美术博物馆，1995 年。

[22] 香港古物古迹办事处、中国社会科学院考古研究所：《香港马湾岛东湾仔北史前遗址发掘简报》，《考古》1999 年第 6 期。

[23] 邓聪、商志馥、黄韵璋：《香港大屿山白芒遗址发掘简报》，《考古》1997 年第 6 期。

[24] 江西省博物馆、清江县博物馆、北京大学历史系考古专业：《江西清江吴城商代遗址发掘简报》，《文物》1975 年第 7 期。

[25] 广东省博物馆：《广东平远县西周陶窑清理简报》，《考古》1983 年第 7 期。

[26] 广东省文物考古研究所、北京大学考古系实习队：《广东南海市鱿鱼岗贝丘遗址的发掘》，《考古》1997 年第 6 期。

[27] 香港古物古迹办事处：《香港涌浪新石器时代遗址发掘简报》，《考古》1997 年第 6 期。

[28] 杨耀林、古运泉、彭如策等：《深圳市先秦遗址调查与试掘》，《深圳考古发现与研究》，文物出版社，1994 年。

[29] 江西省博物馆"印纹陶问题"研究小组：《江西地区陶瓷器几何形拍印纹样综述》，《文物集刊》（3），文物出版社，1981 年。

[30] 香港古物古迹办事处：《香港涌浪新石器时代遗址发掘简报》，《考古》1997 年第 6 期。

[31] 珠海市博物馆、广东省文物考古研究所、广东省博物馆：《珠海考古发现与研究》，广东人民出版社，1991 年。

[32] A. 何介钧：《环珠江口的史前彩陶与大溪文化》，《湖南先秦考古学研究》，岳麓书社，1996 年；B. 邓聪、黄韵璋：《大湾文化试论》，《南中国及邻近地区古文化研究》，香港中文大学出版社，1994 年。

[33] 卜工：《环珠江口新石器时代晚期考古学遗存的编年与谱系》，《文物》1999 年第 11 期。

[34] 杨式挺：《试论西樵山文化》，《考古学报》1985 年第 1 期。

[35] A. 珠海市博物馆、广东省文物考古研究所、广东省博物馆：《珠海考古发现与研究》，广东人民出版社，1991 年；B. 李岩：《广东青铜时代早期遗存诸问题浅析——从珠海棠下环出土石范谈起》，《东南亚考古论文集》，香港大学美术博物馆，1995 年。

[36] 广东省博物馆、饶平县文化局：《广东饶平县古墓发掘简报》，《文物资料丛刊》（8），文物出版社，1983 年。

[37] 珠海市博物馆、广东省文物考古研究所、广东省博物馆：《珠海考古发现与研究》，广东人民出版社，1991 年。

[38] A. 朱非素：《珠江三角洲贝丘、沙丘遗址和聚落形态》，《南中国及邻近地区古文化研究》，香港中文大学出版社，1994 年；B. 商志馥、谌世龙：《环珠江口史前沙丘遗址的特点及有关问题》，《深圳考古发现与研究》，文物出版社，1994 年。

[39] 珠海市博物馆、广东省文物考古研究所、广东省博物馆：《珠海考古发现与研究》，广东人民出版社，1991 年。

[40] 邓聪、郑炜明：《澳门黑沙》，香港中文大学出版社，1996 年。

［41］ 萧一亭：《海湾沙丘遗址不应只是季节性活动居址》，《东南亚考古论文集》，香港大学美术博物馆，1995年。

［42］ 曾骐：《环珠江口两侧的史前文化》，《东南亚考古论文集》，香港大学美术博物馆，1995年。

［43］ 广东省博物馆、肇庆地区文化局、高要县博物馆：《高要县龙一乡蚬壳洲贝丘遗址》，《文物》1991年第11期。

（原载于《考古》2002年第2期）

广东青铜时代初论

广东青铜时代一直是考古界研究的热点之一。笔者关于广东青铜时代的认识[1]曾引起国内同行的关注和反响,但由于一些认识多是就某一问题、某一区域的考古学资料所反映的线索有感而发,因此,从宏观、系统的角度而言,对有些方面的研究可能语焉不详,或为说明某些问题而将不同系统的考古学遗存直接进行年代的排比,容易产生误解,因此,有必要作进一步探讨。

一、认识与资料

广东青铜时代考古资料的发现与相关研究发端很早。1932年芬戴礼(Daniel J. Finn)在香港仔神学院附近海边的沙滩中发现青铜器残片,尔后在南丫岛发现匕首等青铜器与夔纹硬陶器共存,并最早提出青铜器文化的概念。1937年戈斐侣氏(W. Sohofield)在香港大屿石壁遗址发现青铜斧铸范。意大利传教士麦兆良(Fr. R. MaGlioni),于1936~1939年间在粤东地区收集到青铜戈、铃等器物和铜斧、铜铃铸范。此后,随着时间的推移和考古资料的迅速积累,综合研究也提到日程上来。其中对年代与分期的探讨较多且意见不同,主要有三期说、二期说和现行分期不可行说等[2]。三期说认为肇始期始于商代晚期,终止于两周之际;形成期为西周晚期至春秋早、中期;繁荣期从春秋期至秦统一岭南。并认为战国时期在某些遗址中即已出现了铁器,但总的说来,发现数量极少,分布范围有限,所出铁器从类别型式和大小说来,都和南岭以北特别是楚地所出几乎完全一样。因此,可推定当时岭南尚无自己的铁器冶铸业,可以把秦统一岭南作为铁器时代的开端,即青铜时代的终结。两期说有两种意见:其一,第一期从西周起到战国早期,即夔纹陶类型文化时期;第二期为战国中、晚期属于米字纹陶类型文化时期。其二,认为早期为西周至春秋时期,晚期为战国时期。同时也有认为上述分期均不可行者。在类型的划分方面,通常是夔纹陶类型、米字纹陶类型和浮滨类型,最近,有学者提出东莞村头类型、石峡中层类型[3]。

应该指出,上述研究对广东青铜时代的认识和理解都曾起过历史性的推动作用,但是,都有两个问题值得商榷。首先是对青铜时代上限的年代估计有明显的不足;其次,青铜时代年代下限的认识过于模糊,战国时期广东多有铁器的发现,且陶器中米字纹的兴起，器物组合、墓葬结构的变化等一系列新特征的出现委实难以青铜时代概括。特别是自20世纪90年代，广东青铜时代的考古资料有突破性的发现。其中，珠海棠下环[4]、东莞村头[5]、三水银州[6]、南海鱿鱼岗[7]、博罗横岭山[8]、深圳屋背岭[9]、普宁后山[10]、香港东湾仔北[11]等地的考古收获令人耳目一新，过去的成果、经验和概念面对这些崭新的资料不可能无动于衷，历史的认识与现实的资料在此碰撞，引发出来的诸种疑惑，不能不使人们反思以往的研究。多年的实践表明，广东青铜时代的考古学研究要坚持两个原则。

第一，从材料出发，注重地方特色。例如，过去的三期说所使用的肇始、形成、繁荣等概念所表述的三个阶段乃是事物发展的一般规律，不论对一考古学文化，还是指示一物种的发生与发展过程，无疑都可以使用。概念本身并无错误，但用放之四海而皆准的概念表示某一地区的具体情况，由于失掉特殊性的内容，会令人产生大而空的感觉，这种概念不能揭示广东青铜时代的主要特色，因此，应该注重从实际资料中科学地概括总结，并提炼出比较接近客观实际的认识。

在类型的划分方面，夔纹陶和米字纹陶在广东应该是具有时代意义的概念，将其归为文化类型显然有失偏颇，两者的分布区域远比浮滨类型大得多，而且在不同的地理单元其文化面貌也不尽相同。在中国考古研究中有些考古学文化的标型器，在年代学上具有意义，但在类型的划分上却不是主要的依据。例如，湖北盘龙城和江西清江的吴城文化，它们都是据商代陶鬲确定其具体年代的，但在类型的认定和划分方面，则依据的是地方性特点的器物，正如青铜时代往往是依据有地方特点的陶器来划分类型一样。因此在广东青铜时代的研究中，夔纹陶和米字纹陶类型概念有逐渐被淘汰的趋势。此外，石峡中层和东莞村头类型，前者的年代偏晚，陶器的基本组合及自身的发展线索不清晰；后者的资料公布过少且分期研究相对缺乏，故难以类型名之。

第二，把握大格局，正确地运用概念。在广东考古学研究中，新石器时代和青铜时代的概念有之；史前和先秦时期的概念有之；夏、商、周、春秋和战国的概念有之。但上述概念的层次和意义有区别，所涵盖的范畴不完全等同。在新石器时代的研究中应该避免使用史前的概念，在青铜时代的研究中则应该不使用先秦的概念。这一点大概不会引起疑义。夏代、夏商时期这种概念是很多学者都习惯使用的，然而，在广东使用这类概念却要有必要的分析和说明。

在中国考古学研究中，许多考古学文化被冠以历史时期朝代的名称，这是屡见不鲜的，也是中国考古学的特色之一。在中原地区，由于二里头文化的特征、地域和年代与文献中的夏王朝接近，由于商史成为信史，因此夏文化和夏代的概念得以成立。在边疆地区，特别是在岭南，新石器时代的考古学遗存在文明化的进程中有明显滞后的特点，相当中原的夏时期这里的文化结构、特征和面貌较之以前并无变化，陶器的基本组合在环珠江口地区依然是小口圈足罐与陶釜的组合，仍属新石器时代范畴毫无争议，否则新石器时代晚期这里将成为空白；只是到了更晚的阶段，文化的结构才发生变化。但是，问题的关键是如何认识这种变化。因为陶器的质地、颜色、烧成的温度和陶胎方面两者的联系甚为紧密，而陶器的基本组合却发生了变化。如果把陶器研究中心的五要素归为两类的话，那么，器型和纹饰与文化传统息息相关，质地、颜色和陶器的制法则与技术水平相联系。夏时期，广东考古学文化遗存较之以前并无质的飞跃，只是在生产陶器的技术水平方面有某种提高，到了更晚的阶段，陶器的基本组合才有大的变化，主要是小口圈足罐的改型或消失，凹底器、折肩器的出现等。南海鱿鱼岗等地的 ^{14}C 年代数据证明，这正是早商时期。因此，在广东青铜时代的研究中，使用夏代的概念容易产生误解，使用夏商时期的概念则混淆了新石器时代与青铜时代的界限。因为在岭南，相当于中原的夏时期，广东的先民仍然在新石器时代中摸索，而早商时期这里已经步入了青铜时代，夏商连续有此弊端是显而易见的。

二、历程与阶段

考古学的分期研究要有明确的目的性，唯此才有意义。广东青铜时代的分期不同于考古学文化或遗址的分期，它主要是为揭示青铜时代的基本过程，突出广东的地方性特点。广东的青铜时代有自己的特点，它所经历的过程不能简单地套用中原地区常见的概念来概括。从1932年以来，广东青铜时代的遗址已发现400余处，大量的青铜器主要集中在春秋战国时期。研究表明：此时青铜器中有与中原地区完全相同者；有与滇桂地区发生密切联系者；也有来自长江流域的因素。但由于独具特色的青铜器在此地屡有发现，青铜器中含砷的比例加之夔纹陶遗存自身所表现的青铜文化色彩，广东青铜时代有个土著时期是不难理解的。20世纪80年代，在珠海岛屿的考古调查中采集到与青铜制品相关的石范，后来又在珠海棠下环晚商遗址发掘到石范，于是这便成为将广东青铜时代的上限推至商时期的铁证。像东莞村头、石峡中层遗存等由于许多因素与棠下环相近而被视为广东青铜时代早期的文化类型。但是有两种情况必须考虑：首先，棠下环这样的海岛型遗址是否有冶铜的资源，冶铜和铸器是青铜器生产过程的两个环节，如果没有冶铜的资源和条件，铸器的材料必然从外地输入；其次，发掘面积大过棠下环几倍的东莞村头遗址却毫无青铜制品的线索，因此，海岛所见的石范自应是舶来品，资料显示它来自同时期的粤东地区。由此可见，对于广东青铜时代的许多地区而言，在土著时期之前确实存在一个舶来的时期。

然而，这个舶来的时期是否是广东青铜时代的早期却必须认真加以讨论。因为这关系到广东新石器时代之后诸多遗存的时代归属，甚至是认识该时期考古学文化基本格局的钥匙。新石器时代晚期粤北山地与环珠江口区已经形成了文化性质完全不同的考古学区域，北有著名的石峡文化，南有香港涌浪[12]、东莞圆洲早期[13]、珠海宝镜湾[14]等遗址代表的遗存，前者是以鼎、三足盘、圈足盘为特征，后者是以釜、小口圈足罐、豆为特征，粤东地区的小口圈足罐与环珠江口地区比较接近，应该说这时广东考古学文化格局主要是南北的问题。可是，当这两类遗存消失之后，特别是粤北山地以南的区域，代之当兴的遗存却是另一番风貌。这些遗存在不同的地理单元文化面貌上有不同的表现形式，但却有共同的特点：陶器的基本组合发生了变化，小口圈足罐退出了历史舞台，表明文化结构产生了变化；纹饰中雷纹的出现预示着以往流行的刻划纹将被更加规范的拍印或戳印纹取代；折肩器、折腹器和凹底器，器口内侧和领口以下修整的特点反映了制陶工艺迈向更高的台阶；^{14}C 年代数据显示这些遗存虽有早晚之分，可大多在商代纪年之内。应指出，广东青铜时代的考古学文化是在同周边地区的不断交流中形成和发展的，因此，虽然拥有自己的特点，但时代的特色依然清晰可见，它们已经走出了新石器时代，但文化面貌与新石器时代又有千丝万缕的联系，虽未见青铜制品，但文化特征和传统与晚商的遗存更为接近，在这样复杂的情况下，着眼于大的文化背景和时代格局，其性质的归属理应选择青铜时代。过去的研究或称上述遗存为新石器时代晚期，或称夏商时期，见仁见智，莫衷一是，其原因就在于缺乏从大的文化背景考虑提出明确的时代标准和比较科学的界说。同时，忽略了中原地区夏商两个时期同属青铜时代，而广东地区相当于这两个朝代的时期分别属于新石器与青铜两个大时代。如此看来，广东的青铜时代在舶来时期之前还存在一个未见青铜制品时期，或可称前青铜制品时期。

至此，不难得出这样的结论：广东的青铜时代可分三个大的阶段，早期是未见青铜制品的时期，中期是舶来的青铜制品时期，晚期是土著的青铜制品时期，不同的阶段又存在年代划分的可能。以往，人们通常使用分析中原地区青铜时代的概念，或是滥觞、形成和发展；或是初始、成熟和繁荣，对广东青铜时代进行阶段划分，这种尝试和概念虽然无可厚非，但终不能揭示广东青铜时代的特点，只有从材料出发，而非从概念出发，才可能得出比较接近客观实际的认识。中国的青铜时代在不同的地区发展不平衡，进程与道路也有区别。学术界大都接受中国的青铜文化可能是多源的观点，也认同不是任何一考古学文化都可以直接生长出青铜制品的看法，因为青铜器的生产需要资源、经验与技术等多方面的条件支持，因此，一些与中原尚有距离的边疆地区，即或考古学文化的结构与新石器时代相比已经发生了质的变化或飞跃，进入到了一个新的阶段，却仍然需要等待青铜文明信息的刺激和技术的传播，然后才能创造出自己的品牌，形成自己的风格。换言之，由红铜到青铜的过程并非是中国青铜时代唯一的发展模式。当然，未见青铜制品的青铜时代早期似乎有些矛盾，其实也并不难理解，正如前陶或无陶新石器对于新石器时代一样，在某些地区可能是必然的阶段。青铜时代与青铜制品是有联系的不同概念，青铜时代的特征是青铜制品的出现，但在某些情况下并非唯一的标准。例如，二里头遗址属于二里头文化第一期的阶段就无青铜制品，相当于此时的其他同类性质的遗址有的也不见青铜制品，人们能据此而否认这些遗存已进入了青铜时代吗？可见，对于青铜时代的概念要有完整全面的认识。从中国青铜时代的全局考察，广东的特点和历程可能具有一定的代表性，为全面、正确地认识中国青铜时代的文化结构和区域特点，以及不同地区进入青铜时代所走过的道路与模式提供了新的线索。不过，广东青铜时代与新石器时代的分野是在早商以后，与其他的边远地区可能存在差异。

三、年代与类型

广东青铜时代三个阶段的划分为确认这个地区文化类型提供了基本的框架和可资比较的年代依据。其中，土著时期大体相当于西周中期至春秋晚期；舶来的时期和前青铜制品时期大约经历了相当于中原地区早商至晚商的发展过程，两者之间的分野并不明显，因为既然是舶来的青铜制品，考古发现便有被偶然率程度制约的客观情况；但前青铜制品时期，由于它不仅对于广东，对许多边疆地区都有实际意义，因此，本文仍然将其区分出来，作为一独立的发展阶段研究，而且，重点也放在此阶段。至于土著时期的文化类型、年代及器物的演进逻辑等问题，留待更多系统资料的披露后再作探讨。

为了便于说明广东青铜时代较早阶段考古学遗存的年代关系，这里选择几种代表性器物进行排比，制成图一。图一修正了笔者过去的认识，探索了陶釜分型的可能和其特点，然尚不能充分概括广东青铜时代陶釜的全貌，但毕竟可得出如下认识：

第一，本文的排序是深圳向南村、东莞村头、三水银洲、南海鱿鱼岗、香港马湾岛东湾仔北、普宁后山等遗址若干单位由早至晚的顺序，或六个年代组。

第二，由于上述遗址都存在分期的可能，因此本文的排序既不是遗址的分期，也不是诸遗址年代对应关系，只是这些遗址中部分遗存的年代关系。目前公布的资料可以表

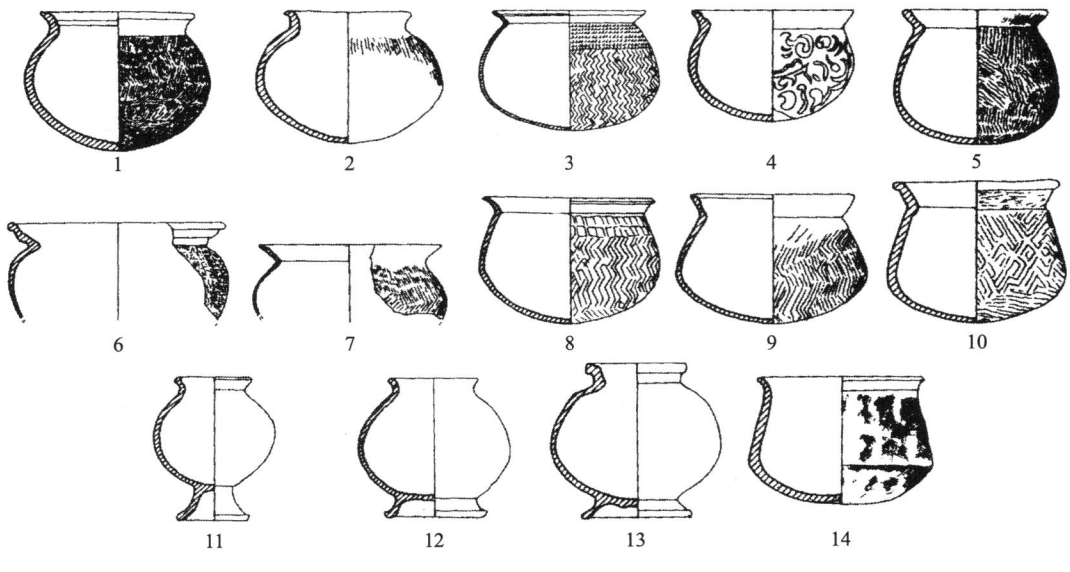

图一

1～5. 卷沿鼓腹型（向南村 T9③：187、村头 T2212 垫：1、银洲 H22③：82、鱿鱼岗 M7：1、东湾仔北 C1018）
6、7. 宽折沿鼓肩型（向南村 T9③：219、村头 T2112⑤：197） 8～10、14. 折沿鼓腹型（银洲 H22③：3、鱿鱼岗 M9：1、东湾仔北 SF12、后山 M2：1） 11～13. 圈足罐（村头 H76：1、银洲 H22③：2、亚婆湾采集）

明，上述地点的同类遗存均未独自完成本文 6 个年代组的全过程，这可能是客观的事实。

第三，本文的第 1 组与东莞圆洲遗址第三层的器物十分相似，但都是同时出有小口圈足罐，只是鼓肩陶釜不如第一组那样折沿近平，目前暂将两者分开，今后的研究与发现都应特别重视这个阶段的资料。

第四，图一香港东湾仔北的陶釜排在鱿鱼岗后，但带流球腹罐的整体形态与鱿鱼岗 M12 的釜酷似（图二，5、8），因此这里遗存的年代未必全然晚于第 4 组。后山的垂折腹的釜可能有某种变异，原报告称罐，本文排在釜序的最后（图一，13），但深圳大鹏咸头岭[15] M4 出土陶釜的形态与第 4 组鱿鱼岗 M9 的同类器形态相近，年代当相去不

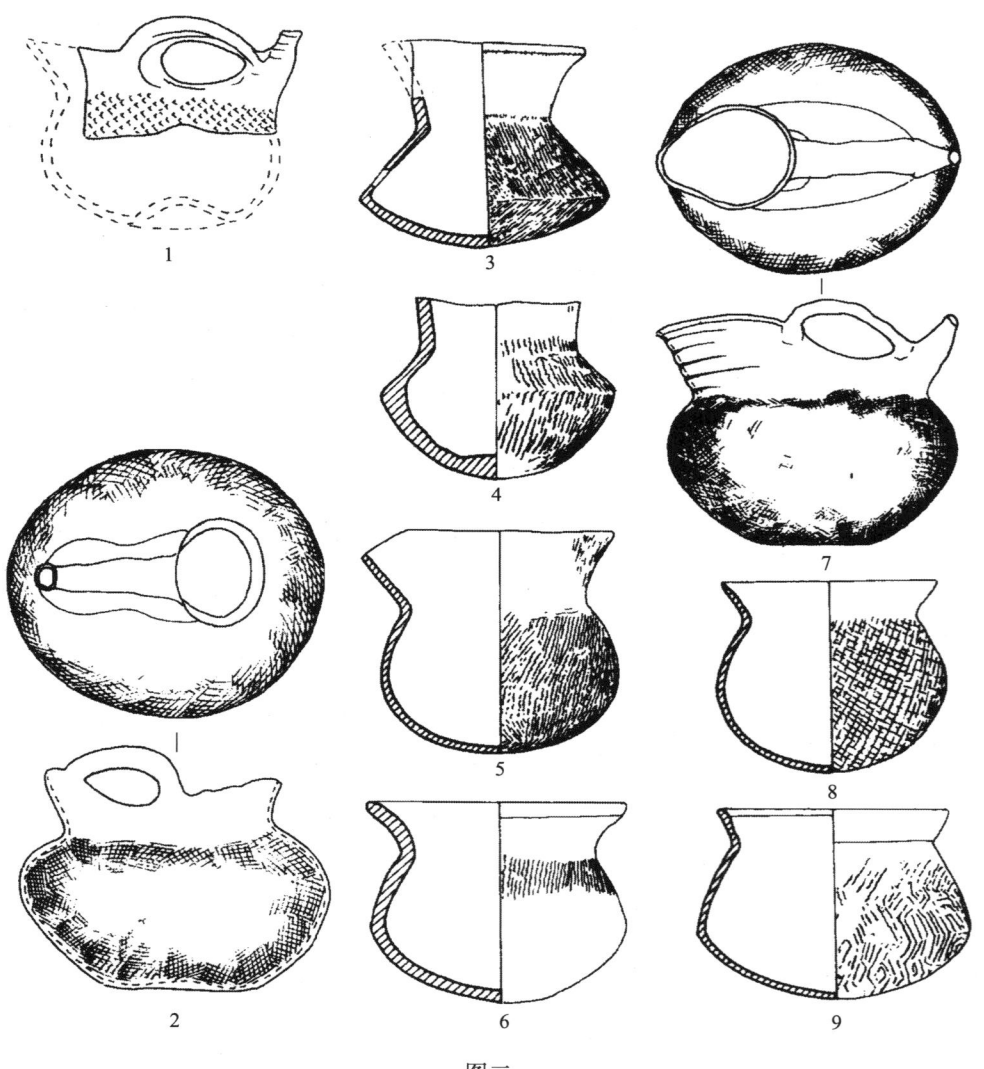

图二

1. 和平子顶山采集　2、6. 咸头岭 M4∶1、M4∶2　3～5. 东湾仔北 C1087∶1、C1064、SF95　7. 后山采集　8. 鱿鱼岗 M12∶1　9. 鱿鱼岗 M9∶1

远（图二，6、9），且该墓同出的鸡形壶年代也早于后山所出，特征是流口与尾部相距较近，靠近顶端中心，尔后则是分别向外发展，到了广东和平子顶山[16]流口和尾部均超出腹径（图二，2、7、1），自身年代特征清晰，阶段性清楚，故后山这类遗存的年代仍然具有再分析的可能，不可全都视为最晚。

基于上述认识，广东青铜时代早期当首推珠江三角洲类型。过去笔者称三水银洲类型。包括珠海棱角咀[17]、深圳向南村[18]、东莞村头、香港白芒第一期[19]、三水银洲遗址第 2 组遗存等都属于这个类型。1991~1993 年发掘的三水银洲遗址有早、中、晚三个时期的遗存，分别属于新石器时代晚期、前青铜制品时期、舶来青铜制品时期。中期遗存陶器的基本组合是陶釜、圈足罐（有折肩与鼓腹两种主要形制）、豆。就分布而言，在珠江三角洲包括珠海的海岛都有明确的线索，银洲遗址本身相对单纯，且年代较早，可能是这类遗存的中心，若然，西江下游应是独立的区域，这里的考古学遗存以其鲜明的自身特征与其东面遗存相区别。而环珠江口地区南部的岛屿则是不同的考古学人们共同体交往和争夺的地带。马湾类型的带流折腹罐、浮滨类型的大口尊在珠海岛屿的发现可以支持这一推测。

马湾岛类型　在环珠江口地区东缘，特别是香港—深圳一线有马湾岛类型。它主要是 1997 年香港马湾岛东湾仔北遗址认识的第二期遗存。陶器基本组合是陶釜、带流折腹罐、大口折肩圜底罐和凹底罐。此类器物曾见于深圳 1984 年发掘的墓葬中，与后山类型的鸡形壶共出。从该遗址发掘简报公布的资料分析，马湾类型已经存在进一步分期的可能，陶釜和带流折腹罐具有共同的演进趋向，显示出明确可分的递嬗特征，而且年代跨度较长，此类遗存绝非新石器时代的遗存，其折肩、凹底、折腹以及肩部和领口以下修整的特点是广东青铜时代早期普遍流行的时代风格。带流折腹罐和大口折肩圜底罐是这类遗存的特色，陶釜既可与三水银洲类型比较年代，又可探索两者的文化交往。大概正是马湾类型的存在和浮滨类型的西进，才造成后山类型的北上。随着考古工作的深入，这类遗存的面貌将更全面地被揭示出来。

榕江流域的后山类型　在榕江流域有后山类型。1983 年发现于普宁池尾的后山遗址，资料以墓葬为多，陶器的组合是凹底罐和鸡形壶。过去，包括榕江流域在内的粤东地区被视为浮滨类型的一统天下，后山类型的发现成为解释浮滨类型来源的线索，但是，这两个类型的陶器基本组合完全不同，在文化的谱系上存在明显区别，是两类性质不同的遗存，不存在继承发展的关系。资料表明，后山类型在榕江流域消失的原因正是浮滨类型西进的结果，在广东莲花山脉以北的龙川、五华、和平、丰顺等广大区域内，后山类型遗存大都晚于榕江流域的同类遗存，呈现出退居的倾向。这种不惜跨越崇山峻岭向北迁移，或者生存空间压缩在莲花山以北的现象，暗示出在后山类型西面尚存在一更强大的考古学人们共同体。当然，已有资料证实后山类型与浮滨类型的陶器在同一墓葬中共生，两者有平行发展的阶段应是不争的事实。总之，后山类型的发现将改变对广东青铜时代考古学文化格局的传统认识，是今后学术上新的生长点。

韩江流域的浮滨类型 1974年发现于广东饶平的浮滨遗址[20]，此类遗存地跨闽粤两地，以韩江为中心向外扩张。其资料主要出于墓葬，陶器的基本组合是大口尊、折腹豆、圈足壶，石戈和釉陶最有特色，陶器上的刻划符号引人注目。有的研究据石戈的形制推测其年代；有的侧重于釉陶，认识存有差距。根据现知的资料，浮滨类型的年代约在商代晚期至西周中晚期之前，是广东青铜时代最具活力的考古学遗存。目前的主要问题是对其自身的排序、分期和阶段性特点的认识。需要指出，在广东青铜时代的早期，浮滨类型的线索还不见于珠江三角洲地区，唯香港东湾仔北有一座与其相似的墓葬打破马湾岛类型的遗存，显示出浮滨类型的年代可能不会与向南村等遗存比肩。

四、格局与线索

有了对广东青铜时代基本特点的认识，就不难发现和观察到这个时代的早期，不同的考古学遗存在发展交流的过程中已经形成了新的格局，并构筑和反映出更加复杂的文化态势。当广东的青铜时代悄然而至，不同考古学文化类型之间的交流、影响和文化因素的传递，明显呈现出由东向西推进的趋势，其自身的发展则存在着由南而北，或由中部向南北展开的倾向，彻底改变了新石器时代晚期南北对话的格局，这一客观事实无疑是认识广东青铜时代早期特征的基础，而新的格局更是认识岭南文明进程，揭示岭南古城古国文化底蕴的前提。

应该指出，广东的粤西地区，包括西江流域和西部沿海地区囿于工作和资料，仍处于比较朦胧的状态。但是，已知线索表明，广东北部的连南地区那样边远的地方都有青铜时代的文化遗存，罗定、怀集、封开、信宜那种相对独立的自然地区单元中当必有青铜时代的文化遗存等待人们的开垦和发现，更何况信宜早年就有周代青铜器的发现。这一认识同样适用于韶关、粤东等地区。21世纪初，广东青铜时代有两项重要发现值得大书特书，一是博罗横岭山晚商至周代的墓地；二是深圳屋背岭商代墓葬的发现与研究。其意义的重要不仅仅是惊世骇俗的考古发现，而是彻底打开了认识岭南历史的大门，它警示考古工作者，广东任何一相对封闭或独立的自然单元都可能有青铜时代的遗存。其中，超大型遗址和墓地是古国存在的物质见证，这种数量众多的考古学文化群体和错居杂处的复杂背景，可能不是简单地使用中原地区已然流行的考古学概念所能够认识理解并加以概括的。一些重要的区别往往可能仅仅集中在某几件甚至一件陶器之上，一些相似的现象又可能覆盖几条重要的河流。因此，考古发掘、整理和研究的水平都需要进一步提高。资料和研究表明：实践要求广东的考古学研究要创造新的理论、理念和方法来加以指导。可以预期，不久的将来这种需要必然成为现实。

感谢陈红冰女士为本文绘制了插图

注 释

［1］ 卜工:《广东青铜时代的分期与文化格局》,《中国文物报》2001 年 11 月 16 日；卜工:《环珠江口商时期考古学研究的几个问题》,《考古》2002 年第 2 期；卜工:《屋背岭商代墓葬与岭南文明的进程》,《中国文物报》2002 年 7 月 5 日。

［2］ 何介钧:《试论岭南青铜文化》,《深圳考古发现与研究》,文物出版社,1994 年；徐恒彬:《广东青铜时代概论》,《广东出土先秦文物》,广东省博物馆、香港中文大学文物馆,1984 年；吴曾德、叶扬:《论广东青铜时代三个基本问题》,《深圳考古发现与研究》,文物出版社,1994 年。

［3］ 李岩:《广东早期青铜时代遗存述略》,《考古》2001 年第 3 期。

［4］ 广东省文物考古研究所、珠海市平沙文化科:《珠海平沙棠下环遗址发掘简报》,《文物》1998 年第 7 期。

［5］ 广东省文物考古研究所、东莞市博物馆:《东莞村头遗址第二次发掘简报》,《文物》2000 年第 9 期。

［6］ 广东省文物考古研究所、北京大学考古学系、三水市博物馆:《广东三水市银洲贝丘遗址发掘简报》,《考古》2000 年第 6 期。

［7］ 广东省文物考古研究所、北京大学考古系实习队:《广东南海市鱿鱼岗贝丘遗址的发掘》,《考古》1997 年第 6 期。

［8］《广东博罗横岭山青铜时代墓葬》,《中国重要考古发现·2000》,文物出版社,2001 年。

［9］ 周军:《深圳屋背岭发现广东迄今所见最大商代墓地》,《中国文物报》2002 年 4 月 19 日。

［10］ 广东省文物考古研究所、普宁市博物馆:《广东普宁市池尾后山遗址发掘简报》,《考古》1998 年第 7 期。

［11］ 香港古物古迹办事处、中国社会科学院考古研究所:《香港马湾岛东湾仔北史前遗址发掘简报》,《考古》1999 年第 6 期。

［12］ 香港古物古迹办事处:《香港涌浪新石器时代遗址发掘简报》,《考古》1997 年第 6 期。

［13］ 广东省文物考古研究所、东莞市博物馆:《广东东莞市圆洲贝丘遗址的发掘》,《考古》2000 年第 6 期。

［14］ 珠海市博物馆:《广东珠海市宝镜湾遗址试掘简报》,《东南文化》1999 年第 2 期。

［15］《深圳市先秦遗址调查与试掘》,《深圳考古发现与研究》,文物出版社,1994 年。

［16］ 广东省文物考古研究所、和平县博物馆:《广东和平县古文化遗存的发掘与调查》,《文物》2000 年第 6 期。

［17］ 龙家有:《香洲区棱角咀遗址发掘》,《珠海考古发现与研究》,广东人民出版社,1991 年。

［18］ 深圳市文管会办公室、深圳市博物馆、南山区文管会办公室:《深圳市向南村遗址的发掘》,《考古》1997 年第 6 期。

［19］ 邓聪、商志醰、黄韵璋:《香港大屿山白芒遗址发掘简报》,《考古》1997 年第 6 期。

[20] 广东省博物馆、饶平县文化局:《广东饶平县古墓发掘简报》,《文物资料丛刊》(8),文物出版社,1983年。

(原载于《华南考古》(1),文物出版社,2004年)

广东青铜时代的分期与文化格局

广东青铜时代的考古学分期历来为学术界所重视。随着资料的积累和研究的深入，许多认识正在更新，就青铜器研究青铜时代和单纯的描述已经不能有所作为，探索新途径对广东青铜时代作分期研究便是势所必然了。

广东的青铜时代有自己的特色。它所经历的过程不能简单地套用研究中原地区使用的概念来概括。自1932年芬戴礼（Daniel J.Finn）在香港仔神学院附近发现青铜器残片，尔后又在南丫岛考古发掘中发现匕首等青铜器与夔纹陶共生以来，广东青铜时代的发现取得了很大进展。大量的青铜器主要集中在春秋战国时期。研究表明：此时青铜器中有与中原地区完全相同者；有与滇桂地区发生密切联系者，也有来自长江流域的因素，但由于独具特色的青铜器在此地屡有发现，加之夔纹陶遗存自身所表现的青铜文化色彩，这个时期自然可视为广东青铜时代的土著时期。20世纪80年代，在珠海的岛屿的考古调查中采集到与青铜制品相关的石范，后来又在珠海棠下环晚商遗址发掘到石范，于是这便成为将广东青铜时代的上限推至商时期的铁证。像东莞村头、石峡中层遗存等由于许多因素与棠下环相近而被视为广东青铜时代早期的文化类型。但是有两种情况必须考虑：首先，棠下环这样的海岛是否具有冶铜的资源，冶铜和铸器是青铜器生产过程的两个环节，如果没有冶铜的资源和条件，铸器的材料必然从外地输入；其次，发掘面积大过棠下环几倍的东莞村头遗址却毫无青铜制品的线索，因此，海岛所见的石范自应是舶来品，资料显示它来自同时期的粤东地区。由此可见，对于广东青铜时代的许多地区而言，在土著时期之前确实存在一个舶来的时期。

然而，这个舶来的时期是否是广东青铜时代的早期却必须认真加以讨论。因为这关系到广东新石器时代之后诸多遗存的时代归属，甚至是认识该时期考古学文化基本格局的钥匙。新石器时代晚期粤北山地与环珠江口地区已经形成了文化性质完全不同的考古学区域，北有著名的石峡文化，南有香港涌浪、东莞圆洲早期、珠海宝镜湾等遗址代表的遗存，前者是以鼎、三足盘、圈足盘为特征，后者是以釜、小口圈足罐、豆为特征，粤东地区的小口圈足罐与环珠江口地区比较接近，应该说这时广东考古学文化格局主要是南北的问题。可是，当这两类遗存在本地消失之后，特别是粤北山地以南的区域，代之而兴的遗存却是另一番风貌。这些遗存在不同的地理单元文化面貌上有不同的表现形式，但却有共同的特点：陶器的基本组合发生了变化，小口圈足罐退出了历史舞台，表明文化结构产生变化；纹饰中雷纹的出现预示着以往流行的刻划纹将被更加规范的拍印或戳印纹取代；折肩器、折腹器和凹底器，器口内侧和领口以下修整的特点反映了制陶工艺迈向更高的台阶；^{14}C 年代数据显示这些遗存虽有早晚之分，可大多在商代纪年之内。若作细致的年代分析，其先后的相对早晚是：首先南海鱿鱼岗早期和珠海后沙湾第二、四层等代表的遗存；其次三水银洲中期或第 2 组及香港马湾岛东湾仔北第二期、池尾后山、东莞圆洲等遗存为代表，饶平浮滨一类遗存早期可能也进入到此阶段，不过延续的年代更长；再次深圳向南村、珠海菱角嘴代表的遗存；最后才是珠海的棠下环一类遗存。

事实上，石峡中层和东莞村头代表的遗存明显晚于珠海棠下环这类遗存，主要表现在陶器的烧成温度更高，陶质更坚硬，陶色以灰色为大宗，粗略地看，给人的印象是差异更明显。也就是说，上述遗存与新石器时代晚期的诸遗存有区别，与石峡中层和东莞村头这类被认作青铜时代的遗存也有区别，如何认识这些区别的意义所在，是对上述遗存作时代归属的关键。但问题并不复杂，根据"结构决定性质"的原则，前者陶器基本组合的不同反映的是特征、结构与传统的变化；后者的区别在烧制陶器的技术和工艺上，而联系在文化的传统方面。如果只认同石峡中层和东莞村头属于青铜时代，势必将上述的其他遗存推向新石器时代晚期，这无疑便抹杀了文化结构方面所反映的具有时代意义的区别，也否定了石峡中层和东莞村头与上述遗存一脉相承的渊源关系。应该指出，广东青铜时代的考古学文化是在同周边地区的不断交流中形成和发展的，因此，虽然拥有自己的特点，但时代的特色依然清晰可见，它们已经走出了新石器时代，但文化面貌与新石器时代又有千丝万缕的联系，虽未见青铜制品，但文化特征与传统与晚商的遗存更为接近，在这样复杂的情况下，着眼于大的文化背景和时代格局，其性质的归属理应选择青铜时代。过去的研究或称上述遗存为新石器时代晚期，或称夏商时期，见仁见智，莫衷一是，其原因就在于缺乏从大的文化背景考虑，提出明确的时代标准和比较科学的界说。如此看来，广东的青铜时代在舶来时期之前还存在一个未见青铜制品时期，或可称前青铜制品的时期。

至此，不难得出这样的结论：广东的青铜时代可分三个大的阶段，早期是未见青铜制品的时期，中期是舶来的青铜制品时期，晚期是土著的青铜制品时期，不同的阶段又存在年代划分的可能。以往，人们通常使用分析中原地区青铜时代的概念，或是滥觞、形成和发展；或是初始、成熟和繁荣，对广东青铜时代进行阶段划分，这种尝试和概念虽然无可厚非，但终不能揭示广东青铜时代的特点，只有从材料出发，而非概念出发，才可能得出比较接近客观实际的认识。中国的青铜时代在不同的地区发展不平衡，进程与道路也有区别。学术界大都接受中国的青铜文化可能是多源的观点，也认同不是任何一考古学文化都可以直接生长出青铜制品的看法，因为青铜器的生产需要资源、经验与技术等多方面的条件支持，因此，一些与中原尚有距离的地区，即或考古学文化的结构与新石器时代相比已经发生了质的变化或飞跃，进入到了一个新的阶段，却仍然需要等待青铜文明信息的刺激和技术的传播，然后才能创造出自己的品牌，形成自己的风格。换言之，由红铜到青铜的过程并非是中国青铜时代唯一的发展模式。当然，未见青铜制品的青铜时代早期似乎有些矛盾，其实也并不难理解，正如前陶或无陶新石器对于新石器时代一样，在某些地区可能是必然的阶段。从中国青铜时代的全局考察，广东青铜时代的特点和历程可能具有一定的代表性，为全面、正确地认识中国青铜时代的文化结构和区域特点，以及不同地区进入青铜时代所走过的道路与模式提供了新的线索。不过，广东青铜时代与新石器时代的分野是在早商以后，与其他的边远地区可能存在差异。

有了对广东青铜时代基本特点的认识，就不难发现和观察到这个时代的早期，不同的考古学遗存在发展交流的过程中已经形成了新的格局，并构筑和反映出更加复杂的文化态势。在韩江流域有浮滨类型。1974年发现于广东饶平的浮滨遗址，此类遗存地跨闽粤两地，以韩江为中心向外扩张。其资料主要出于墓葬，陶器的基本组合是大口尊、折腹豆、圈足壶，石戈和釉陶最有特色，陶器上的刻划符号引人注目。有的研究据石戈的型制推测其年代；有的侧重于釉陶，认识存有差距。根据现知的资料，浮滨类型的年代约在商中晚期至西周晚期之前，是广东青铜时代最具活力的考古学遗存。目前的主要问题是对其自身的排序、分期和阶段性特点的认识。

在榕江流域有后山类型。1983年发现于池尾的后山遗址，资料也以墓葬为多，陶器的组合是折肩凹底罐和鸡形壶。过去，包括榕江流域在内的粤东地区被视为浮滨类型的一统天下，后山类型的发现很可能成为解释浮滨类型来源的线索，但是，这两个类型的陶器基本组合完全不同，在文化的谱系上存在明显区别，是两类性质不同的遗存，不存在继承发展的关系。资料表明，后山类型在榕江流域消失的原因正是浮滨类型西进的结果，在广东莲花山脉以北的龙川、五华、和平、丰顺等广大区域内，后山类型遗存大都晚于榕江流域的同类遗存，呈现出退居的倾向。这种不惜跨越崇山峻岭向北迁移，或者生存空间压缩在莲花山以北的现象，暗示出在后山类型西面尚存在一更强大的考古学的人们共同体。当然，已有资料证实后山类型与浮滨类型的陶器在同一墓葬中共生，两者有平行发展的阶段应是不争的事实。总之，后山类型的发现将改变传统的对广东青铜时代考古学文化格局的认识，是今后学术上新的生长点。

在环珠江口地区东缘，特别是香港深圳一线有马湾类型。主要是1997年香港马湾岛东湾仔北遗址认识的第二期遗存。陶器基本组合是陶釜、带流折腹罐、大口折肩圜底罐和凹底罐。此类器物曾见于深圳1984年发掘的墓葬中，与后山类型的鸡形壶共出。从该遗址发掘简报公布的资料分析，马湾类型已经存在进一步分期的可能，陶釜和带流折腹罐具有共同的演进趋向，显示出约在二里冈上层到殷墟晚期这类遗存的递嬗特征。此类遗存绝非新石器时代的遗存，其折肩、凹底、折腹以及肩部和领口以下修整的特点是广东青铜时代早期普遍流行的时代风格。带流折腹罐和大口折肩圜底罐是这类遗存的特色，陶釜既可与三水银洲类型比较年代，又可探索两者的文化交往。大概正是马湾类型的存在和浮滨类型的西进，才造成后山类型的北上。随着考古工作的深入，这类遗存的面貌将更全面地被揭示出来。

在环珠江口地区的西缘有三水银洲类型。主要是1991～1993年发掘的三水银洲遗址的中期遗存。该遗址有早中晚三个时期的遗存。分别属于新石器时代晚期，前青铜制品时期，舶来青铜制品时期。中期遗存陶器的基本组合是陶釜、圈足罐（有折肩与鼓腹两种主要型制）、豆（种类多，以盂形的最有特点）。就分布而言，珠海的海岛遗址有明确的线索，银洲遗址本身相对单纯，且年代较早，可能是这类遗存的中心，若然，西江下游应是独立的区域，这里的考古学遗存以其鲜明的自身特征与其东面遗存相区别。而环珠江口地区南部的岛屿则是不同的考古学人们共同体交往和争夺的地带。马湾类型的带流折腹罐、浮滨类型的大口尊在珠海岛屿的发现可以支持这一推测。

区系类型是20世纪中国考古学最重要最伟大的理论。区系类型是动态的、发展的、变化的概念，是结构的概念，文化和区系结构的变化造就新的时期。当广东的青铜时代悄然而至，不同考古学文化类型之间的交流、影响和文化因素的传递，明显呈现出由东向西推进的趋势，其自身的发展则存在着由南而北，或由中部向南北展开的倾向，彻底改变了新石器时代晚期南北对话的格局，这一客观的事实无疑是认识广东青铜时代早期特征的基础，而新的格局更是认识岭南文明进程，揭示岭南古城古国文化底蕴的前提。不言而喻，这正是广东青铜时代的魅力所在。

（原载于《中国文物报》2011年11月16日）

再论《庙二》

1990年《文物》第2期的《庙底沟二期文化的几个问题》(下文简称《庙二》)曾引起许多研究者的高度重视,因为《庙二》第一次明确指出该文化是不同时期遗存的混合体,具有天然的模糊色彩;提出了应该怎样加以区别及其意义所在的问题;归纳了考古学文化定量研究的模式和基本认识,直接挑战传统的旧说,打破了沉闷已久的研究氛围。然而,在当时,《庙二》的基本观点充其量也只不过是假说而已。可是,20多年中国考古学实践的反复验证却证明了其主要观点和推论完全正确,业已成为当前研究的基本共识。

那么,究竟是什么力量使得假说成为共识?

一、《庙二》的假说依靠逻辑支撑

以下重温《庙二》的主要观点:

(1)运用考古层位学的原理,正确地将庙底沟遗址第二期遗存区别为A、B两群。A群以小口尖底瓶为特征,B群以陶斝、釜灶、盆形鼎等器物为代表,两群陶器未见共生,其各自拥有的单纯单位也丝毫没有接触,层位关系看似朦胧,但其中却隐藏着极为重要的早晚分别。

(2)根据陶器类型学原理,正确地识别出此地小口尖底瓶和釜形斝是属于不同谱系的、不同时代的文化遗存。前者与山西芮城西王村H18代表的遗存性质相同,属于仰韶时代晚期;后者开此地空足三足器的先河,当属龙山时代的早期。简言之,庙底沟二期文化给人"似曾相识燕归来"的感觉,因为,与当年的仰韶文化一样,它们都是包含有不同时代文化遗存的混合体。

(3)明确了B群陶器的走向及其文化归属。B群陶器与陶寺遗址早期遗存性质相同,属于同种的考古学文化;而陶寺中晚期由于陶鬲的出现而与之相去甚远。故,"陶寺文化"也有概念模糊的问题。

(4)率先提出釜形陶斝当源于大汶口文化陶鬶影响的假说,预测了鬶斝之缘的古礼线索,为文明起源中国模式的研究积累了经验。

说实话,当时考古界对层位学原理的理解因人而异,"没有文化层就不能对遗存分期"的错误认识阴魂不散；加之考古学能够提供的例证较少，证据链相对薄弱。因此，《庙二》的观点虽然新颖，商榷却在所难免。果然，不久便有文章开始了讨伐式的批评指责。1992年《文物》第3期发表高天麟《关于庙底沟二期文化及相关的几个问题——兼与卜工同志商榷》一文（以下简称《商榷》），就庙底沟遗址第二期文化能否再分期的问题，西王村H18这类文化遗存的性质，案板遗址第三期文化遗存的性质和陶寺类型龙山文化早期遗存的性质及其去向诸问题全面展开讨论。理论的较量由此拉开了帷幕。需要指出，后来的考古发现与研究，但凡涉及庙底沟二期文化者，几乎没有任何一位能够忽略《庙二》的存在。而《商榷》的待遇却完全相反。因为后者注重的是批评新识，维护旧说，浑身的解数不外乎是传统地层学的老套路、旧认识。《商榷》与《庙二》争论的焦点实际上归结为三类：一是与考古学基本理论相关的，包括如何看待考古学上的单位、新兴器物在考古学文化的发展过程中的特殊意义等；二是哲学范畴的，如主要矛盾与矛盾的主要方面在考古学研究中应该做怎样的理解和表述；三是想象力与创造性方面的。

《商榷》提出的第一个问题就暴露出他招法的弱点，不仅在于考古学理论方面，而且思维方面也有逻辑混乱的倾向。庙底沟第二期文化能否再分期已经不成为问题，《庙二》本身就是明证，要讨论的应该是这个再分期的认识是否正确，而非能否的问题。至于"没有地层就不能对遗存进行分期"的误解和当年庙底沟遗址年代学研究的先天性不足等，现在已是学界的基本常识了。

《商榷》对庙底沟遗址第二期文化两件陶器年代的分析，可视为缴枪投降之举。因为该文无奈地承认了编号C3（0：13）陶盆和A8a（0：11）d陶鼎"确系龙山时期的遗物"，也就是明确告诉读者，原来庙底沟遗址的第二期文化实际上是存在年代区别的，无意中在他论证的体系中竖起了一面白色的旗帜，使论证平添了些许色厉内荏的色彩。至于《商榷》说这些器物"大概不足以区分出一期来"，就更加明确无误地表达了传统地层学的"江郎才尽"。因为，许多考古界的朋友仍然对张忠培先生20世纪50年代的渭南华县考古调查记忆犹新，张先生仅仅凭破碎的陶片就区分和识别出老官台文化，而《商榷》面对完整陶器却竟然束手无策，这不是理论与方法的落后，又是什么？

山西芮城西王村遗址H18的特点是认识庙底沟二期文化A群陶器的重要参照。《商榷》习惯于笼统的观察和细枝末节的纠缠，忽视质变的思考和结点的把握。没人反对纹饰、陶色和质地的统计和比较分析，但在陶器的"五要素"中，器形和制法更能够反映和代表文化遗存的质变特征，这才是问题的关键所在。《商榷》罗列诸多陶色、纹饰的数据，却只字不提陶斝脱颖而出，釜灶的大量使用是庙底沟二期文化A、B两群的分水岭，而只有A群的陶器才与西王村H18一类遗存在时代和文化性质方面具有同一性。《庙二》正是据此才得出庙底沟二期文化A、B两群陶器性质有别、年代不同的认识。而最先指出问题的症结所在的正是业师张忠培先生（《试论东庄村和西王村遗存的文化性质》，《考古》1979年第1期）。换言之，庙底沟遗址原本存在仰韶时代的庙底沟文化、仰韶晚期以西王村 H18 代表的一类遗存，还有以陶斝和釜灶代表的遗存。所谓的庙底沟二期文化的主体实际上是庙底沟遗址的第 3 类遗存。《商榷》不是没有看到这些区别，而是要坚决维护《庙底沟与三里桥》提出的认识与结论，因此，《商榷》的主语是"我们"，而不是"笔者"、"本人"或"我"等单人的称谓。由此看来，当年《庙二》挑战的学术观点无疑有一批传统地层学的卫道士支持。

尔后，又有研究试图修正《庙二》的观点。《文物世界》1994 年第 2 期《庙底沟二期文化研究》（以下简称《研究》）认为：卜工"在文章中列举的 A 群典型单位似有不确之处。A 群 H568、H570 二单位，《庙底沟与三里桥》第 64 页发表'龙山文化（灰坑 551、567、568）陶器器形统计表'，三个灰坑统一统计，有盆 12 件、罐 496 件、鼎 32 件、斝 10 件、灶 3 件、豆 3 件。在并没有确认 1956 年发掘的 H568 的陶片中确无釜灶、斝等典型 B 群陶片之前，只能存疑待考，不足以贸然划入 A 群"。显然，论者着眼于考古学的基本单位，而不是笼统地谈文化层，文章的出手确实高于《商榷》。所以，接下来就必须回答两个问题：第一，庙底沟遗址第二期文化 A、B 两群陶器的划分，是否因为 H568 没有"存疑待考"而出现误判？几年之后，《江汉考古》2000 年第 4 期靳松安《庙底沟遗址第二期遗存再分析》（以下简称靳文）解答了上述疑虑。他说"目前，在黄河中游地区发现的一般称为'庙二'的遗存百余处，将其中正式发掘的 20 余处与庙底沟遗址第二期的 A、B、C 三组做一对比，便可以发现其中有与 A 组相同的，也有与 B 组相同的，还有与 B 组有某些联系又有许多显著差别的，但绝对没有与 C 组相同或相近的遗存"。也就是说，庙底沟遗址第二期遗存 A、B 两群陶器的划分，并没有因为 H568 存在"存疑待考"的问题而出现误判，因此可以推知当年庙底沟遗址发掘报告公布的资料与 H568 出土陶器实际状况是基本吻合的。而《庙二》的选择完全正确。第二，应该怎样认识和理解 H568 出有 B 群陶器的可能性？这种忧虑对于考古层位学入门者来讲并不陌生，一是习惯怀疑别人的考古报告不按正常套路发表资料；二是遇到与自己想法相矛盾的资料不知应该如何处理。笔者理解，在庙底沟和其他遗址众多单位中都没有小口尖底瓶和斝、釜灶共生例证，即使 H568 出有斝、釜灶等陶器，那么小口尖底瓶属于早期遗物的可能性很大，将其单独处理毫无问题；而具体到庙底沟遗址对 H568 年代的认识是要根据"或然率"进行分析才能决定的。

前面提到的靳文，同样认为《庙二》关于 A、B 两群陶器的划分"是很不全面的"，他主张分 A、B、C 三组比较合适。新增的 C 组有 T551 和 H570 两个单位。其实，该遗址能够再分析是最重要的，至于分几期应该根据材料说话，而不是越多越好，单纯追求数量的多少。他认为新增的 C 组单位中包含有 T551，则明显暴露了对层位学理解的偏差。因为，考古层位学上的单位是指考古发掘中认识的遗迹现象，T551 是考古发掘工作时的探方编号，不是遗迹现象，故不属于考古学上的单位。H570 只出 1 件碗，其单位的意义可想而知。至于说到"绝对没有与 C 组相同或相近的遗存"的认识则道出了那件碗是个特例，不具备年代组所应该具有的普遍性和代表性。可见，三组陶器的划分显得过于勉强，A、B 两群陶器的划分已经足够了。画蛇添足带给他的烦恼跃然纸上，甚至于无心解释隆重推出 C 组的意义所在。但他在文后的注释 40 中提到："卜文认为 B 组遗存中 H563、H569 最早，H202 次之，H35、H558、H564 最晚，西沃遗址（河南省文物考古研究所：《河南新安县西沃遗址发掘简报》，《考古》1999 年第 8 期）的材料证明卜文的分析是能够成立的"，这一认识还是坚持了实事求是的科研原则。

总之，事实证明《庙二》关于 A、B 两群陶器的划分完全正确；对 B 群陶斝排序和变化逻辑的认识也完全正确。在资料相对较少、缺乏相关例证、没有层位关系指引的 20 多年前，这样的研究确实需要逻辑的支撑。另一方面，《庙二》的主要观点充其量不过是假说的命题，这绝对不是自谦。因为，本文的基本观点依然是假说。但是，千万不要以为假说是假话，假说是预测、预言和探索，没有假说就没有科学。很多假说本身包含着科学的成分，往往是未来的事实。考古学是经得起验证的，《庙二》的探索不过是为此又做出了新的证明。《庙二》的理论是考古层位学原理，其基础则是当年晋中地区正确的年代标尺。这些成绩无疑应该归功于张忠培先生及当时吉林大学北方考古研究室的所有先生。

二、《庙二》的研究有待深度的发掘

河南陕县庙底沟遗址在中国新石器时代考古中占有特殊重要的地位，其影响相当深远。遗址的发掘、资料的整理和考古报告的刊出，堪称居功至伟，令后学敬仰。仰韶时代灿烂的庙底沟文化曾经在这里一枝独秀，造就辉煌，风流千年；新兴的庙底沟二期文化强势崛起，卷土重来，引领全局，此起彼伏的文化态势，东西互动的波澜壮阔，使诸多研究为之倾倒。20 多年前和今天的研究，都是由于被其独特的魅力所感动和吸引，遂下决心从考古学文化定量研究的路径，探索庙底沟二期文化的本来面目，并试图说明这个地区在早期中国的历史上无比辉煌的重要地位。

从本质上讲，《庙二》是考古学文化定量研究的尝试。然而，多年来学术界并未就此问题做深度的发掘，而是比较关注其具体结论的探讨。实践表明，中国考古学在认识和识别考古学文化的初期，一些研究热衷于抢占命名的先机，却很少讨论怎样命名的问题，也就是并不清楚考古学文化的质量应该具备哪些具体条件，就贸然推出新的文化或新的类型。即重视定性研究，而忽视定量研究。夏鼐先生关于考古学文化命名原则的论述，是考古学文化的定性研究的经典之作。在 20 世纪 50 年代和后来的考古实践中曾发挥出极其重要的作用。然而，半个世纪过去了，人们不难发现，在中国考古学中，安特生赖以命名的仰韶文化中包括了多种文化遗存；山东城子崖的龙山文化遗存同样也曾包含有岳石文化的因素；《西安半坡》的研究更是将整个半坡遗址不同时期、不同性质的遗存都被视为"半坡类型"加以命名的。《庙底沟与三里桥》对庙底沟二期文化的认识依然如此，乃至于20世纪80年代提出"陶寺文化"还是存在着内涵复杂，概念模糊的问题。为什么从仰韶文化的提出到今天，同样的错误反复出现，层层叠加？难道中国考古界就永远走不出这个历史的怪圈？究其原因，就在于中国考古学对于考古学文化的研究始终停留在定性的阶段，定量研究的要求并没有深入人心。所以，人们特别关心"什么是考古学文化"？而很少问个"为什么"，面对新命名的考古学文化遗存一般来讲缺乏器物共生质量的确认，具体年代的详细甄别，标型器物的发展逻辑等具体的定量分析，因而造成了对考古学文化的命名过于简单，以及粗糙和疏漏的倾向屡有发生；后来的研究又不加分析地盲目称颂，推波助澜，造成了以讹传讹的冤假错案屡禁不止。考古学文化概念模糊的问题已是司空见惯，或者熟视无睹了。可见，不能简单地将这些问题归之于时代的局限性，而要认真探求其理论上的原因和研究者主观的因素。

标型器物的序列是定量研究的起点。在中国考古学研究中，陶器的谱系研究历来为大师们推崇。仰韶时期小口尖底瓶、东北地区的筒形罐、山东地区的陶鬶、中原地区的陶斝、三北地区的陶鬲都曾引起学者们广泛的兴趣。这些器物的谱系学研究可以为构筑中国古代遗存的时空框架提供依据，这也是定量研究古代遗存发展过程的重要指标性参数。实践表明，一种新兴器物往往标志着考古学文化结构的变化与发展，这种器物通常是标型器，在该文化中发现的数量较多，且具有变化敏感，引领作用突出的排头兵特征，其指标性意义在于认识它们群体的分布区域，了解其年代变化，以及与相邻文化之关系。不过，这类标型器在自身的发展进程中存在着由盛而衰的变化，其中有3个特点应该引起足够的重视：一是都拥有特殊的功能，不仅仅是一般的生活用具，至少是现在的人们认识某一考古学文化的标志；二是这种器物在指示年代特征方面其功能强大，而在划分类型方面却似乎没有意义，因为它们不论走到哪里都始终保持着标准化造型，看不出来丝毫的随意性或称地方性变体的征兆；三是标型器也有发生、发展和消亡的过程，只不过那是个相对漫长的历史过程。当一种标型器开始没落的时候，必有新兴器物挺身而出，领导潮流。唯此，才改变考古学文化的面貌与结构，才造就文化的差异与阶段，才拨动研究者的神经与灵感。

距今约7000年前，渭河流域率先迎来小口尖底瓶的时代，不久，汾河流域的中下游也进入到小口尖底瓶的时代。岁月悠悠，大约2000年之后，小口尖底瓶这种器物依然存在，可是形态却发生了很大变化，原来的溜肩、圆肩、鼓肩竟然将成为折肩；尖尖的底部由锐角、钝角向圜底发展，而且，不久将要蜕变为平底的罐或者是平底的瓶。什么是沧海桑田？什么叫岁月无情！当小口尖底瓶的谱系序列展现在世人面前的时候，人们领悟的道理绝不仅仅是一个完整的"瓶谱"的过程。因为人们极其容易发现，世界上一切事物的兴衰就是如此的简单。只不过时间是否给予你观察的机会。新事物往往是被旧事物培养起来的，当小口尖底瓶的形态即将脱胎换骨之际，陶斝登上了历史舞台。《庙二》曾经推测斝是大汶口文化陶鬶与谷水河遗址那样的高领罐相结合被发明创造出来的。而且，明确无误地指出陶斝的序列最终将走到陶寺遗址的早期。如此，小口尖底瓶和陶斝完全不同的器物谱系便形成了两个过程的鲜明对比，其强烈的反差胜过很多平庸的语言。另一个方面，小口尖底瓶发生与发展的过程究竟存在怎样的阶段性，又需要器物组合的共性加以确认，如此才可以达到定量研究的要求，才能使新确认的考古学文化种属内涵单纯，概念明确。

《庙二》在定量研究的基础上揭示出一个新的时代，突出强调考古学文化遗存局部质变的重要意义。如果按此思路做举一反三的研究，那么自然会联想到空足陶鬶在山东地区的出现也具有划时代的意义。就是说，目前山东地区新石器时代晚期遗存的年代划分存在着标准并不明确的问题。因为从北辛文化到大汶口文化再到山东龙山文化，实际上已经达到了无缝连接的程度，但由于标准不统一，怎样界定考古学文化始终为许多研究者困扰。按《庙二》的认识，大汶口遗址的中期代表的遗存就标型器而论可与后面的龙山文化合二为一，属于大龙山时期；而该遗址早期的遗存应归入北辛文化一并研究，其年代与黄河中游地区的仰韶时代大致相同。若然，山东地区龙山时期开启的年代约在距今5200年，而早于庙底沟二期文化所在的地区。经济与社会发展的不平衡性决定了不同地区进入相同时代的时间存在早晚的分别和考古学版图上年代的多样性特点。就全局来看，至少在仰韶时代晚期，黄河下游的东部地区领先于黄河中上游的西部地区，所以才有文化上东风西渐的跌宕起伏和"古礼革命"的方兴未艾。同样，地处东部长江下游的良渚文化，其兴起的年代大约也在5200年，便很能说明早期中国东部地区进入新时代的步伐要早于中部及其以西的地区。

需要强调，目前还有研究坚持认为庙底沟二期文化属于"过渡性遗存"。何来"过渡性遗存"性呢？过去，是由于没有将A、B两群陶器区分开，才朦胧地感觉到"过渡性"的存在，现在明确了B群陶器是该文化的主体，A群陶器充其量只不过属于早期陶片，或者相当于墓葬中的填土陶片，断不能以A群陶器论年代，谈特征，这无疑应该是今天中国考古学研究的基本常识了。从理论上讲，其一，任何文化遗存都是发展运动的，都处在过渡的状态，大家都在"过渡"，因此也就没有过渡了，只强调某一种遗存具有过渡性，显然并不客观；其二，任何事物的发展都存在量变和量变积累所引起的局部或部分的质变飞跃，运动中的文化载体也不例外。在中国考古学研究中，文化的阶段性主要是通过遗存局部的质变显示出来的。庙底沟二期文化恰恰就处在质变的拐点，因此既代表新兴的考古学文化登上历史舞台，又是新时代帷幕缓缓拉开的见证。而"过渡性遗存"的认识，只承认量变存在的普遍性，却忽略考古学文化的发展存在局部质变的特点。如果非要坚持"过渡性遗存"的认识，那么，在"仰韶"与"龙山"时代之间不是还要增加个"过渡性时代"？

定量研究的核心是根据结构确定文化性质。所谓结构就是陶器基本组合在一定时期内的稳定关系和发展过程。就像《庙二》关于陶斝、釜灶和陶鼎等器物的排序一样，它们各自拥有嬗变的逻辑，但步伐却有快有慢。当年，《庙二》在完全没有先例可循的情况下进行探索，实在是由于那些单位的共生关系质量较高，资料发表得充分，使人们能够很快地认识其特征，概括其文化的基本结构，陶斝变化的逻辑关系非常清晰，与其他组合的器物相呼应，更突显出陶斝存在自己独立的发展过程；该过程所达到的高峰是陶寺遗址早期遗存；而陶寺的早期与中期的遗存在整体结构方面发生了重大变化。有鉴于此，《庙二》认为：陶寺遗址的早期与中晚期遗存性质完全不相同，不能合并起来笼统称之为"陶寺文化"，即不同意将该遗址早期以陶斝为代表的遗存与中期以后陶鬲代表遗存不加区别地混为一谈，纳入同一考古学文化。这实际上是强调怎样进行定量研究的问题。

很多研究关注陶寺遗址早期的大型墓葬出有一些不见于庙底沟遗址的特殊器物，加之该遗址的城墙可能暗示出这块土地具有连续使用的倾向，所以，才将这里发现的遗存网罗在一起研究。其实，第一，陶寺早期遗存从陶器基本组合的情况看，与庙底沟二期文化中的B群陶器完全相同，只是由于遗址规模和级别原因更加丰富了这类群遗存的整体面貌，但没有改变其本身的性质。陶寺遗址早期遗存与大型墓葬相联系，与超大型遗址相联系，与特殊环境相联系，所以，一方面是有些新的器形和考古现象是以往未曾见过的，另一方面则是早期遗存终止后特殊的考古学现象也随之销声匿迹，结构决定性质的原则终于在此挺身而出了！遗迹结构的变化可以证明：陶寺早晚两期遗存在考古学文化的结构和遗址的遗迹结构两个方面同时发生了质的变化，足证该城址在中期以后的影响力断不能与往昔同日而语了；那些戛然而止的大型墓葬，似乎说明此地此时完全丧失了昔日引领群雄的辉煌，而走向平庸与没落；或者由中心蜕变为附庸。

陶寺遗址最关键在于早期遗存没有陶鬲。所以，讨论又回到了对鬲谱的认识问题。现在许多研究都以极大的热情关注该问题，但是，究竟什么是陶鬲的谱系并没有研究充分的论证；分型排队是必要的，年代的比较是必要的，文化因素的解析是必要的，然而，上述的工作仍然属于资料的初步整理，是就现象论现象。历史的经验值得注意，当年，山东地区陶鬹的研究，若无邹衡先生对鸡彝的考证，学术界对陶鬹的认识便不会像今天这样深刻。陶斝属于那个时代的礼器，则是因为在早期大型墓葬中已经形成了与俎固定的配套关系，因而，对陶斝的排序研究已经超出了简单形态的比较，进入到谱系研究的阶段。就是说，器物功能的研究是灵魂，是画龙点睛，而缺少灵魂的器物研究并非真正意义的"谱系研究"，充其量不过只是器物形态的简单排比。目前学术界对于陶鬲恰恰就缺乏这种深刻的认识，故研究水平依然停留在简单的型式划分方面。为此，学术界才期盼名副其实的"鬲谱"问世。

在早期中国，陶鬲算得上是一枝独秀：其分布地域之广袤，穿越历史之长久，哺育族群之众多在目前所知的陶器中实属罕见。但是有三个问题必须引起重视：一是，当人们将不同时期的陶鬲按区域标志在中国的版图上，就不难发现陶鬲发生和发展的地区并非是纯粹的农耕经济，而以农牧兼营为基本特点的山地；二是，从形态上讲，陶鬲如果属于炊器，一定是用来加热流食或是某种液体的，而不是用来煮饭和熬粥的，因为后者很难控制烧糊和夹生的窘迫。以往研究中一般意义的"炊器说"显然失之于笼统；三是，陶鬲的功能存在极大的区别，不能简单地一概而论。三里桥的高体单把鬲、客省庄的单把斝，其使用方法与"鸡彝"别无二致，应该就是鬶在本地的替代品，可能称其为鬲式鬶和斝式鬶才名正言顺。《庙二》推测大汶口文化陶鬶的西行是陶斝被发明的动因。然而，在陶斝发达的地区却始终没有典型陶鬶的发现。前者在陶寺墓葬中使用的方式说明它对陶鬶并没有替代性，从理论上讲此地当存有与陶鬶功能相同的器物对应，才符合事物发展的逻辑。现在，鬲式鬶和斝式鬶的认识似乎使得思想的逻辑更接近历史的逻辑了。

过去，有研究认为陶鬲的起源可能是由陶斝变化而来，也有认为可能是改造后的釜灶演化而来，还有的认识认为是陶鬶的影响所致。这些推测无疑皆有可能，这说明目前已知的陶鬲在功能方面当存在着本质的差别。陶鬲的谱系研究并非只限于形态的分类排比，探讨和认识其功能在某种意义上可能更为重要。所以，生物学上"功能决定形态"，"结构决定性质"的原则在考古学研究中同样具有重要的指导意义。

定量研究的深入，自然会发现文化的质变与社会的浪潮存在着因果关系。庙底沟二期文化在中原的崛起，究竟达到了怎样的高度？山西襄汾陶寺遗址的发掘给予了充分的证明。那里曾经高高矗立的城墙，如同猎猎飘扬的古国旗帜；巍巍的观象台，见证着巨型城池的独特功能；独处一区的地下宫殿，展现出唯我独尊的王者风范。而《庙二》陶斝属于礼器的认识就是出自大型墓葬的特殊现象，似乎使古礼西进和古礼革命的相关假说得到了新的证明，人们因此进一步相信历史真的发生过这样的革命，否则，本地不可能产生陶斝那样的器物，因为此地从来就没有空足三足器的传统；否则，本地区崛起的速度和达到的高度当不至于如此的惊世骇俗，因为那些特殊的遗迹现象完全是坐落在巍峨的金字塔顶端。庙底沟二期文化正是由于这些重要的因素，才令人反复揣摩，才令人争论不休，才令人叹为观止！

古国的兴衰真的是受周期律的制约。按照目前对陶斝排序的认识，也就是几百年的工夫，陶鬲代表的遗存在陶寺遗址便终结了庙底沟二期文化的历史进程，此后，陶斝代表的遗存如同被肢解一般，只有个别器物零星出现。是"城头变化大王旗"？还是古礼新一轮的革命？反正"五百年必有王者兴"，这是早期中国几千年颠扑不破的历史经验。当然，古礼的变化不代表族群的变化。因为古礼只是一种社会主流意识。陶寺遗址数量众多的小型墓葬足以证明此种社会现象。礼制是文化的核心与精髓，显然也是文化区分的界标。考古学文化的认定依靠器物，早期中国的时代则主要是通过陶器加以确认，隐藏在其后面的种种精神因素，只是新近才被研究所揭示。因此，陶寺遗址两种考古学文化的认识有利于对当时社会历史问题的深入考察。从这个意义上说，考古学文化定量研究与社会变革的探索是殊途同归的。

从历史的漫长过程来看，"庙二"的土地上曾经由于庙底沟文化的强势扩张而写下了光辉的篇章。但是，到了仰韶时期的晚期，彩陶代表的礼制已经成为末路英雄，区位的社会影响力明显走向颓势。历史显然在等待新契机的到来和奇迹的发生。果然，大约在距今 5000 年的时候，陶斝闯入这里的社会生活。山西襄汾陶寺遗址的那些大型墓葬足证古礼的变化与发展，与此前的庙底沟文化历史阶段相比，应该说等级更严格，制度更规范，社会影响力更加突出。不过，两者的表现形式完全不同。前者是四处出击，后者是固守城池。这种历史现象或许与早期中国的联盟体系的实际内容有更直接的关系。陶斝与彩陶一样是历史的产物，"其兴也勃焉，其亡也忽焉"的特征也就容易理解了。陶寺的城墙虽然巍巍矗立，可是，今人不曾看到的古礼却悄然褪色。到了西周初年，在周礼的滋润和熏陶下，此地才逐渐恢复了昔日的荣光。春秋时期晋文公成就的霸业仍然是解读这里历史基因的极佳注脚。

在中国历史的研究领域，"早期中国"是被考古学所发现的特殊历史阶段。文献的只言片语绝对不能恢复那个时代的记忆；曾经喧嚣一时的传统古史研究体系，虽然有过自娱自乐的辉煌，但今天看来，对早期中国的认识基本上属于隔靴搔痒式的研究；禁锢中国史学界多年的洋教条，早已被觉醒的中国学者摒弃。实践表明：唯有中国考古学才能担负起改造传统史学观念的重任；唯有考古学定量研究的深入开展，才能把握解析社会现象与深层矛盾的力度。

附记：30 多年前，那个曾经被誉为中国考古学黄金时代的岁月，是张忠培先生创办的吉林大学考古专业进入全面发展的阶段，也是本人迅速成长和走向成熟的起点。真的是激情与理想齐飞，探索与创新共舞。现在回忆起来，都还那么令人振奋。《庙二》是那个时代的作品，是张先生长期教诲的结果，是他核心思想的延伸。谨以此文隆重庆祝他老人家八十寿辰，回味和重温追随他学习和奋斗的幸福时光。

（原载于《庆祝张忠培先生八十岁论文集》，科学出版社，2014 年）

二、"中国模式"的思考

《文明起源的中国模式》前言

1987年的岁末，一封来自北京的信令我激动不已，振奋至今；鼓舞和鞭策我坚持进行并不被看好的研究。这就是中国考古学的泰斗、著名考古学家苏秉琦先生写来的信。此信的全文如下：

卜工同志：

你好！感谢你在此新年到来之际送给我设计如此美妙、言辞如此感人的纪念卡！

《文物》11期你写的文章我读过了，把它和黄展岳同志文一起发表，这就更加重了它的分量。

最近由北大部分朋友所发起召开的一次"走向二十一世纪考古讨论会"，听到新一代考古工作者的声音，恰似卅年前北京大学56届同学的声音，天下事多么巧合啊！但我认为你写的这篇文章更令我高兴！

忻州发掘材料初步整理出的那张器物图表请复印一份给我，遗址图能复印一张更好，请注明那个大灰坑位置和这次发掘坑位关系为盼！

祝

进步！

苏秉琦

1987.12.24

附：伟超和我在《瞭望》发两篇文章，供参考、讨论。

那时，学术界对中原地区祭祀遗址的特点还缺乏研究，特别是像年代那样早的磁山文化就存在祭祀活动的专用场所，更是匪夷所思的命题。中国新石器时代礼制的种种活动真可谓是"养在深闺人未识"。磁山遗址的灰坑被认为是贮藏粮食的窖穴，组合物被视作粮食加工场所的物质遗存，可是，我的处女作《磁山祭祀遗址及相关问题》[1]却从一个全新的角度提出了完全不同的认识。当时，虽然没有文章对此给予商榷，但据本人所闻，赞同的有，不认同者也大有人在。由于我是考古战线的新兵，又没有按惯例从陶器入手做排队分期之类的研究，而是直接进入到精神文化和社会秩序的层面，难免有胡编乱造之嫌，加之，人微言轻，有口难辩。就在这个时候，苏秉琦先生敏锐地发现了问题的重要性，及时做出了肯定的结论，赐函予以鼓励，真是有久旱逢甘霖之感。喜出望外之余，我认真学习了苏先生的相关文章，梳理了自己的思路，明确了中国古代社会的三维特征，进一步坚定了从社会秩序和精神文化的层面作研究的信念。经过20年的积累，逐渐形成了一些想法，这就是本书的缘起。

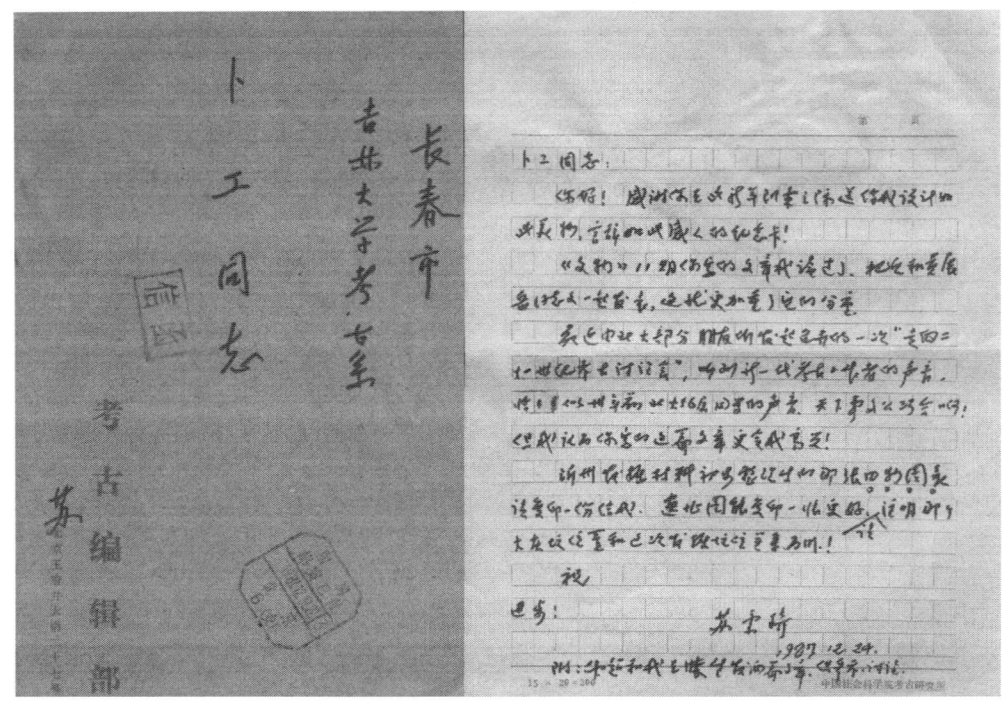

苏秉琦先生赐函的影印件

记得大学生活快要结束的时候，总有难以名状的焦虑和烦躁不时地袭来，倒不是担心毕业后的工作问题，而是考虑即将开始的考古生涯会是怎样度过，能为中国考古干点儿啥？当时的估计并不乐观，很可能是在田野中奔波，在材料中折腾，到头来不过是为别人的研究提供素材而已！因为，那时专业兴趣和方向都已经比较明确了，也很想在自己的专业里有所作为，可是我们面前的先生们全都是高山仰止、难以超越的顶尖高手，有这种困惑是很自然的。现在很多将要走上工作岗位，并且立志为考古学贡献力量的本科生或研究生大概都会有同感。25年过去了，这种困惑已经荡然无存了，一代人有一代人面对的课题、奋斗的目标和追求的理想，所以，必然有属于自己时代的经历、成绩与思想。

任何一个学科的发展都存在阶段性，犹如大海的波涛有高有低，前浪接着后浪。人们在总结学科发展的历史时，总是比较注重前人的经典，因为，那是阶段性的代表，可以经世传承。当然，经典也不可避免地存在历史的局限性，部分结论和认识可能有修正的必要，甚至有的可能已经过时，但思想不死，精神永存，经典永远是经典。中国考古学也不例外。远的姑且不论，就说新中国成立以后，考古学的主要任务是资料的发现与积累，面临的学术课题是认识、区别和概括考古学文化。夏鼐先生根据中国的实际情况阐述了考古学文化命名原则[2]，回答了什么是考古学文化的问题，指引中国考古学走向新的阶段。1979年以后，不同地区存在着什么样的考古学文化又成为新的课题被推到学术研究的前沿，苏秉琦先生及时提出了考古学文化区系类型的理论，进而又提出"古文化古城古国"等学说，为中国考古学的理论与实践开辟了一个崭新的天地，极大地推动了学科的深入发展[3]。

可是，从历史的过程来看，一个学科的发展不会永远停留在一个水平上。历史总有新的起点。面向未来、追求发展是人类永恒的目标和主题。而考古学面对的未来却不是广义的"明天"，是历史的"昨天"，是古代社会复杂而深邃的内容；全面、深入的研究，由表及里的认识和对历史真实的把握是考古学唯一的主题。现在人们期待创新、呼唤创新、尝试创新，不满足于重复前人的成果，不期望躺在过去的经典上数风流人物，正是这种追求的体现。当今，中国考古学研究的主要任务、课题和研究上新的增长点与前两个阶段相比已经开始发生变化；尽管在某些地区过去的任务还没有完成，还有需要认识和命名的考古学遗存，考古学文化编年体系的建设还有待加强，谱系学的研究还不充分，但这些并不影响考古学研究继续向新阶段的推进。中国考古学每一个时期都有属于自己的黄金时代，而迎来新的黄金时代的标志就是新的经典应运而生。

过去，从精神、意识和观念方面考察考古学文化的研究相对薄弱。那个时候由于资料不多，学科的任务主要解决"什么是考古学文化"的问题，"为什么是"的问题还没有提到日程上来。然而，考古学资料积累到了今天，这个问题就成为影响人们从本质上认识新石器时代考古学文化的关键，成为带有普遍性、具有全局性意义的课题。到目前为止，还有许多研究认为中国新石器时代的先民并没有什么精神生活，在茹毛饮血的时代，精神生活即使有也不可能很发达，似乎那时先民的生活简陋到只有吃饭和种的繁衍，而再无其他的生活，所以，以为只要搞清楚陶器的演变序列和组合特征就算全面认识了考古学文化的观念在一些文章中并不少见。其实，这是一种误解，是很容易令田野考古初学者产生盲目自大的倾向；本人也曾经这样盲目过。考古学研究的对象是物质遗存，而物质遗存在形成的过程中还深深地受到精神、意识和一定社会秩序以及在此基础上形成的道德观念的制约。所以，研究物质文化不能单纯地考察器物形态，还要分析其成因。也就是说，虽然不能否认层位学和类型学是考古研究的基础，但二者只是研究的部分内容，而不是全部内容。考古学的目的，说到底是尽可能比较全面地研究历史，进而真实地恢复她的本来面貌，为人类的知识体系增加新的内容。获取考古资料只是研究的开始，而如何对资料加以释读和阐述、客观地复原历史的任务是更艰巨的。在考古学文化的研究中，只见器物是不充分的，应该看到考古学文化是一定人群构成的共同体的生活习俗和精神活动的物化形态；否则，就是只见树木，不见森林。古代中国说到底是以农耕生产方式为经济基础的社会，与物质文化同时成长的是祭天礼地的精神生活以及相适应的社会秩序，三者存在互动的关系，制约着中国古代社会的走向，勾画出精彩纷呈的历史画卷。本书将这种社会性的精神生活和社会秩序概括为古礼，认为这是中国新石器时代考古学文化的灵魂，是积累知识经验的思想宝库，是夏商周礼制的真正来源。古礼或游弋在同一考古学文化的不同地点，或徘徊于黄河、长江等大河的沿岸，从来就是文化发展的基本动力。古礼是一种社会联系方式，是一种社会管理体制，是一种社会运营机制，是当时社会制度的主要内容，是古代社会最大的政治。

本书强调古礼与原始宗教是完全不同的概念，提倡用礼制的观点重新谱写西周以前近万年的历史。中国新石器时代中期以后，社会秩序建设最伟大的历史贡献就是古礼的形成，正是由于它的存在才造就出中国古代先民善于思考、乐于憧憬、刻意追求精神享受的特点。所以，即使后来的商周时期，人们仍然是倾举国之力，把最贵重的青铜材料首先用于礼器的铸造与生产；坚持"非礼勿听，非礼勿视"的原则，创造出与这种思想体系相吻合的、在世界上独具一格的甲骨文和金文；酒礼的陶醉与酣畅才被推崇歌颂，包括流传已久的饮食文化中也闪烁着视觉和精神上的享受。本书要说的就是近万年以来就已经发生的、但始终没有引起重视的古礼：说古人的礼，为古人说礼，通过考古学资料让古人讲礼，讲礼的文化、礼的智慧、礼的天下，讲它的源远流长和一脉相承。

可是，做这方面的研究具有相当的难度，同时又面临着严峻的挑战。难度在于没有文献的支持，加之，能够说明问题的考古资料又没有期望的那样多。挑战是因为西周以后的礼制与古礼存在很大的区别，而人们绝对相信周礼，因为两千多年来人们学而时习之，反复背诵的经典都与周礼息息相关，自然会用周礼的标准考察和检验古礼，不敢跨越雷池半步的古典道德操守自然是挑剔和否定古礼的有力武器；另一个原因是对古代社会的研究本来就有很多推测的因素，在未知世界中探索原本就潜在着"盲人摸象"的弊端，所以，很多认识，包括那些正确的、接近客观的和即将达到真理彼岸的认识，在论证和证据链的方面也存有天然脆弱的因素。

"盲人摸象"这个来自于印度佛教本生故事集《六度集经·镜面王经》的典故，自三国时期被介绍到中国以后，在民间广为流传，已经达到了家喻户晓、妇孺皆知的程度。不能将局部视为全局，不能把相对真理当作绝对真理的辩证唯物主义思想是这个故事的精华和意义所在。其实，如同所有探求未知世界的工作一样，考古学研究，特别是对新石器时代古代社会的复原研究、对中国古礼和文明起源的研究历来存在着正确认识局部与全局、特殊与一般、相对与绝对的关系问题，盲人摸象的错误在研究中并不罕见。因为，考古学研究具有天然的局限性。远古时代有多少社会与文化现象能够被实物的载体遗留下来？在遗留的过程中有多少能够毫无损失地保存下来？被保存下来的又有多少能够被发掘出来？这其中有多少是经过科学发掘的呢？正因为如此，人们所看到的考古资料只是过去历史极为片面、孤立、零星的线索；又由于这些线索对于了解人类过去的历史非常珍贵、非常重要，人们往往容易忽略它的局限性，研究中盲人摸象的错误难免发生。导师张忠培先生反复强调，要注意考古学自身的局限性问题，就是告诫我们要警惕把相对真理看成绝对真理，夸大认识的适用范围[4]。

任何一门学问或学科都始终要面向大众，面对现实。记得20世纪70年代，在中国的上空长久回荡着"让哲学从哲学家的课堂上和书本里解放出来"的时代强音。那是对普及与提高的一种关注和期望。时至今日，哲学依然作为最高深的学问被人们崇尚。考古学也不例外，专业的研究令人赞叹不已，神圣的学术殿堂使人望而生畏，学术队伍不断壮大，事业的发展日新月异，相比之下普及的工作相对落后。考古学是要在普及的基础上发展，在提高自身的前提下推广普及的。这门学问如何贴近现实、贴近生活、贴近群众？人们对文物鉴赏的热情逐年提高，对古代艺术品的追求与日俱增，然而，大多数人对考古学的认识仍然仅仅停留在田野考古发掘方面，或者是物质文化史方面，似乎这就是考古学的全部，对于从事考古学研究的专业人士而言，显然不能苟同上述不全面、不客观的认识。考古学不只提供资料，也提供认识，包括基本的理论、具有决定意义的理论。

说到理论，本书没有使用新近流行的舶来的考古学理论和方法，只是通过一些中国考古学个案的研究，发现了一种特殊的线索，形成了一点点自己的看法而已。世界上流行的关于文明起源的理论不能说完全没有道理，但是，那终究是国外的经验。中国考古学的研究必须像老一辈考古学家那样实事求是，走自己的路，总结自己古老国度的特点与规律，完全按照外国的经验对号中国的资料犹如隔靴搔痒，根本不解决问题。中国文明起源的探索很像是对甲骨文和金文的研究，只能依靠中国古代文献提供的理论、辞例和用法加以考释，因为别处没有这种古老的文字。中国古代文化就是具有这种特殊性。所以，拿来主义、教条主义只能吓唬别人、糊弄自己，削足适履更是容易被耻笑的：这是被中国革命实践反复证明了的道理。本书的研究主要依据考古学资料，尽量不用历史文献，偶尔用一点儿，也实出无奈。因为东周的文献说西周的事情，大概还有可信度，如果讲商代的事情就不能那么认真了，用来套新石器时代的考古学资料那就更没谱了。

现在，许多学科都在研究中国文明的起源。搞历史的、民族的、人类学的、社会学的、文化的和艺术的，几乎所有的学科都言必称文明，可是所讲的仅仅是中国文明短暂的、后起的部分。对于中国古代文明的核心与特色、传统与精华又有哪个学科能够比考古学更有发言权？中国古代漫长的历史中有很多重大课题是必须由考古学来完成的，考古学还在研究和探索的课题，其他学科当然就无能为力了，只能任由学者去做种种推测，借助文献的记忆苦思、苦恋、苦旅。人们非常习惯于将中国古代文明与世界文明古国进行比较，然而，对中国古代文明自身的特点都缺乏了解，若明若暗，又如何同别人进行比较？"以其昏昏，使人昭昭"，那是不行的。看来，只有中国考古学能够化腐朽为神奇，向历史的深度挺进，为其他学科的研究提供理论的武器。这里绝没有贬低别人、抬高自己学科的意思，目的是强调考古学在认识古代社会方面所具有的不可替代的特殊能力。

可是，不具备通俗易懂的特点就不能引起大众读者的兴趣。论证是重要的，缺乏实例的论证又像说教，令人感觉空泛，这确实是一个难点。好在中国古代文明有实实在在的特点，这个特点又是她长盛不衰的根基之所在，魂魄之所系，所以，"文明起源的中国模式"这个题目总还是吸引人的。

注　释

[1]　《文物》1987年第11期。
[2]　夏鼐：《关于考古学上文化定名的问题》，《考古》1959年第4期。
[3]　苏秉琦：《苏秉琦考古学论述选集》，文物出版社，1984年。
[4]　张忠培：《浅谈考古学的局限性》，《故宫博物院院刊》1999年第2期。

（原载于《文明起源的中国模式》，科学出版社，2007年）

屋背岭商代墓葬与岭南文明的进程

深圳屋背岭商代墓葬是近年岭南考古的重要发现。尽管资料尚在整理中，但见诸报道的材料却已显现出它在岭南文明进程中的地位，入选 2001 年中国十大考古新发现正体现出其学术意义和价值所在。

岭南新石器时代到青铜时代的考古学研究，历来存在两个问题需要解决，一是考古学文化的编年体系不完善，一些地区缺乏明确的年代标尺。一些非常重要的资料其时代的归属都不确定，影响了研究的深入。二是已发掘的考古资料不能及时整理，考古报告的历史欠账过多，有碍认识的深化。在青铜时代的考古学研究和文明进程的探索方面，虽然以往广东地区发现和发掘了近 400 处该时期的遗址和墓葬，但资料的系统性和信息的容量都不足以勾画出文明进程的脉络。广东博罗横岭山墓地的发掘，掀开了岭南古城古国及文明进程探索的序幕，说是筚路蓝缕一点也不过分。横岭山晚商至两周的墓葬向世人展示的不仅仅是精美的青铜器、陶器和原始瓷器，更重要的是墓地的规模，约在墓地 1/4 的部分便发掘出 300 余座墓葬，联系到附近银岗为数众多的窑址群，窖藏青铜器的线索，横岭山左近定有特大型遗址乃至城址的存在当不容怀疑。当年，苏秉琦先生曾推断广东的东江地区可能有古城古国这样的大遗址，具有十分科学的预见性！但是，博罗横岭山毕竟只是一个点，尽管它可能是岭南古城古国研究的重要支撑点，然终究不能指示、演绎和代替过程，人们自然期待更早期更多些的资料发现。现在深圳屋背岭商代墓葬的面世，其意义不仅仅是增加了一个地点，正所谓"两点成一线"，岭南文明进程的线索及两个地点各自在文明进程中的位置也就比较清晰了。

屋背岭墓地主要有两个时期的遗存。已报道的属于第一期的两段因其与香港涌浪、东莞圆洲遗址的器物相近，组合特征为小口圈足罐和敞口豆，具备环珠江口新石器时代晚期的特征，因此属新石器时代范畴，第二、三期遗存属晚商时期。该墓地缺乏层位关系，墓葬的排列顺序有待报道，这为墓地的考古学分期及年代的推定增加了难度。同时，由于土壤条件使得人骨难以保存，对墓地人群的性别、年龄结构，包括社会组织方面的研究自然也受到一定限制，但陶器的特点依然可反映出一些重要的历史线索。

该墓地商代遗存特征比较鲜明。流行有流带把器、尊和高柄豆，在以往的资料中尚不多见。广东青铜时代与新石器时代的文化格局截然不同，前者呈东西分布，后者为南北对话的态势。特别是标型器的地位更加突出，特征更为明显，在类型的划分，遗存的区别中意义更大。例如，后山类型的鸡形壶、屋背岭的有流带把器、石峡遗址中层、珠海淇澳岛采集的带把圈足杯，以及香港马湾的带流折腹罐、浮滨的大口尊。这与中原地区的龙山时代鬶、斝、鬲各有自己区域的情况非常相似，显示出标型器不仅具有类型学上的意义，更有深刻的社会学意义。邹衡先生对鸡彝的考证，揭示出陶质酒器具有礼器功能，实际上也揭示出龙山时代的考古学文化传播，就本质而言是礼俗礼制的推广，这是中国文明形成的重要特色之一，也可以说是核心问题。同理，深圳屋背岭的有流带把器、大口尊，似乎也不能简单地视为水器，极有可能是当时的酒器。如是，当时必有业已成熟的礼俗甚至是酒礼制度的存在。中国史前酒礼的制度发端于大汶口文化，龙山时代之初传至庙底沟二期文化，经夏商两代长盛不衰，西周中期以后由于鼎制的出现才退居次要位置。"钟鸣鼎食"才取代"觥筹交错"。从屋背岭到横岭山同样显示出这种变化的特点，这绝非偶然。岭南青铜时代起步虽晚，但西周中晚期却也完成了礼俗礼制方面的转变，走上了与中原大致相同的道路，这在博罗横岭墓地中表现的是再清楚不过了。看来，岭南文明进程与中原地区息息相关，蛮荒之地也有"礼"可讲。

屋背岭墓地中，有浮滨文化大口尊与带流单把器共存共荣的现象，表面上是不同文化因素的相聚，实则为不同礼俗礼制的整合，这应是岭南文明模式的重要特点。在文明起源的研究中，许多研究者都特别重视从血缘到地缘转变的途径探讨文明的起源和国家的形成，因为经典作家曾将按地域划分国民作为国家的重要特征之一。其实，古代中国不仅在由原始向文明迈入之初未实现过这种转变，纯粹的地缘关系，即使到了历史时期的夏商周三代也不存在。商代灭亡之时，殷人被瓜分时还按血缘关系进行，春秋战国时期的三家分晋，依然依靠的是血缘、家族的力量，汉初同姓王的分封和非刘氏而王天下共诛之的呐喊无不反映血缘、家族的根深蒂固及其势力强大。三代以来的宗法制度是用礼制整合血缘关系，协调社会秩序，明贵贱辨等级的结果，商周时期的封邦建国，是用血缘关系拓展地域范围。因此，脱离血缘的地缘和没有地域范畴的血缘同样都是不可思议的。鉴此，屋背岭的商代墓葬资料还不能从血缘组织已经瓦解，地缘关系业已形成的角度去研究。岭南青铜时代的不同文化类型虽有大致的分布倾向，但你中有我、我中有你，彼此共存的复杂态势经历了一个比较长的时期。其礼俗礼制整合的结果，应该到西周晚期的横岭山墓地，也就是说，岭南古国的形成，才迎来了广东青铜时代的土著时期，古国的形成对于物质文化的发展、社会经济的繁荣和人口增加具有保障和推进作用，后者的发展又促成了国家的强大。倘若岭南到两周时期还没有古国的存在，游勇散兵的百越族是不可能给中原的人们留下那样强烈的记忆，这当然是毋庸赘言的。

由此看来，岭南文明进程在屋背岭墓地商代遗存时已经开始了真正意义上的启动，这个时期应该是晚商时期。在深圳和香港马湾类型的线索已有多处，其特征是釜、带流折腹罐，器物的颈、肩多经修整的罐，不见带流单把器，纹饰中凸点纹也少见，马湾类型陶器的特点与香港涌浪新石器晚期遗存更接近。况且，环珠江地区新石器时代晚期缺乏带流单把器的传统，因此可以断言马湾类型年代早于屋背岭商代遗存。后山类型的年代与马湾类型相当,深圳大鹏咸头岭有标准的鸡形壶与马湾的陶器共出,屋背岭商代遗存晚于马湾类型同时也晚于后山类型,故这里不见鸡形壶和马湾类型的陶器。深圳向南村商代遗存与屋背岭有较大区别,除年代上前者为早外,可能还有谱系的区别。至于东莞村头类型,由于资料披露得太少,自身分期等诸多问题也未见报道。因此,用来论证屋背岭商代遗存的年代及陶器的演变特点,难免有朦胧的色彩。总之,早于屋背岭商代墓葬遗存的发现与研究,将使人们的认识有更大的飞跃。

(原载于《中国文物报》2002年7月5日)

文明起源的中国模式

中国是世界闻名的礼仪之邦，古代礼俗礼制源远流长。先秦典籍关于夏商周三代礼俗、礼制的记载是历史经验的长期积累，观念道德和行为准则不断规范的结果，是中国古代文明长盛不衰的内在动力。因此，欲观察文明起源的中国特色就不能不认真研究古代礼俗礼制的特征及其地位。显然，这种研究不仅仅需要有资料的逻辑，更需要有一个坚实的支点，本文就从支点说起。

商代文明的特点是认识文明起源中国模式的支点

正如殷墟发掘是中国考古学的基石一样，商代文明是认识文明起源中国特色的基础。这不是由已知推未知，而是从结果去分析原因。目前，商代进入文明社会的认识已成为学术界的共识。殷墟发掘出土大量的精美绝伦青铜器，奥秘无穷的甲骨文和数量众多的基址，曾使世人感叹其文明程度之高，这些惊世骇俗的发现与世界流行的文明标准非常吻合，使得一些研究者拍案叫绝，因此更加崇拜文明标准具有放之四海而皆准的权威性。同时，一些研究则更关注早于商代文明的文明。因为商代文明已经相当成熟，一个颇具规模的国家显然标志着这个社会在迈入文明门槛之后又走过了相当长的道路，文字、青铜器都不是初始的状态，较此更早的文明必然存在。

那么，商代究竟是一种什么文明？如果仅仅把注意力集中在青铜器、甲骨文和大型基址、商王大墓这些物质表象，并依此标准去探寻更早的文明，人们可以发现这些标准很难放之四海而皆准，因为它们的出现在任何地区都不是同步的，何者为主呢？可见，认识商代文明的特征不能只见树木不见森林，那些表示程度的概念往往不能指示特征。商代文明的特点何在？归根结底是礼制。精美的青铜器是祭祀活动的用器；甲骨文是礼仪活动的记录，大型的基址则是祭典仪式的专用场所。这些实实在在的物质遗留既是生产力发达的标志，也是精神观念和礼制充分发展的见证。礼制是维护当时社会秩序的制度，是一种公共权力，"国之大事，在祀与戎"；同时也是规范道德行为的准则和约定，正所谓"一日克己复礼，天下归仁焉"。商代社会无处不流淌着礼制的旋律，原本是充斥社会生活各个角落的约定和制度，但考古学的发现大部分只能在墓葬、祭祀遗存中了解其存在和延续的情景；有些需要通过对遗迹和遗物的分析比较才能认识；有些口耳相传的无形遗产已然失传。值得庆幸的是，殷墟卜辞的研究揭示出晚商时期一整套繁缛、复杂、有序的祭仪制度，以及陷、沉等考古学能识别的具体祭仪方式；殷墟王陵的发掘展示出血淋淋的杀殉场面和顶级祭仪的铁血与残酷；郑州商城外的祭坑反映出那些青铜器是祭祀大典的重器，无论多么精美贵重与价值连城都必须按礼制的要求奉献。

任何一种社会秩序的规范都包括两方面的内容：一是维系社会秩序的制度，一是规范行为道德的准则。两者都是统治阶级的意志。夏商周三代政权的更替"殷因于夏礼"，"周因于殷礼"，既有承袭，又有损益。规范社会秩序的主要内容大体不变。春秋战国时期诸子百家纷纷著书立说，在治国之道方面，或是强调维护，或是主张修补礼制体系，其角度虽然有区别，对原有礼制的冲击也有轻重之分，但没有一家是要彻底摧毁礼制体系的。这套礼制在华夏文明的历史长河中不断充实、丰富，成为中国文明历数千年不衰，几经民族矛盾的冲突而不败的内在动力。

在探索中国文明起源的研究中，有一种倾向值得注意，许多研究把能反映礼制范畴的考古资料和考古现象都简单地归为原始宗教活动，包括商代的一些遗存也笼统地称之为巫文化，从而低估了这些重要资料的意义，显然也与历史真实的情况相抵牾。我国的先秦文献和大量的考古资料表明，原始宗教和巫术活动在史前乃至历史时期都确曾存在，但在中国礼制的庞大体系中仅占一席之地，而非全部。在某种意义上礼制与原始宗教和巫术有千丝万缕的联系，在团结民众，激发群情；在呼唤神灵，抗衡自然；在顶礼膜拜，祈求平安时，其作用是相通的，但礼制是维护社会秩序的制度，是一种规范行为和道德的准则，其社会意义、等级内容并非原始宗教和巫术活动所具有。在商代甲骨文中礼制的体系已然形成，其中也不乏巫的记载。运用这些知识释读考古资料时，贴近巫、巫术和原始宗教的研究非常自然，且与文化人类学的研究又很合拍，故近来用考古资料探索史前巫术活动者众，关心礼制者寡。可是，如此则使许多原本有联系的现象被割裂或孤立，成为个别的偶发的事件，缺少了礼制这条线索诸多历史现象无疑便失去了中国特色。巫在古代中国发挥过重要的作用。《周礼》中可见其队伍庞大、分工细致，这是中国礼制发达的结果，而非其原因。在环太平洋地区，许多原始部落的宗教观念和巫术活动都得到充分发展，但是，其作用和对历史进程的影响始终不能达到中国的水准，重要的原因之一就是缺少礼制的保障和引导作用。

从礼俗到礼制的转变

既然商代文明的核心及特点在于礼制，那么揭示更早的文明就自应按这条线索进行追踪和发掘。在传统意义上的中国新石器时代或史前时期，有两个可以说明成熟礼制业已存在的重要发现：一是红山文化的庙、坛、冢；另一个是良渚文化的祭坛和坎。前者的规模、数量及自身的分级都表明当时的礼制已经发展到相当高的程度，专用的礼器也已出现，若无人组织和管理是不可思议的，它们同古代埃及的金字塔意义同等重要，不仅仅是物化的文明因素，其本身就是成熟礼制的铁证，而成熟的礼制是中国文明的主要特征。红山文明后来同玛雅文明一样失落了，但很多因素又融入华夏文明，这与玛雅文明又有区别。人们可以理解夏有万国，到战国仅存七雄，后来秦灭六国，走向统一的史实，为什么不能理解满天星斗的文明历程呢？

同样，良渚文化的聚落规模，反山、瑶山祭坛和大量坎及其出土物都向世人展示出成熟礼制的某种祭仪场面，与那些数量众多的普通墓葬相比，其等级关系不是井然有序、对比鲜明吗？这种脱离社会的公共权力在良渚文化中已经形成，并且确立无疑，称之为良渚文明当之无愧。不过，这个文明也失落了，但它对华夏文明的贡献则有目共睹。

如果人们接受商代文明的核心是礼制文明这一认识或命题，那么认同红山文明和良渚文明自然也就顺理成章了。

现在的问题是，古代中国的礼制究竟始于何时？中国古礼源远流长，早在前仰韶时期距今7000多年前的磁山文化，就已经出现在同一地点，定期举行对象固定、目的明确的礼仪活动，当时的人们在磁山遗址用坎的形式，放置生活用器，投入家畜，搁置食物，然后燔烧瘗埋；有的在地表摆放了磨盘、磨棒、陶盂、支脚等器物，祈求丰年。磁山遗址分两个时期，经历了几百年的岁月，人们定期在此举办这种仪式，显示出组织严密和制度化的特点，在已发掘的5000多平方米内，尚可见700余座长方形或圆形的坑坎，140余群地表摆放的祈年组合物。但是，磁山还没有固定的礼器问世，规范化方面有待成熟；区域的特征明显，其普及程度有待提高，即或是磁山文化也仅此一个地点有这种特殊现象。因之，这种情况只能归之为礼俗，其发达程度还没有达到礼制的水准。

历史进入到距今6000年左右的庙底沟文化时期，新的趋势、新的现象、新的格局开始出现。这就是庙底沟文化的彩陶及其影响。自《庙底沟与三里桥》问世以来，庙底沟绚丽多姿的彩陶使无数关注中国考古学发展的人们为之倾倒，很多学者倾注了大量心血从事研究，试图诠释彩陶图案的内容和意义。随着资料的积累，人们越发认识到这个文化的彩陶分布范围之广泛，覆盖面积之辽阔，跨越文化障碍的穿透力之强劲，在中国新石器时代独领风骚，用文化交流来解释上述现象总有不尽如人意之处，乃至于大声疾呼："在古代交通如此不便的情况下，究竟是一种什么力量使分布在千里之广的居民在彩陶上能画着同样的花纹？我们不能单纯地从一个地区仿效另一个地区彩陶花纹来解释"，如此，等等。现在来看，庙底沟彩陶中的写实的正面鸟纹与大汶口文化陶尊上刻符形态相似，性质意义相同。过去，古文字学家对大汶口的刻符曾有多种解释，莫衷一是，其实，这是一种固定的祭祀符号，都施于特定器物之上，在大汶口是陶尊，在庙底沟是卷沿彩陶盆，在良渚文化的玉琮上也有相似的符号。研究表明：大汶口的陶尊、良渚的玉琮都是礼制祭仪活动的专用器物，拥有相同的符号，当是相同理念、相同性质活动使然。有鉴于此，可推知庙底沟文化的彩陶也有特定的标志意义。更何况庙底沟遗址本身在遗迹结构上，与磁山遗址一脉相承，其特点是以祭祀活动的坑坎为主体结构，这就可以从几个方面推定庙底沟彩陶的性质绝非一般意义的装饰或单纯的工艺，这种彩陶无疑是当时的礼器，甚至可能是古代中国的第一代礼器。庙底沟的彩陶有三个特点：一是其活力，二是其规范性，三是其普及程度。规范性本身就是制度存在的见证，普及则是社会化程度的反映，这表明彩陶绝非个别地方的习俗，它跨越不同文化的障碍，不同经济类型的障碍，是理念和制度在时空两方面的延伸，所以才成为中原潮流的领导者。

在偌大的区域里，在众多的文化中，庙底沟的彩陶图案始终那么统一那么规范，如同旗帜一样，使人们一望即知其文化属性和功能，这种效果在遥远的古代，可能更为醒目，更加光彩照人。因此，可以认为庙底沟文化时期是我国古代由礼俗向礼制转变的重要时期。考古资料表明，庙底沟文化的影响确曾深入到红山、良渚等文化的区域，这种礼制传播的意义，最终造就出红山文明和良渚文明。

礼制、文明和国家

如果把庙底沟文化的彩陶作为中国古代最早礼制的代表，则第二代礼制在不同地区呈现出不同的表现形式，或曰不同的形态。在北纬40度内蒙古长城地带一线有红山系统的礼制，特点是庙、坛、冢，它们组合有定制，等级很清楚。在黄河流域以酒礼最有特点，从大汶口的鬶到庙底沟二期的斝再到商人的鬲，洋溢着酒礼的醇香，这是重视坎祭，严格实行墓葬等级制度的地区。在长江流域的下游，以良渚礼制最为辉煌，这是重视面具、道具和玉器的礼制，后世的傩文化显然可以追溯到更古老的时代。当良渚礼制销声匿迹之后，人们可以在岭南粤东追寻到线索，安徽凌家滩的玉器显然也有其影响，更晚则可以在广汉三星堆发现其踪迹，不过那时青铜面具已然取代了玉质面具。这三种类型的礼制可简称为庙礼、酒礼和傩礼。

文明失落，体制犹存，此消彼长，细涓成流。上述三类礼制在后来的商代礼制体系中都有位置。酒礼自不待言，商代的宗庙基址与红山的庙礼不无关系，傩的因素表现在商代青铜器的纹饰及商代铜盔的现象也早有文化人类学的研究指出。可见，商代礼制吸收了大量前人的优秀遗产，到周代又有扬弃，华夏的礼制一脉相传。值得重视的是，这三类礼制恰恰处在内蒙古长城地带、黄河、长江这三条中国古代文化交流、礼制传播的主干道东端。沿此西行，不难发现它们各自的摹本、缩影及在不同时期延伸和流变的线索。

文明与国家是两个不同的概念。前者指示社会进步的程度，后者是对这程度的具体说明。我国的文明起源研究提出古国、方国、王国、帝国的概念，则是具有中国特色的国家发展过程的总结。但无论如何，文明达到了成熟礼制的阶段，必然出现相应的管理机构和脱离社会的公共权力，国家因此应运而生，这无疑应是国家形成的最初时期——古国的阶段。

按经典作家的论述，国家有两个特点，一是按地域划分国家，一是脱离社会的公共权利。恩格斯研究了国家在氏族制度的废墟上兴起的三种主要形式，指出，在雅典，"国家的本质特征，是和人民大众分离的公共权利"。这种情况与我国历史上的早期国家非常相似，"国之大事，在祀与戎"，反映了祭祀和战争是国家主要的职能，是脱离社会的公共权利。古代，宗庙被毁，则国不复存在的记载史不绝书，礼制祭仪的重要几乎就是国家的命脉。人们熟知的"问鼎"典故，就是以祭祀礼仪的重器作为国家和政权象征的真实记录。可见，中国古代礼制在文明起源中占有重要地位，也是探讨国家由低级向高级发展的重要线索。

中国考古学80多年积累的资料尚无新石器时代晚期依靠生产技术的提高，生产力的发展去冲击和改变生产关系的例证；也缺乏通过海外贸易的发展、财富的增加，刺激社会结构改变的线索；凭借战争征服异族，进行殖民统治是国家发展到王国阶段的事情；资料表明，文明起源在古代中国是通过等级制度调整社会组织结构，包括协调血缘组织内部关系的宗法制度，不断完善社会秩序，在追求社会与自然平衡和谐的过程中逐步发展起来的，这就是文明起源的中国模式。

  过去，人们习惯于从两种生产的角度研究社会形态的变化及历史的进程。恩格斯在《家庭、私有制和国家的起源》第一版序言中指出："历史中的决定因素，归根结蒂是直接生活的生产和再生产。但是，生产本身又有两种。一方面是生活资料即食物、衣服、住房以及为此所必需的工具的生产；另一方面是人类自身的生产，即种的繁衍。一定历史时代和一定地区的人们生活于其下的制度，受着两种生产的制约：一方面受劳动的发展阶段的制约，另一方面受家庭的发展阶段制约。"文明起源的中国模式则揭示出在中国古代的具体条件下还有一种生产必须予以充分的重视。这就是包括礼制在内的精神质数的生产。按历史唯物主义的观点，人类在生产活动中不仅创造了物质财富，同时锻炼了大脑，观念、意识和思维的成长，知识、经验和技能的积累，礼俗、礼制的发生与成熟，使人类渴望创造的激情，追求充满新意的发展，热衷憧憬和幻想的指引，否则，人类只能同其他动物一样，在艰苦的条件下拼命挣扎，但面貌始终不改。鉴此，可断言在人类文明的进程中，精神质数的生产具有特殊的或决定性的意义。正因如此，礼俗礼制的探索对于认识和说明中国文明起源特色和规律有特殊的意义。

（原载于《中国文物报》2003年2月21日）

探索中国文明历程特殊性的尝试
——再论文明起源的中国模式

  没有特殊性，就不存在多样性。当今世界千姿百态，洋溢着多样性的光彩，遥远的古代社会也不例外。人类社会由低级通向高级阶段有不同的路径与方式，因此，文明模式、国家形态就有区别。20世纪五六十年代中国史学界对奴隶制特征的讨论，对典型奴隶制、东方家庭奴隶制、亚细亚生产方式的研究，曾引发人们诸多思考，其中比较重要的是认识到中国古代具有的自己特点。文明起源的中国模式旨在探索中国文明历程的特殊性。

  所谓文明起源模式就是文明形成过程的特点。这与国家的特点既有联系又有区别。前者强调的是过程，后者则指示特征。推进人类社会不断发展的基本动因是社会生产力与生产关系的矛盾运动，在不同的地区、不同的时代、不同的人们共同体中这种矛盾运动又有不同的表现形式。恩格斯在《家庭、私有制和国家的起源》中分别研究了国家在氏族制度的废墟上兴起的三种主要形式，指出"雅典是最纯粹、最典型的形式：在这里，国家是直接地和主要地从氏族社会本身内部发展起来的阶级对立中产生的。在罗马，氏族社会变成了闭关自守的贵族，贵族四周则是人数众多的、站在这一社会之外的、没有权利只有义务的平民；平民的胜利炸毁了旧的氏族制度，并在它的废墟上面建立了国家，而氏族贵族和平民不久便熔化在国家中了。最后，在战胜了罗马帝国的德意志人中间，国家是作为征服外国广大领土的直接结果而产生的，氏族制度是不能提供任何手段来统治这样广阔的领土的。"这是目前研究文明起源与国家形态中最经典的论述，因为这个论证是建立在翔实的资料基础上，而非推测与假说，后来的一些研究之所以不能成为经典其原因也在于此。上述三种国家走过的道路和动因完全不同，是三种不同的文明模式。雅典的模式是财富的积累，货币的发明，私有制充分发展，推动社会结构改变的类型；罗马是民主政治的要求，逐渐改变社会体制的类型；德意志人是依靠武力征服，强制社会变革的类型。

  由此可见，文明模式要具体问题具体分析。雅典、罗马和德意志人的文明模式固然重要，但中国古代，尤其是新石器时代晚期到商代的情况却不能照搬他们的经验。这是因为文献和考古学资料都表明：第一，古代中国的社会生产力水平发展缓慢，而且贵重金属主要用于制造礼器和生活器皿，而不是生产工具，生产方式缺乏变化的动力；第二,私有制虽然在母权制时代已见端倪,但能说明其充分发展的证据依然不足;第三,血缘关系始终是强势,宗法制度出现得很早且完善成熟,家族的力量和祖先的业绩是不朽的榜样,人文的传统根深蒂固;第四,自然经济为基础,商品经济始终未得到发展,靠天吃饭,畏惧自然,生活的习俗代代承袭而缺少变革的活力。这与希腊、罗马和德意志人的氏族情况完全不同。在这种状况下艰苦地生息繁衍,追求精神生活的充实就是不可或缺的主要活动,各种崇拜的意识和仪式自然应运而生。随着人口的不断增加,规范人们道德与行为以维系社会秩序的需要,造就了礼仪活动的复杂和不断升级,从礼俗向礼制的转变也就势所必然了。礼制的成熟与发展逐渐形成脱离社会的公共的权利,推动社会向高级发展,从而告别氏族制而迈入文明时代。红山文化的庙、坛、冢显然可以证明当时礼仪活动的规模、等级和神圣,若无专门的社会组织管理则是不可思议的;良渚文化面具式的器物和玉琮等道具的制作需要大量的人力和物力支撑,其工艺、流程需要严格的管理和协调,不可能自发而为之,更不要说那些繁缛的礼仪祭典了。文明起源在世界范围内存在多种模式,但达到国家水准则有共同特征,恩格斯关于国家两个特点的论述非常精辟,其中脱离社会的公共权利既包括了管理与社会组织,也包含着矛盾、冲突与对抗,不能片面理解。

然而,红山文化那样典型、醒目和具有震撼力的物质见证毕竟发现的数量有限,礼制在新石器时代究竟处于怎样的地位,人们对其可信度仍存有疑虑。其实,在中国新石器时代能够反映和说明这个问题的资料相当之多,就遗址而言,黄河流域有村落和祭祀地点两类,前者房屋、窖穴、陶窑、墓葬等与生活相关的遗迹门类齐全;后者则只有灰坑一种,遗迹构成截然不同。过去,囿于资料和认识两者被笼统称为村落遗址,礼俗礼制的线索因此而被淹没。于是,人们只能从墓葬中的特殊现象了解当时巫师的存在与否,祭仪活动等零星、片面的信息,认识很难升华和系统化。另一方面,礼制似乎是精神的、观念的属于上层建筑领域的范畴,与考古学上的坛坛罐罐风马牛不相及,可是精神的东西总要由物质来体现,物质的遗留反映古代人们的行为方式,并表现其精神、意识和观念。基于此种认识便可以从考古学资料中发现规律性现象,认识文明起源的中国模式以及其他一些重要的历史线索。

文明模式只是探索社会历史进程中某阶段某地区发展规律的特点,因此,不可能放之四海而皆准。但是,在文化发展连续性很强的地区,文明模式的意义就远远超出人们的预料。因为框定的格局总要在历史的传承中发挥作用,而且不以人们的意志为转移。正是基于这个道理可以得出这样的结论:中国文明起源的模式在于礼制的成熟,成熟的礼制体系不仅仅是商代文明的特征,也是中华5000年文明史的核心,这是多民族共同的精神财富和知识经验的总结。历史最为公正:不论五代十国的王公贵胄,还是辽金元清的民族精英,只要历史将其推向政治舞台,那就必然要学习和效仿中华礼制,古往今来,又有哪一代帝王不是从学习和效仿开始,最后以融入中华礼制大系而告终的呢!不言而喻,他们还要为这个体系做出新的贡献。这是中华5000年文明史连绵不断,在世界范围独树一帜的根基和内在动力。

其实，中华礼制体系原本就是开放的系统，具有极大的兼容性。在其形成之初就吸收了不同的礼制经验与成果。这有两个原因：其一是中国古代人们的观念，特别是天地人三界的认识大同小异，相似的认知体系是礼制传播和推广的极其肥沃土壤；其二，那时存在诸多文化交流的渠道，讲得格式化些，新石器时代礼制传播有主干道和相邻地区直接渗透等多种形式。因此，中国古代的礼制从一开始就具有"有容乃大"的特点。

商代是中国古代不同礼制的集大成者，也是承前启后的重要阶段。红山文化的庙礼、黄河流域的酒礼、长江流域的傩礼已融为一体，推动了华夏文明的历史进程。但是，这个过程可能发生得更早，或者早在夏代。夏商两代从文化的结构、酒礼的传统来看没有本质区别，只是后者青铜器的数量剧增，社会生产力的水准更高。如果再往上推，夏代与龙山时期的庙底沟二期文化、大汶口文化在文化的结构，酒礼的传统方面也无本质差别，但生产力的发展水平由于后两者缺乏青铜器而显得落后些。这并非可以忽略不计，可是差异所显示的阶段性，恰恰是一过程中的诸递进环节，差异表明过程的存在，这个过程就是文明的进程，就是中国文明起源的模式。因此，强调过程并不是掩饰差别。这个过程大约在西周用鼎制度兴起之后才退居二线，钟鸣鼎食取代了觥筹交错，礼制体系进入到周礼的阶段。可见，黄河流域的龙山时期到商代，包括一些不同地理单元的考古学人们共同体遵循着大致相同的礼制，并受其制约。目前已知的考古学资料，特别是那些重要的如大型墓葬、城址和特殊意义的符号，都可以纳入礼制系统而得到比较合理的解释，一些文化现象也当然如此。这当然是因为礼制体系原本就是客观的存在，只不过需要分析抽象而已。

强调文明起源的中国模式，突出礼制体系的作用，并不排斥国外的经验与成果。中国的地域辽阔，考古学文化众多，在文明的进程中未必只有一种发展模式，但本文所讲的确是在新石器时代晚期中原地区最主要的或是居主导地位的文明模式。

（原载于《中国文物报》2003年5月9日）

从墓葬制度的变化看文明的进程
——三论文明起源的中国模式

经典作家对氏族社会的公共墓地有过精辟论述，易洛魁人的氏族墓地曾经是考古研究中解释墓地属性的重要材料，而经常被援引。我国漫长的新石器时代被发掘认识的墓葬、墓地确有与经典作家所论相同或相似者，但随着时代的发展，特别是到了新石器时代晚期有些新现象、新变化很难以氏族制度的公共墓地概括，这些表面看来似乎是零散的、个别的、毫无联系的现象，却传递着相同的信息：在传统势力和旧式体制笼罩下的土地上正在萌动着新的因素，历史已经把一些地区的人们推进文明的轨道。

墓地规模、容量与性质

墓葬制度的变化在我国新石器时代最直观的首先是墓地规模的变化。氏族社会的公共墓地究竟是个怎样的规模，至今还没有明确的说法，但可以确定与历史时期的墓地有明显的区别。考古学资料表明，在前仰韶时期公共墓地业已出现，而且颇有规模。河南舞阳贾湖、裴沟北冈以及甘肃秦安大地湾前仰韶遗存都提供了了解当时公共墓地的线索。其中河南舞阳贾湖发现的墓葬数量最多，有349座，属早期的分为A、B两群，A群26座，B群16座，属中晚期的分6群，其中A群146座，B群92座，是数量最多的两群。到仰韶时期较早的阶段这种情况依然不变。陕西临潼姜寨第一期遗存有3片墓地分布在3个区，分别有土坑墓51、55和48座，学术界普遍认为是氏族社会的公共墓地。半坡文化的甘肃秦安王家阴洼、陕西宝鸡北首岭、西安半坡等遗址按分期研究的成果进行考察和统计基本上都是这种规模。黄河下游大汶口文化除一地点外也是如此，内蒙古长城地带、河南、湖北的情况也大致相同。因此，将前仰韶和仰韶早期氏族墓地的规模估定在70座左右可能与实际情况比较接近。合葬墓因有学者指出存在家族、氏族和胞族多种可能性，故未计。诚然，由于不同氏族组织的人数和其延续的时间存有差别，已知的墓地资料又未必能够真实反映当时的实际状况，因此简单的估算和类比就存在局限性，然而，上举的资料毕竟可以揭示出一种趋势和倾向以资比较，并由此可得出这样的认识：氏族墓地是存在的，不同地区的葬式、葬制方面是有区别的；同时氏族墓地又是有一定规模和容量的，不可能无限大，倘若超出某种限定，墓地的性质必有改变。

基于这一认识检索见诸报道的资料，可以发现在后来的时代中一些地区的墓地确实出现了这种从量变发展到质变的现象。黄河上游地区青海柳湾马厂类型墓葬达872座，尽管年代上有三期可分，但平均起来一期也有近300座墓，这个数字显然远远高于前面对氏族墓地容量的估计，因而其性质就有待检讨。无独有偶，黄河中游的山西襄汾陶寺墓地发现1000余座墓葬，此墓地也可分三期，其规模与柳湾马厂墓地基本相同，加之这两地考古学遗存都在距今4500年前后，因而就不能视为简单的巧合。襄汾陶寺墓地因有葬入特殊重器的大墓，其性质容易为人们理解；但同样的认识对于说明柳湾马厂的墓地就很难被人们接受。因为，我国学术界对氏族公共墓地的认识最初来源于国外民族学资料，在摩尔根的《古代社会》中，记载着美洲土著氏族的人数根据不同的部落从50~1750人不等，其公共墓地出现悬殊的差别也就不足为怪了，于是人们便忽略了对墓地规模的考察，更忽视了墓地规模与其性质的内在联系。但是，摩尔根同时又指出了"希腊人的氏族通常包括的人数并不很多。30家为一氏族，将各家家长之妻排除不计，按照普通的推算规则，则平均每一氏族为120人"。也就是说，在一些地区不同的氏族其群体大小相似，人数相若，公共墓地的规模无大差别也是正常情况。我国黄河流域前仰韶和仰韶时期的情况与后者非常相似，属于公共墓地差别不大一类。然距今4500年前后青海柳湾和山西陶寺墓地与同时期其他地点的反差太大，从新石器时代全过程考察明显属于特例，这等规模与殷墟西区晚商墓地以及西安张家坡西周墓地又有几多差别呢？一定的墓地规模与一定的管理方式和制度相联系，柳湾和陶寺的墓地由于规模的巨变，因而不论是墓葬制度还是管理方式与氏族的公共墓地相比都不可同日而语，显而易见与商周时期的大型墓地的性质更接近。商周时期的墓地规模也有大小之分，正是小型墓地的存在，才突出了大规模、大容量墓地的与众不同及其质的区别，这个特点是探讨文明进程不能不特别加以重视的。考古学研究的看家本领是形式逻辑，如果坚持同一律原则，实事求是，则必能认识到：柳湾马厂和襄汾陶寺的墓地性质已经变化，在距今4500年左右的黄河流域部分地区，不同考古学文化人们共同体在大体相同的年代分别在一些地点，挣脱了氏族制时代墓葬制度的束缚，走向了一个更高级的社会发展阶段。

入葬器物的处置方式与丧礼的存在

墓葬制度的变化最微妙之处表现在入葬器物的处置方式上。提供这种信息的恰恰也有青海柳湾马厂类型的墓地。该墓地大量的入葬器物非常引人注目，这些器物大致分为两类：一类是彩色陶罐，多者百余件，其特点是器形大体相同，但彩陶图案有一定区别，有的还绘有特殊的符号，这些陶器一般放置在棺外的土洞中；另一类是棺内的少量夹砂陶器，制作稍显粗糙。过去，很多研究对两类器物不加区别，统统将其作为财富的象征，进而探讨当时的贫富分化。有的研究虽然意识到并提出这些入葬器物作为财富解释有违常理，但后续的研究却未能跟上。在墓葬中怎样处置入葬器物完全是有目的的行为。青海民和阳山墓地的先民在处理合葬墓时，为加以区别，就是将先死的入葬器物置于头上，后死者的器物置于身体一侧，绝不混乱。因此，对土洞墓入葬器物的现象要加以分析。首先，上百件形态相同、大小相等的陶罐且不说如何使用，就是存放收藏原本也是个问题。其次，形态相同的陶罐饰有不同的图案和显见易识的不同符号，应该是不同群体的标志，可能表示家庭、家族或氏族，不论何种可能性存在，都足证这些器物并非死者生前所有，而是死后赠送的，所以不可以表示财富，而只能说明丧礼的存在。在黄河流域裴李岗文化时就有带壁龛的墓葬，与土洞墓相似的资料则是甘肃秦安半坡时期王家阴洼墓地。该墓地60余座墓葬有32座墓圹左侧有竖穴小坑，内置陶器。其中M51的3件陶钵分别刻有3种不同的符号，M63也有2种不同的符号，也应是不同群体或家族为死者相赠。与之相比较，柳湾马厂的墓葬是大大向前发展了，此时特定的丧礼制度不论是规模还是涉及的人群范围都是前所未有的，其重要内容是为其他群体的死者送葬，根据其社会地位或影响赠送祭奠的器物。这些彩色陶器大部分是专门为送葬而生产，有的甚至可能是量身定做的，否则，那些器物不可能如此相似和相同。由于只是部分人物才能享受这种待遇，因此丧礼从问世之初就显现出浓郁的等级和特权的色彩。

  柳湾马厂类型墓地的情况并非孤证，湖北天门肖家屋脊的屈家岭、石家河文化都有大体相同的现象。该遗址属于石家河文化早期的M7、M8比较典型，前者生土二层台上放置62件高领罐、大口罐、中口罐各1件，碗2件，墓底有19件斜腹杯，后者熟土二层台上放置25件斜腹杯、小鼎4件、高领罐5件、纺轮1件，墓底放5件斜腹杯。显然这里也流行为社会地位高或有影响的死者送葬的习俗，值得重视的是，历史的指针恰恰正在距今4500年左右，与柳湾马厂类型的年代大体相同。氏族制的公共墓地中通常只入葬死者生前使用的器物或工具，正如舞阳贾湖墓葬展示的生动场景一样，可以认为是约定成俗，那些器物称之为随葬品准确；柳湾和肖家屋脊的情况则表明一些人的社会地位已经凸显，一种新的等级观念和行为业已纷至沓来，墓葬中那些放在棺内的器物说是随葬品可以，放置在棺外和二层台的称为随礼品贴切，古人已用不同的处置方式和位置来表示这些器物的区别，今天的研究理应跳出传统认识的窠臼。为死者赠送刻有标志的器物，从来都不仅仅是寄托哀思，而是一种社会需求，是让冥界和还活着的人们都记得某种关系和联系，这便是其意义所在。由于柳湾和肖家屋脊的相同现象早已跨越了考古学文化的界限，所以，不可以简单地用葬俗概括，而应该从丧礼的角度加以认识和说明之。看来，两周时期的赙赗制度是丧礼中赠予内容的新发展，而赠予制度本身已有几千年的历史。

墓地中的遗迹和建筑上的墓葬

  墓葬制度变化最醒目的是墓地中的遗迹和建筑上的墓葬。黄河、长江流域前仰韶时期和仰韶早期的墓地中也发现过房址和灰坑等遗迹，由于与墓葬的年代有差距或某部分遗迹很少发表陶器，所以难以推定墓地中遗迹出现的时期。陕西华阴横阵墓地H18中埋有多具人骨，有的作挣扎状，有的压有大石块，展示出当时祭仪活动残酷、悲凉和惨烈的场面，值得重视。到了半山类型晚期青海民和阳山墓地中出现祭祀坑已不容怀疑。墓地中祭仪活动的兴起是丧礼存在和发展的见证。

建筑上的墓葬出现在红山文化的牛河梁和良渚文化瑶山、反山等地点。反山的土台据研究完全是由人工堆筑而成，高台大冢与同时期的小墓有天壤之别，非氏族的公共墓地毋庸置疑。这是建造在氏族制度废墟上的东方金字塔，可以想见当年规模的宏大、壮观与威严。牛河梁的情况则使人联想到商代的墓上建筑。从墓地中的遗迹到遗迹上的墓葬，再到墓上建筑，这是一个从重视团体作用到突出个人力量的过程，也是氏族制度向英雄时代转变的过程。氏族制时代也不乏英雄，但比之英雄时代要逊色很多，因此崇拜的程度有区别。

几点启示

墓葬制度的变化表明：墓地中特殊现象的登场呈现出东早西晚的趋势。良渚文化瑶山、反山等地的高台大冢、红山文化牛河梁的积石冢在中国新石器时代独具特色，且出现的年代均早于黄河中上游地区，大汶口文化王因超大容量墓地的年代也早，与酒礼西渐的情况如出一辙，表明了历史进入到这个时期，礼制体系的诸多内容是由东向西推进的。看来，中国古礼由西至东，从东向西经过几次循环往复才逐步成熟、丰富和趋于完备。

墓葬制度的变化还表明：礼制的形成与推广是渐进的过程。即使是同一考古学文化也是先在个别地点开始体验历史进程的必然性，尔后才逐步推广，不断扩大。所以有两种情况必须注意：其一是不同时代不同地区，或者同一时代不同地区，同一地区不同时代的丧礼可能存在不同的形式；其二礼制的传播并非以考古学文化为单位，所谓考古学文化的传播，实际上是不同考古学文化某些地点之间的传播。因之其必然的结果是加剧了考古学文化内部发展的不平衡性，逐渐扩大了差别，乃至于同一考古学文化的一些地点已经进入了文明，而其他一些地点距文明门槛则尚有一步或几步之遥。同理，一考古学文化又可能同时拥有诸多文明的亮点。这些亮点便是人们称之的古国。文献记载夏有万国，而新石器时代晚期的考古学文化屈指可数，两种资料的差距怎么如此之大？其原因在于古人是按地点计国家，考古学是按文化研究之。可见，按考古学文化的地点考察文明的进程体现了具体问题具体分析的精神，以考古学文化为单位论文明可能失之于笼统。就夏文化而言，也非所有地点都具备二里头遗址那样高度发达的文明，就是最好的注解。另一方面，夏文化分布区域中也未必只存在一个古国，硬是要把山西夏县东下冯那样的遗存纳入夏人的范畴，似乎与中国古代的实际情况相去甚远。大汶口文化的分布区域中到东周时有众多列国，其源头在于原本就存在的更久远的古国。如此，红山文化，特别是良渚文化也并非如有些认识的那样是一个统一的帝国。

从本文涉及的墓葬资料来看，新石器时代入葬器物基本是简陋的生产工具和生活用器，武器很少，丧礼的用器不断增加，加之墓地的规模不大，食物的来源和生活的保障依然是当时的主题，战争、武力征伐在这样的经济基础上不能是经常性的事件，像陶寺和柳湾那样的地点数量达到一定程度，战争才能成为国之大事。但是，丧礼在古代中国出现得却很早，丧礼是中国古代礼制体系的重要内容，墓葬制度只是丧礼的组成部分，至迟在距今4500年前后中国古代丧礼在黄河流域东、西、中部以及长江流域的若干地点开始了发育成长的进程。

综上所述，墓地性质与墓地的规模，丧礼与入葬器物的处置方式、社会进程与建筑上的墓葬都存在因果关系，倘若放弃礼制的线索，很多现象的解释则失去了本身的意义，但从中国模式的视角出发这些表面上似乎并无联系的现象又是呼应的、有机的、必然的，犹如同一旋律组成的不同乐章，大有因时而动山鸣谷应，因势而发风起水涌的感觉，其意义与价值可以得到充分的体现和淋漓尽致的发挥。礼制的传统是古代中国对世界最耀眼的贡献之一，也是研究中国古史无法回避和逾越的重大课题。按礼制发生、发展与成熟的文明起源中国模式检讨现有的考古学资料，可以更生动、丰满地谱写中国早期的文明史。

（原载于《中国文物报》2003年8月29日）

关于古文化与古国的思考
——四论文明起源的中国模式

考古学文化与古代国家的关系历来为学术界关注，许多研究试图将文献关于古国的记载与考古学资料对应起来，以求达到实物俱在、铁案如山的论证效果，这在古史传说时代的研究中相对多见。考古学文化与古国间不等式的认识在考古学界似乎已是基本的常识，但究竟是怎样的不等却很少有人作深入的研究、发掘和阐述。因此，一些考古学研究虽然努力地避免直接的对号入座，但目前流行和通用的基本概念中依然能显露出由于这方面研究的不足而造成的误解和理论上的偏差。

中国新石器时代晚期的考古学文化可以同时拥有不同的文明亮点，诸如庙底沟二期文化在河南陕县，在山西的垣曲古城东关、襄汾陶寺的超大型遗址中展现出的规模庞大、特征清楚、等级有序、制度规范等特点，其文明之光显然已经冲破氏族制度的束缚而走上更高级的历史阶段。这些超大型遗址与传说时代的古国相呼应，因而成为研究的热点，这表明按考古学文化研究古国的形成与发展将失之于笼统，即使进入到目前学术界普遍认同的历史时期夏代，按考古学文化研究古国，或者将两者合一也有违于史实。考古学文化与古国是不同的概念，两种资料在数量上看似没有可比性，实则颇有关联。在文献的记忆中"黄帝时万诸侯"，禹时"执玉帛亦有万国"，夏王朝的后期情况开始变化，《帝王世纪》载："孔甲之至桀行暴，诸侯相兼，逮汤受命，其能存者三千余国"，殷商以降到西周，"凡千七百国，又灭汤时千三百矣"。春秋时，"尚有千二百国。二百四十二年之中，弑君三十六，亡国五十二，诸侯奔走不得保其社稷者，不可胜数"。这些数字准确与否可以不讨论，重要的是这些记载揭示出中国古代由分散到集中，逐步走向统一的大趋势，符合规律和逻辑，因而基本可信。可是迄今为止人们认识的新石器时代晚期的考古学文化数量却相当有限，与文献所记大约是两位数字与五位数字之比，有天壤之别。倘若欲利用考古学资料研究古国，那么一定要到新石器时代晚期的考古学文化中寻找，而一些考古学文化必然包括若干个、十几个，甚至更多古国才比较合理或匹配。因此，这个时期超大型遗址的发掘与研究就特别重要了。

能够说明考古学文化与中国古代国家关系的资料不胜枚举。远的姑且不论，就说夏商之际的考古学文化状况。按《史记·殷本纪》的记载，商汤灭夏的过程中是先征葛伯，后伐昆吾，《诗经》也有商汤伐韦、顾的记载，由于商史已成为信史，在夏文化的讨论中学者们曾引用这些记载分析商汤灭夏的路线，进而推测汤都所在。但此时，这个区域只有二里头文化与二里冈下层文化早期的遗存，而没有其他的考古学文化存在，因此，这些古国的考古学文化归属必居两者之一，不论归为何者，都足证同一考古学文化中包含有不同古国遗存的认识符合中国古代的实际情况。再者，文献载"韦顾既伐，昆吾夏桀"，这些古国既然是商汤的对头，自然是夏人的朋友，推演下去当得出他们属于二里头文化的认识。由此可见，如果相信《史记》等文献的记载，对考古学资料又有实事求是的分析，就不难认识到：二里头文化并非只是夏人的文化，它包括的古国可能比人们认识的要更多；二里头文化完全等于夏文化的认识实有偏差。因此，科学的认识二里头文化和二里冈文化的性质是非常重要的，本文无意动摇夏商周时期考古学文化的体系，然细想起来，就如《国语》所说"昆吾为夏伯"，可它毕竟是一独立的古国，将其纳入二里头文化无疑便认同了考古学文化是多国文化的命题，而多国的考古学文化一旦被冠以一个国家或族的名称，就产生了其名实是否相符的问题，正所谓"白马非马"，对于古国形成与发展的研究似乎不利，考古学文化本来可以包括不同的古国，但夏王朝夏人的夏文化如何可以包括不属于夏人的国家？这种逻辑上的矛盾便是问题的关键所在。科学在于概念明确，唯此才能充分注意到这个时期相关遗址的特殊性，一些微小的差异可能反映重大问题。反之，如果人们将二里头文化的遗址都视为夏人的文化遗存，微小的差异和区别就很容易被忽视、被简单粗糙的认识淹没。在夏文化的讨论中，考古学家已经注意到对亳、桐宫等地点的考证应当有考古学资料的支持，现在来看，只有对那些地点的考古学文化遗存作细致具体的分析，才能提高支持的可信度。因为二里头文化包括了不同的古国，二里头文化的分布区域不都是夏王朝的势力范围，所以不能将考古学文化遗存的相似性作为国家相同的论据加以推演和发挥。二里头文化尚且如此，新石器时代晚期的那些考古学文化与古国的关系就毋庸赘言了。

中国新石器时代晚期黄河、长江流域相继出现超大型墓地和遗址，从以往研究社会形态的途径出发，例如母系、父系到对偶家庭的角度，或者典型奴隶制、东方家庭奴隶制到亚细亚生产方式的路子，抑或贫富差别、阶级矛盾到暴力冲突的模式，研究都难以深入下去，有的甚至有隔靴搔痒之感。新的视角和途径因此自然地应运而生，这并不奇怪，对古代世界的认识需要多学科的方法与手段，同一学科也有不同的渠道和角度。当然，任何方法和途径都可能存在局限性，包治百病的药绝非良药。但研究中国新石器时代晚期考古学文化一些重要现象时，中国模式就游刃有余了，如同天际的云朵，东一片殷红，西一片橘黄，用物理的化学的方法和知识解释，就不如用气象学的理论说明来的直接和深刻。文明起源中国模式对这个时期超大型墓地和遗址的认识就像气象学说明那东一片西一片的彩云一样，将那些看似毫无联系的现象通过礼制的线索连接在一起。因为，礼制是古代中国的土特产品，礼制是维系社会秩序、规范道德行为的准则，是一种制度，是一种管理方式，是一种脱离社会的公共权利。氏族制时代有特定的内在的协调机制，文明进入到更高级的阶段则需要不同于氏族制时代的管理机制与办法，与历史的进程相适应,在古老的中国土地上礼制终于脱颖而出。由这条线索观察已知的资料,可以发现礼制在许多地点发生着作用,但同一考古学文化的不同地点礼制发达的程度又不相同。例如,受大汶口文化强烈影响的庙底沟二期文化,在河南陕县庙底沟、山西垣曲古城东关、山西太古白燕以及山西襄汾陶寺等地存有不同的情况,这说明礼制这套机制在社会的实际生活中发挥的作用不同。同样受酒礼系统的影响和熏陶,其发达程度却有区别。可见,古国首先是在个别地点逐渐成熟,不同的地点进程不同。

另一方面,新石器时代晚期的考古学文化同时可以拥有多个古国的认识,提出了在同一考古学文化的不同发掘地点区分和辨认不同古国遗存的课题。过去,一些学者已经注意到同一考古学文化不同地点的遗存有区别,甚至是很大的区别,但多是从文化发展不平衡性的角度解读和说明之,现在看来,有些区别的意义可能要重新评估和认识,不同古国有相似的文化因素,又有各自的特点,因此要求田野考古实践和理论的水平都有新的提高,才能适应中国考古学新一轮发展的要求。另外,距今5000年前后新石器时代晚期的一些考古学文化,例如大汶口文化、庙底沟二期文化、马家窑文化的马厂类型、屈家岭文化等若从考古学文化与古国关系方面考察实际上都具有古国联盟文化的雏形,有的甚至就是古国联盟文化。二里头文化不过是继承者,是夏代古国联盟文化之一,而不仅仅"是夏王朝所属的考古学文化"。从古国出现的年代看,有夏之国晚于陶寺古国400年之多,地域也有差别,可能有人会质疑,考古学文化的一个小小地点竟然被说成是一个古国岂非咄咄怪事,经典作家不是反复强调国家是按地域划分的吗,一个地点又如何有地域可言?然而,这确实是中国古代的实际状况,"七十里为政于天下者,汤是也",言之凿凿,复何求大,周人立国也不过百里,更何况陶寺那个年代有三五十里为政,便已经可以雄视天下了。

当年,苏秉琦先生曾科学地预见广西的西江和广东的东江可能有古城古国那样的大遗址,提出了正确认识古国与大遗址关系的课题。现在,当人们进一步检讨考古学文化与古国的关系,重温苏先生的教诲,倍感亲切。超大型遗址的科学发掘与研究是认识新石器时代晚期古国形成的关键,也是理解这个时期考古学文化与古国关系的基础。此外,考古学尊重历史文献,在中国特定的史学传统和文化环境中更是格外尊重,但简单的对号入座却应该休矣。

(原载于《中国文物报》2003年10月24日)

考古学文化传播的路径与内容
——以大石铲、牙璋、彩陶等为例兼谈中国文明的礼制根基

任何复杂的现象都蕴含着一定的规律，变化的社会环境与内容当有内在的逻辑关系。考古学文化传播路径与内容就是典型之例。当然，泛泛地指出某一考古学文化一些地点有其他考古学文化的因素，依当今考古学发展的水准审视属于描述，而称不上研究。所以关于考古学文化路径与内容的探讨只能选择具有特殊性的例证，在宏观的文化背景和复杂的文化态势中加以揭示和说明之，才能提高认识的可信度。纵观中国新石器时代晚期，考古学文化移动、穿插和传播的速度明显加快，庙底沟文化的彩陶现象、大汶口文化的陶鬶西渐、良渚文化的玉器扩散都充分显示出一种全新的社会内容在黄河、长江流域推行。扑朔迷离的动因，纷纭复杂的态势成为学术界关注的热点，也成为研究上新的增长点。

这里就从遥距中原数千里的桂南大石铲遗存说起。20世纪60年代桂南地区发现60多处以大石铲为特征的考古学遗存，最初的研究认为这类遗存可证明当时农业的发达程度，近来又有研究认为大石铲的平面与男根相似，且刃部朝上，在夜间篝火的映照下，它们可以呈现出鲜明的剪影效果，因此推定大石铲遗存与男性或祖先崇拜有关。但是，仔细推敲却仍有诸多疑点。首先，在中国新石器时代或者年代更晚的时期，不论陶祖还是石祖都是圆柱状，具有仿真的效果，而大石铲却是扁薄形；其次，其制作工艺的精细程度远远超过桂南新石器时代任何地点的石器，与其形态相近、大小相似的石铲要推仰韶时期的庙底沟文化，况且该文化也发现有陶祖，并也是仿真形，可见，庙底沟文化中的大石铲并不象征男根，当另有意义；再次，更重要的是这些石铲是成组的、刃部方向一致有次序地摆放，并经过燔烧和瘗埋，是一个完整有序的过程，所谓夜间篝火映照下能显示出男根的情况完全是主观的臆测，实际上不可能存在。因此，祖先崇拜活动的认识难以成立。那么，大石铲究竟是什么性质的遗存？从大石铲放置、燔烧和瘗埋的全过程和具体形式分析，其与河南温县盟誓遗址那些石圭处置方式几乎完全相同，盟誓遗址中的石圭有多种样式，其中有的与大石铲也很接近，这些现象表明，大石铲遗存的性质最大的可能应首选盟誓这类礼仪活动的物质遗留。

以往学术界很少将桂南大石铲遗存与中原地区相似的遗存作直接的对比研究。但是珠江流域,尤其是南宁以西地区新石器时代未曾有过大石铲的传统,这种因素无疑当是舶来的,另一方面,大石铲遗存的年代一直悬而未解,当初发掘者作过一些 ^{14}C 年代测定,但被认为年代偏老。又有报道称大石铲与青铜器同出一地,可共存的情况却语焉不详。还有的研究认为大石铲加工的痕迹当与金属工具有关。问题是:第一,大石铲的命名可能从一开始就因不准确而造成了一个误区,使一些研究更注重从石铲的农业用途方面考察其遗存的性质,如果最初的名称是石钺或圭一类则研究自然会重视礼仪活动的功能;第二,桂南大石铲肩阑和齿饰的出现与牙璋或称耜形端刃器相似,故绝非简单的生产工具,遗存的存在环境表明是用于有特定的排列、安置、燔烧和瘗埋程序的礼仪活动的专用道具,功能与钺、圭、牙璋相同;第三,其年代应不早于新石器时代晚期,东周时期石圭牙璋这类器物的样式业已简化,故大石铲遗存的年代当不晚于东周。准此,大石铲遗存与中原盟誓遗存可以从年代上大体对应。当然,桂南与中原是相距遥远的不同文化区域,目前尚不能断言主流影响的方位,也不能用中原盟誓遗存简单地类比、定性,但两者的相似性表明它们定有联系,由于有金沙走廊的存在,两地就不会老死不相往来,万水千山对于古人来讲也绝非遥不可及。由岷江至金沙江进而接红河入越南,通过南盘江、红水河联系珠江流域这条线索工作虽然不多,但旧石器时代的考古学研究早已指出这条通道的存在,新石器时代以降到商周时期,这条古道将中原与川滇黔桂甚至更遥远的南方紧密地联系在一起。越南北部富寿省 Xom Ren 遗址、永富省 Phung Nguyen 遗址分别于1981、1985 年发现的牙璋与成都广汉地区商周时期的同类器几乎完全相同,蒙香港中文大学邓聪博士告知,最近在越南 Xom Ren 遗址(原为永富省现属富寿省)发掘又有牙璋收获,有些样式见于成都金沙遗址,这些资料足证金沙走廊在商周时期依然被充分利用,中原地区与西南边陲血脉相连。

　　过去,由于先秦文献缺乏明确记载,人们对三代及其以前中原与边陲地区的联系知之甚少,或若明若暗,文化传播说似乎也无能为力,但是,如果能够确认考古学文化流动的路径,透过现象把握本质,是完全可以揭示历史真实,说明蕴涵在复杂现象中的规律。庙底沟文化的彩陶现象便是可以解除人们这方面疑虑的例证,可以说明礼制能够穿透不同文化的障碍,有适当的路径,能够辐射到比人们所预料的更遥远的地方。庙底沟文化的彩陶传递礼制的信息有很多路线,其中向南的一支在湖北枝江关庙山都有重要线索,所以,很多学者都认为洞庭湖左近的大溪文化或相类遗存的彩陶与庙底沟文化的直接影响有关,但庙底沟文化的意义绝非仅仅是饮马长江,尔后,彩陶由湘水走灵渠,从桂北入西江,进入广东后一路南下,经高要蚬壳洲、东莞万福庵、深圳大黄沙等地直至香港的大湾遗址等,形成了仰韶时代的中晚期彩陶由太行山、伏牛山、武当山、武陵山东麓而下,纵向切割中国版图的格局。这时的彩陶就图案和工艺的特征而言较此前已经发生变化,但始作俑者,无疑还要首推庙底沟文化。有此例证就可以理解礼制的穿透力,并断言大石铲遗存与中原礼制系统必有关系,因为瘗埋是中原礼制特有的传统。另外，陕西神木石峁牙璋的年代尚不清晰，但至迟不超过龙山晚期，况且，桂南大石铲仿效牙璋肩阑和齿饰的做法明显，因此当是中原礼制影响、派生的地方性礼器，其礼仪活动与盟誓和祈年有关，而与祖先崇拜无涉。需要提及的是，大石铲遗存自身存在着年代分期的可能，倘若不加分析，笼统地与中原相类遗存直接对比，其认识恐有失偏颇。大石铲这种不准确的命名所造成的误解也应引起重视，对器物命名不仅要注重形态，也要考虑功能，牙璋的名称原本比较贴切，用途和功能与文献的记载又能兼顾，为慎重起见称之耜形端刃器已有勉强之嫌，改称为斧或斧形器则为其功能戴上一般工具的面罩，因此是不必要的标新立异。

广东曲江地区的石峡文化因出有良渚式的玉琮而备受关注。一些研究由此推测石峡文化非广东本土文化。近来的考古发现与研究表明，石峡遗址第一期遗存在广东的北江以西有广泛的分布，其年代和文化性质与广西南宁顶蛳山第四期遗存相同，属于西江大系的范畴，不可能自然地生长出石峡遗址第二期遗存即石峡文化，因之，石峡文化的诸多因素像彩陶一样是外地输入的。值得重视的是，良渚式的玉琮是同江西清江流域筑卫城一类遗存一道进入广东的，但陶器方面又不完全是清一色的筑卫城，可以视为是以考古学文化重组的形式出现，而不像庙底沟文化的彩陶是在洞庭湖一带经过改造之后再行南下。可见，礼制传播的形式也存在不同的类型。

新石器时代晚期，纵横交错的河流、曲折漫长的海岸线、广阔无边的草原更加广泛、频繁地被人类利用，其中，北纬40度一线的内蒙古长城地带、黄河流域、长江流域、珠江流域和东南沿海的地位和作用研究者多已充分注意，反复强调，但以往的研究大多是从文化交流的一般意义上认识和阐述这些关键性问题，忽略了礼制的存在，更低估了其不断增长的活力和高屋建瓴的影响。然而，当人们的视角转向礼制，就会从那深厚的积淀中发掘出古代中国历史发展的必然性。

中国新石器时代晚期，在非常广阔的区域中，在诸多考古学文化区系类型的范围内，活跃着不同系统的礼制，由于特质上的共性，由于兼容互补的特点，终将殊途同归。历史表明：礼制能够穿越不同考古学文化的阻隔，通过相邻考古学文化的传递、通过考古学文化的改造、通过不同考古学文化的重组在时空两个方面延伸，不断推进历史。究其原因，正是基于当时观念、意识和精神方面的趋同因素和惊人的相似之处；礼制又是这种趋同性的催化剂，因此，新石器时代晚期距今约5000年前后，在中国的土地上为后来的统一已经开始了观念、意识和精神方面的必要准备。不过，物质的东西依然要物质的力量摧毁，但若无观念、意识和精神方面的迫切要求，若缺少这一理想的翅膀，纯粹的物质力量不可能不翼而飞。如果只知夏代有万国，到汤受命尚存三千，至战国七雄和秦国一统的过程，而不知这种格局和基础早在新石器时代晚期就开始酝酿，是不会理解文明起源和文明进程的中国特色的。

（原载于《中国文物报》2004年9月10日）

黄河流域古礼传统东西论

本文的古礼是指考古学资料揭示的能够反映社会秩序的现象，时间范围大体上包含了新石器时代晚期的"仰韶"、"龙山"和夏商时期，称之古礼是为了与文献记载的周礼相区别。虽然这种研究是新的探索，但本文的开始却不能不从《夷夏东西说》[1]这20世纪30年代史学界颇具影响的研究力作说起，因为时至今日该文对古史的研究仍然有所启迪。这文章的开篇写道："在三代及三代以前，政治的演进，由部落到帝国，是以河、济、淮流域为地盘的，在这一片大地中，地理的形势只有东西之分，并无南北之限。历史凭借地理而生，这两千年的对峙，是东西而不是南北。现在以考察古地理为研究古史的一个道路，似足以证明三代及近于三代之前，大体上有东西不同的两个传统。这两个系统，因对峙而生争斗，因争斗而起混合，因混合而文化发展。"这一认识对于说明古代中国的文化格局显然已经落伍，但对于研究黄河流域古代礼制传统东西两分的现象却尤为重要，非常值得借鉴和学习。

古代中国的文明起源以礼制的发展与成熟为主要特征，不同类型、不同传统的礼制彼此吸引、磨合、兼容和扬弃，推动了礼制不断完善，逐步升级，稳步走向成熟。古代中国的礼制究竟发轫于何时是认识中国文明起源特色的关键，非常值得深入探讨。是根据"三礼"成书的年代、西周青铜器的长篇铭文，还是甲骨文的记载，可能都会引发出见仁见智的讨论，期待惊世骇俗的发现来统一人们的认识并非没有可能，但因此停止研究显然也不正确。已知的资料表明中国古代的礼制有一个长期发育的过程，至少从新石器时代中期的磁山遗址[2]开始礼俗就已经形成相当的规模，尔后连绵不断，特点鲜明，后来的甲骨文和"三礼"的问世都是这过程的后续环节，而且文献记载的礼制诸多内容，如盟誓制度、昭穆制度、用鼎制度、赗赙制度，以及礼器的名实都不仅仅停滞在文献依稀记得的年代，完全可以根据考古学资料上推到新石器时代的晚期，并揭示出古代社会的中国特征。为什么至今还有些研究者或不太重视、或不愿意正视、或不心悦诚服地接受礼制的成熟与发展是中国文明特点的命题，其实质是对中国考古学研究所能达到的深度抱有疑虑，如果考古工作者都怀疑这种能力，那么通过实物资料研究历史对考古学而言就是空话，由物到人、到社会的研究就只能有待其他学科完成，考古学的终极目标或学科的定义就应该只是实物资料的收集和整理，充其量只是实物史料学，这当然是很多考古学者不能同意的。正是基于这种认识，才有文明起源中国模式的应运而生，才有从新的路径作努力探索的尝试。

通过考古学资料研究中国古代的礼制，一方面是对遗迹现象性质的认定，对那些特征鲜明、存在环境均具有特殊性的遗迹作定性分析；另一方面是根据器物的功能和用途推断其在当时社会生活中的实际意义。这需要兼顾两种情况：即考古学资料揭示的古代中国的国情和文献记载的古代中国史情，两者的结合是实事求是研究中国古史的最佳路径。商周考古研究中对鸡彝的考证便是经典之一[3]，其意义远远超出了问题的本身，特别是揭示出古代中国不同的社会群体一般是从现实生活中的某类实用器皿提取或提升到礼仪生活中，易言之，现实生活的传统造就礼仪生活的性状与传统，因之，可以根据器物的功能和用途确认礼器的存在与否，进而认识礼制的传统。山东大汶口文化系统的陶鬶、高柄杯等酒器惊人的发达，充分表明了酒礼传统的根深蒂固。在文献考证和支持的基础上，其礼器的性质已成为不争的事实，有鉴于此，可以将这一类酒礼器的考古学特征作进一步的归纳，从而分析和认识那些文献未曾记载或语焉不详或令人不解的器物。准此，可以将酒礼器的考古学特征归纳为三点：一是分布的区域特别的广泛，有跨越文化障碍的穿透力；二是年代的变化格外显著，形态更新的频率较其他器物快捷，显然应是使用率高的原因所至；三是形态的规范化，表明了普及性和制度约束的统一性。因此，这种礼器通常在划分年代方面有意义，在区别地方文化类型时却爱莫能助。山东大汶口文化系统的酒礼传统在新石器时代晚期充分发展，活力无限，不仅盛极一时，且历久弥新，长传于世，在后来的夏商时期得到了明确的传承和发扬光大。可见，根据已知礼器的考古学特征完全能够认识尚未识别出来的礼器。

夏时期的二里头文化应是以夏人为主体的多国联盟的考古学文化。这个文化的礼器有青铜和陶器两种质地。青铜礼器中只发现有爵，属酒器无疑。陶器中主要有盉、爵、盉，鬶和斝少见，陶质礼器多用于随葬，盉、爵、盉又有成套出现的倾向。这些礼器的形态表明与山东大汶口文化系统的同类器物有渊源关系。特别是盉，有学者认为"不应名盉，而应依其像鸡而名为鸡彝"[4]，一针见血地指出了二里头文化主要礼器与大汶口文化系统礼制传统的亲缘关系。文献记载太康失国，少康中兴，又有后羿"因夏民以代夏政"等，故二里头文化中有大汶口文化系统的因素并不难理解，可是"夷夏之争数十年"，酒礼的传统却息息相通，看来，夏人或者以二里头文化代表的夏人为主体的人们共同体从考古学文化的谱系上讲与大汶口—龙山文化系统渊源有别，然而，礼制大系还是同种同宗，无疑应纳入大汶口文化系统的礼制传统。这一认识显然与《夷夏东西说》有本质的区别。

二里冈文化是以商人为主体的多国联盟的考古学文化。《夷夏东西说》虽然认为"夷与商属于东系"，但又指出"同在东区之中，殷与夷又不同"。当今的考古学研究表明：先商文化的来源并不单一，到二里冈时期情况依然相当复杂。二里头文化的因素有之，山东大汶口—龙山文化系统的因素有之，江南硬陶的文化因素有之，山西汾河流域的因素则更强烈、浓郁。《夷夏东西说》认为"殷人是不是东方土著，或是从东北来的，自是可以辩论的问题,却断乎不能是从西北来的",然则,山西太古白燕遗址的发掘证明,体现商人主要成分和重要标志的陶鬲来自汾河流域,在礼制体系中也占有重要地位。以二里冈文化为代表的商人礼器也分青铜礼器和陶质礼器两个等级,青铜礼器中斝、觚、爵和鬲、甗、盘或簋共生,陶器中用于随葬的主要是鬲和豆。斝这种器物,笔者在《关于庙底沟二期文化的几个问题》[5]中推测是大汶口文化陶鬶影响的产物,经过河南禹县谷水河三期的过渡,由高领罐和陶鬶的下部改造而成,目前尚无新资料支持或修正这一认识。这种创造归功于庙底沟二期文化的居民,到了陶寺遗址早期阶段也就是庙底沟二期文化的晚期,陶斝的礼器性质因其在大型墓葬中的特殊位置已经得到确认,其形态与青铜斝接近,后者当源于前者理应不会有太大问题。可见,斝虽然是大汶口文化系统影响的结果,但庙底沟二期文化的居民并没有完全照搬照抄,而是充分发挥和展现出自己的创意。二里冈文化的觚、爵来自二里头文化似无疑义,大汶口文化系统的酒礼传统在夏代以后仍继续发挥作用也因此可见一致性。但是,这个文化中的鬲、甗、盘或簋却与大汶口文化有天壤之别,也与二里头文化的传统有别。众所周知,二里冈文化青铜礼器中包含有两种礼制成分。这种情况在河南郑州白家庄M2、M3,辉县琉璃阁M110、M148[6]的青铜礼器组合中都有直接的物证。可是,大致在同时期或稍晚,西面的周原一带商代的青铜礼器却呈现出酒礼器成分递减的倾向。研究表明这里存在三种情况[7],一是典型的商式铜器,二是商周混合式铜器,三是周式铜器,其中,第二、三种因素均系周人自己的创造,以盛器为主,商式青铜礼器只出现在殷墟早期前后,据云,应是商人的贵族来此的直接证据,到殷墟晚期酒礼器则基本不见。而以青铜器以盛食器类为主,与殷墟的商人传统形成鲜明的对比。这从一个侧面突出了二里冈为代表的商文化礼制体系独到而别致的特点。二里冈商文化时期一般的小型墓葬与出有青铜礼器的墓葬有别,多以陶鬲、豆随葬。由于铭文的证明,商周时期青铜礼器的墓葬较那些只出陶器的规格高,是贵族墓葬,已是常识,平民与贵族享受礼制待遇原本就是不同的,能否使用青铜礼器就已经说明问题了,可是在二里冈文化平民与贵族却分别体验着不同的礼制体系,这就凸显了二里冈文化在古代中国礼制体系中的特殊地位。文献资料表明,周臣服于商的时期也有与其联姻的关系,因此,商式青铜礼器和其所反映的礼制在西方出现就非常自然,那么,商礼中东方因素是否出于同样的原因?任何社会主流的思想、意志和制度都属于在当时社会生活中占主导地位的阶层、集团或群体,因之,考察二里冈文化的礼制体系应以青铜礼器所表明的特征为依据,那就是两合的特点,既有酒礼的传统,又有新增的内容。因此,不能简单地将二里冈文化代表的商人为主体的人们共同体归入东夷的礼制系统,不论从考古学文化的谱系和礼制的传统,二里冈代表的商文化都独树一帜,这个特点正是在与东西两翼文化现象的比较中表现得更为清晰。不过,到晚商的殷墟时期,酒礼器在墓葬中的数量剧增,昔日贵族的时尚已然渗入普通的社会生活之中,可能历史愈往后来发展,商人与东方的关系愈密切,酒礼的成分也就随之增加。

既然根据考古学提供的资料，能够从器物的功能和用途认识其礼器的性质，从而推定礼制体系的存在与否，那么研究的视野自然不能仅仅局限在黄河下游地区。当人们伫立在泰山之巅向西方眺望，以黄土高原为中心的黄河中上游地区呈现的是另一种风情和礼制的传统。自仰韶时代中叶的庙底沟文化始，那里就是以盛食器为贵为尊，当时的人们把所有的情感都倾注在彩陶上，几乎所有的彩陶又都装饰在泥质卷沿盆或钵上，人们从现实生活中总结、提炼出对这种器物的认识，并融入自己群体的信仰和遵循的制度，作为某种标志加以推广和传播。这是危言耸听吗？君不见，同大汶口文化系统的酒礼器一样，彩陶也具有分布区域特别的广泛，跨越文化障碍的穿透力极强，年代的变化格外显著，形态非常规范等特点，因此庙底沟文化的彩陶是当时礼器的认识也就顺理成章了。非常有趣的是，在中国新石器时代彩陶最发达的考古学文化中玉器往往很少，半坡文化、庙底沟文化、马家窑文化、半山和马厂文化都有发达的彩陶而缺少玉器[8]，大汶口文化、良渚文化、齐家文化的情况则大大相反，是无彩而尚玉。学术界至今仍几乎无人反对玉器与礼器的内在联系，如此，彩陶与玉器的对应关系恰恰可以证明彩陶与玉器具有相同的性质与功能。于是庙底沟文化的彩陶是当时礼器的认识也就得到了新的佐证支持。

庙底沟文化解体之后，继续高举彩陶旗帜的是马家窑文化，这时彩陶主要施于盛食器的罐类，在墓葬中作为随葬品使用已经达到了登峰造极的程度，这些彩陶是当时基本的祭器的认识在考古界似乎已无争议，所以其上的锯齿形彩纹又有丧纹之称。马家窑文化是庙底沟文化的直接后裔，全面继承其礼制传统当是历史的必然。

仰韶时代终结之后，受东方大汶口文化系统的影响庙底沟二期文化以崭新的面貌登上历史舞台。创造斝的经验激发了人们更加丰富的想象力，改造器物的步伐自此明显加快，釜灶和鬲相继登台问世就是明证。这均是将两种器物结合起来，稍作加工便产生出新的器类。在历史上，一个简单的创造和发明，其价值和贡献却往往无法估计，对历史的推动力有多大也难以衡量。同时，一种简单的发明和创造在实际生活中酝酿的历史可能远比人们估计的要久远，漫长和具有传奇的色彩。在后来的岁月中，黄土高原一带就成为陶鬲生长、活跃的沃土。从东至西遍布双鋬耳鬲、单把鬲，构成了黄土高原长时期亮丽的风景线。陶鬲一般认为是炊具，偶作葬具使用，在某些场合也用作祭器。笔者 20 世纪 80 年代初在山西吕梁地区考古调查，曾在离石县乔家沟遗址[9]清理了几座深 4 米左右的标准袋状灰坑，拼对修复出多件双鋬耳陶鬲。这些袋状灰坑全然由草木灰填充，可分若干层次，陶鬲碎片由上而下立体分布，反映出灰坑在燔烧过程中陶鬲的碎片不是一次性倒入，而是不断投入的，这无疑是某种仪式的程序，表明这种形态的陶鬲其性质不能简单地认作只是普通的炊器，而要根据其出土的环境加以分析和判断。生活的实用器物并不影响在礼仪生活中充分使用功能，礼器原本就是从现实生活中提炼出来的，陶鬲亦然。更何况，自龙山时代以降，相当于中原地区夏、商时期的边远地带，以及西周、东周时期的很多地区，陶鬲都是主要的入葬器物，因此，具有礼器的功能无须赘言。由此可见，黄土高原地区在彩陶之后，礼器的代表正是陶斝这种颇有特点的器物，它仍然不属于酒器的传统，而接近盛食器的传统。当然，源自斝的单把鬲，其功能可能有的与斝大体相同，即便如此，同斝不能简单归入大汶口文化的酒礼系统一样，单把鬲无疑属于独立的体系，苏秉琦先生在《中国文明起源新探》[10]中对两字的解释更深刻地说明陶鬲作为礼器使用的必然性。

现在，回过来再看二里冈商文化，其中包含的不同于大汶口文化系统的礼器，鬲、甗、盘或簋不论是青铜的还是陶质的，其祖型和传统必源于黄土高原地区。这一认识可以反证对陶鬲礼器性质的推断无误，同时也可以理解二里冈文化的陶鬲为什么那么规范，在相当广泛的地区它犹如旗帜格外醒目，乃至于今天的人们研究这个考古学文化都必定以它作为标型器。可是，这两合的礼制体系到了殷墟时期，由于酒礼的迅速发展，两合的平衡关系遂遭破坏，与西方黄土高原礼制传统背道而驰的走向，宣告了商周联盟的彻底破裂。武王伐纣的胜利重新确立和推进了黄土高原传统礼制体系向新的层次和境界发展，稍后，历史迎来了鼎制的时代，两大礼制传统终于融为一体，食礼由于深厚的历史积淀与其独到的合理因素而在更广大的区域，更多的社会群体中重新确立了主导地位。钟鸣鼎食之际，犹有杯觥筹措之音，古代中国的大地开始沐浴周礼的一代新风，被后代文献推崇有加、奉为神明的礼制体系自此登上历史舞台。

综上，古代中国黄河流域的东西两端，自新石器时代晚期公元前6000年左右就形成了两个不同礼制系统：东端是黄河下游地区大汶口文化系统的洋溢着酒礼醇香的传统；西面则是黄河中上游的黄土高原区庙底沟文化及其后裔们朴实无华的食礼传统，关注盛食器而不注重酒器，"民以食为天"是这个礼制体系核心的生动写照，与后来周人"贵本而亲用"的思想一脉相承。这里因时代因盛食器类别的不同尚可划分出不同的礼制类型，但大体上属于同宗却是显而易见的。应该指出，首先，黄河流域的两种古礼体系都是在协调和维系社会秩序的过程中逐渐形成和发展的，在古代中国尤其是协调具有浓郁血缘关系的家族间和家族内部的秩序，等级、尊卑、贵贱、亲疏、长幼就成为礼制体系的主要内容，从家庭生活到社会生活，从婚丧嫁娶到对外盟誓莫不如此。至少在商代的卜辞中人们依然能够感受到礼制的繁复，而丝毫不见法制的线索。因此，商代及其以前的社会只能是礼制占主导地位，而不是法制占主导地位，即依靠礼制的作用调整社会秩序和关系，而非法制。过去的研究比较注重商代刑法的存在和暴力的使用，但这是人类社会到目前为止都普遍存在的现象，并不是法制社会的重要特征，显然不足以否定当时的礼制社会的特点。其次，礼制又是指导行为的道德观念，它可以集中反映当时人们的观念和意识，或者是当时社会的主流思想和意识，所以东西两套礼制体系在现实生活中的共性决定了礼制观念的相似，这应该是两套礼制体系殊途同归的内在原因。再次，礼制是发展的概念，从出现、形成到完备走过了若干阶段，是可以进行分级考察的，程朱理学和独尊儒术的汉代学者以及春秋诸子对礼制的解释就显示出礼制观念的逐渐变化和发展的阶段性。因此，不能按周礼的标准要求或判定古礼的存在与否，诸如磁山遗址那样大规模的祭祀活动的遗存表现的绝非是自发的、偶发的行为，庙底沟文化的彩陶在新石器时代独领风骚足证社会的新机制在发挥作用，只见树木不见森林，就不会理睬古礼的存在与否，更何况礼制如同人体的经络，虽然无处不在，虽然堪称命脉，可毕竟不如皮肉、骨骼那样具体、直观和鲜活，需要从新的角度不断地探索。至于黄河流域之外的红山文化和良渚文化的礼制具有"其兴也勃焉"，"其亡也忽焉"的特点，尽管很快融入其他的礼制系统，然作为独立的礼制类型在历史上也曾有耀眼的作用。从历史发展的较长过程观察，黄河流域古代礼制传统东西两分的现象持续的时间最长，也是基本的格局和态势。

最后，就用《夷夏东西说》话结束本文："东西二元之局，何止三代，战国以后数百年中，又何尝不然？秦并六国是西胜东，楚汉亡秦是东胜西……不过，到两汉时，东西的混合已很深了，对峙的形势自然远不如三代时明了。"这种历史现象究其原因是礼制体系的逐步融合和文化传统不断趋同的结果。因此，对古代中国礼制体系及其传统的研究就直接揭示了中国文明的进程及其在世界文明史中的特色与贡献。

注　释

[1]　傅斯年：《夷夏东西说》，《庆祝蔡元培先生六十五岁论文集》（中央研究院史语所集刊，外编第一种），1933年。

[2]　卜工：《磁山祭祀遗址及相关问题》，《文物》1987年第11期。

[3]　邹衡：《夏商周考古论文集》，文物出版社，1980年。

[4]　邹衡：《夏商周考古论文集》，文物出版社，1980年。

[5]　卜工：《关于庙底沟二期文化的几个问题》，《文物》1990年第2期。

[6]　郭宝钧：《商周铜器群综合研究》，文物出版社，1981年。

[7]　邹衡：《夏商周考古论文集》，文物出版社，1980年。

[8]　笔者与学友许永杰研讨所得启发。

[9]　国家文物局、山西省考古研究所、吉林大学考古学系：《晋中考古》，文物出版社，1999年。

[10]　苏秉琦：《中国文明起源新探》，商务印书馆，1997年。

（原载于《庆祝张忠培先生七十岁论文集》，科学出版社，2004年）

岭南文明进程的考古学观察

在中国的版图上，南岭山脉宛如有力的臂膀拥抱着面向海洋的广东和广西两地，神奇、富饶的岭南地区紧紧地依偎在南部中国的怀抱中。自新石器时代以降，蜿蜒多姿的珠江纵横千里，上下万年，孕育出灿烂的古代文化，在文明的进程中写下了光辉的篇章。中国当代著名考古学家苏秉琦先生赞誉这里是"真正的南方"，是探索中国古代与印度支那半岛甚至南太平洋地区关系的"一把钥匙"[1]。因此，不论从哪个角度考察岭南文明进程，其意义都不言而喻。

一

岭南文明进程的研究是个老课题，但从考古学的视角进行考察又是新的尝试。这是基于两种情况得出的认识：其一，历史学从很早就开始了对岭南先秦小国的考证，例如，缚娄、阳禺、苍梧等。有的研究明确指出，"秦汉岭南初立郡县，多以这些土邦小国为基础，利用他们的首领为地方长官，尊重他们的风俗习惯"，"使秦汉王朝顺利地实现对这些地区的政治统领"[2]，这些论述至今仍然指导和启发着人们的研究。古国的形成是岭南历史进程中的质变点，是岭南文明进程的亮点，也是考察岭南文明进程的重要指标。但是，由于古代文献对岭南的记忆相当模糊，能够利用的文献也不过《吕氏春秋》、《山海经》、《史记》、《汉书》的片段记载，一些小国出现的年代又多在春秋或汉代，因此，要比较全面、深入地了解岭南文明进程及其特点当然就不能不依靠考古学提供的资料。其二，岭南与中原地区相比，考古学研究的基础相对薄弱，主要表现在：考古学区系类型理论在岭南尚未得到充分落实，考古学文化编年体系不完善；经科学发掘的大遗址不多，考古工作多局限在单纯的野外调查方面；考古资料的整理与考古报告的编写周期过长，严重影响了认识的深化；一些研究满足现状，用"砂"、"软"、"硬"的概念表述考古学遗存年代与特点的研究流行时间过长，描述性、介绍性、综述性的文章成为研究中的主流，缺乏大局观和必要的深度，重大课题的综合性研究尚未提到日程上来；新石器时代与青铜时代、青铜时代与铁器时代考古学文化的界定研究不够，对一些考古学遗存年代的认识似是而非，说不清楚，不能客观地揭示岭南考古学文化的特点，难以吸引更多的研究关注岭南考古。因此，从考古学的角度考察文明进程，必须跳出以往的窠臼，既要立足于岭南的自身特点，又要着眼于南中国的文化格局和中国古代文明进程的大趋势，加强理论思维，坚持实事求是，才能把考古资料的研究提升到历史学研究的层次，认识岭南考古学文化运动的规律和特点，说明岭南文明进程的模式和特色。

新石器时代以来，岭南地区的考古学文化就显示了鲜明的自身特点，展现出一个独立考古学文化区所要求的各种特征，与同时期中国其他考古学文化区域相比可谓独树一帜。这些特点本文概括为："石器的长过程"、"珠江的大传统"、"聚落的多形态"、"地域的三大块"。这是岭南先秦考古学的基础，舍此便不能正确认识岭南先秦考古学资料。以往的研究恰恰在这个问题上存在明显的疏漏。

首先，"石器的长过程"。这是指岭南地区新石器时代开始的年代早而结束的时间晚，文化积淀的过程长。广西桂林甑皮岩和广东英德牛栏洞[3]的发掘表明，岭南新石器时代开始于一万年之前，比中原地区已有的考古学资料都早，显示出岭南是探索旧石器时代向新石器时代过渡或转变的重要地区。像稻作起源、陶器的产生等都是这里备受重视的研究课题。

与岭南新石器时代早期考古学资料较少的情况不同，晚期的资料相对多些，具备了进一步讨论的条件。由于对考古学文化分期研究的不足和对文化界标存在理解上的差异，过去许多被视为岭南新石器时代晚期的考古学资料其实已经具有青铜时代的特征了，也就是说岭南新石器时代终结的年代并不清楚。近来，虽然一些研究者逐渐认识到这一问题的重要性，但由于理论上的困惑，始终未能提出正确的认识，因此，岭南新石器时代的下限仍然是若明若暗。

以岭南中部地区而论，新石器时代晚期粤北山地与环珠江口地区已经形成了文化性质完全不同的考古学区域。北有著名的石峡文化[4]，南有香港涌浪[5]、东莞圆洲[6]、珠海宝镜湾[7]等遗址代表的遗存。前者以鼎、三足盘为特征，后者以釜、小口绳纹圈足罐、豆为特征。粤东地区的小口绳纹圈足罐形态与环珠江口地区的比较接近，反映出这个时期这一地区考古学文化的格局主要是南北的问题。可是，当上述遗存消失之后，这些地点却呈现出另一番文化风貌。特别是粤北山地以南的珠江三角洲地区，不同地理单元的考古学遗存在文化面貌上虽有不同的表现形式，但共同的特点已经基本形成：陶器的基本组合发生了变化，小口绳纹圈足罐退出了历史舞台，表明文化结构出现变化；纹饰中雷纹的问世，预示着以往流行的刻划纹将被更规范的拍印或戳印取代；折肩器、折腹器和凹底器，器口内侧和领口以下修整的特点反映了制陶工艺迈向更高的台阶；^{14}C年代资料显示这些遗存虽有早晚之分，可基本都在商代纪年之内。这些遗存虽然已经走出了新石器时代，但尚未见青铜制品的出现，它们在陶器的质地、颜色方面与新石器时代晚期遗存比较相似，构成了千丝万缕的联系；可是陶器基本组合与晚商时期的考古学文化遗存更接近，显示出在文化结构和传统方面的承袭关系。在考古学文化的研究中，陶器的基本组合指示文化特征，是某一考古学文化与其他文化相区别的主要标志；陶器的质地、颜色只反映制陶技术，是研究生产力水准的指标之一。可见，在认识岭南新石器时代晚期的考古学遗存时，要有一个去伪存真的甄别过程，不能人云亦云，应着眼于大的文化背景和时代风格，按考古学研究的基本原则将某些遗存从新石器时代晚期中区别出来，归回青铜时代，从而使两者的界标准确明了，年代清楚。有的研究者试图将这类遗存称为"夏商时期"的遗存，其实这是一个极大的误区。苏秉琦先生曾说过岭南有"自己的夏商周"[8]，那是讲岭南有自己的历史，不能理解为岭南考古学文化的年代和阶段划分可以完全与中原地区相对应。因为，岭南地区相当中原夏纪年时期的新石器时代尚未终结，还不能区别出具有特殊指证的、具有划时代意义的考古学文化；而文化面貌和结构发生较大变化（主要是陶器基本组合方面的变化）是在早商时期，这些考古学遗存的年代不能早到中原地区的夏时期，与夏代无涉，不能生搬硬套。反而江西清江流域商代吴城文化对岭南地区影响的线索更为清楚[9]，是识别新石器时代终结和认识岭南早期青铜时代特点的依据。广东珠海后沙湾[10]、南海鱿鱼岗[11]、香港涌浪等遗址的 ^{14}C 年代资料显示，岭南新石器时代的下限在距今 3500 年前后，大体相当于中原地区的早商时期。

这个较中原地区漫长的发展过程是分早中晚三期为妥，还是前后两期适宜？以往的分期研究，在地域上多是局限在广东（或其局部或其相邻地区）；在年代上大都从彩陶开始，基本上不包括珠江中游也就是广西一带新石器时代早期阶段的考古学资料；在年代的下限方面，通常是将青铜时代的遗存与新石器时代晚期资料组织在一起加以论证的，所以新石器时代结束的年代也就自然被淹没了，年代分期的科学性也因此容易受到质疑[12]。本文将岭南作为一个独立的考古学文化区，将已知新石器时代和商时期的考古学资料综合比较，剔除部分过去未曾认识的属于早商时期的考古学遗存，提出岭南新石器时代"三段式"年代分期框架：

第一阶段，距今 10000 年以前。此阶段现在积累的考古学资料不多，但涉及的问题很重要，是陶器产生的阶段，需要等待时日才能作深入探索。

第二阶段，距今 10000 年至 6000 年，主要发现集中在珠江中游附近。考古学文化的特点是以长方体敞口深腹圜底夹砂陶罐作为主要炊器，缺少水器和盛食器，流行细绳纹和陶器口沿外侧饰绳纹领口的风格。

第三阶段，距今 6000 年到 3500 年，长方体的敞口深腹圜底夹砂陶器演变为方体的卷沿鼓腹形陶釜，再发展到扁方体折沿鼓肩形陶釜。这个阶段的较早时期流行彩陶和刻划纹两套不同系统但均有特色的纹饰，器类中多见圈足盘、碗、陶支脚，不见水器，等等。这样的划分有实际内容和陶器特征的支撑，有助于理解岭南新石器时代考古学文化特点和传承发展的态势，对考察岭南文明进程尤为重要。

其次，"珠江的大传统"。岭南地区新石器时代因河流、地貌的不同构成了诸多不同地理单元，但考古学文化遗存在这些不同的地点却有很多共性：基本的陶器组合相同，都是深腹罐、圜底釜、圈足盘碗和陶支角，在陶器类别中缺乏水器和盛食器的特点反映了饮食结构和传统与中原地区差别很大；陶器的基本要素相近，如器类形态相似、纹饰以绳纹为主、刻划纹发达而且独具特点、陶器的制法无大的差别[13]，这说明物质文化运动的节奏较慢，更新的频率过缓；石器中石斧、石铲、石球、研磨器、石拍较多，加工装饰品比较流行，似乎有独特的石器生产加工体系，这表明岭南地区有一个大珠江的文化传统，与中原地区黄河、长江流域有显著区别。如，黄河中游与下游地区分别有半坡文化、庙底沟文化、后冈一期文化、北辛文化等；长江中游有彭头山文化—石门皂市下层文化—汤家岗文化的系统，与下游地区的马家浜文化—崧泽文化—良渚文化系统相呼应；其间还有安徽凌家滩文化—薛家岗文化系统的存在，这同在一条河流的不同考古学文化，其面貌与特征截然不同，文化渊源与传统迥然有别，一望便知谱系不同，差别所在。可见，岭南地区的考古学文化具有相对独立和稳定发展的特点，文明进程因此也具有自己的特征。

再次，"聚落的多形态"。岭南地区新石器时代的遗址具有多样性的特征。洞穴、沙丘、贝丘、岗地遗址是岭南先民的主要生活地点，与中原地区多见经营农业的村落遗址有较大差异。洞穴和沙丘遗址面积都不大，反映着当时的聚落规模和特点。可能是因为岭南温度适宜，植被茂盛，自然资源充足，适合于小规模的族群生活。其中，沙丘遗址集中在沿海一带，遗址中网坠多见，如珠海宝镜湾遗址在500平方米的发掘范围内就出土了1000多件网坠，其经济生活与渔捞有关是显而易见的；洞穴遗址多见于桂林北部，考古发现的动物骨骼说明其经济生活主要与狩猎和采集相联系，只是这两类遗址的居民长期固守一地的可能性不大。学术界曾对沙丘遗址是否为季节性的营地有过讨论，但无论如何，经营沙丘和洞穴的人们都不如以农耕经济为主体的贝丘和岗地遗址的人们那样经年累月的长久驻守，所以，遗迹现象少，堆积相对较薄。换言之，古代的岭南地区有多种经济形态存在，与当时植被和地理的状况相适应。"农业是整个古代世界的决定性的生产部门"[14]，岭南地区典型的以农耕为主要经济生活的遗址数量不多；非农耕的人群是当地文化流动的重要因素，在一定程度上制约着人口的增长，这是考察岭南文明进程要充分注意的问题。

最后，"地域的三大块"。岭南作为独立的考古学文化区，依考古学遗存的面貌与特征又可以细分为东、中、西三块。东部是莲花山以东的粤东地区，新石器时代的文化遗存发现不多；西部是肥沃的珠江中游地区，新石器时代早、中期遗存丰富；广西梧州以东的珠江下游为中部地区，新石器时代晚期的资料相对丰富。其中，西部地区相对稳定；东部是珠江与闽南九龙江流域两个文化中心的过渡地带，早商时期以后两种以上的文化因素犬牙交错，因时消长，属岭南的外围显而易见，本文姑且将其作为岭南地区的一部分；中部则随着时代的变化逐渐开放、活跃，成为演绎岭南文明进程的大舞台。

总之，"石器的长过程"揭示的是岭南新石器时代率先起步，同时又具有发展上的滞后性："珠江的大传统"反映的是文化上的特殊性；"聚落的多形态"表明的是经济形态的多样性；"地域的三大块"说明的是岭南地区的考古学研究也存有区系类型的问题。

二

岭南古国的探索是考察岭南文明进程的重要内容。在中国考古学研究中，但凡提到古城古国，人们自然会想到中原地区新石器时代的"仰韶"概念。因为当年苏秉琦先生基于红山文化的重大发现，首次将古国形成和出现的年代提早到仰韶时期[15]；后来的研究者又在古国到秦帝国之间增加了方国和邦国等概念，形成了中国古代国家由古国、方国、邦国到帝国的发展序列。龙山时期山西襄汾陶寺遗址[16]是方国存在的有力物证，商周时期周边地区的封国与中央王朝有政治、经济和文化方面的密切联系，治理土著，独霸一方，始终在臣服与独立的摇摆过程中生存，而文化上则以多种因素混合生长为特点。中原古国兴起在新石器时代晚期，岭南则不同，古国的形成不是在新石器时代而是在青铜时代。因此，必须了解岭南青铜时代的阶段划分，才可能认识并锁定其兴起的具体年代。

1. 岭南青铜时代的分期

岭南青铜时代考古资料的发现与相关研究发端很早。1932年英人芬戴礼在香港仔神学院附近海边的沙滩中发现青铜器残片[17]，而后在南丫岛发现匕首等青铜器与夔纹硬陶器共存，最早提出了"青铜器文化"的概念。此后，随着时间的推移和考古资料的迅速积累，综合研究也提到日程上来。其中，对年代与分期的探讨较多但意见有分歧，主要有"三期说"、"二期说"和"现行分期不可行说"等[18]。"三期说"使用肇始期、形成期、繁荣期的概念，认为肇始期始于商代晚期，形成期为西周晚期至春秋早、中期，繁荣期从春秋至秦统一岭南。并且认为战国时期在某些遗址中已出现铁器，但发现数量少，分布范围有限，所出铁器从类别形式和大小来说都与南岭以北的楚地完全相同；因此，可推定当时岭南尚无自己的铁器冶铸业，应把秦统一岭南作为铁器时代的开端，即青铜时代的终结。"两期说"有两种意见，一是认为早期从西周到战国早期，即夔纹陶类型时期，晚期为战国中、晚期，是米字纹陶类型时期；二是认为西周至春秋为前期，后期为战国时期。同时也有认为上述分期均不可行者。

应该指出，上述研究对岭南青铜时代的认识和理解曾起过历史性的推动作用。但存在的问题也很明显，因为当时对青铜时代年代上限估计得过晚，使用的分期概念有大而空之嫌，难以揭示岭南地区的自身特点。20世纪90年代，岭南中部地区青铜时代的考古资料有突破性的发现。其中，广东珠海棠下环[19]、东莞村头[20]、三水银洲[21]、南海鱿鱼岗、博罗横岭山[22]、深圳屋背岭[23]、普宁后山[24]、香港马湾岛东湾仔北[25]的考古收获令人耳目一新。运用过去的认识已经难以诠释这些崭新的资料，历史的认识与现实的资料在此碰撞，不能不使人们反思以往的研究。

过去的"两期说"由于新资料的登场更显苍白无力，基本上已无人采纳。"三期说"

肇始、形成、繁荣的概念所表述的三个阶段乃是事物发展的一般规律，概念本身并没有错误，但用放诸四海而皆准的概念来概括某一地区的具体情况，缺乏特殊性，不能揭示岭南青铜时代的主要特色。另一个问题是，岭南青铜时代的划分是否一定要以青铜器为依据？20世纪就有研究者指出：岭南的青铜器"大都零星出土，缺乏明确的层次关系，何时进入两广或何时在两广仿造，都存在问题，只依据器物的年代学时间，遂定位两广与中原文化的接触时间，显然是不合适的……在中国岭南和西南地区，较晚的墓中保存较早的中原器物是常见的事"[26]。可见，对岭南青铜器的年代要有充分的分析，而认识的水准也就有赖于对考古学文化遗存的整体研究了。

迄今为止，岭南青铜时代的遗址发现很多。据早年的统计，仅广东地区就有500余处[27]；先秦青铜器的出土地点遍布岭南400多个市县，总数800多件[28]，所见的青铜器年代主要集中在春秋战国时期。研究表明：此时青铜器中有与中原地区完全相同者，有与滇黔地区发生密切联系者，也有来自长江流域的因素。但由于独具特色的人首柱形器、半球形器屡屡在此地发现，青铜器中含砷的特点亦完全有别于中原地区，加之夔纹陶遗存自身所表现的青铜文化色彩，岭南青铜时代存在一个土著时期已成为学术界的共识，而其年代则大约在西周晚期至战国中、晚期。

1984年，珠海东澳岛考古调查采集到与青铜制品相关的石范[29]，而后又在珠海棠下环商代遗址发掘到石范，这成为将岭南青铜时代的年代上限推至商时期的物证。像广东东莞村头、曲江石峡中层等遗存由于许多文化因素与珠海棠下环的遗存相近而被视为岭南青铜时代早期的文化类型。但是有两种情况必须考虑：首先，珠海棠下环这样的海岛遗址是否具有冶铜的资源？冶铜和铸器是青铜器生产过程的两个环节，如果没有冶铜的资源和条件，铸器的材料必然从外地输入；其次，发掘面积比珠海棠下环大几倍的东莞村头遗址却毫无青铜制品的线索，由此推断，海岛所见的石范应是舶来品，资料显示它来自同时期的粤东或其以东的地区。可见，对于岭南青铜时代中部地区而言，在土著时期之前还存在一个舶来品的时期，其年代大约在商代晚期至西周中期。广西武鸣发现的青铜卣、戈[30]，广东饶平浮滨遗址采集的青铜戈[31]，也明显属于舶来品，年代在商周之际。由此观之，舶来的管道与器物的种类有必然联系，值得关注。

然而，这个舶来的时期是否为岭南青铜时代的早期却是问题。因为比珠海棠下环晚商遗址更早些的广东珠海后沙湾、三水银洲、南海鱿鱼岗、普宁后山、广西鸣武[32]、香港马湾岛东湾仔北等遗址中的某些遗存已经与新石器时代的文化遗存形成明显的区别，如果将他们与青铜时代的考古学遗存联系起来考察就不难发现：陶器基本组合的相似表明了文化结构的相同；纹饰中雷纹的出现与以后更加规范的拍印或戳印纹在制法上一脉相承；折肩器、折腹器和凹底器，器口内侧和领口以下修整的特点也开后来制陶传统之先河。如此看来，岭南青铜时代在舶来时期之前还存在一个未见青铜制品时期，或可称前青铜制品的时期。^{14}C年代资料表明其年代大约在商代早期至商代晚期。

至此，不难得出这样的认识：岭南青铜时代可分三个大的阶段，早期是未见青铜制品的时期,中期是舶来的青铜制品时期,晚期是土著的青铜制品时期,不同的阶段又存在年代划分的可能。以往人们通常使用分析中原地区青铜时代的概念,或谓滥觞、形成和发展;或谓初始、成熟和繁荣。对岭南青铜时代进行阶段划分,这种尝试和概念虽然无可厚非,但终不能揭示青铜时代的特点,只有从材料出发,而非概念出发,才可能得出比较接近客观实际的认识。中国青铜时代在不同的地区发展不平衡,进程与道路也有区别。学术界大都接受中国青铜文化可能是多源的观点,也认同不是任何一种考古学文化都可以直接生长出青铜制品。因为青铜器的生产需要资源、技术与经验等多方面的条件支持,因此一些与中原尚有距离的边疆地区,即使考古学文化的结构与新石器时代相比已经发生了质的变化或飞跃,进入到了一个新的阶段,却仍然需要等待青铜文明资讯的刺激和技术的传播,然后才能形成自己的风格。换言之,由红铜到青铜的过程并非是中国所有地区步入青铜时代的唯一模式。当然,未见青铜制品的青铜时代早期在概念上似乎有些矛盾,但这其实也并不难理解。正如"前陶新石器"或"无陶新石器"对于新石器时代一样,在某些地区这可能是必然的阶段。青铜时代与青铜制品是有联系的不同概念,青铜时代的特征是青铜制品的出现,但在某种情况下也非唯一标准。例如,二里头遗址中属于二里头文化第一期的阶段就未发现青铜制品。而相当于此时的其他同类性质的遗址很多亦都不见青铜制品,人们能据此而否认这些遗存已经进入了青铜时代吗?从中国青铜时代的全局考察,岭南青铜时代的特点和历程可能具有一定的代表性,为全面、正确地认识中国青铜时代的文化结构和区域特点,以及不同地区进入了青铜时代所走过的道路与模式提供了新的线索。不过,岭南青铜时代与新石器时代的分野是在早商时期以后,与其他的边远地区可能存在差异。

2. 考古学探索岭南古国的理念与方法

有了对岭南青铜时代的年代认识,还必须在研究的理念和方法上有所更新和进步,才能对岭南古国的形成有客观、正确和更深刻的理解。对夔纹古国的认识有助于说明这个问题。

1999年广州至惠州高速公路建设时,在博罗县内的横岭山发现一处商周时期的墓地。在8000平方米的发掘范围内清理出300余座墓葬,出土了大量青铜器、夔纹陶器、原始瓷器和石器等,而这个发掘面积仅仅是该墓地的三分之一,更大型的墓葬还在墓地的中部。据此可推断该墓地约有近千座墓葬,而其年代大约经历了商代晚期至春秋晚期。这个发现使人们联想到以往在博罗地区的考古发现。该墓地以西约20千米处就曾有大批春秋战国时期的窑址,在附近发现过青铜器窖藏。生活的地点和死者的驻地、人口的规模和出土器物的级别都足以证明这里有古国的存在,而且,这个古国与后来的南越国当有历史渊源。《中国历史地图集》推定文献记载的缚娄古国就在博罗境内[33],横岭山墓地的发现证实了文献记载的真实性和研究的预见性。

根据横岭山墓地的资料,可以确认这个古国的聚落始于商代晚期,西周中期以后发展壮大。有意义的是该墓地的考古资料非常具有代表性，陶器的组合完整，器类齐全，其中比较精彩的是具有标志意义的夔纹，几乎囊括了以往岭南地区发现的所有夔纹圆形，而且图案规范，变化的轨迹相当清楚。这些特点反映出夔纹的装饰具有某种特殊意义，甚至可能具有礼仪的特征及旗帜般的标志作用。过去，岭南的夔纹陶是作为文化类型被人们认识的，集中的发现也在中部地区的东江流域。现在来看，岭南地区夔纹陶的其他发现地点都缺乏连续性线索，所以，那些夔纹陶由外部输入或传递而来的倾向已经十分明显，其放射中心就在广东的博罗地区。

广东博罗地区的这个古国应该如何命名？是根据文献称其为缚娄古国，还是依据地名直呼其为博罗古国？考古学研究与文献并不矛盾，本文也认同博罗考古资料与文献的对应关系。但是，如果博罗的资料按文献的记载名之，那些缺乏文献记载地点的古国的命名就成问题了，毕竟文献的记载有限。然则如果用其他方法命名，至少在逻辑上就不统一了。那么，据地名称之如何？由于工作的局限性，目前尚不能断言博罗地区仅存有这一类遗存；同时，由于对文献理解的不同，史家的考据往往众说纷纭，因此，以地名称之也难免日后引起争议。

更重要的是考古学有自己的方法，考古学习惯于从文化面貌和具体的特征上认识、区别和概括研究对象。有鉴于此，本文尝试用考古学文化特征表述古国的存在，以描述岭南地区文明的亮点。如此，广东博罗横岭山等遗存代表的古国可称为"夔纹古国"。这样就提供了从考古学遗存的特征上认识古国的经验，也就是说，在岭南的青铜时代特殊的历史条件下，不同古国的居民文化传统不同，考古学文化的地域特点与古国的地域性在某种意义上吻合，这个地域特征既是岭南古国形成的基础又是古国出现的标志，因此，有些地区虽然尚没有重大的遗迹现象和特别精美的高级别器物发现，也完全可以根据考古学文化的地域性特征推定古国的形成与否。当然，这只是根据岭南考古学文化和古国的特殊性而采取的一种特殊表达方法，在岭南地区目前还未曾发现能出其右的方式，至于这种方式能否适用于中原地区，还有待实践的检验。

还有一个问题显然也是不能回避的。一处古代遗址或墓地与一个古国是否可以用等式表示，这样是不是过于牵强？这当然是大遗址与古国的关系问题。在文献的记载中"黄帝时万诸侯"，禹时"执玉帛亦有万国"，夏王朝的后期情况开始变化，《帝王世纪》载："孔甲之至桀行暴，诸侯相兼，逮汤受命，其能存者三千余国"，殷商以降到西周，"凡千七百国，又灭汤时千三百矣"。春秋时，"尚有千二百国。二百四十二年之中，弑君三十六，亡国五十二，诸侯奔走不得保其社稷者，不可胜数"。这些数字准确与否并不重要，重要的是这些记载揭示出中国古代由分散到集中，逐步走向统一的大趋势，符合规律和逻辑，因而基本可信。古国多说明当时的国家小。文献记载"七十里为政于天下，汤是也"（《孟子·梁惠王下》），周人兴起也不过百里，所以，笔者曾提出，在更为遥远的庙底沟二期文化时，像陶寺遗址那样的古国有三五十里便可以雄视天下了[34]。这实际上就是强调大遗址与古国核心范围的对应关系。需要说明，在中原地区新石器时代晚期,某一考古学文化可能同时拥有不同的古国,他们或可能各自独立,或可能有附属关系;然则,在岭南地区情况可能恰恰相反,某一考古学文化只能与某一古国相对应,这是岭南地区非常值得重视的特点。

3. 考古学探索的岭南古国体系

按上述的认识和经验,在夔纹古国之外,岭南地区还有格纹古国、釉陶古国、素面古国、绳纹古国、石矛古国存在。

格纹古国。2003年配合基本建设在广东曲江矮石的岗顶墓地清理出40余座墓葬[35],分别属于西周和春秋两个时期,陶器的基本组合是罐、豆,有青铜戈发现,陶器的类别不如博罗横岭山墓地多,随葬器物也不丰富,可是,陶器表面的纹饰却很有特点,这里流行的不是夔纹而是方格纹,早晚两期都是如此,清楚地显示出传统的根深蒂固。这个墓地现存的规模不大,出土器物的级别不高,应该不是当时的中心地所在。但是,由于这里墓葬的年代与博罗横岭山大致相同,器表的纹饰有对应关系,因此,可以认定有古国存在。历史文献学考证阳禺就在粤北至湖南南部一带,可证上述认识不误。根据博罗横岭山的经验,这个古国可称为"格纹古国"。

釉陶古国。1974年在岭南东部的饶平浮滨遗址发现一种考古学遗存[36],以釉陶、石戈最有特色,陶器的基本组合是大口尊、折腹豆、圈足壶,陶器上刻画符号引人注目,此类遗存被称为浮滨类型,并被认为主要分布在韩江流域。近年来,这类遗存在福建的九龙江流域有更多的重要发现,如漳州的虎林山遗址出土了与浮滨遗址完全相同的陶器,还发现了青铜戈、牙璋等礼仪性的高级别器物[37]。陶器的类型学研究表明,漳州虎林山遗址的圆肩高领罐在形态上早于浮滨等地的折肩高领罐,而且,在以往的考古发现中,岭南中部和东部地区这类遗存具有东部早于西部的倾向,显示出其中心聚落原本可能在九龙江而不在韩江流域,随着时间的推移才逐步向岭南地区渗透。广东博罗横岭山和深圳屋背岭、珠海的岛屿以及香港的马湾岛都能见到它的影响,年代为岭南青铜时代第二阶段。这类遗存能够反应国家形成的重要遗迹现象尚未发现,但物质文化的水准已然越过文明的门槛,所以,可称其为"釉陶古国"。

绳纹古国。在番禺、东莞、深圳这一带有较密集的商代遗址分布,例如,番禺的南沙[38],东莞的村头,深圳的向南村[39]、屋背岭都有较大面积的考古发掘和较丰富的文化遗物与遗迹出土。据华南师范大学曾昭璇教授考证,《山海经·海外南经》中有"或曰讙朱国",欢头、欢兜、欢朱相通,唯读音不同。欢朱即番禺之异译,所以欢兜也为番禺之异称[40]。这个古国是否在肇庆一带,目前尚无考古学资料的支持,倒是番禺及其以南的商代遗存很可能与这个古国有关,这里暂称其为绳纹古国。值得注意的是,这个时期墓葬出土器物与遗址有明显区别,不同地点的葬墓文化面貌差别大,而遗址的文化面貌基本相同,表明各地的居民在发展的道路上与外界的联系及受到的影响是有差别的。

素面古国。广西武鸣一带曾屡有商周时期的青铜器发现,其中马头元龙坡西周至春秋的墓地[41]最典型,这里流行特殊的埋葬习俗,墓圹挖成船形,个别墓葬有半圆形耳室,还有一种将随葬器物打破分散埋葬的现象。随葬器物以陶器为主,组合为釜、罐、碗、杯、壶等;青铜器是卣、盘、矛、匕等,陶器的纹饰除数量很少的变形云雷纹、绳纹外,基本上是以素面为主,显示出抵制夔纹和格纹的传统,这里姑且称之为"素面古国"。不过,这里流行西周时期的青铜盘,与广东博罗地区多见钟的情况完全不同,说明珠江中游古国在形成的过程中与中原地区另有联系的管道,岭南文明进程的情况是比较复杂的问题。

石矛古国。广东湛江平坦的峰背遗址以大量的磨制石器为特点[42],其中石矛最有特色。这种石矛不是新石器时代常见的那种,不尖锐,双面刃,起脊,有柄,形态在矛与圭之间,这里姑且称"矛",实际用途当不是生产工具,也非武器,而与礼仪活动有关的可能性很大。该遗址的考古工作还有待更深入的进行。有的研究曾根据文献推测这一带古国的状况[43],值得重视。颇具特色的典型器物业已暗示出古国的存在和研究的前瞻性,这里暂称为"石矛古国"。与其他古国相比,这里陶器资料的发现和考古工作的紧迫性显得格外突出。

此外,广西平乐银山岭战国墓葬[44]与武鸣一带年代相近的墓葬存有显著区别,足证古国的传统不同。那里西周前后的考古学资料是探索古国的关键,还有待进一步的发现。广东普宁后山遗址以鸡形壶为代表的文化遗存也必须给予足够的重视,其地处夔纹古国和釉陶古国之间,青铜时代的第二阶段便已向南北散去,故本文从略。

综上所述,岭南地区古国的形成在东中西部有不平衡的倾向,但是,至迟在青铜时代的第二阶段已经全面启动,不同的区域有不同的中心,不同的文化乃至不同的人群有其独特的标志。然而尚有一批以渔捞和狩猎为生计的人们可能游离于古国之外,继续过着比较简陋、原始和古朴的生活。易言之,岭南文明的初期阶段,古国只是几个据点,它们的周围是更原始的部族,在这种错居杂处的环境中,古国的居民不断推广自己的生产和生活方式、观念意识及典章制度,这是一个相当长的历史过程。另外,古国、方国、邦国这些常见的概念在学术界是用以表述秦帝国之前的国家形态,但是考古学的特征并不十分清楚,本文使用古国的概念仅仅是用以指示岭南地区最早出现的国家,在这一点上可能与"古国"的原意相同。岭南地区从古国到帝国是否还存在例如方国和邦国的形态?已知的资料不足为证。特别是战国时期考古学资料的缺乏,造成岭南地区已有古国的线索陷于中断,许多问题又变得扑朔迷离了。

三

考察岭南文明进程不能脱离南部中国的文化背景,也不能置中国古代文明进程的大趋势于不顾。考古学探索文明起源不是普通意义或广义的文明,文明是一种社会的进步，这种广义的文明，需要多科学的努力才能获取更丰富的知识，而且，这种社会进步是从古到今的过程，包含着当代的文明。考古学探索的文明是狭义的文明，是关于古代国家形成的过程，是基于"国家是文明社会的高度概括"[45]的认识进行的研究。考古学从物质文化及其运动过程中发现矛盾，寻找逻辑，认识规律，探讨社会结构、组织和秩序，揭示古国的特点和文明的特征。

中国古代文明的起源是以礼制的成熟与发展为主要特征的，这是文明起源中国模式的基本内容[46]。生产力与生产关系，上层建筑和经济基础的矛盾运动在古代中国集中体现在礼制方面，礼制是社会基本矛盾运动的结晶，礼制是道德观念，是行为准则，也是维持社会秩序的依据；在血缘关系和家族、宗族传统浓郁的古代中国礼制是一种公共权利，在协调、团结、引领和规范更多的社会团体方面发挥作用，正所谓"国之大事，在祀与戎"。经典作家指出，国家的两个基本特征，一是"按地域来划分它的国民"，二是"公共权利的设立"，可见，礼制的成熟与发展实为中国古代文明的根基之所在，魂魄之所系。

已知的资料表明：中国古代的礼制有一个长期发育的过程。至少从新石器时代中期距今约7000多年前的磁山遗址开始礼俗就已经形成相当的规模[47]，而后连绵不断，特点鲜明，后来的甲骨文和"三礼"的问世都是这个过程的后续环节，而且文献记载的礼制诸多内容，如盟誓制度、昭穆制度、用鼎制度、赗赙制度、丧礼以及礼器的名实都不仅仅停滞在文献依稀记得的年代，完全可以根据考古学资料上推到新石器时代的晚期，并揭示出古代社会的中国特征。古代中国在"周礼"之前还有个"古礼"的阶段，确定它的形成与否关键在于对礼器的认识。当时的礼器是普通生活中使用的陶器，器表施特殊的纹饰。仰韶时期庙底沟文化的彩色陶器便是礼器，其考古学的特征一是图案规范，暗含着某种制度的约定；二是变化敏感，显然是使用频率高于普通的日用器所至，所以，在通常的情况下这种器物用以判定年代可以，用来划分类型不行；三是具有特殊的文化穿透力。庙底沟文化的彩陶、大汶口文化的陶鬶都可以穿越重重的文化障碍，到达匪夷所思的远方。前者以陕晋豫交界处为中心，但其影响在山东泰安、江苏的邳县可以见到，向西进入青海，向北到达内蒙古，向南则饮马长江；后者以泰沂地区为中心，但向西的挺进却可达到西安以西。中国古代的礼器有陶、玉石、青铜等不同的质地，其出现的年代不同，但也有共生的阶段，对于探索中国文明起源而言陶质礼器的意义更为重要，而岭南的资料也提供了最好的注解。

那么，岭南的文明进程与文明起源的中国模式有怎样的关系呢？考古学资料表明：俗化百越、礼教南疆是岭南文明进程的重要特点。目前的考古学资料已经能够勾勒出岭南新石器时代晚期考古学文化的基本格局，概括起来就是：中西明朗，东部模糊，南北对话，海陆有别。即珠江中下游的情况基本清楚；粤东地区新石器时代的考古学文化除了早年陈桥遗址，其他线索不明确；洞穴与沙丘遗址南北相守，中部的石峡文化与香港涌浪遗址代表的遗存南北对峙；环珠江口的岛屿上一种以发达刻画纹为代表的遗存与大珠江的传统区别明显。这个格局是认识岭南文明特点的基础，应该得到重视。此外，岭南地区东中西部的区别是文化交流的活跃程度和相互影响的问题，南北则有经济形态的问题。

资料表明，大珠江的传统在岭南地区维持的时间颇为长久。广东曲江石峡、封开杏花村[48]和勒竹口[49]、吴川黎屋村梧山岭[50]等遗址都分别与广西南宁顶蛳山遗址几个时期的遗存相同，显示出不论是珠江的下游、粤北山地，还是沿海地区文化面貌的一致性；这种珠江的大传统不可能直接生长出后来的石峡文化。距今 6000 年前后，湖南安乡汤家岗遗址[51]的彩陶由湘水走灵渠而入西江，然后一路南下，在广东高要蚬壳洲[52]、东莞万福庵[53]、深圳大黄沙[54]、珠海后沙湾、香港大湾遗址[55]留下了南进的足迹，开始动摇了珠江的大传统，改变了岭南地区的文化格局；距今 5000 年左右江西清江流域樊城堆[56]等遗址以三足盘、鼎代表的遗存与浙江好川墓地[57]以陶鬶、玉琮代表的遗存重组后翻越大庾岭梅关进入广东，取大珠江传统而代入，以石峡文化的崭新面貌独立于粤北山地；距今 3500 年以后，福建九龙江流域以虎林山遗址代表的遗存不断地由东而西渗透岭南；在岭南的西侧，岷江流域的考古学文化遗存通过"金沙走廊"翻越云贵高原，向红河流域挺进的步伐从来就没有停止过，越南北部富寿省 Xom Ren 遗址、永富省 Phung Nguyen 遗址分别于 1981、1985 年发现的牙璋与成都广汉地区商周时期的同类器几乎完全相同[58]。最近，越南 Xom Ren 遗址的再发掘又有牙璋收获[59]，有些样式见于成都金沙遗址，这些资料足证"金沙走廊"在商周时期依然被充分利用，这或许可以解释红水河流域的广西武鸣马头元龙坡西周时期的墓地与广东博罗横岭山墓地显著区别的原因所在了。以往，一些研究虽然都承认自新石器时代以来岭南地区就与中原地区特别是与长江中下游地区有文化方面接触，但倾向于文化通道的"形成发展时间与楚人进逼岭南大体一致"[60]，估计过于保守。现在看来，秦始皇 50 万大军进岭南的路线古来有之，而且，文化走廊远比人们预计的要多，联系更紧密，岭南地区的考古学文化与中原地区血脉相连，文明起源的中国模式在岭南继续延伸是客观的历史事实。

在中国新石器时代晚期以及夏商周时期，考古学文化的传播与流动从来都只是现象，其本质是礼制的推广，岭南地区当然也不例外。当彩陶、陶鬶、玉琮等物质文化在岭南大地上崛起，人们看到了一种崭新的要素在游弋、涤荡和拓展，这个要素就是礼制。礼教南疆的帷幕由此拉开，随着时间的推移它逐步获得了对岭南地区的统治。湘系的彩陶原本就与庙底沟文化的直接影响有关，礼器的功能与生俱来，它们在岭南中部地区的出现可视为中原礼制冲击岭南的第一次浪潮。陶鬶是礼器，邹衡先生考证是文献所称的"鸡彝"[61]，玉琮也是礼器，源自良渚文化，它们在粤北石峡遗址的登场是礼制冲击岭南的第二次浪潮。第三次浪潮是商代，江西清江流域的商代遗址[62]对岭南的影响促进了中部地区文化结构和特征的变化。广东东莞村头、香港大湾遗址出土的牙璋在中原地区习见，它们在岭南的发现，足证礼制具有跨越文化障碍的极强文化穿透力。

此后，在广东博罗地区包括横岭山墓地可以见到浓郁的周礼特点，"钟鸣鼎食"取代了"觥筹交错"，已是当时人们尊崇的时尚。到南越国时期，南越王墓葬中汉代的制度已然成为主流。

岭南文明进程中文化发展的不平衡性和经济形态的多样性值得注意。考古学资料显示，率先迈入文明门槛的是以农耕经济为主体从事多种经济活动的人们，那些单纯从事渔捞和狩猎的人们虽然能够接受礼制的熏陶，但很难继续传承、发扬光大，彩陶在广东珠海后沙湾、中山龙穴[63]、澳门黑沙[64]等地的影响及消失就是明证。所以，有些研究认为越人在岭南建立了许多小国，可考古学能够认识的古国数量并不多，这些古国与中原的文明又有千丝万缕的联系；而岭南大部分地区的人们仍然在黎明的前夜中奋斗、摸索；易言之，岭南地区并非是越人的一统天下，文献记述的一些小国既是中原文明的同化者，又是文明的传播者，历史没有忘记她们的贡献；同时，俗化百越，礼教南疆是一个相对较长的历史过程。

至此，可以得出两个基本的认识：第一，岭南文明是在中原文明的开发、开化的影响下逐步形成的，因此，属于次生文明，而不是原生文明。由于她不是从当地文化内部自然生长出来的，因而，在其发展过程的每个阶段始终都能见到中原的影子。这就造就了岭南文明的阶段性清楚，连续性不太明显的特点，在岭南地区，没有一支考古学文化或一个古国能将文明进行到底，这与中原地区完全相同。文明是此起彼伏的过程，礼制在传承中得到发展，只有在中国文明进程的大格局中才能认识和说明岭南地区的文明历程。所以，文明起源的"满天星斗"[65]说，客观、形象地揭示出中国古代文明的多源性和接力式发展的形式特点；文明起源的中国模式不仅能够释读中原地区的考古学资料，对于认识边疆地区也具有同样重要的意义，岭南提供了新的资料和经验。第二，文化的积累和社会的进步达到了需要礼制维系、管理和引领的阶段，是岭南吸收中原礼制的内部条件，即内部的动力。这是以农耕为基本生产方式的人们特殊的需求。中国古代的文明说到底是农耕社会的文明，礼制的基础是农业的生产方式。一个古国、一个文明的亮点所覆盖和照耀的地区是很有限的，农耕在岭南的推广是渐进的过程。考古学资料表明：南越国时期不要说徐闻至湛江的雷州半岛仍为土著占据，就是粤北山地与广州、番禺也有较大区别。西汉设郡之后，汉文化的礼仪制度、生产和生活方式才得到比较全面的推广，至南朝时期迎来了岭南地区经济和文化的更大发展。因此，岭南文明进程是文化、制度、经济等方面的综合性研究课题，需要更多的学科共同关注和努力，才能使我们的认识更接近历史的真实。

本文对岭南文明进程的认识就是三句话："第一，先秦时期岭南考古学文化的区域特点包括：石器的长过程，珠江的大传统，聚落的多形态，地域的三大块；第二，岭南新石器时代晚期考古学文化的基本格局可归纳为：中西明朗，东部模糊，南北对话，海陆有别；第三，岭南文明进程的主要特色可总括为：农耕拓展，文明渐进，俗化百越、礼教南疆。"

注　释

[1] 郭大顺：《苏秉琦先生谈"岭南考古开题"》，《华南考古》(1)，文物出版社，2004年，第1～6页。

[2] 司徒尚纪：《广东政区体系》，中山大学出版社，1998年，第23页。

[3] 中国社会科学院考古研究所、广西壮族自治区文物工作队、桂林甑皮岩遗址博物馆等：《桂林甑皮岩》，文物出版社，2003年；英德市博物馆、中山大学人类学系、广东省文物考古研究所：《英德史前考古报告》，广东人民出版社，1999年。

[4] 广东省博物馆、曲江县文化局石峡发掘小组：《广东曲江石峡墓葬发掘简报》，《文物》1978年第7期，第1～15页。

[5] 香港古物古迹办事处：《香港涌浪新石器时代遗址发掘简报》，《考古》1997年第6期，第35～53页。

[6] 广东省文物考古研究所、东莞市博物馆：《广东东莞市圆洲贝丘遗址的发掘》，《考古》2000年第6期，第11～23页。

[7] 广东省文物考古研究所、珠海市博物馆：《珠海宝镜湾——海岛型史前文化遗址发掘报告》，科学出版社，2004年。

[8] 郭大顺：《苏秉琦先生谈："岭南考古问题"》，《华南考古》(1)，文物出版社，2004年，第1～6页。

[9] 江西省文物考古研究所、厦门大学人类学系考古专业、江西省樟树市博物馆：《江西樟树吴城商代遗址第八次发掘简报》，《南方文物》1995年第1期，第5～23页。

[10] 珠海市博物馆、广东省文物考古研究所、广东省博物馆：《珠海考古发现与研究》，广东人民出版社，1991年。

[11] 广东省文物考古研究所、北京大学考古系实习队：《广东南海市鱿鱼岗贝丘遗址的发掘》，《考古》1997年第6期，第65～76页。

[12] 1984年，朱非素提出三期说（朱非素：《广东新石器时代考古若干问题的探讨》，《广东省博物馆建馆三十周年论文篇》，紫禁城出版社，1989年，第50～62页）；1986年，杨式挺也提出三期说（杨式挺：《广东新石器时代文化及相关问题的探讨》，《广东省博物馆建馆三十周年论文集》，紫禁城出版社，1989年，第63～84页）；1991年李子文提出从彩陶到夔纹陶的六期说（李子文：《珠江口沙丘遗址的考古实践与认识》，《广东省博物馆馆刊》（第2辑），广东省博物馆馆刊编辑部，1991年，第121～128页）；1993年邹兴华提出从彩陶到青铜器出现的五期说（邹兴华：《珠江三角洲史前文化分期》，《岭南古越族文化论文集》，香港市政局，1993年，第40～55页）；1995年曾骐提出了他的看法（曾骐：《环珠江两侧的史前文化》，《东南亚考古论文集》，香港大学美术博物馆，1995年，第285～294页）；1997年商志䫖、毛永天对香港新石器时代的分期也提出认识（商志䫖、毛永天：《香港地区新石器时代文化分期及与珠江三角洲地带的关系》，《考古学报》1997年第3期，第255～284页）；1999年卜工将这里彩陶代表

的遗存归为新石器时代晚期，同时，提出在岭南考古学文化分期研究中运用"年代组"的概念（卜工：《环珠江口新石器时代晚期考古学遗存的编年与谱系》，《文物》1999 年第 11 期，第 48~56 页）；2000 年古运泉、李岩、李子文不用三期说，而用早晚二期的概念表述考古学资料（广东省文物考古研究所：《广东考古世纪回顾》，《考古》2000 年第 6 期，第 1~10 页）。

［13］ 资料表明，珠江中下游地区的炊器具有一脉相承的渊源关系，珠江下游的陶釜是由中游地区的深腹罐发展而来，变化轨迹十分清楚，口部的特点是由侈口直领向敞口卷沿、再到折沿的方向发展；腹部是由弧腹向鼓腹、再到鼓肩的方向发展，整体形状是由长方体向方体再到扁方体发展，最大横径由小于通高而逐渐接近进而超过之；纹饰特点是绳纹领口、划纹切割绳纹领口、领口外侧加工图案，如三角形纹填充纹饰，再到素面。

［14］ 弗里得里希·恩格斯：《家庭、私有制和国家的起源》，《马克思恩格斯选集》（第 4 卷），人民出版社，1972 年，第 145 页。

［15］ 苏秉琦：《辽西古文化古城古国——兼谈当前田野考古工作的重点或大课题》，《文物》1986 年第 8 期，第 41~44 页。

［16］ 中国社会科学院考古研究所山西工作队、临汾地区文化局：《1978—1980 年山西襄汾陶寺墓地发掘简报》，《考古》1983 年第 1 期，第 30~42 页。

［17］ Finn D J. Archaeological Finds on Lamma Island, near Hong Kong. Hong Kong: The University of Hong Kong, 1958.

［18］ 何介钧：《试论岭南青铜文化》，《深圳考古发现与研究》，文物出版社，1994 年，第 192~201 页；徐恒彬：《广东青铜时代概论》，《广东出土先秦文物》，广东省博物馆、香港中文大学文物馆，1984 年，第 45~86 页；吴曾德、叶扬：《论广东青铜时代三个基本问题》，《深圳考古发现与研究》，文物出版社，1994 年，第 202~211 页。

［19］ 广东省文物考古研究所、珠海市平沙文化科：《珠海平沙棠下环遗址发掘简报》，《文物》1998 年第 7 期，第 4~16 页。

［20］ 广东省文物考古研究所、东莞市博物馆：《东莞村头遗址第二次发掘简报》，《文物》2000 年第 9 期，25~34 页。

［21］ 广东省文物考古研究所、北京大学考古学系、三水市博物馆：《广东三水市银洲贝丘遗址发掘简报》，《考古》2000 年第 6 期，第 24~36 页。

［22］ 广东省文物考古研究所：《博罗横岭山——商周时期墓地 2000 年发掘报告》，科学出版社，2005 年。

［23］ 广东省文物考古研究所、深圳博物馆、深圳市文物管理委员会办公室等：《深圳市屋背岭商时期墓葬群》，《华南考古》（1），文物出版社，2004 年，第 163~186 页。

［24］ 广东省文物考古研究所、普宁市博物馆：《广东普宁市池尾后山遗址发掘简报》，《考古》1998 年第 7 期，第 1~10 页。

［25］ 香港古物古迹办事处、中国社会科学院考古研究所：《香港马湾岛东湾仔北史前遗址发掘简报》，《考古》1999 年第 6 期，第 1~17 页。

[26] 黄展岳:《论两广出土的先秦青铜器》,《考古学报》1986 年第 4 期,第 409~434 页。

[27] 杨式挺:《岭南先秦青铜文化考辨》,《中国南方及东南亚地区古代铜鼓和青铜文化第二次国际学术讨论会论文集》,广西民族出版社,1993 年,第 212~220 页。按:此文中关于广东"青铜文化遗址(含遗物点)约有 500 处"的估计,以目前的认识衡量之,未必准确,当时统计的方法和对材料的认识可能都有值得商榷的地方。由于无新的统计,暂从之。

[28] 黄展岳:《论两广出土的先秦青铜器》,《考古学报》1986 年第 4 期,第 409~434 页。

[29] 珠海市博物馆、广东省文物考古研究所、广东省博物馆:《珠海考古发现与研究》,广东人民出版社,1991 年。

[30] 广西壮族自治区博物馆:《广西壮族自治区考古五十年》,《新中国考古五十年》,文物出版社,1999 年,第 330~346 页。

[31] 广东省博物馆、饶平县文化局:《广东饶平县古墓发掘简报》,《文物资料丛刊》(8),文物出版社,1983 年,第 100~105 页。

[32] 李珍、黄强、韦志贞:《广西武鸣发现早期岩洞墓》,《中国文物报》2003 年 8 月 8 日。

[33] 谭其骧:《中国历史地图集》,中国地图出版社,1990 年,第 5 页。

[34] 卜工:《关于古文化与古国的思考——四论文明起源的中国模式》,《中国文物报》2003 年 10 月 24 日。

[35] 据广东省文物考古研究所发掘资料。

[36] 广东省博物馆、饶平县文化局:《广东饶平县古墓发掘简报》,《文物资料丛刊》(8),第 100~105 页。

[37] 福建博物馆、漳州市文物管理办公室、漳州市博物馆:《虎林山遗址——福建漳州商周遗址发掘报告之一》,海潮摄影艺术出版社,2003 年。

[38] 据广州市文物考古研究所发掘资料。

[39] 深圳市文管会办公室、深圳市博物馆、南山文管会办公室:《深圳市向南村遗址的发掘》,《考古》1997 年第 6 期,第 77~86 页。

[40] 司徒尚纪:《广东政区体系》,中山大学出版社,1998 年,第 19 页。

[41] 广西壮族自治区文物工作队、南宁市文物管理委员会、武鸣县文物管理所:《广西武鸣马头元龙坡墓葬发掘简报》,《文物》1988 年第 12 期,第 1~13 页。

[42] 据广东省文物考古研究所发掘资料。

[43] 马头发掘组:《武鸣马头墓葬与古代骆越》,《文物》1988 年第 12 期,第 32~36 页;蒋廷瑜:《从考古发现探讨历史上的西瓯》,《百越民族史论集》,中国社会科学出版社,1982 年,第 217~230 页;张荣芳:《西汉时期苍梧郡文化论述》,《秦汉史论集(外三篇)》,中山大学出版社,1995 年,第 179~206 页。

[44] 广西壮族自治区文物工作队:《平乐银山岭战国墓》,《考古学报》1978 年第 2 期,第 211~258 页。

[45] 弗里得里希·恩格斯:《家庭、私有制和国家的起源》,《马克思恩格斯选集》(第 4 卷),人民

出版社，第72页。
[46] 卜工：《文明起源的中国模式》，《中国文物报》2003年2月21日。
[47] 卜工：《磁山祭祀遗址及相关问题》，《文物》1987年第11期，第43～47页。
[48] 据广东省文物考古研究所发掘资料。
[49] 广东省文物考古研究所、封开县博物馆：《广东封开蕏竹口遗址发掘简报》，《文物》1998年第7期，第38～41页。
[50] 据广东省文物考古研究所发掘资料。
[51] 湖南省博物馆：《湖南安乡县汤家岗新石器时代遗址》，《考古》1982年第4期，第341～354页。
[52] 广东省博物馆、高要县文化局：《广东高要蚬壳洲发现新石器时代贝丘遗址》，《考古》1990年第6期，第565～568页。
[53] 广东省博物馆、东莞市博物馆：《广东东莞市三处贝丘遗址调查》，《考古》1991年第3期，第193～197页。
[54] 文本亨、谌世龙：《深圳市大黄沙沙丘遗址发掘简报》，《深圳考古发现与研究》，文物出版社，1994年，第17～27页。
[55] 邓聪、黄韵璋：《大湾文化试论》，《南中国及临近地区古文化研究》，香港中文大学出版社，1994年，第395～412页。
[56] 江西省博物馆、北京大学历史系考古专业、清江县博物馆：《清江筑卫城遗址发掘简报》，《考古》1976年第6期，第383～397页；清江博物馆：《江西清江樊城堆遗址试掘》，《考古学集刊》（1），中国社会科学出版社，1981年，第82～87页。
[57] 浙江省文物考古研究所、遂昌县文物管理委员会：《好川墓地》，文物出版社，2001年。
[58] 王永波、张春玲：《齐鲁史前文明与三代礼器》，齐鲁书社，2004年。
[59] 卜工：《考古学文化传播的路径与内容——以大石铲、牙璋、彩陶等为例兼谈中国文明的礼制根基》，《中国文物报》2004年9月10日。
[60] 黄展岳：《论两广出土的先秦青铜器》，《考古学报》1986年第4期，第409～434页。
[61] 邹衡：《夏商周考古学论文集》，文物出版社，1980年。
[62] 江西省文物考古研究所、厦门大学人类学系考古专业、江西省樟树市博物馆：《江西樟树吴城商代遗址第八次发掘简报》，《南方文物》1995年第1期，第5～23页。
[63] 中山市博物馆：《中山历史文物图集》，香港大公报，1991年。
[64] 邓聪、郑炜明：《澳门黑沙》，香港中文大学出版社，1996年。
[65] 苏秉琦：《辽西古文化古城古国——兼谈当前田野考古工作的重点或大课题》，《文物》1986年第8期，第41～44页。

（原载于《历史人类学学刊》第三卷第二期，香港科技大学华南研究中心，2005年）

良渚礼制研究

由于大量玉器的惊世发现，良渚文化拥有独特的礼制已成为学术界的共识。但是，它的神秘面纱并没有被真正揭开。多年以来，始终有两种倾向制约着良渚玉器的研究：一是简单地追逐对玉器特殊纹饰意义的推测，随心所欲地加以发挥，将其推向神化的极致，从而淹没了真实、合理的内容；二是片面地追求玉琮由矮至高的单线条进化模式，忽视了对玉器组合状况与出土环境的分析，直接影响了对玉器功能的认识。因之，目前对良渚礼制的估计与历史的真实尚有很大差距，许多问题都存在着进一步检讨的必要和可能。本文的切入点正是良渚玉器的特殊纹饰和玉璧、玉琮的用途与功能。

一

以往，人们是基于两个似乎难以动摇的支撑点来认识良渚的玉器。其一，是《周礼》关于"苍璧礼天，黄琮礼地"的记载；其二，商代青铜器是礼器，良渚玉器的特殊纹饰与青铜器动物纹样相似，自然也应是礼器。可是，《周礼》与良渚文化的年代差距使得学术界的许多研究都出言谨慎，引用文献只是一带而过，稍加发挥则恐言多必失。由于《周礼》对玉璧、玉琮的具体用途语焉不详，所以，尽管一些研究对玉器的实际功能和具体用途心存疑虑，但终不能鼓起理论的勇气大胆地加以阐释或予以新的说明；对于玉器特殊纹饰更是有飘逸神奇、模棱两可、似是而非的感觉，然而又缺乏批判的武器，乃至于良渚玉器的研究长期徘徊于若明若暗之中。

张光直《谈"琮"及其在中国古史上的意义》[1]便是建立良渚玉器研究基本支撑点的经典之作，很有代表性。他认为，琮是象征天圆地方的一种礼器，"把琮的圆方相套的形状用天圆地方的观念来解释，由来已久"。"内圆象天外方象地这种解释在玉琮的形象上说是很合理的"，"琮的实物的实际形象是兼含方圆的，而且琮的形状最显著也是最重要的特征，是把方和圆通串起来，也就是把天地相贯通起来。专从形状上看，我们可以说琮是天地贯通的象征，也便是贯通天地的一项手段或法器"。"巫的本身首先能掌握方圆，更进一步也更重要的是能贯通天地"。"颛顼命重黎绝地通天，于是天地之通成为统治阶级的象征"。"巫师通天地的工作，是受动物的帮助的，所以贯通天地的法器上面刻有动物的形象必不是偶然的。《左传》宣公三年：□昔夏之方有德也，远方图物，贡金九牧，铸鼎象物……用能协于上下承天休□，便是明指礼器上的动物的功能是用来□协于上下□的"。有研究则据此进一步发挥："法器上的动物图像，是贯通天地的媒介，巫师或特权人物在进行贯通天地的法事的时候，动物是必不可少的媒介。根据以上的这些认识，我们就可以进一步看到，这个玉琮，就是神权和军权、财权统一而集中的象征，下部的兽面是它们的图腾的标志，上面的神人，既是这个图腾的神灵，也是这个氏族的特权人物自己，作为神，就是图腾的神灵，作为人，就是氏族的特权人物，他享有至高无上的特权。因此，凡是刻有这个完整的神人兽面图像的器物，都是这个特权人物进行祭祀之类贯通天地的活动的礼器或法器，其他人是不能占有和使用的。至于其他的器物上，则一般都只刻兽面图像或简化的兽面图像，以示与前者有所区别。"[2]对玉琮的功能则还有图腾柱说[3]、天地柱说[4]、祖器说[5]、祖先崇拜说[6]、陈设品说[7]、多功能说[8]、国家观念说[9]等。

现在的问题是：玉琮作为礼器是如何发挥作用的？其功能何在？怎么就能够"绝地通天"？"神人兽面"纹样的意义何在？倘若不能加以回答，以上种种推测依然令人摸不着头脑，因为，过于简单和笼统的推测，尽管可能有合理的成分，但终难令人信服。如果说玉琮因刻有近似商代青铜器上的特殊纹样才成为礼器，那么，具有相同纹样的琮式管为什么就没有玉琮那样崇高的地位呢？玉钺上的此类纹样光彩照人，服饰、头饰上的也同样鲜明夺目，为什么就处于附属地位呢？为什么同一座墓葬中的器物有的被奉为神明，有的却无人问津？这究竟是历史的真实，还是研究的偏差造成的假象？到目前为止，良渚文化还只余杭反山一个地点有完整的"神人兽面"，如果认为他是良渚的最高统帅，更大规模的莫角山聚落中心还没有发掘，倘若今后又有同样或者更高级的图像出土，那又该怎样解释呢？在古代世界，图腾是与氏族相联系的，氏族规模的大小或成员数量的多寡也有限度，不论在印第安，在雅典、罗马，还是日耳曼，这样的资料都不胜枚举，假若"神人兽面纹"和玉琮与图腾有关，岂不是承认良渚只有一个氏族？规模如此庞大的氏族不仅与古代世界的一般情况相抵牾，与中国考古学观察到的新石器时代半坡文化氏族组织状况也实有天壤之别[10]。看来，以往的研究是以推测立论者多，人云亦云者众，确实为新的探索预留了很大的空间。

还是让资料的逻辑讲述历史的逻辑吧。

1986年浙江余杭反山的发掘是良渚文化自发现以来最重要的收获之一[11]。由于出土玉器精美绝伦、数量众多、组合关系清楚，令人叹为观止。已发掘的9座良渚文化的墓葬分南北两排，北有M18、M20、M22、M23；南有M12、M14~M17。《反山》墓葬主要玉器组合情况见表一。

表一略去的是只见于一座墓葬的器物。表一可以反映：

（1）墓葬的玉器虽多，但能够确定是分属于头饰、服饰、佩饰、仪仗几个大类别。

（2）冠状器、单件锥形器和一种挂饰（包括长管、珠、串饰珠）是每座墓葬必有的器物，应该是死者的身份标志。无此，则不能进入祭坛。

表一　反山 9 座墓葬主要玉器组合表

器物名称	M14	M17	M12	M16	M15	M23	M22	M20	M18
冠状器	1	1	1	1	1	1	1	1	1
三叉形器	1	1	1	1				1	
半圆形饰	4		4			4		4	
成组锥形器	9	7	9	9	7			9	3
单件锥形器	3	2	2	1	2	2	2	3	3
带盖柱形器	2	2	2	4		2	2	2	
柱形器	7		3	6		5	2	9	
琮	3	2	6	1		3		4	1
钺	1	1	1	1				1	
钺瑁	1							1	
钺镦	1		1	1				1	
璜				1		2	2		
圆牌						7	6		
镯形器			1	2	1	2	4		
璧	26		2	1	1	54	3	43	
条形器		1		1					
柄形器		1	1						
榫头端饰	2	2	3	1		6		8	
卯孔端饰	7	6	1			6	2	8	4
贯孔端饰	3		2	1				3	
镶插端饰	2	1	1			4		3	
琮式管	9	4	11	5	1		1	9	
龙纹管			2	2					
鸟	1	1		1	1				
长管	1	4	2	2	1	1	1	3	1
缝缀片	3	10		8					
管	49	6	43	31	27	44	18	33	17
弦纹管	2		4						
串饰中的管	117	224	525	361	6	70	71	253	13
束腰形管		2				1			
珠（含鼓形珠、球形珠）	19	5	6	7	3	32	8	20	4
串饰中的珠	64	30	10	28	1	173	47	69	11
半球形隧孔珠	2	1	1			1	2		3
球形隧孔珠	8	2		5	2	33		6	
粒、片	约 109		435	16	2	2		21	21

（3）有些玉器只出于北排，有些只见于南排。如镶嵌端饰、龙纹管等只见于南排；璜、圆牌等只见于北排。玉钺、三叉形器在北排 M20 各出 1 件。反映出南北两排的死者生前的服饰有区别，在现实生活中充当的角色不同。

（4）玉琮有以 3 件为一套倍数增长的倾向，套数的多寡指示墓葬级别。M12 出 6 件琮，以 3 件为 1 套计是为两套，级别最高；M14、M23 均出 3 件，M20 出 4 件玉琮，似乎与前述标准相左，查《反山》知该墓有 3 件玉琮相邻，位于墓主人右上肢，应为一组；另一件位于墓主人左上肢，可见，3 件为一套的推测可能与当时实际基数相符。这 3 座墓葬同属反山第二等级；M16、M17、M18 只出 1 件或 2 件玉琮，可认为有玉琮而不足一套者为同一级别，系第三等级；不出玉琮的 M15、M22 为不能使用玉琮的第四等级。若然，反山墓葬有 4 个等级存在。另外，不能使用玉琮者，同时也不能使用琮式管、带盖柱形器。

在规模宏大的莫角山聚落中，反山距聚落中心最近，但仍是外围的地点。故反山 M12 的两套玉琮还不是良渚的最高等级；就古人对数字的认识来说，两套也不应是上限。据研究："人类计数知识的发展曾经历了这样几个阶段：第一，知道有二。……第二知道有三。即计数到三为止，三以上都用多来代表。……第三，知道有五。"[12] 既然反山的先民已经用 3 作为玉琮入葬的配置基数，所以，良渚玉器墓葬的最高级别至少应该是三套玉琮，甚至可能达到五套，或更多。可见，目前对良渚玉器墓葬等级的认识还不够充分，有待今后的资料充实。

以上的认识是否有意义，还需要回到良渚的其他墓地中检验。1987 年发掘的余杭瑶山祭坛与墓葬，是反山之后良渚文化的又一项重要收获[13]。考古报告已刊出，为进一步研究提供了珍贵的资料。表二是《瑶山》墓葬主要玉器组合。

表二 瑶山墓葬主要玉器组合表

器类＼墓葬	M1	M2	M3	M4	M5	M6	M7	M8	M9	M10	M11	M14
冠形器	1	1	1	1	1	1	1	1	1	1	1	1
带盖柱形器		1	1				1		1	1	1	
三叉形器		1	1				1	1		1	1	
成组锥形器（组）		1	1				1	1		1	1	
钺		1	1				1	1		1	1	
琮		2					2			3		
小琮		2	2				10		5			
璜	2			2	1						4	1
圆牌	6	1		8	3						13	1
镯形器	1	1	3	3		2	12	1	1	7	9	2
柱形器		3		1		1	2	1	2	8	4	1
锥形器	1	2	1	1		1	1	2			2	1

续表

器类 墓葬	M1	M2	M3	M4	M5	M6	M7	M8	M9	M10	M11	M14
牌饰							1		1	1		
纺轮						1					1	

表二提供了以下线索：

（1）冠状器是每座墓葬必有的器物，与反山一样应该是死者身份的标志，无此身份证明则不能进入祭坛。

（2）有些玉器只出于北排，有些则只见于南排。如三叉形器、带盖柱形器，琮、钺、成组锥形器都只见于南排；璜、圆牌只见于北排，只有北排出纺轮的现象与反山相同。这里南北两排墓葬玉器组合的差别比反山表现得更为清晰。因此，推测北排墓葬死者是女性，南排为男性很有道理。依此可推知反山墓葬不同排列死者的性别。

（3）瑶山墓葬玉琮的配置关系指示出这里存在三个等级：即可以用一套玉琮的、不足一套的和不能使用玉琮的。缺少像反山 M12 可以使用两套玉琮的等级，故瑶山等级低于反山。头饰、服饰精美程度和数量的多寡也可为此佐证。看来，距莫角山聚落越近，遗址级别就越高。瑶山北排墓葬不用琮、钺，反山则没有这种限制，可能与聚落级别有关。

再看福泉山遗址。自 1979 年 11 月对该遗址试掘以来，共发现良渚文化墓葬 30 座，报告者经研究，提出 5 期的分期意见[14]。其中，第一至第三期未见玉琮，故从略，后两期墓葬既有玉器也有陶器，后者为大宗，这里只讨论玉器。属于第四期的墓葬 6 座，M53 出残破玉琮 2 件、锥形器 2 件，M65 出玉琮、玉钺、玉璧各 2 件，锥形器 5 件。M60 出锥形器 8 件，冠形器、璜各 1 件，玉璧、玉镯各 2 件，还有带钩、珠等其他小型物件，M74 出玉钺 4 件，锥形器 12 件，冠形器、璜、镯各 1 件，纺轮 2 件，还有珠及小玉饰等。M103、M136 仅有玉璧和锥形器等。第五期墓葬 5 座，M128 无玉器。M9 出玉器有钺 2 件、琮 1 件、璧 4 件、锥形器 4 件，还有一些小物件。M40 出玉器有钺、琮、璧各 3 件及若干小物件。需指出，该墓 3 件玉琮中，有两件可以套接，实为一件高体琮，另一件 M40：91 从形态看与其他玉琮也有区别。M67 有半成品琮 1 件和若干小物件。M101 出锥形器 12 件、冠形器和钺各 1 件，还有环、珠等小物件。

据此，福泉山墓葬有以下特点：

（1）墓地的级别不高，大致相当于反山第三级，或瑶山第二级。

（2）冠形器不是玉器墓必有的入葬器物。由于冠形器与璜或纺轮共生，而排斥玉琮，参照反山和瑶山的经验，随葬这类器物的墓主人可推定为女性。

（3）M53 残破玉琮可能在级别上低于完好者，但高于不能使用玉琮者。

（4）以上虽没有讨论陶器，但这里入葬陶器的数量远比反山和瑶山为多，显示出某些礼俗的变异特点。

寺墩墓葬。该墓地是20世纪70年代末发现，先后经5次发掘，发表的墓葬资料有限，但非常重要[15]。1979年M1出玉琮2件，一高一矮，矮者刻有简化兽面纹，两节，高者则无纹饰，8节。其他玉器有璧5件，颈饰1组，佩饰1件，杯形器1件。1995年M5出玉琮2件，高矮各1件，矮者兽面纹，1节。高体玉琮为简化兽面纹，11节。另有玉器：璧2件、钺1件、带钩2件，还有管、珠等。该墓与1979年M1的情况十分相似。1982年发掘的M3出玉琮33件、玉璧24件，是目前所知良渚文化一座墓葬中玉琮数量最多者。其中，高体玉琮为27件。根据反山玉琮3件一套的规制，该墓达到11套；若以6件矮体玉琮计，则此墓相当于反山第一等级。此墓还有特殊现象值得重视，发掘者指出："玉璧中一件碎为数块的达21件，而其中的13件又有明显的经火烧过的痕迹；玉琮中分为两截或两半的仅5件，也有8件有明显的经火烧过的痕迹。……上述这些现象，说明在葬地曾举行某种殓葬的宗教仪式。其过程是：先于死者葬地的头前和脚后铺上各十余件玉璧，然后放火燃烧，等火将灭未灭时，将死者安放于葬地，再围绕四周放置玉琮，并在头前脚后放置陶器和其他玉器，而将最好的两件玉璧摆放在死者的胸腹之上，最后覆土掩埋。"[16]这段详细、认真的记录表明：M3与良渚其他玉器墓的性质可能有区别，具有特殊意义，因此，尽管该墓玉琮数量的规制与反山吻合，但似不能以此推测其等级或级别。寺墩M4的玉器只有琮和璧各1件。

苏州草鞋山良渚文化墓葬。该遗址经1972年和1973年两度发掘，发现3座良渚墓葬[17]，编号为M198、M199、M200。其中，M199、M200的器物是后来征集收回的。M198出玉琮3件，1件为7节（M198∶21），另2个为6节。其他玉器有璧、镯各2件，钺1件，还有管、珠、坠等。M199出土玉琮3件，分别为2、5、12节。还有玉璧4件，冠形器、琮形管和锥形饰各1件。此二墓玉琮均3件一套，与反山M12、M14、M20、M23的情况吻合，可证良渚玉琮在墓葬中具有相对固定的配置组合关系。一套玉琮表明这里相当于反山第二等级。

值得注意的是：第一，上述墓葬揭示出良渚社会存在一个特殊集团或阶层，玉器的种类表明，他们生前当是某种仪式的主持人，在不同的聚落或地点其地位和作用存在一定的区别。第二，反山、瑶山等地最高级别的墓葬都只有一座，在一个地点只有一位"第一人"存在，这与历史逻辑相符合；玉琮所反映的4个等级未必是这个特殊群体或集团的全部内容，正如前面根据它在莫角山聚落的位置和当时人们对数字认识的水准分析的结论一样；退一步讲，即便反山墓葬能够代表特殊群体或集团的全部等级内容，也只能说明良渚社会某一阶层内部的等级关系。第三，反山玉琮套数反映的级别，可以认识良渚部分遗址的等级关系。莫角山聚落群[18]包括有反山、瑶山、汇观山等40余处良渚文化遗址。莫角山是中心遗址，级别自当高于反山，反山又高于瑶山；武进寺墩和苏州草鞋山与瑶山等级相若；福泉山则明显低于瑶山、寺墩和草鞋山。第四，良渚文化拥有高矮两类玉琮，其功能与性质当存有区别。安排在祭坛上的反山和瑶山墓葬多见矮体，几乎不见高体者；离开祭坛的墓葬，如武进寺墩、苏州草鞋山、上海福泉山等地则常见高多矮少的搭配，或只有高体玉琮相组合的情况。矮体者由于祭坛的关系可认定与祭祀活动有关，那么，高体玉琮又当如何呢？

二

有了以上的认识，讨论良渚礼制的条件就比较成熟了。

第一，关于良渚特殊纹样意义的探讨。

余杭反山良渚墓葬的大量玉器中，"神人兽面"的特殊纹样最引人关注。头饰、服饰、佩饰和仪仗几类玉器都毫无例外地拥有此种纹样，其"绝地通天"的作用就令人怀疑而成为问题的症结所在。"巫师通天地的工作，是受动物的帮助的，所以贯通天地的法器上面刻有动物的形象必不是偶然的。《左传》宣公三年：□昔夏之方有德也，远方图物，贡金九牧，铸鼎象物……用能协于上下承天休□，便是明指礼器上的动物的功能是用来协于上下□的"。这段精彩的论述，自问世以来便令一些研究者为之倾倒，并将这"绝顶的重要性"作为自己立论的主要根据或研究的基本支撑点来认识、引用和发挥。然而，人们始终都忽略了这样一个问题："铸鼎象物"讲的是器物形态，而非指纹饰。所谓"铸鼎象物"显然是针对铸鼎像鼎而言的。商周青铜器多有"铸鼎象物"者，虎食人卣，象、猪、貘、犀牛形尊，羊、牺觥，均是形态逼真，国之瑰宝，出土地点尤以湖南宁乡著名[19]。可见，《左传》对夏代的追溯是专有所指。但是，张光直先生径直把器型换成动物纹饰，从而使他的论据一步就跨越了数千年之多，成为认定良渚特殊纹饰的依据，曲解文献之嫌已经跃然纸上了。那么，"神人兽面"表示的究竟是何种动物？是龙？是虎？还是鹿？答案显然都是否定的。那些细小的饰件包括服饰、头饰、佩饰上都刻有这种纹饰，与玉琮完全相同，况且，它们又被紧密地组合在一起，所以，单独强调玉琮上的纹饰，或者脱离墓葬的环境孤立地考证纹饰的意义，就难免有失偏颇。

其实，与良渚文化相似的特殊纹样在中国新石器时代中期的前仰韶阶段就业已存在。属于磁山文化的河北易县北福地遗址曾出土几种面具[20]，有一种面目狰狞者与良渚的"神人兽面"神似（图一，1）；湖南洪江的高庙遗址是明确的祭祀地点，已披露的陶器表皮戳印有祭祀的牌坊式建筑，中间又戳印有獠牙面目的图像，还有在白陶圈足盘底部戳印有獠牙图形[21]（图一，3、5），与良渚的更为接近（图一，4）。这两种特殊纹样无疑都是当时精神生活水准的物质见证，然其意义又有不同。高庙的特殊纹样具有三个显著特点：一是超越实际生活范畴的抽象图形所含有的特殊意义；二是已经成为固定的、统一的规范化样式；三是表现在不同的器物上普及性特征。这些特点显然不是用纹饰所能概括的，而明显具有徽号的性质和旗帜的意义。对此，有的研究已有察觉，并作为史前艺术神器考察之[22]，可惜没有引起学术界的重视。现在，当人们把高庙与良渚的特殊纹样联系起来，放在长江流域的历史过程中加以观察，从相同的社会现象必有相似社会内容的基本逻辑出发，就可以清楚地认识到两者共同拥有的抽象、规范和普及的

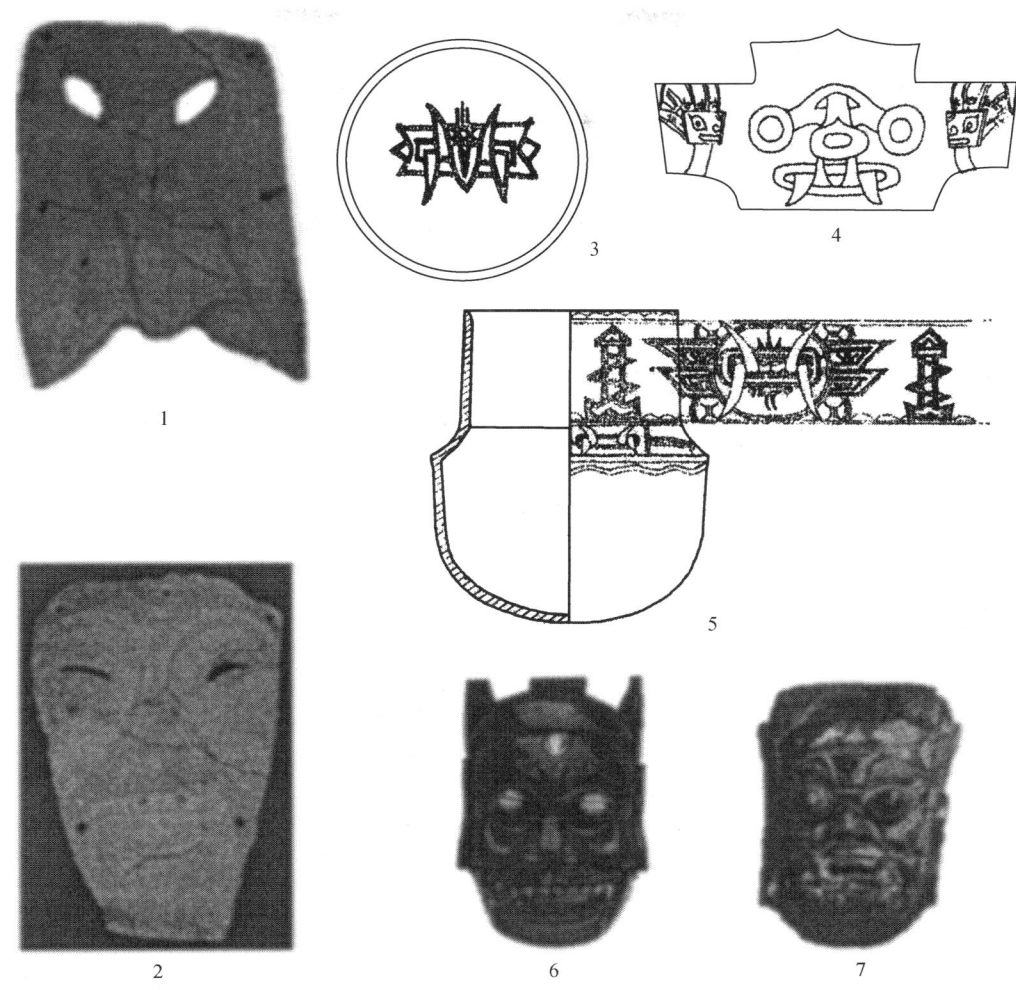

图一　中国古代与近代的傩面具的比较图
1、2. 河北易县北福地　3、5. 湖南洪江高庙　4. 浙江余杭反山　6、7. 贵州近代傩面具

特点既是区域的特点，又是历史的传承。高庙的徽识与祭祀相关，良渚的徽识也恰恰为祭祀主持所特有，只是良渚重视大眼；而高庙突出的是獠牙，其性质没有区别。可见，良渚的"神人兽面"不是一般意义的纹饰，而是一种特殊活动的专用徽识。

那么，良渚徽识的性质究竟何在？在中国古代的文献记忆中还唯有傩才能够说明这个问题。然而，近代江南十分流行的傩至多是根据文献追溯到周代，其古老程度在以前却鲜为人知。

《周礼·夏官·方相氏》有"方相氏掌蒙熊皮，黄金四目，玄衣朱裳，执戈扬盾，帅百隶而时傩，以索室殴疫；大丧，先柩，及墓，人圹，以戈击四隅，殴方良"的记载。

《论语·乡党》有"乡人饮酒，杖者出，斯出矣。乡人傩，朝服而立于阼阶"的记录。

《淮南子·时则》有"择下旬吉日，大合乐，致欢欣。乃合猍牛腾马，游牝于牧。

令国傩，九门磔禳，以毕春气"的说法。

《吕氏春秋·仲秋纪》："是月也，乃命宰祝，巡行牺牲：视全具；案刍豢；瞻肥瘠，察物色，必比类；量小大，视长短，皆中度。五者备当，上帝其享。天子乃傩，御佐疾，以通秋气。以犬尝麻，先祭寝庙。"

《吕氏春秋·季冬纪》："季冬之月：日在婺女，昏娄中，旦氐中。其日壬癸。其帝颛顼。其神玄冥。其虫介。其音羽。律中大吕。其数六。其味咸。其臭朽。其祀行。祭先肾。雁北乡。鹊始巢。雉雊鸡乳。天子居玄堂右个，乘玄辂，驾铁骊，载玄旂，衣黑衣，服玄玉，食黍与彘。其器宏以弇。命有司大傩，旁磔，出土牛，以送寒气。征鸟厉疾。乃毕行山川之祀，及帝之大臣、天地之神祇。"

《吕氏春秋·季春纪》："是月也，乃合累牛腾马游牝于牧，牺牲驹犊，举书其数。国人傩，九门磔禳，以毕春气。"

《毛诗·国风·竹竿》则最能反映傩与礼和玉的关系。"籊籊竹竿，以钓于淇。岂不尔思？远莫致之。泉源在左，淇水在右。女子有行，远兄弟父母。淇水在右，泉源在左。巧笑之瑳，佩玉之傩。淇水滺滺，桧楫松舟。驾言出游，以写我忧"。

从以上先秦文献的片段记忆中，可以捋出这样的认识：首先，傩是一种礼仪，"思而能以礼者也"，才有"佩玉之傩"；其次，傩的活动因时因事由不同级别的人物主持，因而是有等级划分的。"天子乃傩"，"有司大傩"，"国人傩"，"乡人傩"既是指明等级，又是讲普及程度。《诗经》的"佩玉之傩"，便是明指当时还有不佩玉的傩；"大傩"的记载则表明可能还有中傩和小傩，傩的内容存在区别，并制约着活动的规模。可见，周代的傩不论在社会上层还是在民间已经普遍流行，制度上已是相当成熟，它起源的年代无疑应该更久远。

近代的记载与研究表明[23]，傩有特殊徽识（图一，6、7），傩活动需要面具、道具和场地。傩舞者头戴面具，手持棍棒和盾牌，或"执戈扬盾"，舞蹈过程中不断敲击，发出阵阵响声以驱赶恶鬼及灾疫，进而完成仪式。据此，可以推知更早的傩与这些基本要素不论在内容还是形式方面都存在必然的联系。良渚玉器墓葬和其他的遗迹现象的重要性正在于它充分地揭示出这种联系，可以将人们带回到那遥远的时代，身临其境地感受傩活动的氛围，遐想那些被历史尘埃淹没已久的生动场面。因此，良渚特殊纹样的实际意义就是傩徽；良渚玉器反映的礼制具有浓郁的傩特征，可以直呼为傩礼，只不过以往人们不知道傩的发生竟在如此之久远的年代。良渚拥有傩标记的服饰、头饰、佩饰，仪仗和专用道具等一整套行头；良渚文化又有大量的夯土台基，倘若不是为傩活动修筑的场地，那又会是什么呢？

由此可见，中国古代傩的起源要比文献记忆的周代早得多。大约在新石器时代中期以后，属于祭祀范畴的特殊纹样就形成了南北两个不同的系统或体系。以黄河流域为重心的北方地区特殊纹样是以写实的动物和人物形象为主，纵然从很早就有面具存在，但缺乏社群组织的整体性，个体发展的倾向明显，与萨满的特点渊源至深；以长江流域为轴心的南方稻作经济区流行抽象、统一、规范的徽识,社会性十分突出,是傩业已登场的证据,这种格局到新石器时代晚期的仰韶阶段依然存在。江南地区以徽识为特征的傩在良渚以后的岁月中逐渐丧失了主流文化的地位,或游弋于不同的考古学文化中,或潜藏在历史表象的背后。当今的研究中,关注北方地区者对萨满巫术比较重视[24];关心南方地区的研究偏重于傩的考察,正是这种古老格局和历史内容的真实反映。从某种意义上说,在中国这样历史悠久神奇,文化复杂多样,传统根深蒂固,文明连绵不断的国度,历史与现实实际上是完全贯通的,现在是历史发展的现在;历史是现在继承的历史。基于这种认识,就能够把相隔几千年的高庙文化、良渚文化的傩徽和文献所记周代的傩与近代江南地区的傩联系起来,进行历史深度的探索,并取得新的认识。

过去,许多研究都认为反山琮王的特殊纹样(图二)上部是神人,下部的兽面是图腾,两者是分开的[25]。其实,这是极大的误解,琮王纹样图案重在表现傩徽,它是穿着傩礼服的人端坐姿态:双脚在前,两腿分开;手在腰间,分明做撑开胸前礼服状,从而使大眼獠牙的徽识全面展示出来。最关键的是:琮王纹样明确标出大眼眶刻有捆扎痕迹,分明是指示这图形的里面必有一定硬度的附加物件在作支撑,否则就无须捆扎,被捆扎的部位也定

图二　反山琮王纹饰

然内陷变形,眼眶就不可能圆如玉璧!真是一语破的!玉璧竟然是用于服装显示傩徽图案的!难怪傩徽图形个个规范!这种认识是幻觉?臆测?还是奇想?都不是!封存已久的历史信息终于被反山琮王释放出来,目前能够被认识的还只是其中微乎其微的部分。人们不难联想到有三种情况可为此认识佐证:一是在等级较高的良渚玉器墓中,玉璧很多是成对出现。二是寺墩 M3"将最好的两件玉璧摆放在死者的胸腹之上,最后覆土掩埋"的那段记载,最好的两件玉璧实际上就是他礼服胸前上用来表示眼眶图形的,礼服腐烂后,玉璧自然就留在胸腹部位了。三是古代北亚的雅库特(YAKUT)族男萨满的法衣上缝有两只铁环,以象征女性的乳房[26],可证特殊服装或专用行头附有特殊物件并非孤例。至此,完全可以说明玉璧的用途了。

按《楚辞·招魂》"工祝招君背行先些"的记载,有助于理解傩礼服的背部可能也有玉璧存在,那是迎神时背对众人发挥作用的。所以,用玉璧铺垫棺床后,再放人死者相当于为他多安置了礼服。西汉南越王墓铺有大量的玉璧应该也是出于同样的目的和传统[27]。应该指出:如果只观察简化的"神人兽面",极容易产生该图案可分上下两个部分的认识;但是,看过了琮王,就自然会理解这种图案实为一体,根本不存在上下两个部分。琮王为认识其他相对简化的同类纹样提供了重要依据。可是,"神人兽面"的

概念却极易造成误解，称其为"羽人傩徽"既贴近历史的真实，又可以清楚地揭示其性质。另外，在此基础上，将反山琮王的傩徽与高庙文化祭祀徽号相比较，就很容易发现它们之间的联系；反之，则感觉差距颇大。良渚玉器的特殊纹样大部分是简化形式，大眼的特征始终不变，只有极少量的丹凤眼属变异形式，足证傩徽的意义是特殊纹样的核心。另外，如果当时只是在祭天大典的隆重仪式时才庄重地穿戴镶嵌玉璧的特殊行头，那么，"苍璧礼天"的说法就很有可能源出于此。

第二，从傩礼的视角分析玉琮的用途。

关于玉琮的严格定义目前学术界还没有统一意见。被称为玉琮的器物有高有矮，形制又有圆形和方形两种，但均以"内圆"为特征。许多研究都认为"内圆"的孔是用以穿棍棒的，张光直也认同这说法，并进一步推测，"从孔中穿过的棍子就是天地柱"。然而，穿入木棍的玉琮岂不是被堵塞了"绝地通天"之路吗？在反山和瑶山的墓葬中，玉琮出土的位置基本是在手及手臂附近，或在上肢处，显示出此物与手有直接关系。穿入的棍棒当不长，显然是出于使用方便的考虑，故不同于玉钺长柄的两端还有饰物。因此，所谓穿棍棒实际上就是安装柄部，玉琮必是手持的物件，不可能是图腾柱。太湖地区良渚的玉琮有很多发现，难道都是为表示墓主人所属的社会群体吗？且不论偌大的良渚文化是否存在若干或所有氏族都共用同一种图腾的可能性，图腾的神圣不是因此而遭到亵渎，惊世骇俗的威严岂不因此也荡然无存了吗？

重要的是：在中国新石器时代，一座墓葬的器物组合虽然可以从多个角度研究，但一般它只反映一个主题。半山、马厂墓葬中大量形态一致、大小相同的彩色陶器，说明的是当时存在着不同的社群组织为死者送葬的习俗[28]；大汶口文化陶鬶与其他器物的配置关系揭示的是那里的等级秩序[29]；半坡文化墓葬的陶器指示的是那个时期人们生活用具的简单状况[30]。反山和瑶山墓葬的器物都有统一、规范的傩徽，显然与傩礼有关，主题是傩礼，玉琮当然也不例外，只能是傩礼的用具，否则在逻辑上就不统一了。有鉴于此，琮不过是刻有傩标记的用具，就像当今某品牌电器的商标刻在洗衣机、电冰箱或彩色电视机上一样，标明的是厂家、品牌和知识产权等；玉琮的傩标记则是昭示、提示和警示现实生活的人们，而非用以糊弄鬼神的。从玉琮为手持用器的特点和器表多斑驳的迹象分析，装柄的玉琮可称为傩棒，就像交响乐队的指挥棒一样，是傩舞组织者或领舞者统一号令、示范动作、协调队形的工具，也用于挥舞和击打等演示动作，是在固定的仪式上使用、通过傩舞表演显示其威慑作用和力量所在的礼器。由于傩必舞，舍此，则无傩；舞必有指挥，否则，将群魔乱舞；指挥必有器具，不然，是不够庄重和威严，故玉琮是傩活动中必不可少的用具，所以才备受重视。被击打的对象可能是鳄鱼皮蒙的木鼓，还可能是藤条编织的盾牌，也有可能是身上的饰物或手臂的护具。因为那是"以板为鼓，以瓦为金，以竿为旗"（《尉缭子·兵教上》）的时代。同玉镯相比玉琮显得粗糙，表皮多有崩巴，这似乎不能完全归咎于土壤侵蚀，经常的击打和使用，即或是质地较软的对象，也要有所磨损。另外，鼓在中国新石器时代就已经出现，庙底沟二期文化晚期的陶寺遗址和山东大汶口文化的发现早为人们熟知；甲骨文和金文都有鼓字，《诗·商颂·那》："置我鞉鼓，奏鼓简简"；《左传·定公四年》：记"吴用木也，我用革也"，则太湖地区春秋时期还流行木鼓。但是良渚文化至今尚未有发现，可能是因为木鼓难以保存，或有其他原因。准此，可完全读懂反山、瑶山墓葬玉器的意义，它再现的是傩礼活动所必需的基本装备，是这个特殊集团或阶层标志性的行头。只有傩的仪式才能够"绝地通天"，任何一种器物绝不可能脱离仪式自然而然地发挥作用。这一认识无疑从根本上动摇了过去关于玉琮用途的种种猜测，对于理解良渚礼制的特点、说明良渚文明的特征、认识文明起源中国模式，都具有重要意义。

三

良渚傩礼在中国古代独树一帜，对后来夏商周三代的礼制体系具有深刻影响。要认识这个问题，当然首先要了解中国古代礼制的发展状况。考古资料和文献记载都充分表明：中国新石器时代中期至夏代以前长期存在一个古礼的阶段。大约距今8000年以后古礼已经充分发育，不同地区的不同文化有不同的礼制系统或类型。在仰韶时代，黄土高原地区以土坛为社，辽河地区竖石为社，湖南沅水流域立木为社，太湖地区则是筑台为社。河北武安磁山遗址[31]、辽宁喀左东山嘴和牛河梁[32]、湖南洪江高庙[33]、浙江嘉兴南河浜[34]等遗址，都反映出这个阶段的古礼主要是围绕祭天祈年活动展开的。

当然，这些遗址显现的考古学现象能否用古礼概括可能会有不同意见。因为在中国新石器时代考古研究中，人们特别习惯于将那些涉及思想、观念和意识的现象，能够反映当时认知体系的资料统统纳入原始宗教范畴。所谓的原始宗教是以万物有灵为核心的认知体系，与历史时期的宗教有严格区别，其中最重要的是没有教义、教规，缺乏组织性，没有政治倾向，是一个很宽泛的概念。把很多东西装入其中实际上并不困难，可是能否反映中国古代的实际情况就很少有人考究了。原始社会的历史极其漫长，是可以进行分期研究的过程，所以，原始宗教本身也可以作分期研究，不能用一个万物有灵的概念代替不同阶段的实际内容。原始社会包括有旧石器和新石器两个时代，中国考古学资料揭示出这两个时期人类思想、意识和思维成长水平、社会的组织与管理水准的发达程度截然不同，实际内容远不是"万物有灵"所能概括的；另外，如果在新石器时代和夏商时期的研究中都毫无例外地使用原始宗教的概念，那么，周礼就成为无源之水、无本之木了。因此，随着研究的深入必须引进古礼的概念。

历史进入到龙山时代，黄河下游地区的大汶口文化率先推出旨在维护等级制度的酒礼，从而迎来了这个地区空前的迅速发展。邹衡先生关于空足鬹就是文献中"鸡彝"的精辟考证[35]是中国考古学研究的经典之一。大汶口文化中晚期，陶鬹向西方的挺进与渗透是一个重要的考古学现象。有了邹衡先生的研究，人们才认识到这是礼制的推广与扩张，而非一般意义的文化传播。此后，在陶鬹的引领下，斝、鬲等空足三足器犹如雨后春笋一般在黄河中游地区破土而出，终结了黄土高原自身礼制的发展。庙底沟二期文化的陶寺墓地中大型墓葬诸多特点都与黄河下游地区相同或相似[36]，足证礼制推广的意义所在。就礼制而言，仰韶与龙山确实属于不同的时代。

良渚傩礼时逢黄河流域两个时代交替的阶段出现，其意义自然不言而喻。对中国古礼的研究原来只是粗知黄土高原地区存在"社礼"的祭仪形式和面具等支离破碎的信息，而不了解这种活动具体、生动和鲜活的场面；对齐鲁地区的酒礼也只是从墓葬资料中有所发现，而对祭祀地点的情况知之甚少。现在，良渚反山、瑶山祭坛的发现，就将仰韶与龙山两个时代的古礼联系起来了，这是良渚礼制第一个贡献；第二个贡献是提供了中国古代礼制的又一类型。使人们认识到傩礼的特征和专业化巫师在中国古代出现很早，并存在不同的系统。河南舞阳贾湖出有骨笛和龟壳的墓葬，其墓主人被认为生前可能是巫师[37]。说明当时不同地区的巫师在着装和道具等方面存在着区别。河南濮阳西水坡M45的墓主人因伴有龙虎图形被认为是巫，与良渚文化相比，属于不同的系统则显而易见。第三个贡献是展示出良渚文化特殊集团对祭祀活动的绝对控制和垄断地位。在反山和瑶山，只有持傩证件的人才能进入祭坛，排他性很明显，表明这个集团的特权已经成为凌驾于社会之上的力量。

问题还不这样简单：良渚的傩还有超出古礼范畴的军事意义，为认识当时军事组织和制度提供了重要信息。在以往的研究中，但凡使用《周礼·夏官·方相氏》关于"方相氏掌蒙熊皮，黄金四目，玄衣朱裳，执戈扬盾，帅百隶而时傩"的记载，几乎都只强调其民俗学意义，而忽视了其军事方面的线索，从"执戈扬盾"拥有武器，到"帅百隶"这样的编制都明显与当时的军事制度有关。陈恩林先生关于先秦军事制度的研究表明[38]：商周时期军事组织和村社组织是统一的，百人团体的组织具有军事意义，是《周礼》的"百人为卒"的军队编制；50多年前张政烺先生在《古代中国十进制的氏族组织》中[39]早有详论。商周时期兵制的主要特征是"兵农合一"、"寓兵于农"，平时为农，战时为兵。但部队是需要训练的，否则就没有战斗力。那时，大约是通过两种方法达到这种目的的：一是田猎，在田猎中习武练兵，相当于今日的军训，《礼记·月令》称为"教于田猎以习五戎"；二是舞蹈，傩舞用于军事训练，演练方阵、队列和培养队伍的士气。汪宁生关于《释"武王伐纣前歌后舞"》的考证，是认识傩舞具有军事意义最精辟的文献[40]。先秦时期，兵制中有5人为一组的基本单位，《周礼·地官·司徒》称"五家为比，五人为伍"。据考，"在殷墟宗庙遗址北组以车为中心的葬坑中，发现在中组最前面的一车坑的左右并列三个较大的坑，每坑埋人五名，这三个五人坑恐怕不是偶然的，而应该看成是商代有伍存在的证据"[41]。无独有偶，青海大通孙家寨彩陶盆上的多人舞蹈正是由5人组成[42]。看来，包含有祀、戎、农多种成分的傩，其人数的基本单位很可能是5人一组。良渚文化所处的太湖地区，在春秋战国时期曾演绎出吴越相争的历史画卷，当是此地军事传统深厚底蕴的历史回声。玉琮在其他地区和后来的岁月屡有线索，曾见于江苏新沂花厅[43]，山西芮城清凉寺[44]，广东曲江石峡、封开禄美村、汕尾田乾镇[45],河南偃师二里头[46],江西新干大洋洲商代墓葬[47],河南安阳殷墟妇好墓[48],四川广汉三星堆[49],成都金沙遗址[50],河南三门峡上村岭虢国墓地[51]等地,但数量已然不如良渚时期(图三)。

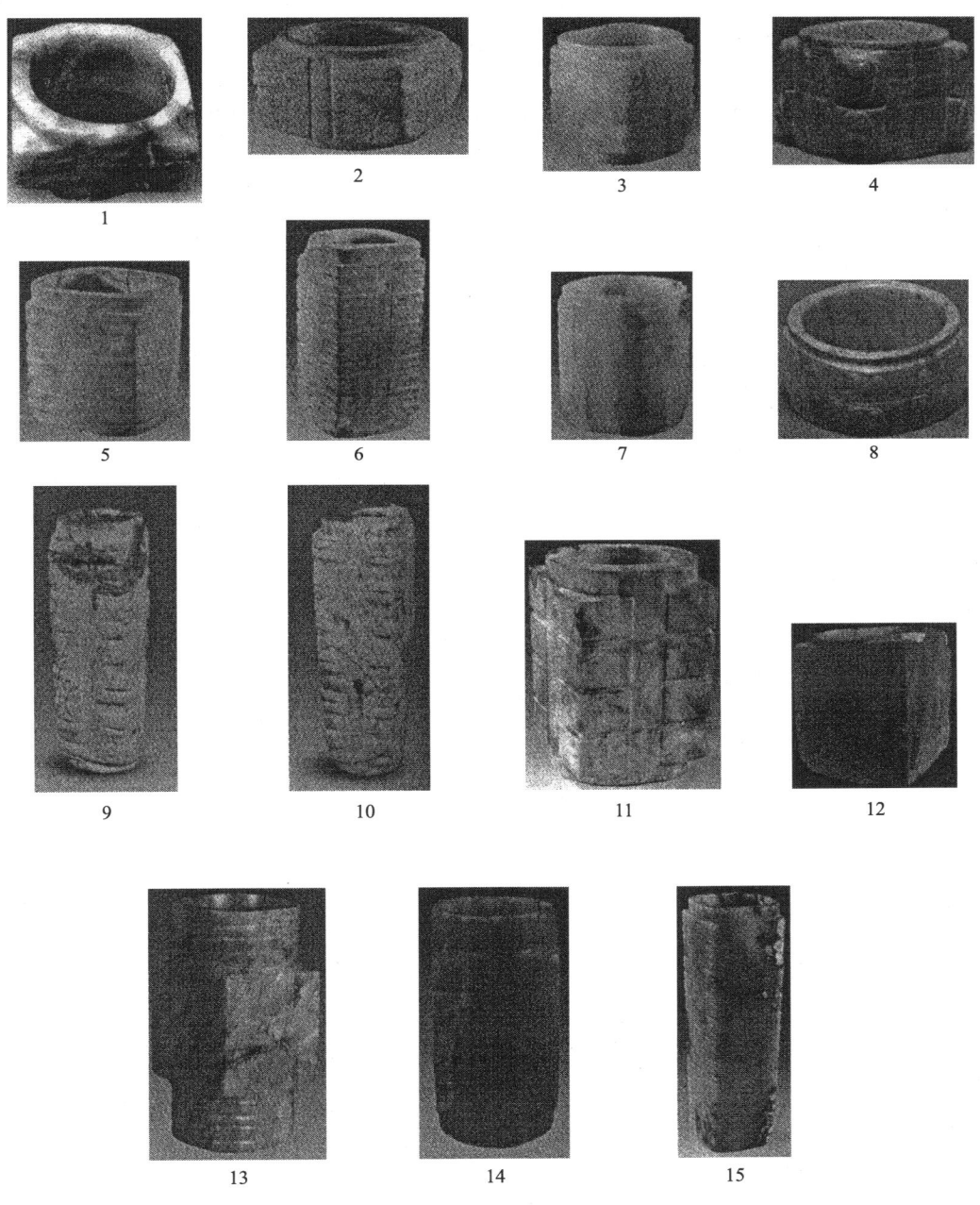

图三 良渚以后的部分玉琮
1.清凉寺 2、6.石峡 3、7.汕尾 4、8.新干大洋洲 5.封开禄美村 9、10.花厅 11、15.金沙 12.三星堆
13.妇好墓 14.虢国墓地

说到这里，就应该回答良渚文化高矮两类玉琮的功能了。这两种玉琮屡屡共出，矮体玉琮多刻有傩徽图形，形象细腻而生动，1 或 2 节；高体者傩徽大多为简化形式或无此纹饰，节数一般在 3 至 19 节不等。有研究认为玉琮是由矮向高发展变化的，所以节数多的高体玉琮年代偏晚。其实，反山 M12 中 8 节长管形器应是此类玉琮较早的形态。如果本文关于良渚的傩具有军事意义的认识不误，那么，高体玉琮的节数就极可能与指挥的人数有关，具有"军阶"的意义。倘以先秦文献"五人为伍"的单位计，寺墩 M3 的 15 节玉琮是能够指挥 75 人，目前已知最大的 19 节玉琮[52]，仅从人数方面考虑已相当接近"帅百隶"的文献记载。当然，这仅仅是推测，一节究竟能够代表多少人可以进一步探讨，但不论结论如何，都不影响本文的认识。良渚文化高矮两类玉琮的性质完全不同，一个属于礼制系统，一个用于军事活动，故在形态方面当不存在发展演变关系。以往相关的研究，现在看来都已成为如烟往事了。还有一种推测，认为玉琮的节数与祭祀先祖有关，"把要所祭祀的先祖刻在玉琮上，每一代为一节（每一节上的四个先祖像，则是出自四个宗族），这样就形成了玉琮的节数不一"[53]，由于高体多节玉琮以简化或没有傩徽的为主，所以，此种认识也自然无须讨论了。良渚文化以外和以后的玉琮多见高体类型，只是广东曲江石峡和江西新干大洋洲距太湖地区较近的两地发现有变异傩徽的矮体玉琮。显示出与军事活动有关的高体玉琮流传的地域更广阔、年代更久远。联想到山东大汶口遗址高体 6 节象牙琮[54]，可以推知当时很多质料都用于琮的制造。在中国新石器时代考古资料中，许多带凸棱的石环与琮的用途可能相同；将来若发现陶质的琮型器也在意料之中。

最近，江苏无锡丘承墩遗址发现良渚文化高台墓地，发掘出东西成排的 10 座良渚文化墓葬，为本文的认识提供了新鲜资料[55]。该遗址 M3 使用 3 件一套的玉琮规制，最高等级墓葬只此一座，相当于反山的第二等级。与祭坛发生关系的墓葬数量与反山和瑶山基本相同，这是不同地点特殊集团的规模相若所至，还是进入祭坛的人数受某种制度的约束？值得重视。

本文的基本认识：

第一，良渚礼制特点在于傩。"羽人傩徽"和其他简化的傩徽，全面继承了更古老的傩传统和风格，既有洋溢在抽象与写实间的灵气，又有栩栩如生、咄咄逼人的动感，其特点是图形规范、样式统一、遍地开花、久而不衰；玉琮可以装柄，是傩舞必备的指挥棒，用于演示动作、发号施令、协调队伍；入葬时有 3 件为一套的规制，其礼器功能是在傩活动中实现的；玉璧是傩礼服表现傩徽的特殊物件。

第二，良渚的傩是一个大的概念。傩对于良渚社会不是简单的文化现象，而是社会现象，甚至是社会制度。与古礼相关的可称之为傩礼，与军事相联系的可称之为傩兵。正是"国之大事，在祀与戎"。反山、瑶山墓葬特点大异于良渚其他墓葬，除头饰、服饰和佩饰的特征外，突出特点是矮体玉琮为主，足见这类玉琮与祭祀活动的关系密切，既是傩礼存在的物质见证，又表明与高体玉琮性质有别。傩礼蕴涵着明确的等级内容，对识别遗址乃至聚落级别具有重要意义。

第三，反山、瑶山特殊集团对祭坛的垄断显示出他们对精神生活和社会生活的垄断地位。因为良渚高矮两类玉琮经常共出，所以，认为良渚社会的礼制与军事制度有天然的、特殊的联系是符合历史真实的认识；但两者独立存在的情况也屡见不鲜，说明良渚的神权和军权各有自己的体系，它们的关系是否能够达到完全"合一"的境界，有待于更高规格墓葬的科学发掘才能加以认识和说明。

第四，对良渚礼制的研究，不仅使人们对傩的认识从《周礼》的记载大大提前到新石器时代，而且对傩的理解有了比较明确的概念。傩在太湖地区的新石器时代首先是一种礼制，尔后发展到军事制度，遂成为良渚的社会制度。傩有固定、统一和专用的徽号；傩有特殊的头饰、服饰、佩饰和指挥仪仗用具；需要特定的舞台提供活动场所；通过舞蹈统一行动、展示力量；通过仪式团结民众，鼓舞士气。良渚文明陨落之后，傩逐步丧失文化的主导地位，走向民间，成为江南地区特有的习俗和特殊的文化现象，在历史的过程中惨淡经营、顽强传承。

第五，良渚的傩是中国古代社会的特殊现象，是长江中下游地区古老的文化传统。新石器时代中期以来，与祭祀活动和精神生活关系密切的特殊纹饰反映出黄河与长江两个地区存在不同的认知体系：在黄河流域不论是人物还是动物纹样都以写实为主要特征，河北易县北福地、陕西宝鸡北首岭、辽宁牛河梁的女神庙，概莫能外；在长江流域特殊纹饰是以徽号的形式出现，湖南洪江高庙、太湖地区良渚文化诸遗址都是如此。从目前的考古发现来看，人们可以从兴隆洼文化、半坡文化的村落布局了解当时的血缘关系和社群组织，但良渚文化却很少能提供相关的资料与信息。这种情况似乎暗示出江南稻作经济区适于小块土地的耕作，当时的先民因此居住得相对分散，他们的社会联系主要是通过傩活动得到加强，从而进一步组织起来，血缘关系在社会生活的作用似不如黄河流域那样明显和突出。准此，中国古代在通往国家的历程中当存在不同的途径与形式。

附记：段宏振先生为本文赐赠河北易县北福地遗址面具照片，在此深表感谢。

注　释

[1]　张光直：《谈"琮"在及其在中国古史上的意义》，《文物与考古论集》，文物出版社，1986年；张光直：《考古学专题六讲》，文物出版社，1986年。

[2]　冯其庸：《一个持续五千年的文化现象——良渚玉器上神人兽面图形的内涵及其衍变》，《东方文明之光——良渚文化发现60周年纪念文集》，海南国际新闻出版中心，1996年。

[3]　邓淑苹：《新石器时代的玉琮》，《台北故宫文物月刊》34；刘斌：《良渚文化玉琮初探》，《文物》1990年第2期；王巍：《良渚文化玉琮刍议》，《考古》1986年第11期。

[4]　张光直：《谈"琮"在及其在中国古史上的意义》，《文物与考古论集》，文物出版社，1986年。

[5] 赵国华：《生殖崇拜文化论》，中国社会科学出版社，1990年。

[6] 邓淑苹：《中华五千年文物集刊·玉器篇一·新石器时代至商代》，台湾、士林，1985年。车广锦：《玉琮与寺墩遗址》，《东方文明之光——良渚文化发现60周年纪念文集》，海南国际新闻出版中心，1996年。

[7] 殷志强：《太湖地区史前玉器述略》，《史前研究》1986年第3/4期。

[8] 萧兵：《"琮"的几种解说与"琮"的多重功能》，《东南文化》1994年第6期。

[9] 沈衣食：《论良渚文化琮璧》，《东南文化》1991年第6期。

[10] 北京大学历史系考古教研室：《元君庙仰韶墓地》，文物出版社，1983年；严文明：《半坡类型的埋葬制度和社会制度》，《仰韶文化研究》，文物出版社，1989年；卜工：《从墓葬制度的变化看文明的进程——三论文明起源的中国模式》，《中国文物报》2003年8月24日。

[11] 浙江省文物考古研究所：《反山》，文物出版社，2005年。

[12] 陈恩林：《先秦军事制度研究》，吉林文史出版社，1991年。

[13] 浙江省文物考古研究所：《瑶山》，文物出版社，2003年。

[14] 上海市文物管理委员会：《福泉山——新石器时代遗址发掘报告》，文物出版社，2000年。

[15] 南京博物院：《江苏武进寺墩遗址的试掘》，《考古》1981年第3期；南京博物院：《1982年江苏常州武进寺墩遗址的发掘》，《考古》1984年第2期；江苏省寺墩考古队：《江苏武进寺墩遗址第四、五次发掘》，《东方文明之光——良渚文化发现60周年纪念文集》，海南国际新闻出版中心，1996年。

[16] 南京博物院：《1982年江苏常州武进寺墩遗址的发掘》，《考古》1984年第2期。

[17] 南京博物院：《苏州草鞋山良渚文化墓葬》，《东方文明之光——良渚文化发现60周年纪念文集》，海南国际新闻出版中心，1996年。

[18] 国家文物局、中国考古学会、中国文物报：《中国十年百大考古新发现》（1990—1999·上册），文物出版社，2002年，第177~183页。

[19] 中国青铜器全集编辑委员会：《中国美术分类全集——中国青铜器全集》，文物出版社，1998年。

[20] 段宏振：《河北易县北福地史前遗址发掘取得重要收获》，《中国文物报》2004年10月1日。

[21] 贺刚：《湖南洪江高庙遗址考古发掘获重大发现》，《中国文物报》2006年1月6日。

[22] 贺刚：《中国史前艺术神器的初步考察》，《长江中游史前文化暨第二届亚洲文明学术讨论会论文集》，岳麓书社，1996年。

[23] 萧兵：《傩蜡之风——长江流域宗教戏剧文化》，江苏人民出版社，1992年。

[24] 张紫晨：《中国巫术》，上海三联书店，1990年。

[25] 冯其庸：《一个持续五千年的文化现象——良渚玉器上神人兽面图形的内涵及其衍变》，《东方文明之光——良渚文化发现60周年纪念文集》，海南国际新闻出版中心，1996年。

[26] 谢剑：《匈奴宗教信仰及其流变》，《历史语言研究所集刊》第42本第7分册，1971年。

[27] 广州市文物管理委员会、中国社会科学院考古研究所、广东省博物馆：《西汉南越王墓》，文物出版社，1991年。

[28] 卜工：《从墓葬制度的变化看文明的进程——三论文明起源的中国模式》，《中国文物报》2003年8月24日。

[29] 卜工：《文明起源的中国模式》，待刊。

[30] 中国社会科学院考古研究所：《宝鸡北首岭》，文物出版社，1983年；西安半坡博物馆、陕西省考古研究所、临潼县博物馆：《姜寨——新石器时代遗址发掘报告》，文物出版社，1988年。

[31] 河北省文物管理处、邯郸市文物保管所：《河北武安磁山遗址》，《考古学报》1981年第3期；卜工：《磁山祭祀遗址及相关问题》，《文物》1987年第11期。

[32] 郭大顺、张克举：《辽宁省喀左县东山嘴红山文化建筑群址发掘简报》，《文物》1984年第11期；辽宁省文物考古研究所：《辽宁牛河梁红山文化"女神庙"与积石冢群发掘简报》，《文物》1986年第8期。

[33] 贺刚：《湖南洪江高庙遗址考古发掘获重大发现》，《中国文物报》2006年1月6日。

[34] 浙江省文物考古研究所：《南河浜》，文物出版社，2005年。

[35] 邹衡：《夏商周考古学论文集》，文物出版社，1980年。

[36] 中国社会科学院考古研究所山西工作队、临汾地区文化局：《1978—1980年山西襄汾陶寺墓地发掘简报》，《考古》1983年第1期。

[37] 河南省文物考古研究所：《舞阳贾湖》，科学出版社，1999年。

[38] 陈恩林：《先秦军事制度研究》，吉林文史出版社，1991年。

[39] 张政烺：《古代中国十进制的氏族组织》，《历史教学》第二卷第三期，1951年。

[40] 汪宁生：《释"武王伐纣前歌后舞"》，《历史研究》1981年第4期。

[41] 陈恩林：《先秦军事制度研究》，吉林文史出版社，1991年。

[42] 青海省文物考古队：《青海彩陶》，文物出版社，1980年。

[43] 南京博物院：《花厅——新石器时代墓地发掘报告》，文物出版社，2003年。

[44] 山西省考古研究所、运城市文物局、芮城县文物局：《山西芮城清凉寺新石器时代墓地》，《文物》2006年第3期。

[45] 广东省博物馆：《贞石之语——先秦玉器精品展图集》，岭南美术出版社，2006年。

[46] 中国科学院考古研究所洛阳发掘队：《河南偃师二里头遗址发掘简报》，《考古》1965年第5期；中国科学院考古研究所二里头工作队：《偃师二里头遗址新发现的铜器和玉器》，《考古》1976年第4期。

[47] 中国国家博物馆、江西省文化厅：《商代江南——江西新干大洋洲出土文物辑粹》，中国社会科学出版社，2006年。

[48] 中国社会科学院考古研究所：《殷墟妇好墓》，文物出版社，1980年。

[49] 四川省文物考古研究所：《三星堆祭祀坑》，文物出版社，1999年。

[50] 成都市文物考古研究所、北京大学考古文博学院：《金沙淘珍——成都市金沙村遗址出土文物》，文物出版社，2002年。

[51] 中国科学院考古研究：《上村岭虢国墓地》，科学出版社，1959年；河南省文物研究所、三门

峡市文物工作队：《三门峡上村岭虢国墓地 M2001 发掘简报》，《华夏考古》1992 年第 3 期；河南省文物考古研究所、三门峡市文物工作队：《上村岭虢国墓地 M2006 的清理》，《文物》1995 年第 1 期。

[52] 李学勤：《论新出的大汶口文化陶器符号》，《文物》1987 年第 12 期。

[53] 车广锦：《玉琮与寺墩遗址》，《东方文明之光——良渚文化发现 60 周年纪念文集》，海南国际新闻出版中心，1996 年。

[54] 山东省文物管理处、济南市博物馆：《大汶口——新石器时代墓葬发掘报告》，文物出版社，1974 年。

[55] 张敏、李则斌、朱国平等：《江苏无锡丘承墩遗址首次发现良渚文化高台墓地的双祭台》，《中国文物报》2006 年 4 月 19 日。

[原载于《浙江省文物考古研究所学刊（第八辑）——纪念良渚遗址发现七十周年学术研讨会文集》，科学出版社，2006 年]

古礼时代的家族及其联盟

一、中国曾经有个古礼的时代

中国古代的礼制犹如黄河、长江一样拥有源头也拥有流长。谁能将九曲黄河的上游与"奔流到海不复回"的下游割裂开呢？谁能将"高峡出平湖"的长江与"孤帆远影碧空尽，唯见长江天际流"的长江一分为二呢？在只有文献的岁月，人们只能按文献的指引，将认识停留在相关文献的记忆中，没有条件也没有能力去追溯中国礼制的上游，而且还会以为这些中游的礼制典章、仪式和思想都出于周公的创造，或者经过后世的整理而成，在此之前似乎不可能有真正意义上的礼制存在。可是，当考古学在中国出现以后，探索古代礼制上游的课题就不仅成为可能，而是成为一种历史的必然被提到中国古史的研究领域，提到中国文明起源重大课题中来。中国考古学发现的物质文化精华证明，古代中国确实存在着礼制的上游，并且成就了一个辉煌的时代，这就是古礼时代。

古礼时代包括了中国考古学的"前仰韶"、"仰韶"、"龙山"和夏商时期。大致上分两个时期4个阶段：第一是中国礼制的古礼期，包括前仰韶的陶质祭器和仰韶的陶礼器两个阶段，标志是以祭天祈年为主体的礼仪制度的发生与发展；第二是中国礼制的酒礼期，包括龙山时期的陶质酒礼器和夏商两代青铜酒礼器为代表的两个阶段，特点是酒礼的发展与成熟。这个时代的社会秩序状况与精神生活的信息虽然几乎没有文献的记载，虽然考古学也只能通过遗留的物质文化遗存发现与认识其中的一小部分线索，但客观与真实的物证足以使人相信古代中国的历史远远比现在的认识要复杂；古代的文献具有明显的局限性；考古学资料完全有能力谱写新的历史篇章。因为，专用的祭祀场所也已出现，河北武安磁山遗址[1]，湖南沅水流域的洪江高庙遗址[2]都是前仰韶时期明确无误的祭祀场所，年代稍后又有辽宁喀左东山嘴的祭坛[3]、牛河梁"女神庙"和积石祭坛的发现[4]。进入龙山时期，太湖地区的祭坛与特殊建筑取得了长足的发展。其中，莫角山遗址群最引人关注。2007年最新的考古发现证明，莫角山相当于良渚文化早中期就已经营造了城址，四周的城墙分别为：南北长1800～1900、东西宽1500～1700米，布局略呈圆角长方形，正南北向。城墙底部普遍铺垫石块作为基础，在此基础以上再用较纯净的黄土堆筑而成，底部宽40～60米，城墙保存较好的地段高约4米。根据城墙外侧叠压的堆积中出土的陶片判断，古城使用的年代下限不晚于良渚文化的晚期。该城总面积达 290 多万平方米，被誉为"中华第一城"[5]。该城址之外有瑶山祭坛的存在[6]。

祭祀场所的发现与研究，将中国古代传统祭祀活动的认识向前推进了数千年，比商代晚期还要早得多的年代"祭日于坛，祭月于坎"的思想就已经形成，而且，礼仪活动的社会动员力、号召力和影响力完全能够证明当时必定存在相应的社会组织，否则不可能完成如此壮举，所以，仅此一项发现就足以证明古代中国真的曾经有个古礼的时代，那是一个被历史尘埃淹没殆尽的时代，然而确是波澜壮阔的英雄时代。可是历史的线索绝对不会只有一条，否则，怎能条条大路通罗马呢？

古礼时代的礼器同样挺身而出自愿为这认识佐证。黄河中游地区有彩陶，长江中游地区有白陶，专用的仪仗类玉器如钺、琮、璧等礼器的性质自不待言，用作服饰的玉器也属于礼仪活动的特殊用品，完全可以归入礼器的行列，还有不同材料制作的乐器，加工精致的石器，用于祭祀活动的动物骨骸，例如卜骨都毫无疑问定是礼器。这些器物在中国考古学的发现其数量相当可观，从一个侧面可以反映出古礼活动的社会性和普遍性。礼器的认定将增进人们对新石器时代物质遗存的认识。物质的东西在很多情况下就是精神的，即或是简单的、粗糙的、原始的陶器依然能够焕发出思想的光芒，彰显时代的风采。不同考古学文化中的礼器见证了古礼时代精神世界的百花齐放及其所达到的高度。从此，中国古代文化的多样性与一体化就成为后世人们的永恒话题，成为中国历史的特色反复被研讨。

丧礼的定制已经闯入了人们的视野。甘肃青海一带新石器时代的彩陶以墓葬出土为大宗，青海乐都柳湾墓地[7]是其中最典型者。在那里，人们可以充分感受到铺天盖地的入葬器物对视觉的冲击，可以遐想远近奔丧的人们肩挑背扛各种物品的情景。这里墓葬中往往出有上百件形态相同、大小相等的彩色陶罐，这些陶器一般没有使用痕迹，是新近烧制而成，很可能就是为送葬专门制作的。它们集中出在木棺外的"耳室"，与棺内的生活用器形成鲜明的对照。更重要的是，形态相同的陶罐施有不同的图案和显见易识的不同符号，应该是不同群体的标志，足证这些器物并非死者生前所有，而是死后分别由不同的社群组织馈赠的，所以不可以表示死者生前拥有财富的多寡，而只能说明当时存在葬礼的制度，以及这种社会活动所具有实际的内容和具体的要求。

综上所述，物质文化的精华见证了古礼时代精神生活与文明程度所达到的水平与高度。在那个没有文献流传下来，缺乏文字发现的古老时期，考古学资料就成为具有绝对意义的权威和领袖。

那么，应该怎样认识和说明中国古代礼制的特殊性？为什么礼制的发生与发展，成熟与完善是古代中国独树一帜的特征，为什么古代中国对礼制那么的情有独钟？几乎所有的先秦文献都毫无例外地歌颂礼制的博大精深，宣扬礼制的理想境界。为什么"古礼"竟然能够成就一个时代，有一个基本的道理是毋庸置疑的，任何一种社会行为，必定有某种社会的需求才能够被认识、被发明、被推广、被完善、被流传，并随着社会需求的变化而变化，随着社会的发展而发展，随着社会的进步而提高。所谓的社会需求说到底是人类生活的需求，是人类在不同地区相互联系、组织起来，共同经营生存与发展的必然要求，但中国古代社会这种需求究竟从何而来？

二、家族组织是古礼时代的社会基本细胞

考古资料表明，古礼时代早期社会的基本组织与经典作家关于氏族制度的论述存在着明显的区别。此时墓葬资料的数量有限。甘肃秦安大地湾遗址[8]属于前仰韶时期的墓葬只发现了15座。河南密县莪沟北岗遗址裴李岗文化的墓地[9]发现墓葬68座。河南舞阳贾湖遗址第一期遗存发现43座裴李岗文化的墓葬[10]。湖南澧县彭头山遗址[11]发现彭头山文化的墓葬21座，其中长方形11座，椭圆形3座，不规则形7座。这些墓葬大都围绕着居住址分布，公共墓地似乎尚未形成；两墓为一组的现象习见；不同头向反映的不同埋葬习俗往往共存于同一墓地之中。

当历史的脚步踏入距今7000年的门槛，黄河、长江、辽河、珠江几条大河的文化景观已经可以用欣欣向荣、蒸蒸日上来形容了。墓地规模的扩大，村落遗址的密集都足以显示出人口的迅速增加，经济生活的全面改变，以及社会发展的勃勃生机。在黄土高原地区有两种情况特别值得关注：一是甘肃秦安王家阴洼遗址半坡文化墓地的布局特点与随葬陶器的特殊符号；二是半坡文化的合葬墓。

先说甘肃秦安王家阴洼遗址的墓地[12]。该遗址是1981年由甘肃省博物馆文物工作队发掘的，揭露面积600余平方米。发现属于半坡文化的墓葬63座，明显分为两个区域，不同的墓区各有房址和灶坑1座。该墓地有6个明显的特征：一是63座墓葬属于同一考古学文化，因墓葬的方向不同明显可以分为东西两群，周围有壕沟作为墓地的边界，两群之间有房址相隔，具有规矩、完整的特点。二是两群墓葬的数量大体相等，东区31座，西区32座。葬式基本相同，墓葬的排列方式也很少差别。墓葬之间的打破关系不多。三是两片墓群的空地中各自都有房址、灶坑1座，报告者推测应与看守墓地或在此举行某种活动有关。四是63座墓葬有32座墓圹外左侧有竖穴小坑，内置陶器。这种竖穴小坑实际上就是"偏洞"的前身，起初是在墓圹之外，尔后在墓底的一侧掘出放置器物的空间。五是M51的竖穴坑中放置有3件陶钵，分别刻有3种不同的符号。M63的陶钵分别刻有2种不同的符号。而且，相同的符号重复出现。六是东西两群墓葬中都有不满15岁的儿童墓葬，还有个别的妇女带小孩的合葬墓。

再看半坡人的合葬墓。自从半坡文化发现以来，合葬墓就成为研究当时社会组织、社会形态、社会性质的宝贵资料。陕西华阴横阵、华县元君庙、渭南史家村等遗址的合葬墓更是新石器时代考古研究者耳熟能详的材料[13]。由于合葬墓内的死者有二次葬的，也有一次葬和二次葬混杂的；在性别方面不分男女老幼统统埋在一起的有，全部为男性或全部为女性的以及男女各一人的，情况颇为复杂。认识这些现象应该坚持两项原则：一是合葬墓死者的人数存在着量变的问题，必须加以区别，50人埋在同一墓穴的

与 2 人同穴的意义当存在重要区别，不应混为一谈；二是墓葬存在的环境与特殊现象是正确理解其性质的关键。因为研究表明，在古代中国相同的遗迹现象出现在不同的遗迹环境中，其意义可能完全不同。有鉴于此，古礼时代的合葬墓大体上分 3 个类型：一是小型合葬墓，这是指同穴埋葬的死者在 3 人左右的合葬墓。二是多人合葬墓，死者数量在 5 人以上的。三是集体为单位的联合埋葬墓。

小型合葬墓主要发现在聚群分片的单人葬墓地中。前面提到的甘肃秦安王家阴洼遗址半坡人的墓地，在 63 座墓葬中有 3 座小型合葬墓。陕西宝鸡北首岭遗址[14]半坡人的墓地中发现 380 座土坑单人葬墓，瓮棺葬 60 余座，计有 13 座合葬墓，其中 11 座为二人合葬墓，即小型合葬墓。77M12 的两骨架经年龄、性别鉴定，分别为 50 岁以上的老人和 30~40 岁的成年男性。2 座三人合葬，77M6 经鉴定是男性合葬墓，甲为 50 岁左右的老人，一次葬，乙为 40 岁左右的成年人，可能属男性，一次葬，丙为 50 岁的老人，二次葬。这两座墓葬都位于宝鸡北首岭遗址广场的中心，研究表明它们属于祭祀活动的遗留，性质为坎，因此，不能用来论证半坡人的社会组织形式。陕西临潼姜寨遗址[15]第一期半坡人 420 座墓葬中有小型合葬墓和多人合葬墓各 1 座。陕西西安半坡遗址[16]半坡人的 250 座墓葬中有小型合葬墓 2 座，M38 埋葬着 4 个女孩，年龄在 14 岁左右，都是一次葬。M39 埋葬着 2 名成年男性。此两座墓均头朝西，南北并列埋葬。性质显然特殊。除了半坡人之外，属于龙山时代的内蒙古赤峰大南沟遗址[17]小河沿人第一地点 77 座墓葬中有 3 座小型合葬墓，M20、M28、M54 均是成年男女合葬。山东大汶口遗址第二、三次发掘[18]的 56 座墓葬中，有 6 座合葬墓，M2002 为 6 人合葬，M1006 是 3 女性合葬，M1014 为 2 男性合葬，M2006 为成年男性带小孩的 3 男性合葬，M2016 为儿童合葬，M1017 为母女合葬。邹县野店遗址第四期[19]大汶口人 9 座墓葬中有 4 座小型合葬墓。第五期遗存 32 座墓葬有 2 座小型合葬墓，这些小型合葬墓多是男女合葬，或带儿童。

多人合葬墓主要流行于仰韶时期的黄土高原地区。陕西华县元君庙、渭南史家村遗址半坡人的墓地最有典型性。元君庙遗址有半坡人墓葬 51 座，其中，空墓 7 座，单人墓 16 座，合葬墓 28 座，属于小型的 13 座。如果按该报告的分期考察上述墓葬，第一期 19 座墓中，多人合葬墓 6 座，小型合葬墓 5 座，单人墓 6 座，有 2 座墓无骨架；第二期 16 座墓中多人合葬墓 5 座，小型合葬墓 7 座，单人墓 3 座，无骨架 1 座；第三期 12 座墓中多人合葬墓 2 座，小型合葬墓 2 座，单人墓 7 座，无骨架 2 座。这里多人合葬墓、小型合葬墓和单人墓葬相呼应，是一种固定的组合关系，同时，合葬墓人数的多寡显示出由量变到质变的特点，绝对不是可以忽略不计的问题。《元君庙仰韶墓地》的报告者指出，该墓地存在家族组织，世系属于母系。多人合葬墓反映了母系家族组织在社会生活中发生作用，两对同时期成排的墓列是氏族组织存在的证据。根据上面的分析，同一时期多人合葬墓既有成排的倾向，也有占据不同空间的特征，就是说成排的特点不是唯一性。另一方面，家族合葬墓与家庭合葬墓以及单人墓并存，可以说明当时有些人属于某些家族，有些属于家庭，有些人则处于游离状态，或者亲属关系不如他人那样密切。元君庙仰韶墓地揭示出当时同一村落中社会人群结构是以家族为基本单位的特点，但是，并不能证明有氏族组织或胞族组织存在，因为半坡人的家族不仅是独立的经济单位，也是独立的社会单位。这种认识可以得到半坡文化其他相关研究的支持。例如，在甘肃秦安王家阴洼墓地两个家族墓地中他们各自都有自己的房屋和灶坑，说明在墓地中举行的活动或者是看守墓地都具有自理的性质，也就是说各行其是，很难反映存在着上一级组织，否则有一套房屋和灶坑就足矣；更不能说明有母系的氏族组织存在，女性被尊敬不能证明世袭是按女性计算，女性被推崇当是古老的习俗。

多人集体合葬墓见诸于陕西华阴横阵遗址。该墓地最集中的部分南北长约20米，东西宽约10米，实际占有面积不足200平方米。包括有3座大坑套小坑的多人集体合葬墓（也有称复式合葬墓），8座多人合葬墓，墓地以南约12米有1座单人墓，往西北约18米处有5座婴儿瓮棺葬，北偏西13米处有祭祀坑1座，总计埋葬140余个死者。该墓地包括3个部分，一是成年人和小孩的土坑墓区，二是婴儿瓮棺葬区，三是灰坑区，数量达30余个，其中，H103内的人骨尚保存有挣扎现象。多人集体合葬有3座，都是先挖长条形大坑，再于坑底挖安置人骨的墓穴，MⅠ有5个墓穴，MⅡ有7个，MⅢ被破坏，只残留3个墓穴。根据对该墓地的分期研究[20]，MⅠ的年代最早，其后是MⅢ，最后是MⅡ，与陕西华县元君庙仰韶墓地的年代分期大致相同，代表了半坡文化经历的3个阶段。由此可知，横阵墓地3座多人集体合葬墓不是在同一时间形成的，而是每隔一定的时间才出现，各大坑内的合葬墓与家族相适应。

现在的问题是上述材料真的能说明当时存在氏族社会吗？在中国古史研究和史学教育领域，几乎所有的教科书所选择的通史著作都大讲特讲氏族组织是当时社会的基本细胞，都大书特书氏族制时代的历史必然性。氏族制度因此成为中国古代必须经历的社会发展阶段，位处阶级社会之前，国家正是在氏族制度的废墟上建立的，所以，文明起源的探索是要将目光集中在氏族社会的末期。古礼时代所有能够反映社会进程、社会形态与社会制度的现象都被归功于氏族组织。这种用马克思主义史学观代替中国历史的研究倾向在古史研究和史学教育领域的统治超过了半个多世纪，已经成为金科玉律，成为理论的禁区。可是，上述资料并没有给这种研究以任何的支持，于是，人们就不能不认真思考以下几个问题。

第一，中国古老土地上曾经存在的埋葬制度特征是什么？与传统理论的差别何在？古礼时代不同考古学文化区域的墓葬特点可以概括为：死生相守，就近埋葬；不同葬俗，共存共荣；聚群分片，亲疏有别；生相亲爱，死亦同穴；墓群清晰，中心明确；特殊标志，社群个性。这是古礼时代的普遍性特点，认识来自多个考古学文化区域的墓葬资料，虽然，过去不曾见诸报道，文献缺乏记载，但确是探讨当时社会组织实际状况的主要依据和基本的出发点。

前仰韶时代较晚的阶段，在中国土地上的人类还过着简陋、原始、古朴的生活。村落已经形成一定的规模，有的地方墓地正在形成之中，有的地方墓地率先取得发展。不论怎样的原始状态，葬俗却早已萌发，并形成了许多相似或相同的特点，人们用相对固定的地点，也是离家较近的地方埋葬死者，通过相同的头向、葬式表达自己的信仰和崇尚，随葬器物的多寡也产生了差别。墓地中出现了聚群分片的现象，聚群的墓葬又存在中心明确的特点。这些历史线索耐人寻味，值得重视，反映出这个时期，墓地的发展状况与美国民族学家 L.H. 摩尔根描绘的古代希腊氏族，以及美洲易洛魁人氏族公共墓地存有区别[21]。特别是像湖南彭头山遗址那样部分墓葬与部分居住址遥相呼应，当不是氏族社会公共墓地的特点；甘肃大地湾遗址不同头向代表的不同葬俗的墓葬两两相连，可以说明其传统虽然有别，但特定的关系、一定的原因又将他们联系起来，河南密县莪沟北岗遗址裴李岗文化的墓地虽然独立于居住区外，与易洛魁人、希腊人那种成排有序的氏族公共墓地的情况有相似之处，可是墓地中分片埋葬的特点却大相径庭。聚群分片的墓葬各自又具有不同的埋葬特点，如前面分析的那样，莪沟北岗遗址 B 群墓葬具有中心明确的特点，其他的墓葬明显是围绕它而布置的情况，显然有悖于氏族组织倡导的平等主义原则。葬俗特征完全不同的墓葬虽然集中在同一块土地上，但是，它们各有自己的区域，在远古可能就存在着某种界限，只是现在的人们将其视为同一个墓地，并冠以氏族社会公共墓地的名称，显然，在这里用纯粹的血缘关系作为唯一的理由解释这些现象遇到了重重困难，历史的实际情况远比现有的结论复杂，重新认识这些现象，深入讨论中国古代社会组织的实际情况也就因此不能避免了。

第二，氏族社会的特征是什么？这无疑应该重温氏族制度的理论。氏族一词是近代从国外引进的，最早见于恺撒的《高卢战记》[22]，但系统论述还是摩尔根的名著《古代社会》。此书写于 1871～1877 年，1877 年在美国出版，多次重版，并被译成多种文字。中国从 20 世纪 20 年代起曾多次翻译出版。摩尔根在书中提出了家庭进化理论，并全面阐述了人类社会从低级发展到高级阶段的进化学说。全书分四编。第一编"各种发明和发现所体现的智力发展"，概括地叙述了人类经济文化的发展，认为人类遵循大体一致的途径前进，从阶梯的底层开始，不断进步，登上文明门槛。他指出人类社会有两种组织方式，原始时代是以氏族、部落为基础的氏族制度社会组织，文明时代的阶级社会是以地域和财产为基础的政治社会即国家，认为这是人类历史发展的共同途径。摩尔根用大量的资料详细地叙述了氏族组织的发展过程；论证了原始时代氏族制度存在的普遍性，氏族是当时社会制度的基本组织单位；阐明了氏族的本质。北美易洛魁人的母系氏族制，世系和财产由女性继承，有一套包括氏族、胞族、部落、部落联盟的社会组织，按原始的民主制组成，各层组织都有自己的职能。

摩尔根举出易洛魁人的氏族，特别是塞讷卡部落的氏族作为这种原始氏族的古典形式。按照上述理论，同一血缘组织的人们当有共同的信仰、相似的习俗、统一的生活规则，这来源于他们的传统与基因，因此，在死后的另一世界中理应保持生前的状态。不同的葬俗反映着人们现实生活与传统的差别，其原因必定与血缘的亲疏相关，因此，按原则是不能埋葬在一起的；氏族组织的另一原则是平均与平等，虽然这是一个具有相对性的话题，可是总要比现代社会的平等严格且严肃得多。像河南密县莪沟北岗遗址M57、M61两座B区的墓葬分别随葬11件和9件器物，比周围的墓葬要丰富，显示出位置居中的墓葬主人生前高人一等的地位。由此可见，前仰韶时代墓地反映的现象很难以氏族组织加以概括，墓地中那些聚群分片的墓葬也不是氏族组织的遗留。如果推测这类墓葬属于家庭似乎又存在数量过于庞大的问题。这就不能不使人联想到家族组织。

第三，怎样认识传统理论与考古学资料存在的矛盾。前仰韶时期在甘肃秦安大地湾遗址和湖南澧县彭头山遗址，尚未形成《古代社会》描绘的成排成行整齐划一的氏族公共墓地。仰韶时期墓葬的安置比较规范，死者埋在村外的固定地点，儿童埋在居住址的附近。从甘肃秦安王家阴洼墓地墓葬排列情况看，很有点儿氏族公共墓地的味道。比前仰韶时期的墓地规范、整齐，井然有序。但又有一些特点与氏族社会的公共墓地不同。

首先，属于同一氏族的公共墓地，葬俗理应相同。为何王家阴洼墓地存在两种不同的埋葬方向？在古代，死者的头向当表示不同的信仰，至少是不同的习俗，绝不是可以忽略不计的枝节问题。其次，经典作家明确指出，在氏族社会只有同血缘的氏族成员才能进入公共墓地，儿童因为没有成丁，故不是氏族成员，当不能进入公共墓地。王家阴洼墓地两个墓区都有未成年的儿童遗骸发现，与经典作家的论述显然矛盾，完全违反了氏族制度的根本原则，对此怎能坐视不理，而将其纳入到氏族组织的框架中呢？再次，如果王家阴洼墓地中的房址是看守的用途或者是用于举行某种活动，那么同一氏族为何修建两套设施？很明显这是为两个不同组织而建设的，墓地相邻是现象，两块墓地分别属于不同的社会组织才是本质。最后，王家阴洼墓葬中陶器的刻划符号具有明确的指示意义。早年，陕西西安半坡遗址出土陶器上的刻划符号就引起学术界的讨论。据当时的统计，西安、长安、临潼、铜川等7个遗址发现了270个符号，其中西安半坡和临潼姜寨就有242个个体。有的研究认为是"简单的文字"，有的认为是"具有文字性质的符号"，还有的认为是"特定的记事符号"。后者举出云南、四川两省的普米族至今仍用来表示"占有"、"方位"、"数字"的符号与半坡文化的形态相似，有些甚至完全相同。有研究认为后一种说法"证据确凿，可为定论"[23]。"占有"就是表示所属，就是表示特定的社会团体，实际上就是家族的符号。这种做法代代相传，在半山、马厂文化时期，墓葬中大量"随礼"的彩色陶器都做上表示所属的特殊符号，应该是送礼方的族徽。后来民间烧制的瓷器上仍可以见到指示工匠家族的姓氏。由此可见，王家阴洼墓地M51、M63陶器的符号应分别表示不同的家族，它们聚集在同一座墓葬之中表明了家族之间在葬礼中的联系，其意义自不待言。后来商周时期青铜器上的族徽正是对此传统的全面继承和发扬光大。中国古代家族使用文字族徽的传统与世界上其他地区氏族加图腾的特点泾渭分明，不能混淆。

甘肃秦安王家阴洼墓地可以使人们联想到陕西临潼姜寨遗址第一期遗存。在那里，墓葬是分区域安排在村外，不同的墓区分别与成组的大房子对应，因此姜寨村落中必定存在不同的社会组织，否则就不用划分不同的墓地。学术界普遍认为姜寨的成组大房子属于家族组织，而陕西华县元君庙和华阴横阵墓地的研究都认为当时存在家族组织，所以，甘肃秦安王家阴洼墓地不是氏族的公共墓地，而属于家族组织的认识在这里得到了更多和更有力的支持。不同家族组织的墓地可以彼此相邻，但各自保持传统。因此，王家阴洼墓地东西两群的情况就不奇怪了。家族墓地可以容纳血亲的成员，也能够接受从外家族嫁来姻亲成员。儿童自然也能够进入墓地。两套房址和灶坑本来就是两个家族各自修建的，你用你的，我用我的，各不相干。最后，也是最有说服力的证据，那就是王家阴洼墓地 M51、M63 随葬陶器上的符号，那是家族组织存在的铁证，不能动摇。

三、家族组织在联盟体制中生存

在中国考古学研究中，很多学者都注意到家族组织。特别是商周时期家族形态的研究成果为认识更早时期的社会组织形式与结构提供了有力的支撑。中国新石器时代存在家族组织并不是笔者的新创，早在陕西华县元君庙仰韶墓地的发掘与研究时就曾被研究者识别出来，河南安阳孝民屯晚商墓地的发掘更是大大地推进了对家族墓地的认识[24]，可是，以往人们始终是在氏族社会的框架内讨论家族的存在与否及其特征和社会意义的。从来就没有研究尝试家族组织才是中国古代社会最基本细胞的探索，或者是质疑家族—氏族—部落的社会组织模式，古代的美洲和欧洲的经验是否一定是中国古代的必然？因为，前仰韶时代的考古学资料不能说明当时有氏族组织存在，中国古代文献也不曾有氏族的概念。

古礼时代家族是社会的基本细胞，它们究竟是以怎样的方式在社会生活中生存？探讨和回答这个问题无疑有助于认识和理解家族是当时社会基本细胞的命题。既然家族不属于氏族，那么也就难以加入到氏族—部落的社会组织体系。难道古代中国还存在另外一种社会组织系统？答案是肯定的！这就是家族组织的联合结盟体制。

有文献为证。《史记·五帝本纪》说："轩辕之时，神农氏世衰。诸侯相侵伐，暴虐百姓，而神农氏弗能征。于是轩辕乃习用干戈，以征不享，诸侯咸来宾从。……蚩尤作乱，不用帝命，于是黄帝乃徵师诸侯，与蚩尤战于涿鹿之野，遂擒杀蚩尤。而诸侯咸尊轩辕为天子，代神农氏，是为黄帝。"这段记载不论怎样解释，以下三点是不能否认的。第一，黄帝时代的天子实际上就是当时的诸侯盟主。第二，盟主的地位是依靠德、能与政绩为基础和条件的。第三，盟主是由诸侯共同拥戴的结果。可见，在有夏之前相当长的历史阶段中诸侯联盟的组织形式确曾存在。当时的国家林立，有万国之称。所谓的国实际上是家族的天下，因此，诸侯古国之间的联合结盟是家族联盟的另一种说法。历史进入西周时期以后，文献关于家族联合结盟的记载可谓史不绝书。其中，最著名的、也是对历史进程影响最深远的"三家分晋"，就是晋国的韩、赵、魏三大家族联合结盟的胜利成果。考古学在山西侯马、河南温县等地发掘出那个时期的盟誓遗址，发现了大量的盟书及相关遗存[25]，为认识盟誓遗存的特点提供了具有决定意义的新资料。

盟誓遗存的研究显示出，这种仪式举行后，还有燔烧和瘗埋的过程，要将盟书安置在固定的祭坑中加以燔烧，所以，这些祭祀坑的坑壁还留有可供上下的脚窝。此类祭祀坑与中国新石器时代被称为垃圾坑的"灰坑"形状相同，只是因为盟书写有文字，才使研究者能够轻松地识别其性质和意义所在。盟誓遗址的发现与认定，极大地开阔了研究者的视野，触类旁通，举一反三，可以调动丰富的想象力，因此提高了在新石器时代的"灰坑"中识别和认识祭祀坑的能力，总结出"结构决定性质"，遗迹存在的环境决定遗迹性质，相同的遗迹现象在不同的遗迹环境中当具有不同意义的理念，从而能够把相似的研究导入到对中国新石器时代墓葬资料的分析中，识别和确定用于祭祀活动的墓葬与普通墓葬的本质区别，全面更新和推进了对中国新石器时代早有盟誓遗存的认识，并提出这类遗存的形式与内容都有进一步划分之可能的思考。

有甲骨金文为证。商代晚期和西周初期的青铜器上，有一种颇似图画铭文，其特点是象形性很强。自宋以来金石学家解释者不少，然均不得其要。20世纪30年代初，有研究考证此种铭文实是古代民族之族徽，后又有研究进一步说明这种文字类似于氏名，现在，这些认识已成为商周史和文字学领域的共识。在这种文字中有一种特殊的组合形式存在，就是两个或两个以上的族氏名号相组合，有研究称为"复合氏名"[26]。并指出，这是表示几个族结合而构成的族的标志。但持反对意见者认为，族之间的联合是为壮大自身实力，可这种铭文中一个族的名号为多个其他名号相组合，如果这是表示联合而成的族的名号，那么就需要自身先分离成同样数目的分支，才能与那么多其他的族联合，但这只能削弱自身力量，而与联合的目的相矛盾。这种认识看似合理，却失之于机械和僵化。同样以商周金文习见的"戈"族名号为例进行分析，完全可以得出不同的认识。

据研究，"戈"字见于殷墟卜辞，是商王同姓之亲族，世代服务于商王。单铭"戈"字的青铜器多出于今河南安阳地区，其复合氏名很多，尤以安阳侯家庄西北冈M1001和武官村大墓中的发现地位最显赫。以武器为名号本身就显示出其能征善战的特点，商王大墓出土的情况则可表明"戈"氏有护卫的职能，由此可以推知"戈"与其他族氏的结盟具有军事性质。这种结盟并不需要将自身分离成若干部分，只要能够提供军事援助和安全保障就足矣。联姻的结盟也不需要将自身分离成若干部分。也就是说，中国古代的家族组织，特别是新石器时代的家族，其上可能并没有别的什么血缘组织，而只有家族联盟存在。因为，到目前为止的考古学资料只能证明有家族组织存在，其他的社会组织都只是从教科书中学习或者借鉴来的。

考古学研究能够提供多少材料和认识上的支持呢？这的确是一个难度很大的问题，新的认识、新的知识往往需要很长时间才能冲破积习的束缚。因为，一则过去人们是在氏族制度理论指引下分析考古学资料，遇到难以解释的现象就简单归咎血缘关系。二是僵化的思想方式。对考古学资料的认识缺少想象力和创造力。例如，认为墓葬的功能只是为了安葬死去的亲人，所有埋葬有人骨的土坑都统称为墓葬，缺乏用"结构决定性质"，"相同的遗迹现象在不同的遗迹环境中当具有不同意义的理念"研究不同形态墓葬的性质与意义。陕西华阴横阵是本文中多次提到的重要遗址，那里的多人集体合葬墓历来是学术界探讨当时社会组织形式的首选资料，但是，特殊的埋葬方式透露的历史信息却完全被人为地淹没了。因此，必须重新加以检讨。

首先，重新回顾陕西华阴横阵多人集体合葬墓的特点。已发现的多人集体合葬墓3座，此类墓葬的建造程序是先挖掘出一长条形的大框，再于其底部挖出数个安放集体人骨的墓穴，墓Ⅰ为5穴，墓Ⅱ为7穴，墓Ⅲ已残，仅存3穴。这些墓葬在人骨鉴定时由于保存情况的原因并没有做到尽数统计，墓Ⅰ只统计鉴定1~4穴的人骨，墓Ⅱ是1~6穴，墓Ⅲ只统计了穴3，其早晚顺序是墓Ⅰ、Ⅲ、Ⅱ，这是理解此类墓葬每隔一定时间才会出现的重要依据。横阵的多人集体合葬墓规模大，建造的过程复杂，不像单人土坑墓那样仅仅依靠3~5人就能够完成，而且人骨的安置很可能分别由不同的家族承担，所以动用的人力相当可观。这种活动的社会性及其规模由此显现出来。这一认识大概不会遭到反对。

其次，横阵多人集体合葬墓属于半坡文化，是半坡人的特殊遗存，以往泛泛称之为墓葬极容易将研究者的注意力导向埋葬习俗方面，而忽略了其特殊意义。因为，与此同时半坡人还拥有大量的单人土坑竖穴墓。陕西临潼姜寨遗址第一期遗存是典型的半坡文化，分布居住址之外的单人土坑墓有400余座，陕西宝鸡北首岭遗址有同类墓葬380余座，陕西西安半坡遗址居住区外有250余座单人土坑墓，均是分区分片埋葬，每个区有60余座墓葬，与甘肃秦安王家阴洼遗址两片墓葬的数量相若，显然，半坡人安葬死者已经形成了固定的方式，在各个地区的不同村落中流行着相同的具有家族组织倾向的埋葬特点。因此，简单地将多人集体合葬墓认作是为了安葬死去的亲人，无形中就造成了一个难以逾越的巨大障碍：为什么有些人要这样安置，另外一些人要那样对待？这无论从理论上还是在逻辑上都是说不通的。既然遇到了矛盾就不能回避，就不能置之不理，就必须在复杂的现象中探索历史的真相。据研究，横阵MⅠ与陕西临潼姜寨遗址第一期遗存处于大致相同的年代范围，MⅠ中分别代表5个家族的墓穴资料表明，其人骨的数量远远少于姜寨遗址任何一墓区的墓葬数目，就是将横阵3座多人集体合葬墓各选一座人骨数量最多的加以合计，也不足姜寨遗址一个墓区单人土坑墓总数的一半，与前述的其他遗址比较结果亦然。这种情况表明并不是所有的家族成员都能进入到多人集体合葬墓中。由于二次葬的存在，就有足够的理由推定进入多人集体合葬墓的死者完全是有选择的，至于当时的依据现在还不能妄加猜测。但是，有选择的、有目的、有准备的活动就不同于偶然的、随机的事件，考虑到多人集体合葬墓的社会性和定期举行的周期性，可以推定这类墓葬必出于某种古老的仪式。这种认识大概也不会遭到反对。

再次，横阵多人集体合葬墓的大墓圹是重要的历史线索，其意义何在是不能不予以回答的关键问题。如果按氏族制度理论加以解释定然会将其理解为血缘的界限，可是，现在当人们认识到如果墓圹之内的各个墓穴属于家族，而家族又不是唯血缘的组织，可以容纳姻亲的成员和不同辈分的成员，将不同的家族组合在一起的做法完全有违于氏族制度的基本原则，显然，认为墓圹是用来表示血缘关系，也就是用以表示氏族组织的推测不能够成立；所以，大墓圹只能从地域的界限方面考虑，应是用以指示死者往日生活的状况，换言之，墓圹指示的是村落的界限或范围，而不是血缘组织。无独有偶，横阵多人集体合葬墓中家族墓穴的数量与半坡人村落中常见的成组大房子的数量基本吻合。陕西临潼姜寨遗址第一期的半坡文化遗存中已发现120座房址，围拱着中心广场排列，其中5座面积超过50平方米的大房子几乎是等距离地分布在中心广场的周边，若用直线连接平面呈五角多边形，颇似空中看到的美国的五角大楼。F74为70平方米，F47为89平方米，F1为128平方米，F103为53平方米，F53为74平方米，它们分别统领着若干小型房子，成组的格局十分清楚。许多研究都认为5组大房子体现着半坡人聚族生活的状况，也就是认为成组大房子可以反映当时存在着家族组织。显然，姜寨村落中有5个家族组织存在，这个数字恰好与横阵年代最早的MⅠ5个墓穴代表的5个家族完全吻合，且它们的年代相同，因此有理由认为，半坡文化的这个时期5个家族组成一个村落是某种规格村落的普遍特点。随着时间的推移同一村落的家族由于人口增殖，才分化出更多的家族。如此，则可以理解横阵MⅡ有7个墓穴的情况。半坡人的村落具有以北为尊的倾向，陕西临潼姜寨遗址北组房子的周围多见人面鱼纹特殊符号的现象早已被研究者发现[27]。在横阵的多人集体合葬墓中，现有的人骨统计数量也显示出居北的墓穴人数较多，这大概不是偶然的巧合吧？一个村落定期地将属于不同家族的死者按其生前的单位划好界限埋在一起，而且动用了很多人力、物力，精心准备，是要通过这种活动达到一定的目的，如果只是为了安葬死去的亲人就不必如此殚精竭虑，兴师动众，因为半坡人始终流行着单人土坑墓的习俗。横阵的多人集体合葬墓的情况可以使人联想到"在地愿作连理枝"词句，其目的明显是为了使活着的人们像昔日那样团结、友好与和谐。这种认识虽然大有望文生义之嫌，可是又在情理之中，想象力孕育着创造力，大概也不会引起厚非吧。因此，多人集体合葬墓是同一村落不同家族联合结盟遗存的可能性最大。

最后，横阵遗址其他的考古学现象也有助于说明上述认识。该遗址属于半坡文化的30多个灰坑与多人集体合葬墓的仪式相呼应。其中，埋有多具人骨架的H103曾被认作是某次战争中敌对部落的俘虏，可是，敌对部落的俘虏为何埋在自己氏族墓地附近？那些没有人骨架的灰坑又作何解释？这些灰坑形状规整，圆形袋状坑底往往还挖一圆坑，这种特殊的形制绝非普通意义的垃圾坑，完全是大坑套小坑的复合式墓葬[28]，即多人集体合葬墓的模仿与复制。是当时存在"坎祭"的有力物证，它与多人集体合葬墓仪式活动相始终，是其有机的组成部分。半坡人在祭祀活动中用人作为牺牲已经不是什么奇怪的事情了，陕西西安半坡遗址的房基下用儿童的头骨奠基，陕西宝鸡北首岭遗址广场墓葬中存在着特殊的杀戮现象都与横阵H103的情况遥相呼应，尤其是北首岭广场中心还存在77M6那样的大坑套小坑的复合式墓葬[28]。事实雄辩地证明，遗迹自身的特点、存在环境与遗迹的构成决定遗迹的性质，特殊的遗迹现象必有特殊的意义，只有坚持这种理念才能透过现象看其本质。横阵墓地的资料可以反映出半坡人的社会行为方式，他们强调用大坑表示地域的范围，每隔一定的时间举行一次这种特殊的活动，有定期加强联系，巩固关系之意；那些祭祀活动的灰坑存在，说明仪式活动中还有燔烧、瘗埋和用人为牲的内容，与祭天祈地的大典等量齐观。如果按照氏族组织的理论加以分析，大坑中的每座合葬墓代表一氏族，则大坑便成为不同氏族的合葬墓，这是学术界不能接受的；大坑本身表示一个氏族，那它存在的必要性无疑要受到质疑，两种情况显然都与理难通。若以胞族而论，其结果亦然。家族组织与氏族组织存在着本质的区别，前者虽然具有一定程度的血缘因素，但姻亲的关系使得社群组织内部包括了部分非血缘关系的成员，这些人在村落中的存在可以根据陶器代表的文化因素确定，在墓地中则能够依据葬俗的异同加以区别。氏族组织当不存在这些特点，统一的信仰、相同的习俗使人们很难在文化方面做进一步的划分。正是由于非血缘关系因素的加入，需要加强教化，统一思想，才孕育和刺激了礼制的发生与发展。而当家族组织在后来岁月中的不同地区都逐步获得了发展与壮大，他们之间的联合与结盟又成为大势所趋，成为对外关系的主要任务，这种加强教化与统一思想的需求就必将空前高涨，礼制因此将走上更加成熟与完善的轨道。

可见，横阵墓地属于同一村落家族联盟遗存的认识是唯一正确的解释，多人集体合葬墓原出于某种古老的仪式，因此从礼制体系方面加以考察是第一位的，这种仪式的目的不是简单地安置死去的亲人，主要是用来表达某种祈求和意图，是现实生活需要的折射，绝不能用一般意义的埋葬制度概括。当然，这是一种全新的认识，是对资料逻辑地阐述，而以往的认识缺少逻辑，显得主观和武断。陕西华县元君庙的合葬墓成排安置，具有定期的时间意义，由于没有大墓圹，缺乏明确的界限，应是不同村落家族联盟的遗留；陕西渭南史家村遗址的合葬墓叠压打破关系特别复杂，充分反映出在那里举行联合结盟活动的地点相对固定，而活动则相当频繁，证明在不同的地区举行这种仪式的频率不完全相同。基于上述分析，现在可以认识和揭示半坡文化存在两种截然不同葬俗的历史成因了。多人集体合葬墓神秘地讲述家族联盟组成村落的历史真相终于水落石出，大白于天下了。

四、历史的逻辑与思想的逻辑

多年以来，人们一直是将家族作为氏族组织的枝蔓看待，认为家族属于氏族。这种认识与现代人类学对家族形态的研究存在着严重的分歧，主要之点在于家族是以姻亲关系为基础，而氏族是以血缘关系为纽带的。现在的问题是中国前仰韶时代究竟是否存在过氏族组织？有何证据能够说明之！目前的考古学还没有确凿的证据，前面分析的见诸报道的墓葬资料都与经典作家关于氏族公共墓地的论述存有相当大的差距，但是，仔细衡量之后，认为有家族组织存在既比较客观，又是顺理成章的。商周时期的家族组织已是根深蒂固，枝叶繁茂，充斥于社会生活的各个角落，发挥着至关重要的作用，在中国后来的社会生活中不仅存在，其发展具有愈演愈烈的趋势，其制度具有越来越完善、规范的倾向。族谱、祠堂、族坟墓都形成了完备的体系，在世界上独领风骚，构成了中国的传统与特色。尽管以往人们对近万年以来中国古代社会的基本细胞有另外的解释，并且已经习惯于这种解释，或者成为根深蒂固的理解，人们依然能够从以上的分析比较中发现古礼时代考古学资料提供的诸种现象与家族组织贴近，而与氏族制度相去较远。

所以，结论是：中国古代近万年以来诸多地区的社会基本组织是家族，不是氏族。古礼时代实际上就是家族制度的时代。家族组织的发生与成长需要礼制维系团结，平衡力量，协调关系；需要统一思想，统一号令，统一行动。这无疑就是家族组织呼唤的历史需求。历史果然选择了"中国模式"。这一认识与夏商周三代的史情符合，与中国古代的国情相符，因而有诸多依据支撑。本文不是要否认氏族组织和氏族制度在世界其他地区曾经存在的论断，只是强调氏族组织在古代中国的存在与否，应该在万年以前的考古学资料中发掘、寻找和探索。而家族组织的存在是近万年以来中国古代的客观史实。家族组织发生发展的历史如此漫长，在古代中国的存在如此普遍，在社会生活中的地位如此重要的认识，将动摇以往关于中国古代氏族社会传统理论的推测与假说。家族组织呼唤礼制的历史需求，同样，也呼唤历史研究的客观、真实与公正。

注　释

[1]　河北省文物管理处、邯郸市文物保管所：《河北武安磁山遗址》，《考古学报》1981年第3期；卜工：《磁山祭祀遗址及相关问题》，《文物》1987年第11期。

[2]　贺刚：《湖南洪江高庙遗址考古发掘获重大发现》，《中国文物报》，2006年1月6日；贺刚：《中国史前艺术神器的初步考察——〈中国史前神器纲要〉》，《长江中游史前文化暨第二届亚洲文明学术讨论会论文集》，岳麓书社，1996年；湖南省文物考古研究所：《彭头山与八十垱》，科学出版社，2006年。

[3]　郭大顺、张克举：《辽宁省喀左县东山嘴红山文化建筑群址发掘简报》，《文物》1984年第11期。

[4]　辽宁省文物考古研究所：《辽宁牛河梁红山文化"女神庙"与积石冢群发掘简报》，《文物》1986年第8期；孙守道、郭大顺：《牛河梁红山文化女神头像的发现与研究》，《文物》1986年第8期。

[5]　刘斌：《良渚遗址发现5000年古城》，《中国文物报》2007年12月5日。

[6]　浙江省文物考古研究所：《瑶山》，文物出版社，2003年。

[7]　青海省文物管理处考古队、中国社会科学院考古研究所：《青海柳湾——乐都柳湾原始社会墓地》，文物出版社，1984年。

[8]　甘肃省文物考古研究所：《秦安大地湾——新石器时代遗址发掘报告》，文物出版社，2006年。

[9]　河南省博物馆、密县文化馆：《河南密县莪沟北岗新石器时代遗址》，《考古学集刊》（1），中国

社会科学出版社，1981年。
[10] 河南省文物考古研究所：《舞阳贾湖》，科学出版社，1999年。
[11] 湖南省文物考古研究所：《彭头山与八十垱》，科学出版社，2006年。
[12] 甘肃省博物馆大地湾发掘小组：《甘肃秦安王家阴洼仰韶文化遗址的发掘》，《考古与文物》1984年第2期；许永杰：《秦安王家阴洼墓地结构的分析》，《考古与文物》1992年第2期。
[13] 中国社会科学院考古研究所陕西工作队：《陕西华阴横阵遗址发掘报告》，《考古学集刊》(4)，中国社会科学出版社，1984年；北京大学历史系考古教研室：《元君庙仰韶墓地》，文物出版社，1983年；西安半坡博物馆、渭南县文化馆：《陕西渭南史家新石器时代遗址》，《考古》1978年第1期。
[14] 中国社会科学院考古研究所：《宝鸡北首岭》，文物出版社，1983年。
[15] 西安半坡博物馆、陕西省考古研究所、临潼县博物馆：《姜寨——新石器时代遗址发掘报告》，文物出版社，1988年。
[16] 中国科学院考古研究所、陕西省西安半坡博物馆：《西安半坡——原始氏族公社聚落遗址》，文物出版社，1963年。
[17] 辽宁省文物考古研究所、赤峰市博物馆：《大南沟——后红山文化墓地发掘报告》，科学出版社，1998年。
[18] 山东省文物考古研究所：《大汶口续集——大汶口遗址第二、三次发掘报告》，科学出版社，1997年。
[19] 山东省博物馆、山东省文物考古研究所：《邹县野店》，文物出版社，1985年。
[20] 严文明：《横阵墓地试析》，《仰韶文化研究》，文物出版社，1989年。
[21] 刘易斯·亨利·摩尔根：《古代社会》，商务印书馆，1981年。
[22] 恩格斯：《家庭、所有制和国家的起源》，人民出版社，2003年。
[23] 邹衡：《中国文明的诞生》，《文物》1987年第12期。
[24] 朱凤瀚：《商周家族形态研究》，天津古籍出版社，1990年。
[25] 陶正刚、王克林：《侯马东周盟誓遗址》，《文物》1972年第4期；河南省文物研究所：《河南温县东周盟誓遗址一号坎发掘简报》，《文物》1983年第3期。
[26] 朱凤瀚：《商周家族形态研究》，天津古籍出版社，1990年。
[27] 陈雍：《半坡文化彩陶鱼纹的分类系统》，《华夏考古》1993年第3期。
[28] 中国社会科学院考古研究所：《宝鸡北首岭》，文物出版社，1983年；卜工：《文明起源的中国模式》，科学出版社，2007年。

（原载于《新果集——庆祝林沄先生七十华诞论文集》，科学出版社，2009年）

读石峁古城看文明亮点

石峁古城给人最深刻的印象是当时社会的动员能力强大、组织能力高超、规划设计能力大手笔,而这一切又与文明的程度息息相关。鬼斧神工般的杰作是怎样建造的?究竟是何种力量才能保障宏基伟业的完成?

很早就知道陕西神木石峁古城的考古调查与发掘取得震惊学界的重要成果。但是,真的来到现场一睹古城的雄姿和风采,收获却完全超出预料。高大壮观的门楼,精心整治的城墙垒石,独具匠心的马面设计,杀戮祭祀的威严铁血,无不令人震撼和感叹,虔诚敬仰和怀古探秘之情油然而生。

无字天书的巨大能量

目前,石峁古城还是本无字天书。但不论将来是否发现文字,都不能撼动其作为中国古代文明交响曲中华彩乐章的重要地位。当然,要真的读懂这座神秘莫测、惊世骇俗的城池,还需要假以时日。该城规模之宏大,设计之精妙,功能之齐全,施工之精细,是考古发现的同时期遗存所仅见者,乃至于最初的发现者甚至担心该城年代推定的正确性。这个伟大发现和鼓舞人心的重要成果同样使许多观摩学习和参观览胜者错愕,不是因为它来得突然让人措手不及,也不是由于人们对中国古代文明的高度缺乏心理准备而应接不暇。关键的问题是:它出现在名不见经传的陕北地区,就必然启发人们思考;而且,比以往考古发现的同期古城更具可视性,极容易引发人们对中国古代文明进程、道路与特色产生进一步的联想。

石峁古城给人最深刻的印象是当时社会的动员能力强大、组织能力高超、规划设计能力大手笔,而这一切又与文明的程度息息相关。鬼斧神工般的杰作是怎样建造的?究竟是何种力量才能保障宏基伟业的完成?这就不能不使人联想到早期中国社会组织的构架。

那个时候,社会的基本细胞是家族组织,以家族联盟为基础的有特色、多层次的联盟制度将数以万计的家族组织起来。家族联盟构筑村落,属于基层联盟;基层联盟组成古老小国,属于中小型联盟;古国联盟构成考古学文化的人们共同体,或称国家大联盟;不同考古学文化的联合结盟组成超大型联盟集团。早期中国的考古学文化实际上是古国联盟的文化。

先秦文献提到的黄帝、炎帝、蚩尤、共工,以及夏、商、周王朝都属于超大型联盟集团。在中国古代的历史长河中，联合结盟的策略被发挥到极致，人们耳熟能详的"三家分晋"、"合纵连横"，脍炙人口的赤壁之战，都说明联合结盟是中国智慧的重要内容、是政治艺术的精髓所在、是文化底蕴的自然结晶。在世界风云变幻莫测的时代，深度考察和总结中国古代联合结盟的实例与经验，显然是考古界特殊的贡献。

联盟集团的杰出造化

先秦文献表明，当时的结盟制度存有多种不同类型，存在规模与层级的区别。商汤灭夏、武王伐纣都举行过大型盟会，齐桓公"九合诸侯，一匡天下"。公元前632～前505年间，晋国主持八国以上的多国盟有17次，约六七年一次。不仅诸侯国之间的多国盟，某诸侯国内盟誓的次数也都详细地记录于《左传》。20世纪70年代，考古工作者在山西侯马、河南温县等地发掘出当时的盟誓遗址，发现了大量的盟书及相关遗存。研究表明，早期中国的盟誓遗存连绵不绝，特征鲜明，而且分布广泛。石峁古城的壮观场景足证当时联盟制度必定存在，否则，如此宏伟的城池怎能横空出世！

考古工作者曾就龙山时期河南登封王城岗城址做过实验考古研究，可以推算建造该城耗时用工的总量。石峁古城的规模以及建设的复杂程度都远远超过王城岗，而且其整体的布局、虔诚的仪式都表现出庄严肃穆的古礼，具有强大的威慑力和感召力。石峁古城可能正处于联盟体系的金字塔顶端，因此，才能释放出如此超乎想象的巨大能量。若然，石峁古城极有可能是联盟集团高层的驻地或总部，而非某一古国之都城。

发掘资料显示出这里的玉器来源具有多样性，不同考古学文化因素的参与性与以往的发现大相径庭，无疑是以上认识的最好注脚。

古城主人的神秘身份

接下来，人们自然会思考石峁古城的主人究竟是何方神圣。果真是黄帝或其集团的居邑吗？

第一，简单地讲，如果这种推测成立，中国古史的年代体系就得重新编排了。因为没有史料和通史教材说黄帝活动的年代如此贴近夏代。目前，学术界基本认可夏代始于公元前2100年左右，石峁古城早期的^{14}C测年约为公元前2300年。所以，该城年代只与五帝晚期接近，而与黄帝无涉。

第二，倘若坚信《史记》正确，那么，黄帝"东至于海，登丸山，及岱宗。西至于空桐，登鸡头。南至于江，登熊、湘"的足迹与石峁古城遗存分布倾向差距明显，有的甚至南辕北辙，又怎能自圆其说呢？

第三，"尧都陶寺"说，这是石峁古城黄帝居邑说难以逾越的障碍。山西襄汾陶寺遗址是唐尧之都的认识提出后，有些研究曾质疑这种提法过于笼统，文字方面的证据显得薄弱。因为陶寺遗址有三个时期的遗存，至少存在两种以上性质完全不同的考古学文化。唐尧的地望史无争议，究竟哪种遗存与帝尧有关是研究的核心与关注的焦点。该遗址的考古报告虽尚未刊出，但早年发表的资料显示出大致的线索。其中，以该遗址大型墓葬为代表的陶寺早期遗存最为重要，文化特征也最为鲜明。那就是釜形斝（音"甲"，古代的酒器——编者注）确系该文化领军的标型器，属于庙底沟二期文化最辉煌和最晚的阶段。拙文《关于庙底沟二期文化的几个问题》（《文物》1990年第2期）曾指出该文化与东方的关系极其密切，颇具特色的釜形斝即受东方大汶口文化中晚期陶鬶（音"规"，古代陶质炊事器具——编者注）的影响而产生。这种推测与尧来自东方、后封于唐地的记载吻合。再者，《史记·五帝本纪》记载帝尧的父亲是"帝喾高辛者，黄帝之曾孙也"，"至高辛即帝位"，《集解》也说"都亳，今河南偃师是"。无独有偶，那里正发现有庙底沟二期文化的存在，其釜形斝的形态恰恰具有早于陶寺早期的特征。若依庙底沟二期文化公元前2870年的^{14}C测年推算，陶寺早期当不晚于公元前2500年。尧都陶寺，当然不是此类遗存。陶寺中期遗存与石峁早期文化性质相同，年代大体相当，都以双鋬（音"盼"，器物侧边供手提拿的部分——编者注）耳袋足陶鬲（音"力"，古代炊具——编者注）为主要特征，且形态基本相同。黄帝若安营扎寨于石峁古城早期，其年代将晚于陶寺早期代表的帝尧，这种世系颠倒的情况显然与文献记载相悖，与历史事实相抵牾，不可能为学术界接受。所以，黄帝或其集团与考古学文化的对应年代应该至少在距今5000年前。

再说说石峁古城的陶鬲。石峁古城早期遗存和陶寺中期均以双鋬耳袋足陶鬲为文化的排头兵，是土生土长的分布于黄土高原及其山前地带的土著遗存，非帝尧、更非黄帝之遗存，其源流与走向《晋中地区西周以前古遗存的编年与谱系》（许伟，《文物》1989年第4期）曾有详论，这类遗存与先商文化渊源极深，但始终坚守自身传统。陶寺中期只是其南面的支系。石峁古城才是其中心的都会。

黄土高原的文明星斗

过去，这类陶鬲的遗存在河北太行山东麓，河南的北部，山西的许多地区，陕北和内蒙古中南部等地多有发现，资料发表得也相对充分。其年代分期，发展序列和谱系关系逐步清晰。在山西晋中地区更有其从龙山、夏代、早商直到殷墟时期连绵不断、自成体系、长期发展的翔实证据。今天，当高度发达的石峁古城重见天日，人们自然有条件将这类文化遗存有机地联系在一起思考，并能够从文化的整体性方面揭示其所代表的文化大系不仅仅具有独立分布的广袤空间，而且拥有超强族群集团的实力，足以与山东地区以陶鬶代表的大汶口—龙山文化大系相媲美、相呼应，是早期中国龙山时期西部文化的中流砥柱。

值得重视的是，在夏商周三代文明的进程中，陶鬲大系的重要作用和杰出贡献彪炳史册。例如，有戎氏、有鬲氏都与这个超强集团具有文化上的亲缘关系，甚至就是其重要的组成部分。《史记·夏本纪》："帝相崩，子帝少康立"，《索隐》："有夏之臣靡，自有鬲收二国之烬以灭浞，而立少康。"河南偃师二里头遗址早期遗存的陶鬲支持此说。《史记·殷本纪》说简狄，"有戎之女"，吞卵生商。也正与晋中地区陶鬲发展线索基本吻合。如此等等，不一而足。由此可见，双鋬耳袋足陶鬲的文化大系拥有石峁古城这等规模的城池，完全是历史的必然。只不过，由于沧海桑田的变化，曾经辉煌一时的宏基伟业早已被历史尘封，鲜为当代的人们所知罢了。

石峁古城的雄伟壮观映射出其文明的辉煌与高度。陕北和内蒙古中南部地区并非传统意义的文明中心。当人们伫立在石峁古城之上，环顾大好河山的秀美景观，自然会感悟苏秉琦先生关于中国古代文明起源"满天星斗"说的魅力。此时，星星之火已然汇成众多熊熊燃烧的火炬，照亮早期中国的广袤大地。石峁古城的进一步发掘，必将为中国古代文明起源重大课题的研究注入新鲜血液，值得期待！

（原载于《光明日报》2015年12月2日第十版）

三、有感而发的记录

关于中国考古学的基本理念

当人类步入新的世纪，正值中国现代考古学迎来八十年的历程。为表达对中国考古学的认识和理解，许多学者充满豪情地回顾过去，展望未来。其中，有一种倾向特别值得重视：那就是对中国考古学理论和方法的理解与以往有了较大的差别，甚至可以认为有了质的变化，作为考古学"两个轮子"的层位学和类型学的地位正在被动摇，过去盛行的理论受到挑战而显得黯然失色；当新世纪的钟声敲响之后，一些学者仿佛顿时觉悟过来，"原来中国考古学并没有方法，层位学和类型学不都是从别的学科引进的吗？"细想起来也是实情，这表明，过去对中国考古学的认识和理解确实存在检讨的必要，而目前一些新的观点也不是没有可商榷之处。

中国考古学的性质、任务和学科特点似乎在理论上早已解决了，但随着学科的发展又被重新提到认识的议程上来。《中国大百科全书·考古学》开宗明义写道："考古学属于人文学科的领域，是历史科学的重要组成部分。其任务在于根据古代人类通过各种活动遗留下来的实物，以研究人类古代社会的历史。"这个定义在今天来看已经不够准确，不够科学了。因为利用现代自然科学技术手段提取和分析孢子花粉等研究，有很多并非是古代人类通过各种活动遗留下来的，而且这类研究在考古发掘报告中的地位越发受到重视；另外，定义忽略了现代考古学"边缘性"的特点。近现代科学技术的发展曾经创造出诸多边缘性学科，这些学科借助于其他学科的方法与手段，在一些学科的交叉点上拓展研究，取得了突飞猛进的进步，从而使人类对自然和自身的认识有了飞跃性的发展。现代考古学所具有的边缘性特点，不仅仅是由于自问世以来就与自然科学技术有千丝万缕的联系，更重要的是目前考古学所采用的主要方法大都借助于其他学科，在研究古代人类社会这一大课题方面与许多学科存在着交叉点，所以才有植物考古、动物考古、地震考古的出现，更不要说民族学、文献学、古文字学、原始社会史了。

在中国考古学刚刚走上历史舞台的时期，这个特点还没有显现出来。因为那时我国的科学技术水平还很落后，加之获取资料的手段尚在完善过程之中，况且当时考古学主要强调的是与狭义历史学的区别，以确立学科的地位。现在的情况就不同了，自然科学技术手段在考古学中的运用已经深入到各个方面，某些方面的研究结论主要依靠科技手段提供的数据，一个遗址发掘获得的实物资料与提取的信息量是完全不同的概念，后者则受考古发掘的科技含量的多少制约。在当今的时代中，考古学的研究与发展已经不能离开自然科学技术手段的有力支持，还有谁能怀疑诸如 ^{14}C 年代测定方法在考古学研究中的地位和作用呢!

既然"边缘性"是客观存在的学科特点,那么,在探索中国考古学理论和方法时就要从实际出发,就要重视这个特点。基于这种认识可将中国考古学的任务作另一种简单的概括:即获取资料,提取信息,探求规律,谱写历史。当然,这仅仅是一种理念,而非定义,也不是理论。这种理念可以正确说明考古学研究是一个过程,是一个有机联系的过程,其中包括不同的阶段,每个阶段又有不同的任务和内容,方法也因此有别,且相对独立。在获取资料阶段,层位学和类型学是主要方法,在提取信息时,则要求多种自然科学技术手段的积极参与;在利用考古资料探索古代社会发展规律研究中,历史科学领域的诸多学科的方法和知识都有参考和借鉴的价值。基于这种认识才能避免犯绝对化的错误,才不至于当新的方法出现的时候就怀疑过去曾使用的方法。

以往,人们特别重视考古资料的获取,认为是同狭义历史学相区别的关键所在。为了强调区别甚至将层位学、类型学的作用和地位推向极致称为考古学研究的基本方法,于是便将考古学研究中某一阶段的方法推演为整个研究过程的方法,现在看来当然有失偏颇。尽管中国近代考古学是以走上田野为标志的,层位学和类型学又是田野考古的看家方法,然而,田野考古只是中国考古学的一部分。在考古学研究中获取资料与提取信息是不同的概念,在有些情况下,获取资料的数量很多,但信息量却极为有限,只有石、骨、陶器的形态,有些情况则恰好相反,这在中国考古学的实践中是屡见不鲜的。从获取资料中提取更多信息是现代考古学发展的重要趋势,例如陶器的烧成温度、陶土成分、动物骨骼的 DNA、人类生存的环境和植被状况、人类自身的生老病死等情况都有赖于自然科学技术手段来揭示和发现,而这些信息的增加才能丰富对古代社会的认识,才能更加全面地了解过去,才能使探索的规律更接近客观实际。可见,自然科学技术手段在考古学研究中的地位越来越重要是一不容忽视的客观现实。在社会科学领域中考古学的科技成分含量很高,也是必须依赖科学技术的进步才能充分发展的学科。科学愈是发展,考古学就愈是能够从古代遗存中获取更多的信息,这与文献历史学有着极大的区别,是考古学的活力与生机所在。由于从古代遗存中提取信息方法的多样性,考古学方法本身就具有兼容的特点,是最乐于吸收其他学科成果与经验的学科之一。这同时也规定了中国考古学的理论与方法存在着巨大的发展潜力和驰骋的空间。

需要指出的是,考古学是通过实物资料研究古代社会的,这种直观性特点决定了不同阶段的研究都具有复原历史的意义。田野考古发掘所获得的所有资料都是复原历史,即使这些资料仅仅展示于博物馆之中,也不能否认其复原历史的意义。长期以来,中国考古学研究中一直存在一个误区,田野考古工作和对考古学文化的研究似乎是研究中的最低或第一层次,而对社会制度、文明起源等课题的探讨才是复原历史的高层次研究。这显然是混淆了研究内容与层次的区别。所谓不同层次是指对同一课题不同深度的研究,而考古学文化、文明起源、社会制度等则属于不同的研究方面、内容或课题。在考古学文化的研究方面中国考古的资料已经积累到相当丰富的程度,但研究仍然停留在定性阶段，实践呼唤定量研究的到来，这自应是层次的问题；同样，在探讨中国古代文明起源的方面，解释文明的含义，套用国外流行的文明标准，剪裁中国的考古学资料依然是研究的主流，认识和理论期待着中国特色，这无疑也是层次的问题。可见，正确区分和理解上述概念对于推进考古学研究是非常必要的。

按上述的理念回顾已经过去的20世纪，才能正确估计和评价层位学、类型学的地位和作用，才能认识和了解自然科学技术手段在考古学研究中的价值和意义；同时，不难发现在过去的世纪中，中国考古学最重要的成就之一就是经过几代考古工作者艰苦不懈地奋斗和努力，考古学终于成为一个独立的学科在历史科学领域中发挥着不可替代的作用。从考古学创立之初，它的研究成果就使商史变为信史，在中国古代史、古代文献研究方面产生了革命性的影响，在后来的实践中，它不断在时间和空间方面延伸和拓展了人们对古代社会的认识。

在新世纪到来之时，中国考古学又该怎样发展呢？

二十年前，著名考古学家苏秉琦先生在给北京大学考古专业七七、七八级学生讲课时曾提出："建立以马克思主义为指导思想的，具有中国特色的中国考古学"，这是中国考古学奋斗的目标，也是它在新世纪求得发展的基本理念。现在当人们回首八十年的历程，不难感悟到这个任务确实任重而道远。中国古代的文化既丰富多彩，又连绵不断，在世界范围内独树一帜。可是，目前对中国考古学文化的研究，某些常识性的问题还长期争论不休，聚讼不解，对某些基本概念的理解还停滞在引进它们的初期阶段，缺乏中国特色，导致了一些研究很少创新，毫无生气。特别是最近二十几年，由于各地考古学文化编年体系的相继建立，相邻地区的考古学文化的关系逐渐清晰，人们越发感到用现在流行的考古学文化命名原则研究考古学文化的分野，或界定一种考古学文化的特质与内涵往往力不从心，在许多问题上存在理论上的困惑。对庙底沟二期文化的研究便是一典型例证。

1959年《庙底沟与三里桥》的问世，学术界认识了庙底沟遗址第一期和第二期文化。有的研究根据庙底沟遗址第二期遗存不同考古学单位中出有不同特点的陶器，将庙底沟二期文化赖以命名的庙底沟遗址第二期遗存分为A、B两群，指出A群以小口尖底瓶为特征，B群以斝、釜灶、小口平底瓶为代表，A、B两群是两个不同时期性质有别的考古学遗存，前者属仰韶晚期，后者才是庙底沟二期文化，并根据典型器物的组合特征将后来发现的山西襄汾陶寺遗址早期遗存归入庙底沟二期文化，并指出是该文化晚期的典型代表。也有的研究认为庙底沟二期文化不能再分，同时，又坚持庙底沟二期文化与陶寺遗址早期遗存属于不同的考古学文化，其理论依据是目前流行的考古学文化命名的三项原则。但是，如果过分强调总体面貌而忽视考古学遗存最基本的特征，至少在黄河流域考古学文化可以从龙山时期上溯到仰韶时期，文化的发展环环相扣，基本上是一个量变的过程，依据现行的考古学文化命名原则是没有办法在文化发展系列中作取舍的。倘若使用大文化的概念例如"仰韶文化"、"龙山文化"来概括，又有落伍之嫌，因为学术界早有研究指出这种概念的局限性。从研究者的本意或初衷观察，人们力图避免使用大文化概念，因此才把陶寺那样的遗存称之为文化的。然而，陶寺遗址早期与庙底沟遗址第二期的B群陶器的基本组合完全相同，分布的地域大体相似，只是陶寺的范围要小，年代上陶寺的晚，差400年左右。从夏商周的历史年表看，"五百年必有王者兴"确有道理，按"周期递缩"的理论上推，史前的一支考古学文化超过500年发展的历程是很正常的，可见年代上并不存在障碍。所以，以庙底沟遗址B群陶器代表的庙底沟二期文化与陶寺遗址早期遗存是同一考古学文化的不同阶段，只是由于年代的因素两地的同类器物才有形态的变化；由于遗址的规格和性质存在区别才有文化面貌的差异，硬是要将两者截然分开，实际上就是否定了考古学文化是一个发展变化的运动过程，甚至也同时违背了考古学文化命名的原则。有些研究虽然高举考古学文化命名原则的旗帜，可实际上并没有按"原则"办事，因为在一个连续发展的过程中，"原则"无能为力。当然"原则"并没有过时，只是适用的情况不同罢了。此外，关于二里头文化一至四期的亲疏与性质、大汶口文化的分期、大溪文化与屈家岭文化的界说研究也都存在相同的问题，在连续发展的序列中怎样作阶段性划分，不同的文化成分其意义怎样确定等，成为新的研究课题，有待于理论上的回答。

  有的学者正是意识到这一点才注意了对考古学文化命名原则的解释，有的甚至直接表达了对考古学文化概念的理解，认为"一种考古学文化之所以能被正确认定，最关键的是它拥有一批既贯穿文化始末，又数量众多，并与其他类型遗存能明显区别的主要器物。这些器物不仅自身特征鲜明，而且还能使这种文化的各个方面，各种因素都联系成为一个整体"。这些认识无疑是向传统看法的直接挑战。许多考古工作者在实际工作中也注意到考古学文化名称过滥的现象，不像新中国成立初期那样发现一种面貌较新的古代遗存便名之为某某考古学文化，而是用某遗址第几期遗存的概念来表述。可见，实践的发展已经对考古学文化命名的原则提出质疑。

  其实，我国流行的关于考古学文化命名的原则基本上是从柴尔德那里借鉴过来的。要把拿来的东西变成自己的理论，必须与中国考古的具体情况相结合。近二十年来我国考古学文化的研究出现了两种情况：一是新石器时代的早期，考古学资料正处于积累阶段，主要任务是认识考古学文化的面貌；二是新石器时代的晚期，考古学资料已经积累到相当丰富的程度，要解决的主要课题是在连续发展的文化系列中划分考古学文化，在文化交流和渗透的环境中区别类型。就是说由于资料积累程度不同，中国考古学研究已经形成了定性和定量研究的分化。定性研究主要解决一种文化遗存具备了哪些条件才能确认为一考古学文化；定量研究是识别一考古学文化为何种考古学文化的问题。前者解决什么是，后者研究为什么，是两个不同的范畴。在自然科学的许多领域这两个概念是很常见的，也是实证科学必然经历的两个阶段。目前流行的考古学文化命名原则属于考古学文化定性研究阶段的认识；对庙底沟二期文化、二里头文化和大汶口文化的研究是考古学文化定量研究阶段的认识，也是根据中国考古学实际情况提出的认识。不过，这种研究所达成的共识尚有待时日,有待学术界的共同努力。当然,这仅仅是对考古学文化的研究,如文明起源、社会组织、经济类型、礼俗礼制等都亟待根据中国考古学资料产生出客观、正确的认识。

一定的思维方式和理念与一定的知识内容相联系。旧的思维方式和过时的理念只能限制认识的发展和深化,然而观察问题的视角一旦发生变化,换上另一种思维方式和理念,那些传统的理论和对熟知资料的解释就变得再也不能令人满足了。正是这个原因,在实践和理论都在深入发展和知识结构不断更新的今天,特别需要强调中国考古学的基本理念。

(原载于《中国文物报》2001年5月9日)

黄土高原仰韶晚期遗存的魅力
——《黄土高原仰韶晚期遗存的谱系》读后

　　黄土高原地区在中国考古学上占有举足轻重的地位。这不仅仅因为这里是中华文明的发祥地，而且是中国考古学的摇篮，许多重要的考古发现，许多引人关注的考古学研究，许多新认识、新见解，以及基本理论与方法的提出和完善都与这里有着种种的机缘。可能正是由于这个原因，学术界特别期待对这里考古学遗存的综合研究。由科学出版社新近推出的中山大学许永杰教授的《黄土高原仰韶晚期遗存的谱系》（以下简称《谱系》），就是对这个地区仰韶时代晚期相关遗存研究的力作，读后，令人感触良多，那个遥远的、已经逝去的古老时代似乎又随着作者的呼唤扑面而来。

　　《谱系》同大部分研究区域考古学文化的著作一样拥有简明的结构。全书分绪论、分期、年代、文化性质与源流和总论共五章，基本属于当今中国考古学此类研究文章的一种定式。俗话说外行看热闹，内行看门道。犹如太极拳，相同的套路由功力不同的人演示或搏击，其效果和威力是不可同日而语的。当然，如果一点也不了解太极拳，那是不可能有更加深刻的体会，也绝对不会被感染到能够情不自禁地拍手叫好的程度。品味和欣赏考古学文章也是如此。既要看规定动作的质量，也要审视其考古学理论和方法的功底。《谱系》在平实的叙述中演绎对考古学基本理论和方法的理解；在材料的具体分析中展示研究的功底，全面揭示出这个地区这个时代考古学遗存的魅力所在。黄土高原是中国新石器时代地域性特征最为鲜明的地区，区域辽阔，地形复杂，文化众多，加之考古工作开展得早，新的发现又层出不穷，令人眼花缭乱，目不暇接。尤其是许多遗址的出土器物具有相当多的共性，委实难以捋出头绪。所以，自张忠培先生在《试论东庄村和西王村遗存的文化性质》（《考古》1979年第1期）一文中提出该地的考古文化遗存的编年体系后，在将近30年的时间里，进一步从谱系学的角度深入细致、而且是成功的综合研究可以说基本没有。《谱系》承担了这一重任。从研究的角度来说，主要的方法是巧妙地施展了庖丁解牛之术，将黄土高原地区分为渭河盆地、陇西盆地、河套盆地、汾河盆地、伊洛盆地五个考古学文化区，以典型遗址为骨干，以标型器物为线索进行了全面的检讨，突出了抓主要矛盾和矛盾的主要方面的哲学思想，从而使研究的条理清晰，逻辑紧密，游刃有余。尤其是对待诸遗存的年代，《谱系》摈弃了简单地利用现成结论加以编排的陋习，对所涉及的每处遗址都进行了严密的分析和研究，建立自己的认识体系。特别是这些分析完全都深入到考古学的单位中，并以此为基础考察遗址的年代。一座灰坑、房址、墓葬都代表一特定的年代，这是中国考古学层位学的精髓。20世纪50年代苏秉琦先生在西安郊区的考古调查时首次通过灰坑、墓葬间的打破关系确立仰韶、龙山和西周诸遗存的编年顺序（《考古通讯》1956年第2期）。自此，田野考古学从地质学引进的"地层"的概念显现出先天的不足，具有中国考古特色的层位学概念和理论便开始了它的酝酿历程。显然，《谱系》对层位学概念、理论的理解达到了很高的境界，因此能够正确将文化层与遗迹相区别进行分别考察，而不是把遗迹单位归为文化层之中；特别注重甄别早期遗物在晚期单位出现的情况，不盲目接受发掘报告的结论；对考古学习见的陶器既有微观的考察又有宏观的分析。这些特点在以往的同类著作中是比较少见的。《谱系》令人感悟于细微的观察之处见独立思考之精神，于材料的分析之中显示对考古类型学认识的生发，体验举重若轻，挥洒自如的风格。

仰韶时代是中国新石器时代诸考古学文化取得全面大发展的重要阶段。学术课题很多，争论的问题也多，尤其是黄土高原地区堪称中国新石器时代考古学研究的前沿地带。选择仰韶晚期遗存的谱系作为研究的对象，实际上就是将学术目标锁定在对学科发展具有重要影响的重大课题上，这当然是《谱系》起点较高的原因之一。特别是在黄土高原地区仰韶时代早期不同考古学文化的关系尚有争议的情况下，仰韶晚期遗存的重要性及其引人关注的魅力就不言而喻了。黄土高原地区仰韶时代有两种器物最具代表性，一是彩陶，一是小口尖底瓶。它们贯彻始终，变化明显，特征清楚，是认识黄土高原地区仰韶晚期遗存年代、类型与系谱的钥匙。《谱系》紧紧抓住这两条线索，精心排比，深入分析，互为补充，相得益彰。从而构建起黄土高原五个文化区域多个考古学文化遗存的年代与系列框架。其中是对小口尖底瓶有无器耳的分类最值得称道，准确无误，符合逻辑，为认识自仰韶早期以来该地区考古学文化大格局提供了相当重要的线索。对此，《谱系》坚持了严谨科学的态度，点到为止，蓄而不发。与其说意犹未尽，倒不如认为是作者有意设置的伏笔。因为当时虽然还没有更有力的物证，但是，更深层次的问题作者在十几年之前就有所思考（文见《陕晋豫地区仰韶晚期遗存的若干问题》《华夏考古》1991年第4期）。现在由于陕西高陵杨官寨H402小口尖底瓶资料的问世，仰韶晚期有无器耳的小口尖底瓶分别属于半坡文化和庙底沟文化的来源得到了证实，《谱系》相关分类的科学性和预见性也就令人折服了。因为杨官寨H402出土的10多件完整的小口尖底瓶（图见《文明起源的中国模式》），正是分为有、无器耳两类，有器耳者均是葫芦口，亚腰形，无器耳者均是喇叭口，此类瓶口是由重唇口逐步变化而来，《谱系》的分类研究中已有翔实的描述。于是半坡文化和庙底沟文化究竟是何种关系的老问题又难免被重新提了出来。这自然能够使人们回忆起苏秉琦先生《关于仰韶文化的若干问题》（《考古学报》1965年第1期）的研究。《谱系》相关的分类认识很有可能为终结此项研究提供依据和线索。

黄土高原仰韶晚期遗存的重要性还在于可以说明在一个大时代变迁的过程中，这里诸考古学文化改组、整合的特点与规律。《谱系》不辱使命，将仰韶晚期遗存所存储的信息尽可能地释放出来，成功地将考古发掘资料转变为史料，出色地演绎出仰韶晚期遗存的魅力所在。仰韶时代早期，黄土高原地区已知的只有半坡和庙底沟两种考古学文化，前者盘踞在渭河谷地，村落密集，经济发展，一派欣欣向荣的景象；而后者的分布却极为广泛，几乎覆盖了整个黄土高原，甚至饮马长江，大有庙底沟文化一统天下之势。可是，当这个曾经高度统一，四面出击的文化退出历史舞台，取而代之的文化遗存却是遍地开花式的破土而出，竞相斗妍。有些研究曾对这种复杂的局面深感困惑，《谱系》则正确地指出渭河盆地的相关遗存均应以泉护文化概括，山西垣曲盆地的遗存中既有秦王寨文化也有大司空文化的因素，故应独立区别出来，称之为东关类型。河套地区的遗存可以庙子沟、海生类型、阿善文化名之。汾河盆地的义井类型和白燕文化，伊洛盆地的秦王寨类型，陇西盆地大地湾类型、常山下层文化、菜园子文化，马家窑文化和半山文化都具有独立发展的线索，同时，接受了其他文化的影响。《谱系》认为庙底沟文化解体后，最先得到发展的是马家窑文化、泉护文化和秦王寨文化，然"最具生命力者不是那种位于稳定的亲缘文化区内的考古学文化遗存，而是那种分布在历史文化区内文化面貌表现为非甲非乙的考古学文化遗存"。这种精辟分析的意义不仅仅在于对垣曲东关类型的认识，而是阐明了在相同的地区、在时代稍晚近的时期，庙底沟二期文化发展到陶寺阶段之所以能够达到惊世的高度与辉煌的历史必然性，指出了杂交优势在不同考古学文化的改组与整合方面具有的特殊意义。

黄土高原地区仰韶晚期遗存以及它的改组与整合是历史文献不曾记载的事情，然而确是中国古代历史上的重大事件。中国考古学书写历史和解读自己历史的功能与能力因此充分展现出来。《谱系》注重考古学文化平面移动，着力分析遗存的谱系结构，既勾画出那个时代波澜壮阔，纷纭复杂的文化态势，又揭示出不同的年代不同的文化因素此消彼长的具体过程，以及铸就历史格局的主要成因，实在是难能可贵。从黄土高原地区仰韶晚期遗存谱系研究的广度来看，《谱系》几乎没有材料的遗漏，面面俱到之中又有轻重缓急，取舍得当；从其深度而言，纵贯历史数千年，上能够触及到仰韶早期重要的学术课题，下关乎到龙山时代兴起的界说，其意义已经远远超出了对黄土高原地区本身的研究。如果说该课题在中国新石器时代考古学研究中具有半壁江山的地位，那是一点也不为过的。稍感遗憾的是，倘若《谱系》的视野要能更开阔些，将中国新石器时代这个历史阶段的考古资料统统梳理之后，附上画龙点睛的说明，搭建一个进一步升华认识的平台，开掘出一个精彩的时代剖面，那就可以认为是尽善尽美了。

（原载于《中国文物报》2008年7月16日）

深圳有家劳务工博物馆

这家博物馆坐落在深圳的宝安区，是国内首家以劳务工为题材的展示、研究与教育的基地。该馆因利用破旧的仓库改建而成，故缺少国内大型博物馆那种庄严肃穆与凝重，也没有国外博物馆那种华丽秀美与新奇，更没有流光溢彩，琳琅满目，美不胜收的展品。然而，朴实、生动的展览却紧紧扣住了中国改革开放的时代脉搏，再现出当年在改革开放总设计师集结号令的指挥下，全国范围的劳务工军团千军万马下广东、闯深圳，独立潮头，开辟新时代、新境界、新生活的历史画卷，其构思与选题真是慧眼识珠，独具匠心。

前些时，因出差去深圳，才有机会更多地了解这家专门为小人物树碑立传、歌功颂德的博物馆。该馆的基本情况《中国文物报》已有报道，其全称是"宝安（深圳）劳务工博物馆"，展览的主题是改革开放30年来全国各地的劳务工对深圳的贡献，以及他们的生活与追求，他们的辛酸苦辣和喜怒哀乐。展览中既有当年劳务工生活的环境场面，又有工作的场景；既有详细统计所反映的群众基础，又有典型人物成长历程的先进事迹；既有那个时代特有的流行音乐，又有行将消失的生活器皿；既有劳务工奋斗与拼争的故事，又有当地政府关怀与爱护的措施。可能是因为本人曾经有在国内外多种所有制经济环境中打工的经历，所以，对这个展览特别感到亲切，它的陈列设计和语言能够唤起昔日埋藏在心底的那些苦楚记忆。不过，有"三个没想到"更使人观后意犹未尽、回味无穷。第一，没有想到该馆只用半年时间就完成了布展，其效率之高委实出乎意料。第二，没有想到仅仅凭宝安区文化局的地方秀才就能够完成该馆的构思、设计与布展，令人赞叹。他们都不是博物馆的专业人员，但雄心勃勃，敢为天下先，其成果就明明白白地摆放在那里任世人评说。第三，没有想到这个展览如此震撼和重要，总结30年中国改革开放经验这个天大的课题被他们抓住了，政治觉悟实在是高。

宝安（深圳）劳务工博物馆顾名思义是专题性的馆，这就决定了它有别于其他博物馆的特点。从陈列所表现的社会内容和历史内涵来看，用"四小四大"来概括其特点应该比较准确。一是小展览勾画出大趋势，二是小人物也有大作为，三是小故事讲述大道理，四是小地方研究大课题。当今的中国，正是从一个农业大国走向工业化和现代化的关键时期，虽然市场经济的规模日益扩大，产业结构在不断的调整，国民经济增长方式在逐步转变，但是中国的国情决定了劳动力密集型在一些行业将是一个长时期的特点，大批的农村人口将作为劳务工而进入城市，为小康社会的建设贡献力量，这是不可阻挡的、滚滚涌来的时代大潮。因此，劳务工不仅仅是文化现象和社会现象，而且是必须给予足够重视的历史现象。我国的改革开放已经整整30年了，有许多经验要进行总结，要升华认识，其中，对劳务工历史贡献的肯定和宣传，政策方面的关心和扶植始终是党和政府关注的重点问题。深圳宝安区政府率先在国内推出劳务工博物馆的展览，充分反映了改革开放先行地区政治上的敏锐，以及不断进取的追求和创新精神。

用事实说话，是该馆坚持的基本原则。大量的事实证明劳务工的建设大军是改革开放的生力军。他们的数量、知识结构、专业水平或许已经成为考察地区经济活力和繁荣程度的指数之一，越来越受到重视。30年改革开放的重要经验就是实事求是，解放思想，坚持走中国自己的道路。劳务工虽然都是小人物，但却是中国的特色，不论其群体的规模以及对社会变革的影响程度在世界范围内也是独树一帜。从历史的深度思考，这种现象只能发生在中国。何谓历史深度？就是历史的必然性和社会机制。遥想深圳当年，数百万劳务大军进入这个小小的渔村，居住环境相当简陋，生活条件极为艰苦，加之"萍水相逢，尽是他乡之客"，劳务工们以超乎想象的毅力忍耐与坚持，他们付出的很多，而回报却并不丰厚。易拉罐、矿泉水瓶、纸箱、废旧金属等都是他们收集的对象；他们每日粗茶淡饭，有的甚至是几家人挤住在一起；为了节省开支，有时往往要顶着烈日走几站路去买菜而不乘坐公交车，有的人一天甚至要打几份工。他们来自五湖四海，彼此相互关照，互相帮助，涌现出许多惊天地，泣鬼神的感人故事。在中国，有一种精神叫奉献，有一种美德叫尊老爱幼，两者是做个好人的基本标准与理想境界，备受推崇，而这在劳务工大家庭中表现得最为突出。他们拼命工作，省吃俭用，为的是年底回乡孝敬父母，与亲朋好友分享快乐，他们毫不吝惜辛辛苦苦积攒的血汗钱，但绝口不提打工的艰辛、坎坷与苦衷，集中表现出千百年来中华民族忍辱负重的优秀传统和品格。他们与特区荣辱与共，没有他们何来地标性的摩天大楼？怎会有深圳的速度与繁荣？"多元一体"的中国特色在历史的格局与纵深中不断地得到新的演绎与诠释。深圳宝安区率先在国内推出劳务工博物馆的展览，充分反映了改革开放先行地区的政府以人为本，科学发展的意识与责任。过去，有很多研究认为中华民族的精神在于自强不息。其实，世界上又有哪个民族愿意自生自灭，甘居人后呢？自强不息大概应该是人类共同的天性。宝安（深圳）劳务工博物馆的展览则昭示出忍耐与坚持，开放与包容，智慧与追求，传承与创新是中华民族之精神的具体表现。

为小人物树碑立传、歌功颂德是该馆熠熠生辉的亮点。这不禁使人想起"5·12"汶川大地震后的全国哀悼日，关注民生，关爱百姓是党和政府一切工作的出发点、着眼点和立足点。深圳宝安区政府工作思路上的政策性由此也得到了充分体现。自古以来，小与大、弱与强就是相对的概念，并非一成不变，完全可以相互转化。能力与地位也不是在所有的情况下都对等与对称，是金子总会发光，只是时间、地点与表现形式不同罢了。所以，小人物也必有大贡献，断不能戴有色眼镜歧视之。英雄不问出处，乃世间常理。当年在深圳务工的许多有志之士今天已经成为公司的老总、劳动模范或是先进工作者，果然行行出状元，这难道不是大道理吗？当然，宝安（深圳）劳务工博物馆还不只是一般意义的展览，当地政府力图将该馆建设成劳务工的家园，举行劳务工各种联谊活动的场所，探索和研究改革开放理论与实践的基地，爱国主义教育的课堂。这一系列设想正在付诸实施，展陈的内容不断调整和完善，更大规模新的劳务工博物馆建设已在筹划之中。最难能可贵的是，这些措施都来自深圳宝安的实际情况，是因地制宜的创造，而不是模仿与抄袭的作品，无疑为深圳劳务工队伍的建设与科学管理提供了符合实际的思路，是特区改革开放的成功经验，因此值得大书特书。

目前，宝安（深圳）劳务工博物馆还处于草创阶段，需要完善、修改和提高的工作仍有许多，路还很长。既然"路漫漫其修远兮"，"上下而求索"也就自不待言了。可喜的是，坚冰已经打破，航道彻底开通，他们的新进步、新成绩与新贡献指日可待；他们为庞大的劳务工群体建造了一座历史的丰碑，无形中也将自己的名字刻在其上；他们讴歌的特区精神必将感召日月，永载史册。

（原载于《中国文物报》2008 年 9 月 19 日）

在文化遗产保护中加强考古研究机构的建设

2009年11月，在全国考古工作会议上，国家文物局副局长童明康在布置今后两年考古工作时提出的第一个要求就是加强省级考古研究机构自身建设、提高管理水平，可谓一语中的，切中时弊。

自国家"十五"计划后期始，中国的文物保护事业逐渐发生了重要的变化，即文化遗产保护理念的提出和相关政策要求的出台。新的理念、新的高度、新的视野使得中国的文物保护事业迅速与世界接轨；大遗址概念及其保护原则的探索成为文化遗产保护中的重大课题，推动着文物保护事业有计划、有步骤的健康发展；全球性对话和广泛的学术交流促进了田野考古与水下、环境、遥感等多学科介入的考古工作相得益彰的开展，考古学研究的科技含量大幅提升。国内省级考古研究机构因此取得了跨越式发展。各地的情况虽有不同，但大致经历了从小到大、从弱到强的成长过程，具体说来存在5个转变：在设施和设备上，实现了"鸟枪换炮"的转变；在文物保护中，取得了地位上的转变；在经费的需求方面，从过去的无钱可用到现在要考虑怎样花钱的转变；在社会影响力方面从过去的无人问津到现在被媒体追踪报道的转变；在研究方面，从单纯的描述向对历史深度发掘的转变。但是，在我国文化遗产保护事业发展的道路上依然存在许多亟待解决的问题，省级考古研究机构加强自身建设就是其中之一。

火车跑得快，全靠车头带。加强省级考古研究机构建设首要任务是班子建设。而班子在自身建设中则要关注"科研领先，严格管理，优化结构，协调发展"。

文化遗产保护的理念要求各地省级考古研究机构面向社会、面向世界、面向未来

省级考古研究机构对本地区文化遗产要做到账目清楚，既包括对数量的了然于胸，也包括对其质量和价值心中有数。数量的问题总是相对的课题，而质量和价值的认识则是可持续发展的关键。如果不了解本地区文化遗产的质量和价值，不了解存在的问题，不知道其发展前景所在，保护工作就容易陷入盲目、被动和流于形式的境地，也就更谈不上面向世界、面向未来。而要达到对本地区文化遗产的质量和价值心中有数，科研工作就必须领先、扎实、有成效。多年以来，省级考古研究机构一般都被繁重的基建考古压得喘不过气来，科研工作相对滞后，与高校的考古研究单位和国家级考古研究所形成明显的差距。科研领先要有先进的设备支撑，近期与中长期科研规划保障，定期的检查、督促和必要的奖惩措施制约，需要营造学术研究的氛围以培养人才，积极参与国家文化遗产保护的大项目，加强对外的学术交流。目前，省级考古研究机构的一些研究人员在晋级了副研究员或研究员之后就不再写研究文章，这种把科学研究当作职称敲门砖的倾向是值得重视的问题之一。省级考古研究机构对高级职称的研究人员要加强管理，提出明确的要求，才能保证省级考古研究机构的科研综合实力不滑坡、不退步。

文化遗产保护的理念要求各地省级考古研究机构与世界接轨，走现代化的严格管理道路

从目前各地情况来看，国内省级考古研究机构在管理方面存在问题较多。主要是缺乏量化指标、定额管理，成本核算不明确、不规范、不系统。而现代化管理，定量考察与成本核算是基本要求。所以，严格管理必须在量化指标、成本核算上下工夫。例如，在基本建设的文物保护中，修建一条高速公路的前期考古调查要用多长时间、多少费用才科学合理，配合基建的古代遗址的发掘又有多少是必要成本。在三峡文物保护工程和南水北调文物保护工程中，国家相关部门提出的一些具体标准，但由于具体条件不同，只可借鉴，不能照搬。考古领队是有责任管理发掘现场和经费使用的，有了明确的经费使用标准，就可以堵塞漏洞；若缺乏标准，则会心中无数；而简单地剥夺其管理经费的权利不利于调动积极性。当然，希冀国家马上出台统一的标准有些不切实际，因为各地区经济发展状况具有不平衡性，就是调研也需时间。所以，省级考古研究机构应根据本地区的实际情况制定明确而又具体的标准，做到有章可循，逐步走向正规。近年来，省级考古研究机构在基建考古中都有一定规模的经费收入，如何使用成为令人头痛的课题。囊中羞涩时可以忍耐，腹中积食过多则容易消化不良。但不论怎样，用这些资金添置些高科技设备可能还是最好的选择。当然，现代化管理并不简单地局限在财务一个方面，省级考古研究机构的会议制度、接待制度、考古报告编写制度、实物和文字影像资料的保管制度、年终考核制度等，都要围绕着科学发展的主旨认真研究、反复讨论，要在实践中不断的修改、充实，使之逐步趋于完善。总之，目前国内省级考古研究机构的管理水平参差不齐，总体上与现代化管理尚存有差距，与文化遗产保护的要求和原则不相适应，应引起国家文物局的高度重视。

文化遗产保护的理念要求各地省级考古研究机构优化结构，储备可持续发展的实力

所谓优化结构是指人才的知识结构具有多样性特点，学术梯队的年龄结构具有合理的比例关系。这是梯队建设中的关键问题。文化遗产保护不仅仅是民族和国家的事业，更是全人类共同的事业，没有好的梯队建设和可持续发展的队伍显然是不行的。特别是当前由于多学科介入的考古在各地蓬勃展开，先进的技术与手段不断地被引入，省级考古研究机构必须配备相应的人员才能顺利展开工作；另外，规划工作已经成为文物保护工作的重要组成部分，且大遗址保护的工程也需要规划方面的人才，因此省级考古研究单位面临着知识结构需要调整、充实和改善的新课题。这些问题不解决，在与世界接轨的文化遗产保护工作中，就有可能会陷入力不从心的窘境。学术梯队的建设不能只重视高学历，而要考察其科研的意识与能力，潜质与可塑性；年龄结构往往容易被忽视，但某一年龄段的人员过于集中，必然挤掉其他年龄段的名额，无论对单位还是对个人的发展都是极为不利的。学术梯队的建设中最重要的是学术带头人的培养。从我国的实际情况来看，对于行政和党员干部的培养拥有成熟的经验和完善的制度，学校之外，对于学术带头人的培养则似乎仍处于自发和随机的阶段。所以，省级考古研究机构的建设除自身努力之外，还要主动与主管部门沟通，自觉接受领导，储备可持续发展的实力，不能一蹴而就，而是需要规划与设计，需要时间与机遇，需要积极的态度与务实的精神。

文化遗产保护的理念要求各地省级考古研究机构协调发展，又好又快的发展

所谓协调发展，就是在基建考古、文化遗产保护、科学研究、文物资源的管理等方面同步发展、平衡发展、共同发展。这也是省级考古研究机构内部的资源配置问题。因为，时下各地的省级考古研究机构都普遍存在着基建考古一头重的倾向，主要的人员、精力、时间都用在基建考古方面。这种穷于应付的奔波，往往使考古研究机构在人员、财力、物力的分配方面捉襟见肘，颇为被动。要改变这种状况应寄希望于合理的安排、科学的布局，提高省级考古研究机构专业人员单兵作战能力，培养市县一级文物干部和一定规模的技工队伍。资源配置协调发展是一种战略，同时也是战术，是保证发展具有可持续性的重要条件，对于省级考古研究机构来说，又是促进全体职工共同发展的前提条件。

（本文为作者在浙江省文物考古研究所成立30周年座谈会的发言，原载于《中国文物报》2009年12月4日）

中国考古学的觉醒与理论革命
——关于考古学走向成熟的若干思考

自 1921 年河南渑池仰韶村遗址破土发掘到现在，以走上田野为标志的中国考古学即将迎来 90 华诞。作为新兴的学科落户在中国这样古老的土地上，从一开始就必然受到传统史学无微不至的关照，也深深地被地质学的方法制约，其他学科的先进理念与经验也有潜移默化的影响作用。可是，在长期的实践中，大量鲜活的考古资料不断地浮现出传统史学难以解答的问题；考古发掘中层出不穷的复杂现象令借来的概念捉襟见肘，简单的"地层"已经不能真实涵盖和准确表述中国古代文化堆积的特点，特别是遗迹之间环环相扣的复杂关系，虽然不曾见诸中外文献的记录，但总是能令人品味出中国黄土特有的醇香；其他学科的经验不时地启发着年轻的中国考古学独立自尊的学科意识，摆脱简单借鉴与单纯模仿，创造学术新天地的渴望与要求不断高涨，甚至达到了呼之欲出的程度。于是，实践酝酿的理论革命便在探索与追求的过程中悄然萌动与发生了。经过几代考古前辈的积极倡导、亲自引领和努力推进下，学科觉悟的火花终于形成燎原之势，创新性的理论革命大大提升了考古学的地位，甚至改变了历史研究领域的格局。在中国早期历史研究中，考古学可以说"NO"已经成为学术界的共识就是铁证。本文试图通过"三个转变"的分析探索中国考古学不断走向成熟的过程。

一、从简单地层学向层位学的转变

众所周知，中国考古学走上田野是近代由外国人引入的。其标志是 1921 年瑞典学者安特生发掘河南渑池仰韶村遗址。此举成为中国考古学史上的头等大事，安氏因之名扬海内[1]。他引进的田野发掘方法和技术含量是人们不能忘记的。在发掘工具、地形地貌的测量、使用探沟形式的发掘方法、遗物的记录与提取、对地层的重视等方面，都显示出他的高明与独到之处。但是，安氏也有其学术背景的局限性。这就是用地质学对地层的认识按深度计算，而不是根据土质土色的变化认识新石器时代遗址的文化堆积层次。在仰韶村遗址的第二探沟，安氏从地表到地下约 320 厘米处分了六层：第 1 层是地表至 70 厘米处，第 2 层是 70~150 厘米处，第 3 层是 150~200 厘米处，第 4 层是

200~240厘米处，第5层是240~270厘米处，第6层是270~320厘米处。由于按深度划分堆积层次和收集记录遗物，所以就难免将不同时期的遗物搞混搞乱，而视为同一时期[2]。

然而，安特生毕竟带来了考古学的新技术、新方法和新理念，揭开了用考古学的手段认识中国古代遗存的帷幕，同时，也极大地激发了中国学者走上田野的热情。1926年李济发掘山西夏县西阴村便可作如是观。他采用的象限法布设探方，实开中国考古发掘之先河，时至今日此法仍然在使用。然而，李济依旧采用以深度计算的水平发掘方法则没有明显进步。据研究，1931年梁思永先生在河南安阳后冈的发掘应该是"依自然层进行的"，在241、243、244坑的上部除了20厘米厚的耕土，又分三层：上层灰土、中层灰褐土、下层深灰土，诸坑的遗物是以三种文化层统计的。此三层即著名的"三叠层"，上层为殷墟文化，中层为龙山文化，下层为仰韶文化，这一重要的发现被认为是"中国新石器时代考古学的钥匙"。至此，田野考古发掘的方法初具规模，中国考古学的体系建设才提到日程上来，地层学的概念也得到了迅速的推广和普及。此后数十年间，按"三叠层"原理进行的考古发掘在中国始终处于主流地位，地层学如何长短成为考古工作者的口头禅。但是，多年的实践，并没有促成这种方法向更高层次进步，许多重要遗址的考古发掘反而躺在"三叠层"原理上睡觉，故步自封、缺少追求。面对种类繁多的遗迹及其纷纭复杂的相互关系，依旧只能用"地层"概括，显示出早年从地质学借来的概念在内涵方面的苍白空洞，与中国古代文化堆积的实际情况貌合神离、相去甚远，在推进研究和学科建设方面乏善可陈。更有甚者，是将地层的意义与重要性推至具有排他性的绝对化程度，演绎出"没有地层就不能对遗址进行分期"的错误命题，奇怪的是，原本完全错误的东西竟然一度成为至理名言和金科玉律，其结果只能是阻碍学科的正常发展。

有两个例子很能说明这种命题的局限性：其一，是河南郑州二里冈遗址[3]。1953年初至1954年发掘，资料见于《郑州二里冈》。其二，是河南陕县庙底沟遗址[4]。1956、1957年度发掘，《庙底沟与三里桥》报告了该遗址的资料。不能否认，这两部考古学专刊在中国考古学史上有着重要的影响，报告编写的体例、绘图、统计和技术环节近乎完美。但是，如果以今天的眼光分析，依然能够从中发现若干时代局限性的烙印，那就是只重视文化层，而忽视遗迹现象及其打破关系在遗址分期中的意义。《郑州二里冈》在叙述文化堆积时说："就以上商代文化层次堆积关系看，2层压在3层之上。就两层出土的陶鬲、大口尊、斝、豆、盆和卜骨等器的区别来看，第2层和第3层显为两个不同时期的堆积。3层早于2层的形成。因之，2层我们称为二里冈上层，3层我们称为二里冈下层。"这是该遗址商代遗存分期的主要依据，但表述并不正确。因为，这里商代遗存由早到晚堆积的顺序是：压在第3层下的灰坑，然后才是第3层，再后来是压在第2层下打破第3层的灰坑，然后才是第2层，最后是打破第2层的灰坑。也就是说，该遗址的商代堆积过程存在5个阶段，而不是2个阶段。在新中国的考古事业刚刚兴起的时候，当时的主要矛盾是认识考古学文化遗存的年代与性质，郑州二里冈遗址的经验与认识显示出特殊的指导意义，因而也掩盖了它理论上的先天不足，尤其是对遗迹现象的意义完全估计不足，甚至是达到了熟视无睹的境地。随着对商文化研究的深入，特别是早商与先商文化研究课题的提出，势必要重新审视该遗址的发掘经验与认识，邹衡先生关于《郑州二里冈遗址的分期研究》因此应运而生，他运用层位学的原理透析了该遗址商代遗存的堆积顺序，重建了新的年代分期标尺，为探索商文化的来龙去脉奠定了坚实的基础。这些认识都记录在邹衡先生的《夏商周考古论文集》中，于此不赘。

庙底沟遗址的报告者则这样描述六个区的文化堆积：T1区"主要是战国层压在仰韶文化层的上面"；T100区的"堆积，除了仰韶文化层外，在东边还发现有两个龙山灰坑（H27、H35）打破了仰韶灰坑的现象"；T300区的堆积"除了北边有一小部分很薄的汉代层和一条南北贯穿的汉代灰沟外，都属于仰韶文化层"；T400区"自耕土以下系属于仰韶文化的堆积"；T500区"主要是龙山文化的，但也有发现龙山文化压在仰韶文化层的上面"。因此，报告者只提出了该遗址文化与年代的两期说，即庙底沟遗址第一期和第二期文化。前者属于仰韶时期，而对后者报告者认为具有仰韶文化向龙山文化的过渡性质。而现在看来，该遗址新石器时代有庙底沟文化、仰韶晚期、龙山早期三个阶段的文化遗存[5]，由于仰韶晚期遗存没有文化层的堆积，只有灰坑的现象，在只重视和强调地层的日子里，遗迹作为具有独立年代意义的单位被彻底忽视，它们之间的打破关系是遗址分期的重要线索的认识根本无人提及，因此，一个重要的历史阶段就这样被完全淹没在庙底沟遗址的茫茫材料之中。可见，单纯依靠"三叠层"的原理已经很难认识和解释田野考古发掘中的诸多复杂现象。以往流行的关于遗址分期的相关理念也有失偏颇。

历史总是在曲折中寻找方向，平凡的发现也可能孕育出新的思想。1951年苏秉琦先生在陕西西安斗门镇以西的开瑞庄村北，清理了灰坑7、灰坑8和M2[6]。按他的表述：灰坑7原来为一锅底形的灰坑，大部分已被灰坑8打掉；灰坑8原为平底圆形覆杯状的地下窨穴，西南一大半先被M2打破；M2为东西向的竖穴，穿过灰坑8，在生土下面，其西部亦被近年取土切去，幸因墓坑底层深在坡下耕地的下面，保存完整；M2的竖穴坑口以上，现在的耕地以下，是成层的灰土。这样，就形成了以灰坑7、灰坑8、M2及其上层为代表的四个时期连续堆积的断面。由此，苏先生提出文化一、文化二、文化三的概念，指出"这一地区确实存在着三种面貌不同的文化遗存；三者的相对年代关系是文化一早于文化二，文化二早于文化三"。然而，这一发现的意义远不止如此，其重要性在于方法上完全突破了"地层"的束缚，提出了根据遗迹的打破关系进行遗址分期和文化分期的证据，改变了地层学对文化堆积的简单表述，显示出中国考古学在实践中悄然的觉醒。在"地层"占主导地位的学术环境中，能够大胆地提出反传统的新认识，委实需要极大的勇气。

此后，精彩的个案研究依然不断出现，深深地吸引着学术界的关注。1964年，邹衡先生在《北京大学学报》（人文科学版）发表的《试论殷墟文化分期》中，明确提出了遗迹单位和层位关系的概念，淋漓尽致地阐发了层位学思想，精彩绝伦地演绎出他研究论证的基础，充分展示出层位学的理论意义及其优势。他强调："在同一基址下或被破坏的单位必然早于基址本身及其所包含的其他单位（主要是葬坑）；在同一基址上或破坏基址的单位必然晚于基址本身及其所包含的其他单位。这样，一个基址及其有关单位，一般的至少可以分为三层，即：基下单位→基址本身（及其所包含的葬坑）→基上单位。"由此提出了层位学关于遗址文化堆积的正确表述方法，将殷墟文化的分期研究推向了一个崭新的阶段。其实，邹衡先生也是从地层学的营垒中杀将出来的，如果回顾历史，则不难发现他曾经也笃信简单的地层学。《考古学报》1956年第3期《试论郑州新发现的殷商文化遗址》说明，当时邹衡先生的思想高度尚未达到层位学的境界，所以，地层、地层叠压关系等人们习见的地层学概念在文章中随处可见。但是，到了1964年，邹衡先生已然放弃了地层学的概念，使用了全新的概念及其表述方法，彻底地完成了向层位学的转变，升华了对中国考古学基本理论与方法的认识与理解，其思想的光芒力透纸背，扑面而来。可见，中国考古学在觉醒，独立潮头的学者不再满足于简单的借鉴与拿来，在许多个案的研究中用实际行动表达研究的取向，挑战不适合中国国情的简单借鉴与模仿，并开创出令人耳目一新的学术新天地。

1982年《文物》第4期发表了苏秉琦、殷玮璋《地层学与器物形态学》的文章，明确地提出："考古学上称为地层学或层位学的，指的就是地层堆积的层位上下，堆积时代的相对迟早关系的研究。"次年，张忠培先生在《文物》第5期《地层学与类型学的若干问题》中，也强调了"探讨这些堆积的时间与空间，或纵与横的关系，就是地层学或层位学"。两篇文章都在赋予地层学以全新内容的同时，提出了层位学的概念，表现出中国考古学理论的升华和转变，向着注重传承、注重特色、注重国情的方向迈出了可喜的步伐，为学科的新进步与发展奠定了基础。

层位学的基本内容是研究文化堆积的过程与关系。尤其强调遗迹单位年代上的独立性，认为遗迹与文化层的堆积具有同等重要的意义，两者之间没有从属关系，开口在同一文化层下的遗迹年代可能相同，也可能完全不同；而遗迹本身又存在建筑、使用与废弃3个年代；按照"三叠层"的原理考察文化堆积，关注的是其纵向的关系，按层位学原理考察文化堆积则要求从纵横两个方面及其相互关系入手解读文化堆积的成因。开口在同一层下具有打破关系的遗迹，形状完整者晚，不完整的即被打破的早；清理时要先做晚的后做早的，按单位收集出土物；并认为遗迹单位共生关系的质量往往高于文化层的堆积。这些从实践中总结、归纳和提炼的认识与考古学初创时期借用的概念实有天壤之别，虽然地层的概念本身可以改造并赋予新的内涵，但不论怎样的洗心革面和脱胎换骨都不如层位学概念来得准确、明了和具有中国特色。这里并非要全盘否定地层学的历史功绩，而是强调用新的概念表达中国考古学的方法是学科发展的必然结果，正所谓：瓜熟蒂落，水到渠成。

可见，以走上田野为标志的中国考古学大致经历了3个阶段。

（1）1921~1930年，是发掘方法的摸索期。主要是将地质学的发掘方法移植到中国的田野考古工作中，不断总结经验，探索适合中国国情的发掘手段与理论的阶段。

（2）1931~1982年，是地层学理论与方法的形成期。此时的地层学是以"三叠层"原理为基本内容，注重的对象是文化层的堆积，对遗迹现象的关注与研究尚不充分和全面，在表述方面也存有欠缺。

（3）从1982年至今，是地层学向层位学的转变期。中国特色的田野考古发掘普遍受到高度重视，重视遗迹现象，研究堆积关系及其形成原因业已提上发掘工作的日程，各地区的考古发掘水平因此都有较大提高，资料的科学性不断增强，考古学的中国特色逐步形成。

值得回味的是，苏秉琦先生在1979年提出考古学文化区系类型理论之后明确提出了层位学的概念，前者在宏观方面勾画出中国考古学文化大格局的蓝图，后者是走向理想境界的具体方法，所以，地层学向层位学的转变是中国考古学发展的必然要求和大势所趋。

二、长于描述向深度研究的转变

这是推进考古学研究的重要环节。考古学介绍和描述资料只是认识过程的一个环节，或者是任务之一。如果认识仅仅停留在肤浅的、具体的、表象的层面，那么，考古学存在的意义无疑将受到质疑。当然，描述现象也必须经过研究，但无论怎样其科研含量毕竟有限，所以，对相关学科知识的掌握、对人类规律性行为意义的理解、逻辑和推理的能力、理论思维和创新的勇气就成为决定科学研究水准的关键所在。可是，至少到目前，热衷于简单地描述考古学资料与现象的研究不仅有之，数量还相当可观，所以，要大力提倡和促进考古学研究理念的转变。

在中国考古学史上，在研究方面从简单描述向揭示资料内涵转变有很多例证。但是，笔者认为最值得关注的当首推张忠培先生关于元君庙仰韶墓地的研究。1958年发掘的陕西华县元君庙墓地[7]，有半坡人墓葬51座，其中，空墓7座，单人墓16座，合葬墓28座，全部的资料都收录在《元君庙仰韶墓地》中。该报告在形式逻辑和推理逻辑方面都做出了积极的贡献：熟练地运用考古类型学，正确地揭示出元君庙墓地半坡文化典型器物的变化特点和年代分期的标准；在推理逻辑方面则充分吸收民族学研究的成果与经验，第一次提出早在距今7000年左右的中国古代就曾经有家族组织存在的客观事实，为正确说明古往今来的中国社会基本组织的特点提供了强有力的支撑。因此，它成为实事求是研究中国古代墓葬和墓地的经典之作。

20世纪80年代以后，由于全国范围的基本建设迅速发展，各地区大量不同时代的古代墓葬和墓地被发现和发掘，研究墓地分期与布局的热潮此起彼伏。元君庙仰韶墓地的研究经验得到了广泛的普及,对于墓地的分期、分群,墓列和墓组的划分成为研究的时尚,可是,仍没有任何研究能够与之相比肩。相反,有些研究机械地理解分析和排比的过程,使研究流于简单的套路;对材料的分析注重形式,而忽略其成因的探讨,于是,重蹈单纯描述的覆辙就难免发生了。所以,从长于描述向尝试深度研究的转变是要学习元君庙仰韶墓地研究的精髓,而非皮毛。

在自然科学和社会科学的不同领域,许多研究方法具有相似性和共同性。运用类型学的概念对材料进行分类、描述和排序的研究从来就不是考古学的专利,而属于形式逻辑的范畴。可是,研究从资料的形式逻辑走进社会的逻辑,认识就不能停留在具体、表层和感性的阶段,辩证逻辑和推理逻辑必须大显身手。它们的力量和引导作用往往具有积极的建设性和必然性,是衡量历史深度研究的重要指标。根据人类行为连续性的经验观察资料、分析现象、提出问题,并以此作为判断和衡量认识的标准,在考古学研究中习见,这里姑且称为社会逻辑比较法。在向历史深度研究的挺进中,此法通常能够弥补类型学的不足,在逻辑和推理的力量推进下使认识进入历史的深层。中国新石器时代的一些墓地研究能够很好地说明其意义。一般来说,考古学对墓地的研究都是从年代的分析入手,遗址或文化的分期必不可少,因为要了解堆积的过程与顺序,要明确同时期墓葬的数量;墓葬群落的划分也是至关重要的,因为关乎墓地结构的认识。但是,在由相同文化性质的墓葬组成的墓地中,年代分期越细致、阶段划分得越多,则每阶段墓地平面中墓葬的数量就越少,其整体性也就因此遭到肢解。如果换一种思维方式,参照人类对墓地规划经验的连续性特点,进行常理比对研究,可能会得到意想不到的结果。安徽潜山薛家岗遗址是薛家岗文化赖以命名的重要地点[8],这里发掘出150座墓葬,均属于薛家岗文化,最有特点的器物是多孔石刀,分别有13、11、9、7、5、3和1孔,石刀的孔数都是奇数。如果按该遗址报告者关于墓葬分期的认识考察墓葬的布局,自然会对整个墓地产生支离破碎的感觉。若暂且将年代的问题搁置,按报告提供的资料,将器物回归到墓葬中,将墓葬再回到墓地的平面图中,就不难发现两种情况:一是石刀孔数的多寡与陶器的多少成正比,石刀孔数越多则陶器的数量就越多,因此,石刀孔数的多少具有指示社会地位的意义,按笔者的理解是军功的意义。二是整个墓地分为ABCDE 5个墓群,其区域相当清楚。西北面的E群墓葬相对集中,数量多,排列整齐。由北而南的墓区在石刀的孔数方面呈现出递减的倾向。E群的M44是13、11孔石刀组合,为最高级;往南的D群中只有M47出9孔石刀,M37、M49只出5孔石刀;再南的C群中只有M68出3孔石刀。显然,石刀孔数的多寡与墓区的排列顺序构成特殊的关系,足以表示不同的墓区存在着等级的区别。

有了这些认识,再观察墓葬的年代,可以进一步明确这里的墓葬群落形成的时间较长,但真正具有规模则是在墓地较晚的阶段。更重要的是,该遗址E群墓葬在第五期时已经形成和表现出中心明确、左右对称的特点。出土13和11孔石刀组合的M44级别最高,位置居中;两侧分别是M58、M40。M58出9、5、3、1孔石刀各1件,M40

出两件 9 孔石刀，都是 9 孔的级别；然后是外围的 M54、M14。M54 出 7、5、3、1 孔石刀各 1 件，M14 出 1 件 7 孔石刀。反映的石刀孔数递减其层级依次降低。属于遗址第四期的 E 群 M15 出有两件 11 孔石刀，说明该墓葬群落的地位具有较长的传统。这些现象表明：第一，这里的墓葬是依军功的等级所代表的社会地位安置的，等级高者居中，以北为尊贵的墓群位置是遗址几个发展阶段的共同特征。第二，当时的人们对墓地的安排已经形成了明确的规划意识，而左右对称的特点反映了墓地中的排次规则已经初步形成。不过，似乎那时只有特殊地位的家族才能享受此种权利或待遇。第三，石刀孔数的多少反映军功爵位的高低，表面看与辈分没有必然联系。但是，在中国古代，家族的领导者集各种权力于一身，在军功爵位方面也必然当仁不让，所以，有理由推测家族领导者的军功级别当高于他的子女和其他亲属。如是，则潜山薛家岗 M44 的死者不仅身份高于 M40 和 M58，其辈分亦然。据文献记载，西周时期的昭穆制度要求，宗庙或墓地中的辈次排列，是以始祖居中，二、四、六世，位于始祖左方，称昭；三、五、七世位于右方，称穆。在明清两朝的皇家庙宇——北京的历代帝王庙中，还依然可以见到按照昭穆制度精神供奉历代帝王及功臣名将[9]。由此可见，潜山薛家岗墓地反映的现象如果不是昭穆制度的雏形，也定然蕴涵有昭穆制度的思想。第四，墓地中的规划的思想与意识，说明军功爵位及其相关的等级制度在社会上得到了充分的发展，已达到相当严密的程度，是当时社会生活和社会秩序建设的实际内容，是历史深层的问题。

　　实践表明，从长于描述向深度研究的转变中，要注重发现材料的内在逻辑与规律性，充分利用人类社会的经验知识揭示纷纭复杂现象的实际意义。在新石器时代的黄河、长江等流域，经考古发掘认识的遗址有多种类型，其中一类是村落，房址、柱洞、窖穴、陶窑、墓葬等遗迹现象一应俱全，还有一类则遗迹种类单一，很难以村落概括之。例如河北武安磁山遗址[10]，其主要特点集中表现在遗迹的构成上：缺乏居住址，以灰坑为主体结构。与同时期黄河中上游地区的其他古代遗址存有较大的差别。过去，多数意见认为这里的灰坑或是窖穴、或是垃圾坑，因为见诸报道的该遗址第一次发掘资料中有 80 余个埋有粮食或草籽，现存的粮食堆积厚 0.3～2 米，报告者因此判定这些坑是贮藏粮食的窖穴。但这类坑中常出有猪、狗的骨架，其中，H12、H14、H265 的猪骨架均出于粮食堆积的底部，H5 粮食堆积底部有两具猪骨架，不论是把活猪还是死猪置于粮食底部，显然都没有考虑猪肉腐烂的因素，如果将这种现象解释为贮藏食物显然与人类的经验背道而驰，完全不符合人类社会的基本逻辑。即使坑底堆放的是零乱的猪骨，仍然不能作为贮藏理解，而只能具有特殊意义，如此，坑内的粮食也必然与特殊意义相关。这类灰坑上部是灰土，内含大量的陶片等，有的与粮食之间隔有一层黄色硬土。当粮食腐烂下沉后，便与黄硬土形成空隙，足以说明黄硬土不是自然形成的堆积，而是放入粮食后有意填入的，甚至经过踩踏或夯打一类的处理。很明显，贮藏粮食是不需要经过这种特殊处理的。值得重视的是，这里的灰坑尚能作级别与层次的划分，坑中埋有粮食或草籽、猪或狗和成组器物三项内容俱全者级别最高，内容依次递减则层级渐低，由此推知，其他的将近 300 个灰坑当存有层级的差别，可以反映具有特殊意义的活动在内容和级别方面的区别。由此可见，磁山灰坑的窖穴说和垃圾坑说就显得毫无根据了。

磁山遗址几次发掘都出土有石磨盘、石磨棒、陶盂、陶支脚等构成的"组合物"，约 140 处。这类出土点均发现在第二期遗存中。距离现在地表的深度虽不相同，但基本在一个平面上。各出土点组合物的数量、位置和组合情况不完全一致，主要由石磨盘、石磨棒、石斧、石铲、陶盂、陶支脚、陶三足器等组成。有圈足罐的组合中不见陶盂和支脚，有的组合中有小口长颈罐、深腹罐等。石磨盘大部分是平放的，磨棒竖立，一头插入土中。陶盂、支脚多分散放置，有的将支脚放于盂内，其他石、陶器均在磨盘附近。组合物出土点附近有陶片、兽骨和烧土等，有的遗物则很少。这样的出土点比较集中，多者十几组，少者三五组，很少有单组的，最密集的如 T110 在 18 平方米内就有 10 组。如果根据人类行为的经验加以判断，组合物必是一种祭祀的语言，再现出当时祭祀奉献的场景。以物代言来表达思想和意图的方式，不论在古代的中国还是外国都曾存在。《左传·桓公六年》关于"故奉牲以告曰，博硕肥腯，谓民力之普存也，谓其畜之硕大蕃滋也"，"奉盛以告曰，洁粢丰盛，谓其三时不害而民和年丰也。奉酒醴以告曰，嘉栗旨酒，谓其上下皆有嘉德而无违心也"的记载，讲的就是祭祀语言及表达的内容。

根据磁山的遗迹环境和构成特点，特别是遗迹本身的现象，可以使人们联想到《尔雅》"祭天曰燔柴，祭地曰瘗埋"的记载，《周礼》中关于燔柴焚烧使烟气上升，以祭昊天上帝，用牲在柴上焚烧使烟气上升，以祭日月星辰，用牲埋于地下以祭山林川泽的描述，将文献关于礼制的记载推至更为久远的年代。磁山遗址经历了几百年的岁月。人们定期在这里举行祭天礼地的仪式，显示出这种活动的制度化和规范性，以及组织严密、经久不衰的特点。磁山灰坑中大量的炭化农作物或草籽，曾令人叹为观止，如此之多的食物都用于祭祀活动无论如何也令当今的人们难以理解。因为现在的人们无法估计和想象在遥远的古代，虔诚的信仰与无限的崇拜曾经创造出多少奇迹，也不知道磁山遗址那个时代人们的观念、意识和思维成长的水平及所达到的高度。然而，尽管缺乏那个时代文字的记载，但是这种现象符合人类社会逻辑的结论，其必然如此，否则，仰韶和龙山时代，乃至商周时期的同类活动又从何而来？

由此可见，逻辑推理的力量对于改变中国考古学在早期历史研究中的地位具有重要作用。而新的认识无疑又更加丰富了第三种转变的具体内容。

三、从补经证史向谱写历史篇章的转变

这是中国考古学走向成熟的最显著特征。从 20 世纪 20 年代河南渑池仰韶村的发掘到 80 年代，中国考古学正处于理论和实践的准备期，资料的发现数量有限，研究的内容侧重于介绍，学科的任务主要集中在解决什么是考古学文化的问题，为什么是的问题还没有提到日程上来。运用考古学资料描述历史的研究成为主流倾向。可是，当考古学

资料积累到一定程度，学术界就不满足于简单的描述，"为什么"的问题就提到日程上来，研究的视角也开始转向了历史的深度，考古学书写历史的特殊能力因而也就能够充分得以展示出来。改变初登历史舞台之时其作用仅仅局限在补经证史方面的局面。1985年夏鼐先生的《中国文明的起源》的发表[11]，揭开了考古学研究中国文明起源和探索早期历史的帷幕。应该说，这是中国考古学首次将文明起源作为基本的课题和研究的主题，阐述系统的认识，而此前的一些零星、分散的相关研究，或者题目带有文明字样的文章还不足以反映考古学整体研究的倾向。夏鼐先生指出："根据考古学上的证据，中国虽然并不是完全同外界隔离，但是中国文明还是在中国土地上土生土长的。中国文明有它的个性，它的特殊风格和特征。""中国文明各时代都有变化，每时代各具有一定的特点，但仍维持中国文明的共同特点。""解放三十多年的考古发掘工作，使我们对于中国文明的起源问题的研究，可以从殷墟文化向上追溯。第一步是追溯到郑州二里冈文化"。并强调中国新石器时代主要文化中已具有一些带中国特色的文化因素。中国文明的形成过程是在这些因素的基础上发展的。尽管当年夏鼐先生对二里头文化是否进入文明时代还持保留意见，但对于中国文明土生土长的特点和不同时代文明特征所表明的联系性的论述，对于新石器时代主要文化与中国文明起源的关系的论述，对于文明起源研究要依靠考古学资料的论述，对于以殷墟文化为根基探索中国文明的源头的方法等都为后来的研究指明了方向。

1986年苏秉琦先生提出了关于中国文明起源"满天星斗"说，另辟蹊径，第一次明确指出了中国古代文化、文明多样性的特点，极大地拓宽了中国文明起源研究的视野，从理论和方法上引导学术界跳出传统的窠臼，从材料出发、从中国古代的国情出发考虑研究的思路。此后，苏先生又提出"古文化古城古国"、"中国古代国家起源三部曲"和"发展模式三类型"[12]，提出了大遗址与国家的出现、文明的起源研究的关系、礼器与文明的关系等重大课题，指出了中国古代文明起源也存在阶段性和可以做分级研究的可能性，使中国历史深度的研究拥有了更系统、科学的理论体系作支撑。以往，几乎所有的学者研究中国早期历史都是以文献的记载为出发点的，这当然是因为史学的传统在中国有根深蒂固的影响，乃至于考古学研究也不得不依赖于文献的记忆与考证，考古学只能提供资料而不能提出自己的认识。

现在，中国早期历史的特点已经明确无误地摆在世人的面前，不论承认与否，有些基本的事实是任何人都不能回避的。中国的礼制存在着上中下游的区别，中国曾经有个漫长的古礼时代，礼制是中国古代社会的核心特色，文献记载的诸如用鼎制度、昭穆制度、盟誓制度、军功制度都萌生于古礼时代。当今中国拥有960万平方千米的国土、56个民族、13亿人口，考古学资料表明，在这块土地上大约在200万年前就有人类生息繁衍。自新石器时代中期以降的万年开始，人类走出山洞，实现定居，经营农业，组织生活，不断地创造出崭新的文化。此后，文化的薪火代代相传，这种文化的连续性和体系的完整性在世界古代史上独一无二，具有不可替代性，其本身就是独特的类型。中国古代的礼制体系博大精深、源远流长、数千年以来不仅左右着人们的精神生活，而且支配着各个领域的生产活动，在数学、物理、化学、天文、历法、哲学等领域形成了中国式的知识体系。农耕社会万年历史，青铜制造精美绝伦，甲骨金文奥秘无穷，中医中药神秘神奇，印刷术火药影响深远，丝绸陶瓷联通世界。几乎中国古代所有的贡献与成绩都与中国文明起源的道路与特点息息相关，密不可分，也都是在礼制精神的感召下，为推进礼制活动的持久、深入开展而形成的结果。

中国古代的文明是伴随着礼制活动的发生而产生，并随其发展而进步的。礼制的进程就是文明的进程，礼制本身就是文明，是文明的旗帜，是文明的内涵，是文明的核心。探索中国古代的文明起源，离开礼制空谈财富不均、阶级矛盾、王权确立，社会复杂等现象，就不能抓住文明机制的关键与根本，不可能真正达到"探源"的目标。因为礼制是在中国古代物质资料生产、精神生活与社会秩序建设的实践中形成、发展和逐步完善的，贫富不均、社会分层、矛盾激化、阶级对立诸社会现象实际上产生于这三种生产的实践活动，而礼制集中了三种生产的成果和经验，是名副其实的集大成者，是当时社会机制的核心。这个特征是中国独有的，在世界历史上具有唯一性，国外根本不存在能够说明中国古代社会特征的资料与经验，所以，外国的经验和知识可以学习，但中国的问题必须用中国的材料来认识和回答，用哲学的观点讲，就是不能用事物的普遍性去说明其特殊性。言必称希腊，不可能找到中国革命的正确道路，同样也不可能正确地认识中国历史的特色。在世界上流行的各种关于文明起源的研究中，有些成果只是对某些地区某个时代的认识，有些只是推测或假说，有些则成为经典、广为流传。外国的不一定都是属于世界的。那么，装饰着世界头衔的认识或理论，中国是否都应该借鉴？显然也需要实事求是。即或广为流传的经典，其在中国的应用也存在普遍性与特殊性的关系问题。

上述认识表明，谱写中国早期历史的重任委实落在考古学的肩上。这一重大的转变足证中国考古学的觉醒和理论革命所达到的境界和思想高度，随着进一步的发展与提高，必将为人类的知识体系提供更新鲜、更丰富、更充实的内容，中国早期的历史将更真实、丰满和客观地呈现在世人面前。

注　释

[1]　陈星灿：《中国史前考古学史研究（1895—1949）》，生活·读书·新知三联书店，1997年。
[2]　严文明：《从王湾看仰韶村》，《仰韶文化研究》，文物出版社，1989年。
[3]　河南省文化局文物工作队：《郑州二里冈》，科学出版社，1959年。
[4]　中国社会科学院考古研究所：《庙底沟与三里桥》，文物出版社，1959年。
[5]　卜工：《庙底沟二期文化的几个问题》，《文物》1990年第2期。
[6]　苏秉琦：《西安附近古文化遗存的类型和分布》，《苏秉琦考古学论述选集》，文物出版社，1984年。

[7] 北京大学历史系考古教研室：《元君庙仰韶墓地》，文物出版社，1983年。
[8] 安徽省文物考古研究所：《潜山薛家岗》，文物出版社，2004年。
[9] 许伟：《历代帝王庙文物保护工程记述》，《北京文博》2008年第3期。
[10] 河北省文物管理处、邯郸市文物保管所：《河北武安磁山遗址》，《考古学报》1981年第3期；卜工：《磁山祭祀遗址及相关问题》，《文物》1987年第11期。
[11] 夏鼐：《中国文明的起源》，文物出版社，1985年。
[12] 苏秉琦：《中国文明起源新探》，商务印书馆，1997年。

（原载于《东南文化》2009年第5期）

后记　在未知世界中漂泊

2002年我去母校吉林大学，为大师姐李伊萍的博士论文答辩站脚助威，之后又陪张忠培先生，许伟、陈雍、张文军老师，许永杰同学等参加了与研究生和本科大四部分学生的座谈。本来想只聆听先生的教诲，不发言的，可后来同学们说因为我下过海，有传奇色彩，非得谈一谈。我是这样开场的：

许多同学考大学的第一志愿报的都不是考古学，经过几年的学习，逐渐培养起兴趣，开始热爱考古了，这应该算是先结婚后恋爱。我当年考大学第一志愿报的就是考古学，是通过自由恋爱结合的。后来，由于种种原因，我南下珠海，离开了吉林大学，离开了初恋的情人，自由恋爱的婚姻解体了。到珠海以后我始终找不到感觉。工作单位是中国石化总公司珠海经济开发办公室，是国有大型企业，正规、繁忙、待遇好。但是，一闲下来，磁山遗址、庙底沟二期文化等许多问题就萦绕在脑际，有魂牵梦系的感觉。就如同守着"富婆"，吃海鲜，开"林肯"，但总是怀念自己的初恋。真是"此情无计可消除，才下眉头，又上心头"。1999年初我终于告别了"富婆"，到珠海市博物馆工作。2001年4月参加广东省文化厅组织的竞争上岗选拔干部活动，6月初到广东省文物考古研究所任副所长，回到了考古工作的主战场，真好比与初恋的情人破镜重圆。在广东省文化厅的竞争上岗的公选中，我靠的是吉林大学的品牌、导师张忠培的旗帜，凭的是一种执著的追求和特殊的情感。

讲到此处，有位同学插话问道，为什么你要放弃舒适的生活和优厚的待遇？

我脱口而出，是因为爱！顿时引起了全场热烈的掌声。

讲这件事情，是为了说明我真的很想为考古事业作贡献，也很想有所作为，所以，一直在努力，虽然不那么刻苦，但始终围绕一个既定的目标，走自己的路。因为我从小接受的就是这种教育，渴望创新，追求发展。我出生在一个知识分子的家庭，父亲卜国铉是白求恩医科大学的教授，是国内公认的中国鼻神经外科学的创始人，鼻科学的泰斗，他的很多学生都是当代名医。他是父亲，是启蒙老师，也是我的朋友。在我上大学以后，他经常给我讲科研、教学和临床手术的关系，启发我正确认识科研、教学与田野发掘的内在联系。他认为科研是属于创造性的，手术是熟练性的，教学是重复性的。科研是灵魂，如果不会搞科研，就不能开展新的手术，只能在原地踏步，教学就没有新的思想和成果，令人感到枯燥乏味，发展的前景就很有限。在大学和毕业后的一段时间里，我常写些习作，父亲认为无病呻吟之处过多，描述现象的语言过半，是缺乏自己的认识、无话可说的表现。这对我后来的研究和文章风格影响极大，培养了我独立思考、不迷信前人的求真态度和追求真理、勇于挑战传统的精神。现在，我终于以批判的精神、发展的眼光和自己的方式，将自己所理解的文明起源中国模式整理出来，公开发表，可能会引出不同的意见，一些不成熟的认识无疑需要进一步深化，但，对我来说，一个过程已经随之结束了。回想大学毕业以来的经历，在未知世界中的漂泊，真是感慨万千！

人在海洋中漂泊依靠两种力量：一是自己泳技争取到的浮力；二是海水的推动力。人作为个体不能抗拒自然，只能随着汹涌的波涛漂向那遥远的地方。考古学研究就是在未知世界中漂泊，要靠自己挣扎、努力和探索获取力量，以求在学术的海洋中立足，而不至于沉沦；还要依靠学科的发展、资料积累构建的基础等诸多因素形成的学术推动力，才能使个人的研究有所进步。在未知世界中的漂泊，永远只能发现相对真理，纵然有体会、有心得，也应该是为以后的挣扎、努力和探索储备更多的力量。文明起源中国模式就是漂泊中的一点体会。

现在虽然把体会端了出来，但还没有达到自己十分满意的程度，既有明显的不足，也有一些缺憾。一是有意犹未尽之感。很多资料囿于正式考古报告没有发表，而未涉及或未收入书中，有些前人提及过的观点也没有详细说明；有些想法还可以进一步论证，但考虑到对本书大的构架影响不大，也就见好就收了。二是有诚惶诚恐之感。因为文明起源的课题实在是太大了，特别是拙稿《文明起源中国模式》在《中国文物报》发表以后，有赞同的，也有持怀疑态度的，还有不以为然的。虽然，在书中尽量做了些有针对性的回答，但仍难免引起争议、疑议和质疑。本书大部分认识没有文献的支持，过去也鲜有研究，从认识的角度到思维的方式应该说有一定的新意；是否客观、正确就不敢妄自断言了，因为盲人摸象的经验还记忆犹新。当然，文明起源中国模式的认识正确与否只是问题的一个方面，通过这种研究展示中国考古学的能力和魅力是本书努力的方向。三是面对过去的研究有进退维谷之感。不能要求前人按照现在的认识和眼光进行研究，可是要讲述认识的始末，研究的过程和问题的来龙去脉，这就必然涉及对以往成果的分析，如此，很容易使读者感到批判的味道过于浓郁；不提以往的研究似乎又有不尊重历史之嫌，绞尽脑汁也想不出两全其美的办法，造成不必要的误解可能在所难免，这个遗憾只能留给自己回味了。我始终认为，中国考古学研究已经有80多年的历史了，不应该只通过重要的考古发现吸引社会的关注，不能只追求单纯描述现象以达到认识历史的目的。摆在世人面前的那些活生生又实实在在的考古学资料必须给予解释和说明，对那些特殊的考古学现象不能熟视无睹，置若罔闻，这种理念的本身恐怕也洋溢着批判的精神。

人们都说，一个人的成长，一种新的认识和观点的提出，需要诸多学科众多资料的支撑，需要长期的知识经验的积累，需要调整思维方式和观察问题的角度，需要良好的学术氛围。这当然不假，在我看来，有了这些条件相当于万事俱备，只欠东风，这个东风就在于是否有人器重你、栽培你、任用你。否则，纵然你具有极好的潜质，或天大的本事，也无用武之地，不能成材，只能哀叹"冯唐易老，李广难封"，这就是机遇，而非机制。人生的选择是很多的，而最重要的是导师、终身的伴侣和朋友的选择，因为这关系到学术生涯起点的高低、一生的幸福、情趣的培养和思想交流的环境及平台。专业并不重要，因为行行出状元。但是，一个人一辈子能有几次机遇光顾呢？

这就不能不回顾导师张忠培先生的贡献。20世纪60年代初，张忠培先生从北京大学研究生毕业后，只身到关东闯天下，在吉林大学历史系考古教研室工作。1973年在他长期的酝酿和李木庚先生的鼎力支持下，创办了考古专业。当时，这个专业中有著名古文字学家于省吾、姚孝遂先生领军的队伍，有东北史的文献大师罗继祖等诸位先生，纯粹搞考古的只有初出茅庐的他。把不同方向的研究队伍，不同学术风格的学者，不同社会关系的几路诸侯组织在一起，需要怎样的素质和能力？实践证明：所需要的一切条件他都具备了，他不负众望地完成了历史赋予的重任。他为广大的师生构筑了一个可以纵横驰骋、展示才华的舞台，为吉林大学扩大了传道授业的场所，为后来者开辟了一个可以使他的思想循环往复、流淌不竭的空间。

十年磨一剑。到1983年吉林大学考古专业已经颇具规模，特点鲜明，毕业的学生深受用人单位的欢迎和好评。1970年以后全国大约有12所高校开办了考古专业，除了北京大学传统厚重，师资实力最强，独占鳌头之外，其他学校起步的条件基本相同，创业时期的各种艰辛大致相若。为什么吉林大学就能够很快地脱颖而出？这就是因为吉大有了张忠培。1987年他到北京故宫博物院任院长。光阴似箭，一晃20年过去了，他虽然不在学校，他的办学思想、提倡的精神始终在发挥着作用，许多教师还坚定不移地追随他。他是吉林大学考古教育事业的奠基人和缔造者，是吉大考古教育之魂。在祝贺张忠培先生70寿辰的酒会上，故宫博物院常务副院长李季先生（吉大考古专业78级学生）的精彩演讲道出了在座百余人、也是吉林大学所有考古学生的心声，那就是：张忠培先生培养、影响和感动的不仅仅是一代人；不论走到哪里，不论是哪一届的同学都可以骄傲和自豪地说，我是吉大考古专业的学生，张忠培是我们的老师。

我真不敢冒天下之大不韪，也不知道应该怎样评价自己的老师，但他追求真理、直面人生的精神，在中国考古界有口皆碑；为了考古和教育事业勇于牺牲个人和家庭的利益，大家有目共睹；他关心学生胜过自己的家人，许多人都感激涕零。今天的吉林大学，不论是考古教学还是科研的基本班底，包括师资的结构与专业、科研的方向和布局都是他当年精心设计、苦心经营的结果，很多是以他的人格魅力铸就而成。现在回忆起来，大学临近毕业时得到了先生的提携，机遇降临在我身上。先生要我留校任教，不要报考他的研究生，还说，他第一考虑是办专业需要的人手，如果同意，就去山西太谷白燕遗址参加实习发掘。由此，先生将我推上了一条从实践走向理论，从材料发现课题的路子。我最近常想，拿什么回报您——我的老师，这本书成吗？

留校以后，我工作主要在黄河以北地区，转战于山西、河北两省之间。1986年，作为在职研究生考入先生门下，在许伟、陈雍、张文军等师长的指导、帮助和熏陶下，开始独立地思考一些问题。其中，受益最大的有两点：

一是在思想中树立了一面旗帜。这旗帜就是实事求是的世界观和方法论，坚持让材料牵着鼻子走。留校之后，先生曾要求我们五年之内不要急于写文章。在晋中地区工作时，白天整理资料，夜晚讨论中国考古学的诸多问题，从吉林大学考古专业创业史到当前学术界的热点问题；从仰韶—龙山的考古学文化编年体系、时代分野、基本格局到商代陶鬲的具体型式；从白燕遗址的遗迹特点到新石器时代遗址类型，每每争论不休直至天明。有时为证明自己的观点要翻阅很多资料，准备下次的讨论能够说服别人。这就如同自然界中幼小的肉食动物在嬉戏玩耍的过程中培养日后猎食能力和本领一样，真正是活跃了思想、加强了交流、促进了学习、锻炼了论证问题的能力。这期间从个人的角度讲，对中原祭祀遗址已经形成了基本看法，怎样表述最佳，选择什么样的遗址为突破口，就成为看材料时最关注的问题之一。最后我选中了磁山遗址，《磁山祭祀遗址及相关问题》的刊出，恰好是留校任教的第六个年头。

二是在心中形成了一个考古学的标尺。这个标尺主要是考古学文化的编年序列，其中，既有年代学的也有类型学、层位学和谱系学的知识和思想。当年吉林大学考古专业在山西晋中地区的考古工作是以太谷白燕遗址为基地，由张忠培、黄景略先生筹划，许伟老师组织，先后在娄烦、离石、柳林、汾阳、孝义等地开展考古调查与试掘，在汾阳杏花村做了大面积考古发掘，最终形成晋中地区从前仰韶到东周时期的三十三段的编年体系。对于刚刚步入考古学研究领域的初学者，这个标尺的意义远远要超出对晋中地区本身的认识，除提供了在一个相对独立的自然地理单元中考察考古学文化演进的过程、时代的风格、递嬗的逻辑之外，主要是方法和理论上的训练，还有实事求是学风的培养。用这种尺度分析周边地区的考古资料和相关的研究，心中自然就有了底数，即使20多年后到岭南这样远离中原的地区，这个尺度提供的经验依然发生作用，可以比较迅速地发现原来研究中存在的问题、资料中存在的矛盾，从而确定学术研究新的生长点，提出指导地区性研究的规律性认识。

1987年7月我和同窗好友许永杰搭档，在山西省忻州游邀遗址指导吉林大学八五级学生的生产实习。在调查试掘期间适逢苏秉琦先生到五台山考察。那时苏先生"华山玫瑰燕山龙，大青山下斝与瓮，汾河湾旁磬与鼓，夏商周及晋文公"的诗篇正在考古界不胫而走，能有机会聆听他老人家的教诲真是值得庆幸。苏先生观摩了游邀遗址试掘获得的陶器、石器等出土遗物，非常高兴，对发掘工作提出很多具有指导性的意见，其实，最初选定这里进行发掘也是经他老人家首肯的。年底，1000平方米的发掘工作结束，即完成了当年的发掘简报（《考古》1989年第4期）；提交出一套田野考古教学实习的考核管理办法，这些得到了苏先生、黄景略和张忠培老师的赞许。

应该说，这一年我不仅在学术研究方面开始形成了自己的思路，在管理考古发掘工地和指导田野考古教学方面也有新的体会，形成了自己的风格和特点，是全面提高、逐步走向成熟的重要一年。当时，吉林大学北方考古研究室即现在吉林大学边疆考古研究中心的前身，有相当良好的学术氛围，这是促使我迅速成长的外部环境。十几年过去之后，现任北京西城区副区长许伟、天津市文化遗产保护中心主任陈雍、河南博物院院长张文军老师；武汉大学陈冰白、中山大学许永杰同学等仍十分怀念那段美好的时光和良好的学术氛围。应该说我的一些研究成果中，许多认识都不仅仅属于我个人，也包括了他们的学术思想，包括文明起源中国模式的部分想法都是在争论过程中不断涌现并逐渐形成的。晋中地区的太谷白燕遗址是我学术生涯的起点，是魂牵梦绕之地。有的学者曾经缅怀山西天马曲村北京大学的教学基地，说那是第二个殷墟，殷墟的发掘曾培养出中国第一代考古工作者，天马曲村则培养了更多的北大考古学系的师生。山西晋中的太谷白燕遗址的发掘面积和历时的长久都远不如天马曲村，但吉林大学七七级考古专业学生的三分之一，七八、七九级全体本科生和国家文物局培训的几十名文物干部是从那里起步的，其中很多同志现在都在重要的工作岗位之上。所以，在我的心目中，山西太谷白燕遗址始终如圣地一样令人憧憬，如摇篮一样令人依恋，如故乡一样令人永久怀念。

从认识过程方面来说，研究之初对文明起源中国模式的认识并非很明确，随着研究的深入才逐渐使线索和轮廓清晰起来。许多认识是在不断的失败和挫折中挣扎出来的。当年《磁山祭祀遗址及相关问题》写成之时，并不被看好，后来通过同班的于可可女士找到了《文物》月刊，因为张昌倬先生的慧眼才有幸发表在《文物》上。此文在考古界有一定影响，加之苏秉琦先生也来函称赞，使我坚定了从考古学资料入手在社会秩序与制度的层面做探索的信念。但当时的认识还停留在对祭祀活动的分析，并希冀从民族学中找到能够印证考古学现象的资料。1984年我陪张忠培先生去辽宁省喀左县东山嘴遗址参加座谈会，观摩那里的祭坛。会后，随先生去河北承德避暑山庄中国社会科学院考古研究所工作站，荣幸地拜见了中国考古界的泰斗苏秉琦先生和著名考古学家俞伟超、吕遵谔、刘观民、徐光冀、郭大顺先生等。在我学术成长的过程中，这次会议是个很大的促进，有些像进了加油站。因为我毕业留校后一直在野外工作，考虑的多是器物排队、断代和文化因素分析等问题，文明起源这样的大课题从来就没有认真思考过。红山文化与庙底沟文化年代大致相当，前者的物质文化发展水平未必超过后者，那么，中原地区考古学文化的精神、观念和意识发展的程度究竟怎样呢？这促使我开始思考磁山遗址的问题，文明起源中国模式的探索由此起步。

1992年4月，在结束日本国关西学院大学一年的校际交流生活后，我萌生了换一种活法的念头，于是有了自由恋爱婚姻的解体。1999年1月"复婚"，正式调到珠海市博物馆工作，重新回到专业队伍。在收集、整理岭南考古学资料的过程中，认真审视和检讨了过去对社会秩序诸现象的研究，才逐步认识到实际上已经参与了中国文明起源重大课题的研究。但以往自己的研究不论写法和切入点都不合适，特别是缺少一条主线，没有做到纲举目张，因为中国文明起源的特点集中表现在礼制的发生、发展、完善、成熟方面，这是区别于国外的根本标志，这样的认识使思路更清楚了，要说的问题更集中了，文明起源中国模式的想法也趋于系统化了。而且，用这个模式去观察和检讨已有的考古学资料，新的认识就不断涌出，本书也就应运而生了。

"把简单的事情考虑得很复杂，可以发现新领域；把复杂的现象看得很简单，可以发现新规律"。文明起源中国模式的研究，证明了牛顿的话确是至理名言。我很庆幸自己能够比较敏锐地发现一些新问题，在一个新的领域中进行有益的探索，而且提出了一些前人未曾认识到的问题。所以，要感谢的真是太多了。要感谢伟大祖国古老而厚重的历史，因为她是滋润我的源泉，虽然我对她的了解只有一知半解；要感谢我的父亲和母亲，因为他们养育了我，虽然他们不从事考古学研究；要感谢恩师张忠培先生，因为他提携和教导了我，虽然我的观点他不一定都赞同；要感谢我大学全班的同学，因为他们都非常关注我，并寄予了殷切的希望，虽然意见有分歧，往来有亲疏；要感谢张昌倬、李政、李法军等很多朋友，因为他们帮助了我，虽然在他们看来只是技术性的援手；要感谢妻子和女儿，因为她们温暖了我；要感谢陈雍先生，许永杰、陈光、齐东方、高蒙河、傅宪国、刘斌诸位对本书初稿直言不讳的、非常中肯的、极为宝贵的意见；要感谢张敏、王炜林、段宏振、徐涧清、张合荣、李海荣等同志为本书无私地提供资料，包括一些尚未发表的资料；要感谢广东省文物考古研究所为本书的出版慷慨解囊；要感谢杨建军女士为本书全部插图所付出的心血、白于兰先生为本书文献校对花费的精力、责任编辑李木兰细心的工作；要感谢闫向东社长，因为他一直劝我将此书写成章节式的，而不要罗列论文凑成集子，这在很大的程度上推动了我进一步的思考，对文明起源中国模式体系性的认识才有了新的飞跃。

还要回到"盲人摸象"的故事。倘若，文明起源中国模式果真讲述了历史的真实，中国古代社会的特点果真有幸被言中，那认识也仅仅具有相对性，要丰富和完善这一研究还有相当艰苦的工作在等待人们不懈的努力。研究中国古代的事情不能离开古代文献，但拘泥于古代文献则万万不能。因为，中国有文献记载的只是历史长河中短暂的瞬间，而无文字记载的历史更漫长、久远。随着考古工作与研究的深入，许多资料和现象都大大超出了文献的记忆，仅仅依靠文献是无法解释和说明的。那么，通过怎样的研究和手段揭示遥远年代的复杂社会现象，就成为制约考古学发展的新课题，如果不能跳出传统的窠臼，没有新的思路，只依靠罗列考古资料，那还有谁相信考古学呢？回顾若干年以来中国文明起源的研究，可以将已发表的相关文章大致分为五个类型：第一类，介绍文明定义和文明标准。随着时间的推移，此类研究已有明日黄花的感觉。第二类，强调文明起源研究的原则。这种研究只破不立，重在说教，缺乏实际意义。第三类，根据文献探讨国家特征。这类研究往往由于没有考古资料新鲜血液的支持，显得老气横秋没有新意。第四类，外国经验与考古资料相对照探索中国文明起源。这是最近比较时尚的研究，可以用方兴未艾形容，但往往忽略中国自己的特点。第五类，另辟新途研究中国古代的特点。这是具有原创性的研究，实属凤毛麟角。但不论怎样，这些都是非常重要的、积极的和有建设性的，对于推进中国文明起源的研究曾经发挥过重要作用。所以，对此我始终充满深深的敬意。

　　用发展的眼光看待过去，可以了解研究的基础和趋势；分析现在，则能够认识问题、差距和努力的方向；推测未来就只能止步于"前途是光明的"牌匾下。因为，以后的发展是难以预料的。发展是人类社会的铁律，因此才是硬的道理。文明起源中国模式试图探索近万年以来，中国古代文明是怎样发生和如何发展的课题，虽然本书的研究挂一漏万，但是，将来的研究必然能够更加细致、翔实，客观、准确和栩栩如生地描绘当时的情景，还中国古礼史诗般的本来面貌。20年前，《磁山祭祀遗址及相关问题》发表时，并没有引起学术界太多的共鸣，师弟高蒙河教授说因为那是太超前了；现在，本书的体系已经形成，观点依然有些超前，许多认识无疑都属于首倡，如果需要20年的时间才能被学术界认同而写入中国通史和教材中，那本人还有机会学习。本人还要围绕这个题目继续努力，因为古礼的基因仍然发挥着作用，所以，研究的本身实际上是精神享受，追求的过程其乐无穷。

（原载于《文明起源的中国模式》，科学出版社，2007年）

《历史选择中国模式》自序

有的时候，开场白过于长，说了半天还不见主题，是会使读者失去兴趣的。为《历史选择中国模式》写几句话，可是又必须从《文明起源的中国模式》谈起，因为两者是姊妹篇。

《文明起源的中国模式》由科学出版社推出后在学术界引起了广泛的关注。2008年6月20日《中国文物报》揭晓2007年全国文博、考古十佳图书评选结果，《文明起源的中国模式》荣膺年度最佳考古论著奖。天津市文化遗产保护中心主任陈雍、中山大学教授许永杰、国家文物局王军、复旦大学教授高蒙河先后发表书评，总结、提炼和深化对中国文明起源的研究。因为这些认识特别重要，所以均作为附件收录在本书之中，也算是集思广益，以说明《文明起源的中国模式》是集体的智慧。陈雍先生是我大学时代的老师，许永杰和王军是我吉林大学历史系七七级考古班的同窗好友，高蒙河是七八级的师弟，我们同在业师张忠培先生的教诲下学习中国考古学，学术思想自然比较接近。

可能有人会产生误解，同门师兄弟之间评来评去难免有相互吹捧之嫌。然而，正如许永杰教授对他的研究生讲的那样，《文明起源的中国模式》与相关的评论实际上代表了中国文明起源研究的民间呼声。学术研究原本没有正统与民间的区别，可是有些学术团体和科研项目由于得到国家的资助与扶植，其成果往往无形中增添了许多神秘的或者是正统的色彩，在宣传的力度方面，在社会的影响方面，在知识的普及方面，在对外的交流方面都形成了某种天然的优势。显然，绝对公平的竞争即使在学术研究领域也是不存在的。

可是，真理并不一定与正统发生必然的关系，只要认识具有客观真实性，符合历史的实际和社会发展的逻辑，不论是属于民间的还是正统的研究，都自然会被历史接受与承认，并且流传下去。这倒不是说"中国模式"就是真理。我始终认为"中国模式"不是简单的认识和学术观点，而是一种思维方式，甚至是正确认识中国早期历史的唯一途径。所以，当研究一旦发现了中国古代的礼制不仅存在着中游，原来还有上游，文明起源的中国特色就逐渐变得清晰了。人们熟悉的、文献记载的周礼，不过仅仅只是古代礼制的中游，中国还有个孕育周礼的古礼时代！这是从来没有被认识、被发现、被说明的时代，然而，却是中国历史的真实。有怀疑者，有瞠目者，这并不奇怪。因为从近代以来几乎所有研究中国早期历史的著作，包括那些享有盛誉的、已经进入高等院校课堂和学术研究殿堂的教科书，都没有意识到因而也没有能够认真地阐述这个时代，故而未能充分发掘出中国古代历史内涵的真正魅力与特色。许多年以来，照搬国外研究结论的热情远远超过了对中国本土问题的独立思考，崇洋媚外的思潮由于中国近代化的落后而愈演愈烈。另外，中国考古学的作用尚没有能够充分发挥出来，历史被文献禁锢的局面始终未能改变。考古学的作用从"补经证史"到描述历史走过了相当长的路程，依靠考古学资料写史的阶段刚刚来临。按文献来描绘中国古代的早期历史，虽然有根有据，由于年代方面的局限，其内容必不全面，难免出现将礼制的中游当作源头的倾向；用考古资料来堆砌和填充历史，虽然精彩纷呈，但无规律，容易只见树木，不见森林。

对中国早期历史和文明起源的研究，归根到底就是一个实事求是的问题。近代中国闭关锁国的大门是被西方列强的坚船利炮敲开的，西方的进化论思想和各种学术流派也随之涌入古老的封建大国。从那个时期开始，中国的学者便深切地认识到自己熟悉的传统史学是过于追求微观的考证，过于注重微言大义的诠释，过于纠缠文献真伪的争辩；缺乏进化论思想的那种高屋建瓴的宏观目光，也缺少自然科学知识体系的有力支撑认识社会进程的大趋势，研究社会发展的重大课题。于是很多学者大胆地放弃了传统，极其热情地拥抱和亲吻西方的学术思想，开始运用国外引进的概念研究中国的历史。由于从不怀疑西方学术观点和思想在中国的适用性，所以，非常关心"什么是"，而很少去问"为什么"，选择资料填充以固定的框架之中是主要的研究或工作，于是，囫囵吞枣，不求甚解，削足适履，肢解材料的现象就时有发生，而长此以往，便使中国古史的研究走向了具有自己特色的另一个极端———用马克思主义史学观代替中国史实的研究成为正统与科学的至尊神明。洋教条因此在中国古史研究领域几乎是无处不在。所以，旗帜鲜明地反对教条主义就成为中国古史研究领域的首要任务。

在近代中国的思想理论战线，批判教条主义的呼声从来就不绝于耳。中国的史学研究领域也不例外。但是，仅仅依靠猜测、怀疑和简单否定式的研究并不能从根本上清除教条主义。必须通过新的探索为人类的知识体系增加新的内容；必须通过实事求是的研究纠正以往推测与假说的错误；必须通过多学科的共同努力建设中国史观的体系，如此方能有效抵制教条主义在中国古史研究领域的影响，推动中国古史研究的健康发展。

话要说回来。古代中国曾经有个古礼的时代的认识，能够得到古文献、古文字、考古学等多个学科研究成果的支持，是深刻认识中国特色的关键之所在。古礼时代是社会号召能力、动员能力、组织能力、控制能力、应变能力空前发展和全面提高的时期，是古老中国社会发展史上的质变点，具有划时代的意义。不仅仅是祭祀活动蓬勃发展，社会公共权利和相关的设施也在逐步地形成。特别是社会基本组织的结构与形态在历史的发展过程中已经完成了从胚胎到定型的转变，而后来它的变化只是在此基础上的不断成长与成熟。因此，对中国古代社会的研究并非如以往认识的那样可以径直地、简单地、不加分析地照搬国外的经验。什么是中国古代社会的主要特点？什么是中国文明起源的基本特征？一句话，那就是礼制的发生与发展，成熟与完善。这个特点完全有赖于中国古代社会组织的基本细胞，只有正确认识这个基本细胞，才能理解它产生的特殊社会需求，才能客观地揭示古礼的历史必然性，才能科学地说明中国早期历史的特色。

中国古史研究正面临着新一轮的发展。用中国的材料探索中国古代社会发展与进步的规律与特色业已成为学术界的共识与趋势。但是，究竟怎样的作为才能实现这一崇高的目标，在中国学术界尚存有不同的声音、方法和路径，孰是孰非并没有结论。可是，总有研究能够率先接近或达到历史真实的彼岸。这就是考古学研究的魅力所在。当前，正值中国的改革开放迎来 30 周年，马克思主义中国化与社会主义中国特色的大课题已经提到日程上来，各学科、各领域都为此努力，因此，中国考古学便遇到了重新审视与检讨以往研究的千载难逢的机遇。于是，新视野、新观点、新思想、新理念应运而生，重建中国古史体系的愿景才能够真正实现。

（原载于《历史选择中国模式》，科学出版社，2009 年）

中国水下考古启示录
——从"南海Ⅰ号"到"南澳Ⅰ号"

回想2007年5月，当世界的目光聚焦在广东阳江"南海Ⅰ号"整体打捞的工程上，当国人的思绪还沉浸在这艘南宋商船即将出水的喜悦氛围中，当项目策划者们的视线被牢牢地吸引在施工关键环节的时刻，当交通部广州打捞局的水下勇士与神秘海洋反复进行较量的时候，广东汕头南澳岛又传来了明代万历年间的商船"南澳Ⅰ号"被发现的喜讯。

"南澳Ⅰ号"位于汕头市南澳县三点金海域。2007年5月下旬，南澳县云澳镇渔民在生产过程中，发现了一艘满载青花瓷器的沉船，并顺手捞出一批青花瓷器。当地云澳边防派出所及时介入，经过动员，渔民将捞出的瓷器上缴。经鉴定，该船的瓷器为明代万历年前后生产，其文物价值和历史价值十分重要。5月底，广东省文物考古研究所对该船作了细致的水下考古调查，了解到沉船长约25.5米、宽约7米，并基本探明船的沉态和方向，船内货物大致的装载情况和保存状况等，绘制出船体的平面图。研究人员在沉船外围采集到近千件散落的文物，拍摄和录制了大量的影像资料。

2009年9月26日，该船的考古打捞工程启动仪式在广东汕头南澳岛举行，"南澳Ⅰ号"的命名正式提出。各方面的工作虽紧锣密鼓、有条不紊地进行，但鉴于气候、海况等因素，该工程将于2010年4月份前后全面铺开。中国有句成语叫"好事多磨"，用在这里非常贴切，仔细揣摩起来也很有道理。当年，"南海Ⅰ号"发现后竟然是"磨"了20多个年头，才有整体打捞的构想，并实施成功。可以说是磨出个精彩绝伦，磨出个前无古人，磨出个中国水下考古事业的跨越式发展。那么，"南澳Ⅰ号"将磨出怎样的结果呢？这自然令学界不胜翘企。

南海Ⅰ号：二十年"磨"一舰

还是说回"南海Ⅰ号"的发现、发掘与整体打捞的经过，让读者自己去品味"好事"究竟是怎样"多磨"的吧。1987年8月，交通部广州救捞局（当时救助局和打捞局尚未分开）与英国海洋探测公司合作，在广东台山与阳江市交界的海域寻找东印度公司的沉船，意外地发现了满载南宋瓷器的沉船，几次抓斗下去捞出了200多件文物，多是绿釉小瓷盘、锡壶、青白釉瓷器盖等。现场的中方人员及时采取了保护措施，迅速上报广东省文物行政主管部门。经鉴定，该船的瓷器主要是福建、浙江、江西等地民窑的产品，属于珍贵文物。发现的一条铜鎏金带钩，在国内尚属首见，估计可能来自国外，因此，一些学者认为这一发现极有可能与"海上丝绸之路"发生直接的联系，从而引起了我国政府的高度重视和世界学界的瞩目。

1989年8月，经国务院批准，中国历史博物馆（现国家博物馆，简称"历博"）与日本水中考古学研究所签订了合作进行南海沉船水下考古调查的意向书，成立了"中日联合中国南海沉船调查学术委员会"。两国顶级考古学家联手协商南海水下考古事宜，其重要性由此可见一斑。同年11月，"历博"与日本水中考古学研究所联合组成"中国南海沉船水下考古调查队"，时任中国历史博物馆馆长、著名考古学家俞伟超为队长，日本水中考古学研究所所长田边昭三为副队长，指导首次南海古沉船的调查工作，"南海Ⅰ号"的命名正式提出。但是，由于现场海况恶劣，5、6级的海风不断，以致海水混浊，能见度极差，尽管使用了先进的美国造旁测声呐进行搜寻，但效果仍不理想，只得无功而返。2001年4月，"历博"水下考古研究中心组队，在香港"中国水下考古探索协会"的资助和参与下，对"南海Ⅰ号"进行探摸，经过一个多月不间断的海上作业，终于找到了"南海Ⅰ号"，并精确定位。是年10月，进一步的水下调查工作基本确定了该船的沉态。2002年3～5月和8月的两次水下考古初步发掘，除发现沉船的船体，还收获了大量精美的文物，其中陶瓷约4000件，此外还有漆器、石制品、铁器、铜器、银锭及大量的铜钱，对沉船保存状况及其范围取得了新的认识。此后，"历博"水下考古研究中心在2003年1月和2004年5～6月，对"南海Ⅰ号"进行过多次水下探摸。

2004年9月，广东省文物考古研究所根据国家文物局的意见，委托广州打捞局进行以物探为主的水下调查工作。采集了海床下30米深的地质资料，获得了大量相关数据，确认了"南海Ⅰ号"长30.4米、宽9.8米；船体材料为木质；船载文物主要有陶瓷及其他器物；沉态是正沉；艏向240°；现场水深22～24米；海床底质——表层为淤泥，底层为淤泥质土；埋泥情况——两舷全部埋入泥面下1米，艏艉凝结物露出泥面1～2米；每年3～4月，海水能见度稍好，其他时间基本为零；现场海水流速最大为0.7米/秒。主要受海流影响，流向西南。至此，该船相关资料的采集工作告一段落。2005年5月，由广东省文化厅、交通部广州打捞局、华南理工大学编制的《"南海Ⅰ号"整体打捞及保护方案》在北京原则上通过了专家论证，由此，"千年等一回"的"南海Ⅰ号"回归新家园的计划进入倒计时状态。2007年12月28日，广州打捞局成功地将"南海Ⅰ号"连船带泥、且船载文物毫发未伤地打包运至为它量身定做的新家——广东海上丝绸之路博物馆。2009年8、9月间，广东省文物考古研究所对"南海Ⅰ号"进行小规模发掘，在凝结物和泥沙之下，它平静地卧在为打包船体制作的钢箱之中，岁月的沧桑从瓷器的釉面溢出，船体的存在由舷板的位置展现，从而确凿地证明了整体打捞完全成功，精准无误。这既是中国海洋工程技术的杰作，也是多学科、多行业通力合作保护水下文化遗产的典范。2007年从年初到年尾，境内外80多家媒体连篇累牍地大规模连续报道"南海Ⅰ号"的历史与近况,其时间之长、篇幅之多、报道位置之显赫,在中国文化遗产保护的宣传方面是绝无仅有的。

发掘方式各有不同

目前,对两艘沉船分别使用了不同的发掘方法。"南海Ⅰ号"是整体打捞,世界上尚无先例;"南澳Ⅰ号"将是按传统的水下考古的方法进行打捞,也就是时下世界上打捞沉船普遍采用的先清货物、后处理船体的方法。

所谓水下考古,就是考古学理论和方法在水下的运用,注重水下遗存的联系性与整体性。一般分为调查探摸和发掘两个阶段。前者是了解遗址或物体的性质、范围和埋藏状况;后者是通过进一步工作增加认识的阶段。在发掘时,作业人员潜入水底,先用水枪或抽泥设备将覆盖在文化遗存上面的泥沙冲开,清理出一定的范围再布探方,以便绘图与测量,收集资料工作之后再提取遗物。与田野考古不同,由于发掘人员要潜入水下作业,所以气候和海况制约着工作的时间,不如田野考古选择时间那样自由。海底的泥沙还有回淤较快的特点,是调查与发掘必须考虑的因素。潜水员供氧的设备有管供式和便携式两种,专业的水下工程队伍多用管供式设备,在水下停留时间长,便携式是指背氧气瓶潜水,水下停留时间相对较短。

从世界范围看,中国水下考古工作起步较晚,只有20年的短暂历史。

"南澳Ⅰ号"沉船出水器物

可是,"南海Ⅰ号"整体打捞的成功却创造了历史,实现了理念、方法与技术等方面的重大突破,完成了中国水下考古的跨越式进步,从根本上改变了世界对中国水下考古的认识与估计。被誉为"世界水下考古之父"的美国得克萨斯州州立大学的乔治·巴斯(George Bass)教授在访问广东省文物考古研究所时,对"南海Ⅰ号"整体打捞的精妙构思啧啧称奇,赞不绝口。可见,中国的水下考古工作不仅是以"南海Ⅰ号"的幸运发现为契机而展开的,也是以它整体打捞的精妙构思、精心设计与精彩实施而实现跨越式发展的。在这个过程中,许多中国的考古前辈为之呕心沥血,殚精竭虑;许多单位顾全大局,甘愿奉献;许多考古和水下专业人员孜孜追求,持之以恒,支撑着中国水下考古事业不断走向辉煌。

两船船载文物极为罕见

常言道,十年磨一剑。对"南海Ⅰ号"而言则是20年"磨"一舰。20年的时光,

20 年的探索，20 年的追求，长眠于中国南海的南宋商船即将揭开它神秘的面纱，岂能不令国人兴奋不已？初步的工作表明，"南海Ⅰ号"和"南澳Ⅰ号"这两艘商船装载的文物保存相当完好，不仅在国内，在世界上也是极为罕见的，因此，才拥有特殊神奇的魅力，被人们关注与垂青，并引发各界人士的种种猜想。

据估计，"南海Ⅰ号"约载有 6 万多件瓷器，主要是江西景德镇、浙江龙泉、福建德化三大窑系的产品，以后者为大宗。从器形上看，这批瓷器是专为外销而制作的，国内相对少见，虽然是民窑产品，但相当精美，是上述三大窑系的代表之作。它们的出水极大地丰富了人们对南宋时期瓷器综合面貌和当时生产技术水平的认识。此外，已经出水文物的金器、银锭、铁器、铜钱是了解当时社会的经济生活不可多得的实物资料。更重要的是船体本身，既能够说明当时的造船技术水准，也能够展现当时的中国民间拥有的航海能力和海外贸易的盛况。真的不敢设想，倘若能够发现航海日记，或是货物清单，或是其他交易凭证，其重要意义又该怎样估计呢？

"南澳Ⅰ号"大量的明代青花瓷器和铁器令人目不暇接，叹为观止。瓷器以福建平和五寨和江西景德镇观音阁两大窑系为主，均为外销瓷，相同的器物过去多见于东南亚地区，而国内较为少见。数量最大的青花大盘直径多在 30 厘米左右，内壁绘瑞兽麒麟、富贵牡丹、仕女、书生以及花草等。不少器物的底部可见底款，包括"福"、"禄"、"富贵佳器"等，部分器物底部有"大明年造"款。

尽管两艘商船在年代、沉没地点和保存环境等方面存在诸多不同，但可以肯定的是，将来大规模的发掘工作必有新的、不可预见的珍贵文物出现。

中国水下考古启示录

中国历史博物馆水下考古研究中心在推进中国水下考古事业方面始终发挥着特殊的作用。在"南海Ⅰ号"的水下考古发现与调查的前期工作中，"历博"水下考古研究中心始终是主力军，主导着项目的组织策划、经费筹集、人员培训、对外交流，以及工程实施的所有环节。20 多年来，"历博"先后组织发掘了辽宁绥中三道岗、海南西沙华光礁一号和福建平潭碗礁一号、山东青岛胶南古沉船、福建东山东古沉船和福建平潭大练岛一号沉船，探摸了云南抚仙湖水下遗址，积累了大量水下文化遗产资料，为中国水下考古事业培养了大量人才；并在广东阳江、浙江宁波建立有规模、有特色的水下考古研究培训基地，积蓄和储备了可持续发展的软实力和硬件设施。

中国水下考古事业的迅速崛起有一个非常重要的原因，即专业的考古队伍与专业的水下工程队伍有机结合，多学科知识浇铸项目需要的知识结构体系，从而形成了优势互补、相得益彰的共赢局面。早在"南海Ⅰ号"水下考古调查与探摸之初，"历博"就开始了与交通部广州打捞局合作，此后，这种合作不断深化，逐步升级，到"南海Ⅰ号"

的整体打捞被发扬到极致。这种长期的合作和多年的磨合,一方面使得专业的考古队伍能够迅速、直接地享受水下工程的成熟技术与经验带来的便捷与效益,少走了弯路;另一方面,成熟的技术与经验又能够毫无阻隔地在其他学科的研究领域发挥作用,扩大了研究的视野,堪称具有中国特色的合作模式。

中国水下考古事业的跨越式发展还有一个鲜明的标志,那就是沿海省份水下考古工作的蓬勃兴起。随着"南海Ⅰ号"水下调查与探摸的不断进行,"历博"从长远的目标出发,注重为沿海省份培养水下考古专门人才。如今,以人员和设备而论,广东和福建两省的力量最强,具备独立开展水下考古工作的能力。尤其是广东,由于两个"南海Ⅰ号"都出在广东沿海地区,广东的水下考古事业因此添加了进一步提高的平台。

中国水下考古事业将更快地向更高的目标挺进。2009年9月28日,中国文化遗产研究院在国家文物局的部署下,挂牌成立"国家水下文化遗产保护中心",中国的水下考古被提升到文化遗产保护的高度。不言而喻,中国水下考古事业已经步入历史的新起点。

(原载于《科学世界》2010年第1期)

2011年"南海Ⅰ号"的考古试掘——值得珍藏的记忆（后记）

《2011年"南海Ⅰ号"的考古试掘》（以下简称《试掘》）将与读者见面了。从今年的3月25日进场筹备考古试掘工作开始，到《试掘》的完成，历时仅仅只有2个月，对于曾经在海底深处沉睡了800多年的"南海Ⅰ号"而言，真是白驹过隙，弹指挥间！但是，时间和速度还不是这里要说明的主要问题。大凡熟悉考古学专刊的人们都能够敏锐地感觉到《试掘》有三个特点令人称奇：

一是体例与以往完全不同，古代器物的描述部分所占份额很少，又没有遗迹现象的具体介绍，怎么看也不像是考古学专刊，但读后定会产生原来考古学专刊也有不同类型的认识。

二是它的作者以团队的形式集体出现大别于以往的考古学专刊。虽然过去也有多人编写考古学专刊的情况，但是所有参加发掘者"一个都不少"的集体创作却委实没有先例。

三是《试掘》记录的是从实践到理论的完整过程，而不是材料的罗列与堆砌，表现的是一种思路和对文化遗产保护的境界。

与"南海Ⅰ号"整体打捞的成功一样，《试掘》充分体现出创新发展的思想，反映出广东水下考古人的团队精神和勇于探索的风貌，彰显出他们对水下文化遗产保护事业的认知与理解。

《发掘工作的说明》介绍了参加此次工作的广东省水下考古队员。他们来自省内不同的文博单位，有的是基层领导，有的是业务骨干；有的是国家文物局委托"国博"培养的水下考古精英，有的是广东省文物考古研究所培养的水下考古人才。但是，最初许多媒体记者的印象却以为他们是在同一单位长期生活和共事的战友，倒不是因为他们的工作服完全相同造成了误解，而是他们每个人骨子里的追求，目光中闪烁的精神，言谈话语时表现的气质非常相似，以至于使资深的记者做出了不算是"错误"的错误判断。这些队员亲如手足、非常团结、勤于思考、勇于拼搏、注重学习、热爱生活，单兵作战的能力极强。在2个月的时间里，不仅要潜水，发掘探方，还要从事科研并撰写论文，与他们的长期接触和共同生活，常常使我生出"后生可畏"的感叹。拙著《中国模式解读早期中国》的后记中曾说：一个人如果用一生的大部分时间专心致志地做一件事，那肯定是体会深刻、感触良多的；如果用这种精神去做一件自己喜欢的事，那肯定是特别开心、其乐无穷的；如果自己喜欢的事是过去从没有人做过的事，那肯定是动力十足、勇往直前的；如果这件事的完成能够达到预期的目标，那肯定是值得回味、任由评说的。现在，我们既能够看到他们对自己所从事事业的专注与热情，也能看到他们为之努力的劲头，因此，也完全能够预见他们对广东水下考古和中国水下考古事业将有较大的作为和贡献。

　　水下的考古作业比陆上的田野考古更具有挑战性和危险性。因此，团结合作、安全至上的原则便成为每位水下考古队员的座右铭。由于潜水作业一般都是两人一组同时下水，以便彼此照应。所以，潜伴之间的关系能够用"生死之交"来形容。大概正是基于这些因素造就出水下考古队员特别团结默契、特别能够协同作战、特别能解决复杂问题、特别能吃苦、特别能忍耐、特别能奉献的精神。2011年"南海Ⅰ号"考古试掘的实践表明，目前广东水下考古队的队员全面保持和发扬了上述优良传统，并向着更高的要求和目标前进，所以，能够推断广东的水下考古必将迎来全面发展的黄金时期。

　　说到黄金时期，自然会使人们联想到初创时期的中国水下考古。1989年以"南海Ⅰ号"的发现为契机，在中国著名考古学家俞伟超先生的倡导和组织下，当时的中国历史博物馆（现中国国家博物馆）成立了水下考古研究中心，一方面围绕着"南海Ⅰ号"进行探摸，积累经验；同时，开始着手培训专业的水下考古人员，开展水下考古资料的收集与研究，推进水下考古的对外交流等工作。从1989年到2011年整整是22年。这是什么概念？是一代人的概念。20多年过去了，现在，当人们走进中国国家博物馆水下考古科研与培训基地的展览馆，依然能够领略到那个时代水下考古人的风采。不过，当时的倡导者、组织者和领导者——中国水下考古之父俞伟超先生已然仙逝，他带领的那一批风华正茂的青年小伙子也都已经人到中年了。值得欣慰的是，中国水下考古由于他们的努力而终于形成了规模，他们的青春年华早已融入中国的水下考古事业，他们的名字业已写入中国水下考古的史册，他们的业绩与经验构筑了中国水下考古丰碑的基石。在他们当中，被誉为中国水下考古领军人物的张威先生已经走上了中国国家博物馆的领导岗位，在今年"南海Ⅰ号"考古试掘时，百忙之中的他还是抽出时间亲临现场给予指导，使广东水下考古队员受到了极大的鼓舞，感受到了薪火的传承。

　　"南海Ⅰ号"历来是国家级重大项目，备受舆论和民众的关注。目前，仍有许多人在密切地关注着"南海Ⅰ号"究竟承载有多少瓷器，并以文物的数量衡量它的价值，评估"整体打捞"的意义。这种极其平庸的商人眼光中闪烁的只是纯粹的拜金主义。如果简单地用经济利益看待"南海Ⅰ号"，中国水下文化遗产保护事业将只能成为一种口号。在"南海Ⅰ号"没有全面发掘之前，谁都难以估计它的历史文化信息总量。倘若，"南海Ⅰ号"瓷器没有推测的那样多，船体没有预测的那样完好，"整体打捞"就失去了意义吗？回答是NO！因为，"南海Ⅰ号"的整体打捞就本质上讲区别于过往的理念与方法。在世界水下考古的历史中对于沉船的打捞大都是先提取船货，再捞船体，还没有任何一例是将某一艘沉船作为水下文化遗产的单元对待。而"南海Ⅰ号"的整体打捞恰恰正是在这关键之点上独树一帜！所以，才能够在世界水下考古中独占鳌头，独领风骚；所以才被学术界和业内人士称之为"前无古人"的创举；所以才不愧为"里程碑意义"的殊荣。2011年"南海Ⅰ号"考古试掘就是坚持世界文化遗产保护公约的原则；坚持"保护为主，抢救第一，合理利用，加强管理"的方针；坚持公众考古学面向社会、面向大众、面向未来的理念；坚持整合资源，多学科联合攻关的经验；坚持科学发展观思想的具体实践。因而，收获颇丰，意义非凡。

"南海Ⅰ号"的发现是中国水下考古的起点和发端，这已经成为中国水下考古不争的事实。可是人们没有想到的是，"南海Ⅰ号"又极可能成为中国水下考古发展的加油站，2011年"南海Ⅰ号"考古试掘的经验就是明证。其原因就在于实践的积累开始酝酿着理论的升华。虽然这次试掘并没有刻意提取船载文物，但是，发掘的科技含量提高了，全体参加人员的文物保护意识增强了，科研能力提升了，广东水下考古的综合实力得到了大幅提高。可以预期"南海Ⅰ号"的全面发掘，对于广东乃至于中国水下考古事业和文化遗产保护事业的发展必将起到极大的推动作用，所以，怎能用普通数学的加减法去认识"南海Ⅰ号"和"整体打捞"的意义所在呢？怎能一叶障目不见泰山呢？怎能只见树木不见森林呢？

难能可贵的是，2011年"南海Ⅰ号"考古试掘是在"广东海上丝绸之路博物馆"照常开馆的情况下进行的。在众目睽睽之下进行考古发掘工作，一是要把准备工作做足，二是要为观众考虑，三是要做好互动的工作。其实，准备的工作既是根据工作流程开始的，也是基于工作的深入不断完善的。归纳起来是：设计安全、耐用、美观的钢梯，沉箱工作区域的规划，全站仪的整体布方，三维激光扫描仪的精准定位，铝质硬式探方框架的设计，标准化玻璃试管等设备的购置，精细的清淤发掘，科学的提取标本与样品，等等。在这些方面都提前准备，精心安排，从而牢牢掌握住工作的主动权。说到这里，就不能不提到2011年"南海Ⅰ号"考古试掘的领队刘志远的睿智和创新精神。从试掘现场的整体规划到铝质探方的设计使用，从大量专用试管的采购到所有图纸（包括器物图）的完成，从考古试掘到文物保护的每一个细节都是他首先提出并不断加以完善的。在整理过程中，许多课题是他多年水下考古积累的经验和体会，有些原本应该由他执笔完成的。然而，他不计较个人的得失，无私地奉献出来，从而成就了这支水下队伍的成长，成就了《试掘》的刊出。与中国考古界依然尚未根治的垄断资料的陋习相比，这种精神无疑是应该值得提倡和大书特书的。

为观众考虑就是要想他们之所想，急他们之所急。在发掘的初期，原本以为可以满足观众的需要，可是1米见方的探方里面的情况是观众非常想看而看不到的，于是，利用电视和摄像机固定播放探方内部瓷器与船体结构的方法便应运而生了，效果比较理想。德国考古研究院的学者禾多米（Dominic Hosner）先生对此很感兴趣，啧啧称奇，说他们早就想如此推进公众考古学的发展，没有想到在中国已经成为了现实，值得学习。

所谓互动工作是指考古发掘工作与观众的互动，考古队与海上丝绸之路博物馆的互动，博物馆与观众的互动。为了使该馆讲解员了解"南海Ⅰ号"考古发掘的进度、重点和亮点，提高讲解的水平与质量，考古队不定期地向讲解员介绍和传授发掘经验与成果。留言簿、意见箱的增设都为"三个互动"的实现起到了推动作用。如今参加2011年"南海Ⅰ号"考古试掘的10名队员都被授予海上丝绸之路博物馆的"荣誉馆员"称号，享受今后可自由来馆参观的待遇，大有"把根留住"的意味。

我曾将2011年"南海Ⅰ号"考古试掘的主要目的概括为："一个确认，两个积累，三个提高"。"一个确认"就是要确认"南海Ⅰ号"船首的位置。"两个积累"是积累清淤发掘的经验，积累边保护边发掘的经验。"三个提高"是提高"南海Ⅰ号"考古发掘的科技含量，提高文物保护的质量，提高水下考古队员的科研能力。所有这一切都是为"南海Ⅰ号"的全面发掘创造条件，积蓄力量。现在当试掘已经结束的时候，完全可以肯定地说，这次工作计划的内容、设定的目标、预期的结果均已圆满实现。

2011年"南海Ⅰ号"的考古发掘有许多探索、许多创新和许多亮点。这些在"2011年'南海Ⅰ号'考古试掘新闻发布会"上曾经有过详细的介绍，如果做深度考察的话，还有以下几点是鲜为人知的：

一是从选择"探海楼"作为安营扎寨的地点，到成功接待"中央媒体专题采访团"，接受国内著名的水下考古专家的指导，可以反映出2011年"南海Ⅰ号"考古试掘工作意在整合资源，拥有大局观。"探海楼"是中国水下考古最初生长的地方，是国家博物馆水下考古科研与培训基地，甚至是当初中国历史博物馆水下考古研究中心的代称。在"探海楼"生活和工作不是简单的解决吃住问题，而是要将广东省内的水下考古工作融入中国水下考古事业，以达到注重传承，注重学习，注重提高的目的。谁都难以否认"探海楼"在中国水下考古事业的初创和发展的过程中曾经发挥着巨大的作用。我们的队员们在这里生活、学习和工作的时候，曾在"探海楼"资料室借阅了大量过去从未见过的文献资料，通过认真学习，开阔了视野，增加了知识，推进了研究，促成了科研论文的刊布就很能说明问题。

二是从邀请国内水下考古专家莅临指导，到再次启动与中山大学生命科学院合作研究文物保护的课题，体现出这次工作文物保护意识的强化。中国水下考古的专家张威、王军、栗建安、吴春明、赵嘉斌先后来此指导，中山大学生命科学院的徐润林教授亲临调研，广州欧科地理信息技术服务有限公司也施以援手，他们的指导与帮助极大地促进了试掘工作的开展。徐教授曾做过《"南海Ⅰ号"古沉船保护环境的构建与维持》的课题，为"整体打捞"的成功实施做过贡献。他这次的到来，又加快了《"南海Ⅰ号"水环境监测及整体保护方案》出台的进程，使得今年发掘工作的科技含量大幅度提升，文物保护的主动性得到明显提高。本报告关于"南海Ⅰ号"水样、泥样的测试分析数据均由徐教授提供，在此深表谢忱和敬意。

三是从公众考古学的开展到"三个互动"的实现，看贴近生活、贴近群众、贴近社会的基本思路。一个家庭有自己特殊的氛围,一个社区有自己独特的人文环境,一个企业有属于自己的发展理念,这些都可用文化加以概括。一个学科同样也有属于自己的学科文化。公众考古学就是考古学科自己的文化。过去,人们往往是从普及与提高的角度认识考古学大众化问题;现在从中华崛起,民族复兴的高度看,考古学科的文化就在于源源不断地提供新鲜的知识体系丰富人们对人类自身历史的认识,对中华民族创造能力的认识,对民族复兴使命的认识。这次工作着力于公众考古学的推广与实验,其效果极佳,影响甚好,前面《公众考古学理念》摘录的那些观众留言,真实地记录了他们对"南海Ⅰ号"的热切期待与真实情感。他们都是来寻根的,这个根就是中华民族的文化之根,是各个时期、各个地区、各族人民共同创造的物质文化、精神文化和制度文化。

四是从科研题目的落实到形成出版考古学专刊的动议,看这次工作的学术思想。从发掘的准备工作伊始,主持发掘者便设定了若干研究的题目,由专人负责收集资料,组织学习,反复进行研讨。随着发掘进程的深入,问题的积累,出版考古学专刊的想法便逐步清晰,于是,每位参加发掘的同志都执笔一章的设计就确定下来。如今,呈现在人们面前的这部水下考古的著作虽然不能说水平很高,文笔没有那样优美,材料也没有许多考古学专刊那样丰富多彩,但是,发掘者人人参加编写,在发掘结束后极短的时间内专刊就能够及时刊出,却是中国考古界极其罕见的事情。什么叫创新?什么叫追求?什么叫境界?本《试掘》给予了明确的回答。对"南海Ⅰ号"关爱的思绪不能局限在忧心忡忡方面,视野不能盯在事物的表面现象上,这是《试掘》区别于其他研究的主要特点。特别是课题意识、成果转化的意识、理论探索的意识洋溢在本书的字里行间,创新的精神、以人为本的思想贯彻于这部考古学专刊出台的始终,更使人难以忘怀。

五是从8分钟具有震撼力的片花到本次工作纪录片的设计,看这次工作重在传承和提高的基本理念。这次工作的初期邀请了广东省新会市电视台罗文、邵天粤两位专业人员随队拍片,只是想记录过程,凝聚瞬间,再现历史。今年4月25日,2011年"南海Ⅰ号"考古试掘的新闻发布会前,他们赶制出反映水下考古队在水晶宫工作的8分钟"片花",没有想到的是,全体队员观后是异常激动,热烈鼓掌,有的甚至热泪盈眶,回味无穷。后来,先后在2011年"南海Ⅰ号"考古试掘新闻发布会、2011阳江"南海Ⅰ号"国际文化论坛播放,引起广泛的重视,被认为是有震撼力、说服力和感召力效果的"片花"。队员们从中也感受到在平凡之中见精神、看意义的真谛。毫无疑问,应该感谢新会市电视台罗文、邵天粤两位的贡献。

2011年"南海Ⅰ号"考古试掘虽然只有6平方米的面积,但是,收获是多方面的,成绩是显著的。就"南海Ⅰ号"本身而言,取得的新认识和新经验尤其值得重视。发掘的资料表明,"南海Ⅰ号"的木质船体的保存状况是否如估计的那样完好,船载的文物数量是否如推想的那样巨大,水晶宫这个新家园是否如预期的那样温馨,都是必须认真加以思考的问题。于是,不同保护方式的思路便应运而生了。一是考虑采用整取船体的形式加以保护,以后进行展示。二是设想用肢解船体的形式进行保护,拼接复原后再做展示。如此一来，问题似乎又回到了当年"南海Ⅰ号"究竟应该采取哪种形式进行打捞的争论。因为，当初的打捞论证就存在"整取"和"肢解"两种意见，最终的结果是"整取"战胜了"肢解"。由于"整取"的概念是将"南海Ⅰ号"的船体和船载的文物作为一个文化遗产的单位对待，不论从文物保护的意识上、理念上、境界上都更贴近世界文化遗产保护公约的精神。所以，选择"整取"那是必然的结果。在水晶宫内的全面发掘，能够最大限度地保障"南海Ⅰ号"承载的历史文化信息不再流失，这是"整体打捞"的本质意义和问题的关键所在。

但是，目前仍有一种误解束缚着人们的认识：

很多人以为全面的发掘特别重要，根据今年试掘的经验，全面发掘的启动将取决于"南海Ⅰ号"保护方案的出炉，而不是相反。必须先制定有明确可行的保护方案才能够设计科学合理的发掘方案，这是"保护为主，抢救第一，合理利用，加强管理"文物工作方针规定的必然要求。今年的"水中探方发掘法"实际上是"保水清淤法"的特殊尝试，具有简明、适用和有利于文物保护的特点，其基本理念将成为全面发掘的指导思想。覆盖于"南海Ⅰ号"的淤泥堆积状况，包含物的种类，淤泥的化学成分，甚至清理淤泥的总量，都已经了然于胸。清淤发掘已不再是难题。由此可见，"南海Ⅰ号"的保护方案是关键之所在，或曰重中之重。依目前的认识，保护方案必须准备3套以上，每套方案又必须拥有多套预案，才能保障全面发掘工作的展开。也就是说，保护是第一位的，全面发掘是为更有效、更有针对性的、更高质量的文物保护工作开路。发掘与保护的关系难道不是应该如此理解吗？！

2011年"南海Ⅰ号"考古试掘工作已经圆满结束。我们呈上一部专刊，提出一些建议，积累一定的经验，珍藏一份记忆，写下一段历史。但是，我们仍有所缺，仍有所想，仍有所求，仍有期待……那就是——广东乃至中国水下考古和水下文化遗产保护事业更加美好的明天！

（原载于《2011年"南海Ⅰ号"的考古试掘》，科学出版社，2011年）

《中国模式解读早期中国》后记

　　历史是一个连续不断的发展过程，其系统庞大，内涵复杂、机理深邃。对它的研究和认识成果，就如同博物馆的各种精品展览那样，有时像故事片，有时像纪录片、有时像译制片，往往在表达和展现特定历史内涵的同时阐述着特定的理念，以启发和熏陶观众与读者。而人们又大多是根据自己的世界观和知识水平去理解和感知过去的经验与成就，体会和感悟社会的发展与沧海桑田的变化，思考和领悟社会生活的方向与哲理。

　　应该说"中国模式"既是纪录片，也是译制片，更是故事片。纪录片依托于基本的素材，原汁原味的表现。译制片需要翻译，考古学资料的解读和说明实际上也是翻译，否则，观众就难以理解专业知识的内容。故事片则要在基本素材的基础上提炼和升华，增加情节和演绎的内容。"中国模式"将各个地区的材料联系起来构成情节的部分，分析推理的认识就是故事的内容。这个故事从1987年《文物》第11期发表《磁山祭祀遗址及相关问题》到现在，已经酝酿20多年，也讲了几年，现在看来其结构是渐趋完整了。在研创的过程中，曾得到过来自各个方面的鼓励与鞭策。中国著名考古学家、中国考古学会名誉理事长宿白先生曾给予赞许和鼓励，国家文物局局长单霁翔先生在2010年1月汕头南澳岛水下考古工作会议期间给予了积极的肯定，许多热心的朋友给予热情的关注。特别是导师张忠培先生对我学术生涯的谆谆教诲，在《模式》中已有详细的说明。这里要说的是，虽然"中国模式"的许多看法和认识与先生并不相同，但是，先生以他宽广的胸怀，有容乃大的心境，坚持学术民主讨论、百家争鸣的一贯思想，还不时的推荐拙著，真是令人感奋和激动不已。牟永抗先生对《模式》中存在的疏漏和问题提出过正确的批评和积极的建议，使人感受到老一代考古学家严谨、认真的学风。许伟、陈雍等老师30余年的关心和帮助，成就了建立中国模式框架的构想。许永杰、王军、陈光、齐东方、刘钊、王巍、于可可、陈冰白、李陈奇、刘晓东、傅佳欣、蔺新建、高蒙河等吉林大学考古专业七七、七八级的同窗好友，为这个认识体系的形成和完善作出极大的贡献。所以，"中国模式"的许多认识并不属于我个人的说法绝非出于谦恭，而是言真情实的客观所在。张敏、傅宪国、邓聪、霍巍、黄利平、张朝、袁靖、阎渭清、王炜林、刘斌、段宏振、曹建恩、李海荣、徐涧清、白于兰、杨建军、李宁利、张合荣、曹勇、闫向东、宋小军诸位在资料、见解、写作和道义方面予以极大的支持和援手。广东省文物考古研究所黄道钦、何斌等领导在出版经费方面也鼎力相助，不遗余力。所以，说"中国模式"的故事集中了一批当代中国考古界精英的心血和智慧也不为过。在此，谨向以上的先生、老师、同仁和关心"中国模式"的朋友表示由衷的感谢和深深的敬意。

讲故事是为人听，是一种服务，科学的探索与研究都是服务于社会的。讲一个内容全新的、过去未曾听说的故事要比那些耳熟能详的困难得多，其效果怎样自然有不同的看法和评价。对于怀疑、质疑故事真实性的不同意见，无疑也应该表示感谢和敬意。因为要回答可能被指控的问题，而推进理论思维的进程，促进自我反省的深度，加快对中国考古学真谛的理解。从某种意义上说，没有不同的意见，学术就不会进步，没有百家争鸣，就没有学术的繁荣。没有什么问题是不能讨论的，但问题的关键是动机、心态和底线。在"中国模式"的故事中，指名道姓地检讨了一些研究的不足和缺憾，不是因为学术观点不同，而在于研究理念和方法的对立；对于历史文献局限性的评说和慎重使用的认识，不是因为它不重要，而在于说明早期中国的基本资料主要依靠考古学的发现与研究；对于以往史学界认识的早期中国基本持否定态度，不是因为其陈旧和老气横秋，而在于能否客观地反映中国历史的真实。概括起来是"三个基本"，即基本资料、基本方法、基本理念是考古学研究的底线。不超越底线的任何学术讨论应该对学科的发展、对中国古史体系的建设、对世界知识体系的完善都是有益的。这实际上就是我所认识的中国考古学真谛。

我从小就特别爱听父亲讲的历史故事，没想到长大后也讲故事，这大概就是基因和传统使然。我出生在知识分子家庭。初中的生活刚刚开始，便遇上了"文革"。因年纪小，不知道父母在单位的遭遇，只顾玩耍，没有感到过多的压力。1968年下乡插队时注意力被新鲜感和好奇心所吸引，超越了环境恶劣和工作强度对自己的影响。下乡仅两年后被抽调回城，到长春市百货公司第五商店钟表组做营业员。大约在1975年年初的时候调到政工部门写材料。因为当时"五商店"是省市财贸、商业战线的先进典型，有省市宣传部、省市财贸办和商业局宣传部门的"大笔杆子"常驻，不时地总结经验，宣传报道。和他们在一起的两年多时间，对我写作和思维的训练有极大的帮助，分析问题和解决问题的能力迅速提高，粗知了应该怎样讲故事。那时，长春市财贸办公室的处长张冲、张才、王德清，"五商店"的党总支书记张有智都是我的启蒙老师，虽然后来没有再续联系，他们的情况不得而知，但那美好的时光令我终身受益，难以忘怀。

1973年以后，国内一度掀起工农兵走进大学校园的热潮，我曾两度报名，但由于"政审"不合格，关系不够硬，与大学擦肩而过。那时，父亲为促成此事东奔西簸，四处求人，深夜骑车回家时竟撞入敞开的下水道井口，摔得头破血流。我的大学之梦是在苦涩的记忆中催生和成长的。1977年恢复高考，作为七七级的考生进入吉林大学历史系考古专业学习。没有高中学习经历的我第一次有了天道酬勤的感觉。1982年年初大学生活结束，张忠培先生留我在校任教，从事田野考古的教学和科研工作。在艰苦的实践中，我逐渐发现一些研究问题的线索，萌生"中国模式"的最初想法，并开始为这个故事分析材料，梳理思路。1991年通过笔试、面试等环节，争取到去日本国关西学院大学留学一年的机会，这种开创性的尝试为后来许多位考古学系的教师出国进修提供了经验。1995年，由于两次晋升副教授时都遇到波折，不得已选择远走珠海，开启新生活的道路。但是，我始终没有忘记想要讲述的故事。

说起来话长。1978年进入大学校园的七七级和七八级本科生都有着大体相同的时代经历。这一代人大都经过"文革"和"插队"的锻炼，在改革开放的大潮中逐步成长，铸成了热爱生活、积极进取，善于思考、勇于创新，热情奔放、率真执著，爱国爱民、不辱使命的性格特点。在当今中国的各条战线都可以看到他们突出的成就和耀眼的光彩。我是其中的一员，时代给予的机会基本上都参与和体验过。"文化大革命"、徒步长征、上山下乡、抽调回城、参加高考、出国留学、下海闯荡、回归考古、著书立说，都在我的生活中留下深深的印记。我的姓名加起来只有简单的五笔，其意义可能是暗示出上天规定我必须有农业、商业、教育、工业和文博五条战线工作的经历，才有资格讲想要讲的故事。大概是由于这些经历和多年的历练，才对遭受的坎坷记忆犹新，才对人生的艰难有深入的思考，才对讲故事情有独钟。1990年，我晋升副教授，按能力和水平本应毫无问题。可是，社会就是如此的复杂，有人说你行，就一定会有人说你不行；有人说你好，就一定有人说你不好；有人提携你，就一定有人打压和整蛊你。当时，我正处在春风得意马蹄疾的上升时期，但是，直觉不时地袭来阵阵隐忧。因为随着1987年张忠培先生调到北京故宫博物院任院长，考古学系的主要领导的教学思路已经改弦易辙。后来，发生了一系列的事情，促使我决意离开吉林大学，离开我生长的地方。说实话，那时也实出于无奈，被逼上梁山。但是，我要用行动证明自己的能力，证明自己的热爱和专注，因此要按自己的方式来生活。现在看来，由于诸多朋友的相助和自己不懈的努力，可以说一切都如愿以偿了，有些则超出原先的目标设想。所以，"中国模式"的故事就是在酝酿的过程中，也不断地、深深地、刻骨铭心地感动和激励我排除干扰，克服困难，充满希望地与同时代的朋友向着各自既定的目标前进。

当然，"中国模式"的故事还远没有结束，我只是开了个头。将来肯定有人讲得更好。因为这个领域是新开发的处女地，资源无限，课题众多，真是可以用"天高任鸟飞，海阔凭鱼跃"来形容，广阔天地必定大有作为。当然，我的认识未必正确。人的认识是有局限性的，正如人的生命是有限的一样。人很脆弱，很容易犯错误，很容易生病，也很容易死去。这些不能回避的现实问题，使我们更加珍惜时间的价值，更加专注事业的进展，更加热爱生命的宝贵。所以，还要感谢上苍的恩赐，感谢自然的馈赠，感谢国家争取到的和平环境。有朋友问，"中国模式"的故事离我们究竟有多远？其实，她就在我们身边，因为中国的文明仍在延续、发展和续写新篇；这个故事是否能从"三部曲"变为"四朵金花"，或者"五朵金花"？那要看中国考古学的发现还能够取得怎样的进步，还要看上苍能够给予多少时间，灵感是否尚存！

一个人如果用一生的大部分时间专心致志地做一件事，那肯定是体会深刻、感触良多的；如果用这种精神去做一件自己喜欢的事，那肯定是特别开心、其乐无穷的；如果自己喜欢的事是过去从没有人做过的事，那肯定是动力十足、勇往直前的；如果这件事的完成能够达到预期的目标，那肯定是值得回味、任由评说的。历史永远是公正的，因此，"不管风吹浪打，胜似闲庭信步"大概最能反映我现在乐在其中的充实心境。

（原载于《中国模式解读早期中国》，科学出版社，2011年）

温梦的思考

　　1977年，中国恢复高考制度的举措犹如石破天惊一般震动了世界。此后，改革开放的大潮滚滚而来，势不可挡。一批科技精英，一批学界翘楚，一批企业巨头，一批文化名人由此应运而生。其中的许多人因成为民族振兴的排头兵而家喻户晓，令人瞩目。是年，全国参加高考人数约570万人，录取27万人。其中，有23位年轻人披荆斩棘，长途跋涉，跌跌撞撞地从同一个方向冲出重围，满怀希望地走进了吉林大学历史系考古专业，实现了他们魂牵梦绕的大学梦想。多少年过去了，他们从来没有忘记等待的焦虑和录取后的喜极而泣；从来没有忘记四年同窗的手足之情；从来没有忘记个人的前途与国家的命运休戚与共。因此，毕业三十年后便着手编著旨在温梦的文集，他们就是吉林大学七七级考古班全体同学。这个班级的同学无疑都是学业有成之士。其中，不乏专家学者，不缺学术领军人物，但是，他们编著的文集却与以往习见者大相径庭：断然不谈专业，不讲研究，不计成果，不收论文，玩的是清一色的生活记录篇。难道，这便是"无剑胜有剑"的境界？难道，这就是热爱生活的真实写照？人们不禁要问：他们为什么要特立独行？究竟要表达何种情怀？希望分享哪些感受？

　　第一是抒发豪情。

　　七七级的大学生骨子里从来就有一种特殊的优越感和自豪感。他们的生活经历反复证明：强大的对手只有自己，战胜自己，超越自己才能赢得最后的胜利。因此，自信已经成为一种潜意识，不争一日之短长，更不与他人攀高低。当初的高考如此，现在的工作如此，将来的生活依然如此。在今天的中国，七七级是历史新起点的象征，是时代大转折的标志，是中华崛起的凯歌。骄傲、荣耀和自豪尽在情理之中。遥想当年，能够进入到七七级队伍的考生们曾经付出了多少常人意想不到的艰苦努力？经过了多少坎坷与磨难？现在的许多年轻人，对当年的情况知之甚少，很难全面地了解和深刻地认识那时的高考。因为"事非经过不知难"嘛！第一难是报考者平均水平普遍很低，基础知识相当薄弱。那个时候，由于"文化大革命"的原因，大学停止招生多年，高中、初中基本无课可上，无书可读。六八届毕业的初中和高中学生实际读书只有半年，就被卷进急风暴雨的"革命运动"之中。再晚几届毕业的高中生也被"革命"闹得不知所学。所以，当1977年的高考喜从天降，很多年轻人却束手无策。他们虽然风华正茂，但知识却极度贫乏；虽然激情满怀，但脑子却空空如也；虽然跃跃欲试，但成功的希望却极其渺茫。几乎所有的报考者都开始补课、复习和马不停蹄的测验。一时间，举国上下数百万人沉浸在初级知识的海洋中。第二难是淘汰率实在超高。10年"文化大革命"积累的大批学子，竟集于一朝同台竞技，其规模壮观乎？其竞争惨烈乎？1977年高考的录取比例仅为4.8%，约为20选1；而以后的2010年957万考生录取了665万人，比例为69.5%；2011年933万人参加高考，675万人被录取，比例为72.3%，当年高考淘汰率之高可谓是空前绝后，其难度自然是不言而喻的。第三难是压力大。现在的考生年龄相当，而且年轻，一旦落选还有机会重头再来。可那个时候，有很多对大学渴望多年已久的人，年龄已经超标，最后之搏在此一举了；有的是顶着许多非议报名参考，若名落孙山，真的无颜面对江东父老；有的是冒着风险偷偷复习的，完全没有退路；有的人家庭负担沉重，上有老下有小，工作紧张，上班路远，时间、精力包括营养都明显地捉襟见肘。有形和无形的压力往往令人窒息，其条件的简陋和环境的恶劣完全不能与今天同日而语。那个时代的往事，浸透着苦涩、辛酸、艰难和泪水。再回首，感慨依旧！机会从来都优先眷顾那些拥有实力和天赋的人们。这23位同学终于脱颖而出，走进了同一间教室。

此刻，他们更珍惜的是圆梦。因为，如果没有这千载难逢的机会，他们中间的很多人将由于家庭没有苦大仇深的经历而难以进入高校；一些人则由于缺乏社会背景而难以争得重点大学的理想位置。抓住了机遇，自然就叩响了命运之门。有道是：人生能有几次搏？面对打拼来的命运转折，谁又能不欣喜若狂呢？其实，自豪感不仅仅是他们自己溢于言表，其亲朋好友无不奔走相告，额手称快，为之骄傲；连年迈多病的父母都挺直了腰杆，与人打招呼的声音也比以前洪亮了许多。此情、此景、此时光铸就的特定历史瞬间，早已成为七七级这个时代的刻骨铭心的记忆，若无豪情，岂有他哉？

第二是展示精神。

也就是班级的集体荣誉感抑或团队精神。刚刚入学的时候，大家很拘束，彼此试探。生疏很快被金榜题名后的努力而迅速淹没。个人的习惯、性格、特长开始在集体中磨合，班级的风格逐步在交流中形成。在学校的运动会上，图书馆的阅览室中，学校板报的字里行间，生产实习的广阔天地里都留下了他们勤奋的印迹。奇怪的是，手谈，笔耕，挥毫，泼墨，只要是中国传统文化的精髓，这个班级总有高手技压群芳，一展风采，令人鼓舞。每个人都将自己的收获视为集体的荣誉，而大家都因他人的成绩引以为自豪。这些积极的社会活动启发的是正确认识自己与他人，带来的是理解和尊重，感悟的是人生的哲理，促进的是集体荣誉感日益浓郁和逐步升华。学习上的刻苦努力，使同学们的研究趣向和重点日渐清晰，甚至有些早熟，理论思维的培养则奠定了日后在中国考古学多个领域创新发展的基础。

人的一生，有很多事情是自己不能选择的。例如，传承的基因，时代的列车，家庭的出身，初识的同窗。但是，当命运将诸多"不能"的因素聚集起来，那就提供了特殊的机遇，特殊的土壤，特殊的环境。加之，那个时代的吉林大学考古专业实事求是、定位明确，围绕国家发展和学科进步的需求构想办学的理念和思路，建立起一套行之有效的育人方法，特别是注重教育的针对性，以及分析问题和解决问题综合能力的训练，这些如同特殊的润滑剂一样，加速了同学之间的磨合，调动了学习、生活和自理的积极性，从而使得班上每个人的个性得到了健康发展，集体的性格也因此得到了塑造与彰显。四年的学习生活转瞬即逝。择业的方向因人而异。虽然不是所有的同学都去从事考古发掘与研究，也不可能都进高校做博士生导师，但他（她）们每个人毫无疑问都是生活的强者，命运的主人，有的甚至可以称为无冕之王。认真读过本集，你自然能够感悟到此言不虚。

四年的大学生活，他们究竟收获了什么？李陈奇在恢复高考三十周年七七考古班级座谈会上致辞说道："三十年前，作为新时代的幸运儿我们跨入了大学的校门，更值得庆幸的是，我们能够在张忠培恩师开创的吉林大学考古专业学习，不但练就了一身扎实的考古基本功，而且懂得了如何坦荡面对人生。这是上苍赐予我们的福分，是我们一生享用不尽的宝贵财富。在这个充满诱惑和激荡的时代，我们始终坚守自己的理想与追求，如今大都成为国家考古事业的中坚，以辉煌的成就证明了自身的能力与价值，也是我们青年时代奋发图强精神的延续。这些年，我们都经历了各自的酸甜苦辣、风风雨雨，但最难以忘怀和割舍的是同学之间的友谊。我想，许多年后的相聚不是为了比地位与荣耀，而是因为当年那段年轻的时光，我们曾朝夕相处、形影不离，就连贪玩旷课、吵架斗气都会成为美好的回忆。可以自豪地说，我们七七级考古班是一个友善和谐、活泼向上的光荣集体。那是一段最真诚纯朴的时光，最激情燃烧的岁月；更是人生中一份渐行渐浓的情怀，一张记忆中旋律悠扬的经典唱片。究竟是什么有如此凝聚力？是同窗的缘分、同学的情谊，是曾一起度过青春岁月的心中印记，呼唤着你我履行我们青春的约定。平心而论，人的一生中真正难以忘怀的日子并不多，但是我相信，今天，对于每一个在座的同学来说，都将是终身难忘的。我们跨越千山万水，带着多年的思念与牵挂、问候与祝福，在'同学'这个亲切、平等、平凡而又伟大的名词感召下，相聚在一起。这是多么难得，多么值得珍惜！此时此刻，就让事业与家庭暂时回避，功名地位统统忘记；重温充满激情的大学时代，让青春与纯真回归，让友谊与情感放飞！"这番话表达出吉林大学七七级考古班同学的共同心声，所以必须记录下来。

这个心声简言之就是：关心集体，重视友情，热爱生活，不改初衷。其实，在如今的高等院校，不同专业的不同班级也都拥有自己的特点，团结、活泼、进取、向上原本就是年轻人固有的风格与秉性。然而，不尽相同的是：吉林大学七七级考古班的团结更刻骨，活泼更理性，进取更深沉，向上更积极。因为，他们几乎都拥有知识青年上山下乡，插队农村的经历，都熟悉基层生活的酸甜苦辣，都被绝处逢生的感慨激励和鞭策，都是为了梦想而努力奋斗的拼命三郎。这就是他们说的"初衷"，显然，这也是中国新一代大学生共同的特质与风采，具有改革开放赋予的鲜明时代烙印。

第三是分享财富。

20 多个年轻人，四年的摸爬滚打，肯定要擦出很多火花，积攒大批笑料，沉淀若干故事；加上后来 30 多年的感情陈酿和努力奋斗，这个班级积累的财富不可胜数。有物质的，也有精神的；有文字记载的成果，也有洋溢心中的情结；有众人周知的友谊，也有心照不宣的秘密；有着眼于当前的研究，也有引领未来的认识。在中国考古学的全局与区域考古方面，在考古理论与教育探索方面，在科技考古的应用与推广方面，在古文字学研究的建树方面，在地方古代文献史的编纂方面，在文化遗产的保护研究方面，在博物馆学的深入发掘等诸多方面，他们虽然各据一方，但却都能独立潮头，求真务实，冲破禁锢，不断地提出了许多独到、创新、系统的见解，殊途同归地为以后更加深入的研究推开了新的门户，夯实更高的起点。因此，他们很多人都是那个研究领域的学术骄子，甚至成为国内一流或是超一流的高手。回想那"焚膏油以继晷"的苦读时光，那"直挂云帆济沧海"的锐意进取，那企盼"会当凌绝顶"的壮志豪情，吉林大学七七级考古班真的是"雁过留声"，不辱使命。从 1978 年 3 月走进吉林大学到如今，与日俱增的友谊和彼此的关切已然成为他们每个人心中的精神财富。世间没有不散的筵席，人生没有不停的驿站，天空没有不动的云彩，生活没有不变的节奏。

现在，他们班上最年长的孙力大哥已经英年早逝了，有些人也开始享受退休的生活，大部分人在近些年将要退休。但是，此生有那么多命运坎坷的同窗好友，有那么多值得回忆的精彩往事，有那么多苦苦依恋的大学情结，有那么多曾经锲而不舍的探索追求，尽情地品味这些属于自己的财富，仍不失为非比寻常的快事。所以，他们几乎天天在班级的 QQ 群里见面，定期聚会，像当年一样意气风发，激扬文字，谈古论今，指点江山，纵横考古，八卦家常。即便是没有视频，也能猜到谁在调侃时必然流露的诡异模样和下意识动作；不论省略多少文字，其弦外之音大家也是了然于心的。真是达到了"没有约定却有默契，没有表白却有感应"的境界。

他们学术方面的造诣和成果已载入史册，他们大学生活的精彩片段将真实地记录于此，他们青春的故事当再现昔日的风采，他们分享的财富属于改革开放的时代。他们既是平凡的布衣使者，同时，又是中华民族新一代的睿智学人。

（原载于《相逢是首歌》，2013 年）

吹尽狂沙始到金——读《湘西史前遗存与中国古史传说》

　　大凡高质量的学术论著都能给人以强烈的震撼、崭新的启迪和巨大的遐想空间。贺刚先生的新作——《湘西史前遗存与中国古史传说》，运用考古学资料重建中国古史体系的研究便拥有这些特征。该书资料翔实、分析准确、考证严密，教科书般的叙述、激情洋溢的笔法、创新的思维，令人对湘西史前文化遗存底蕴的深厚和意义的重大印象深刻。该书2013年10月由岳麓书社出版，据说现已售罄。全书分十个章节，洋洋洒洒50多万字，囊括了史前湘西现知的所有考古学资料。第一章和第二章分别是湘西的自然地貌与早期历史，以及湘西远古传说与田野考古探索；第三章至第九章都是考古学研究，分别是高庙遗址与高庙文化、高庙文化的区域类型、高庙文化的来源与演变、高庙文化若干遗存研究、高庙文化先民的初创与发明、高庙文化的对外传播、湘西史前文化的谱系与特征；第十章则是高庙、大溪文化与中国古史传说。该书致力于扎实的考古学研究，其中又以湖南沅水流域的高庙文化为抓手、为重点、为突破口，对该地区以及相邻地区距今8000～4000年的考古学资料全面扫荡，不留死角地比对、甄别和研究。对遗存类型的确认、陶器组群的划分、年代的推定、它们的来龙去脉、对族属的认定等都巨眼卓识，都有创新与发展，都有实物与文献的相得益彰，从理论与实践两个方面全面提升了该地区考古学研究的水准。该书使用的考古学研究手段是最近30年来为考古界普遍使用的基本方法，不外乎类型学、层位学、谱系学和年代学方法等。然而到今天能够如此运用自如、拿捏到位、游刃有余的研究，却仍不多见。犹如武术中的平凡招法，功力不同者其使用的效果便完全是天壤之别，真是令人感慨：高手就是任性！吹尽了狂沙，揉碎了资料，为后面的"重建"工作夯实了坚实的基础。资料的翔实和研究的深度显然是该书的第一个特点。

　　与过去相关的研究不同，《湘西史前遗存与中国古史传说》特别注重深度发掘高庙文化的精神境界，坚持透过物质看族群、透过物质见精神、透过物质现制度的研究，为读者展示出高庙精神世界的博大与深奥，让人们领略湘西史前文明所达到的高度与辉煌。中国古代文明是世界历史的伟大奇迹，远比现在的认识更加灿烂夺目，只是由于年代的久远和岁月的尘埃被淹没、被遗忘。正是这个原因,中国考古学才拥有了特殊的魅力。可是长期以来,学界对考古发掘获得的资料不是苍白地描述,就是简单地用来证明经典作家的正确,考古学从来就附属于历史学家的指挥与调遣,考古学写史的能力与渴望被传统研究压抑到丧失自我的境地。现在,《湘西史前遗存与中国古史传说》的脱颖而出,再次证明中国考古学书写早期中国历史的特殊能力与优势。该书对高庙文化的研究是动态的系统分析,是历时性与共时性的综合考察,因之,高庙先民的初创与发明就被框定在一个特定的宏观体系之中。这个体系的完整与严密,为伏羲和炎帝的湘西说奠定了可信的基础。于是,太阳历、天圆地方的宇宙观、白陶和祭器、梳理法则、艺术构图等发明创造就不是简单个别的、零散偶见的文化因素,而融入了伏羲炎帝族群对中国古代文明的伟大贡献的体系之中。更重要的是,这种贡献具有鲜明的传承性,如果不是当时流行某种特殊的制度,那又会是什么力量才能使其生生不息,连绵不绝呢?深度发掘早期中国湘西地区精神生活与制度建设的特殊贡献,造就了该书层层深入和柔中有刚的第二个特点。作者高度与深刻的总结包含着对湘西土地深情的热爱,字里行间流淌着中国考古学自豪和奔放的情感,重建中国古史传说的责任溢于言表,读后让人回味无穷。

　　自从中国考古学登上历史舞台,几乎所有研究中国古史传说时代的学者,都必须解决两个问题。其一是对考古学资料的理解、认识和研究深度;其二是能否科学地驾驭文献资料,去粗取精、去伪存真,将两重证据法进行到底。前者的粗疏容易流入对号入座的窠臼,后者的半途而废,则易于跌进文献的误区。所以,自国学大师王国维提出两重证据法之后,真正能够一以贯之,并将其进行到底者实属凤毛麟角,寥寥无几。《湘西史前遗存与中国古史传说》对伏羲与神农氏的考证和研究颇为精辟,就是因为真正将两重证据法的精神贯彻到底,完全是根据考古学资料摆事实讲道理,自觉地把考古学资料的研究提升到史学研究的层面。所以,文献的考证中体现着辩证的精神,创新的观点中闪烁着逻辑的力量,全书的体系追求的是超越梦想。写到伏羲和炎帝与湘西史前遗存的关系,作者几乎控制不住滚滚的思绪,他说"对始见于高庙文化而后才流传到长江下游流域和黄河流域、辽河流域的八角星图像,无论是考古学家、历史学家,还是天文学家都给予了高度的关注,并已获得了基本共识:这类图像不仅反映了当时人们天圆地方的宇宙观、方位观,以及当时人们对日影的观测和历法的运用,同时也反映和揭示了远古河图洛书和八卦的起源。且《周易》一书就是以这种图像和历法为基础的。由此可见,高庙文化始出的八角星图像及其内涵,不独是中国古代历法的源头,而且也是周易八卦的源头"。这个结论当然是完全建立在高庙文化先民的初创与发明基础上,与文献的记载相互印证,更得两重证据法的精髓。这在中国古史传说时代的研究中是极其难能可贵的。在结语中他说,"传说时代的中国古史,自来史家众口一词,均说伏羲生于成起(纪),徙至陈仓,或都淮阳;炎、黄同出少典,发迹中原。今核诸载籍,勘验遗存,窃以为断非故实,务须重构。而由湘西波及洞庭,连横粤、桂,分布在此区域里的高庙文化与大溪文化遗存所反映的种种史实，均与古史传说中伏羲、炎帝的事迹相契合。遂可以认定伏羲和炎帝皆是生活在南方地区以远湘流域为中心的远古族团，前者是后者的直系祖先"。可见，逻辑的力量和理论的自信，无疑是该书的第三个特点。

《湘西史前遗存与中国古史传说》对高庙文化的獠牙徽号、良渚文化玉器的神人兽面徽号与辽河流域红山文化玉器图像、制图原理和内涵等综合性的比较研究，则提出了早期中国古礼体系之间的影响与渗透、交流与融合的大课题。其研究视野之宽广远非湘西一个地区，而是投向了所有早期中国创造的传统文化，对中国古代思想史的探索拥有独到的建树。中国古史传说时代和中国古代神话体系，实际上是古礼时代的传说和故事。早期中国在西周社会以前上推至万年以来，是中国的古礼时代。礼制的发生、发展、成熟、完善是中国古代文明的基本脉络，是中国古代文明的基本特色。古礼是周礼的前身，是中国礼制体系的上游，是中国智慧、中国精神、中国创造的集中体现。中国古礼有南北两大体系，不同的发展阶段和多个特色类型，而湘西史前遗存正是江南地区古礼的主要代表，其时间发端最早，特征独特而鲜明，连绵不断，可以断言是良渚礼制的直接前身。目前已知，在早期中国的时候，黄河流域以北的古礼是以龙凤为祭祀徽号，而长江流域之南是以夸张的虎头和凤鸟为特点，至迟约在距今6500年前两个系统的古礼就已经开始了交流与借鉴的历程。河南濮阳西水坡遗址仰韶时代的蚌塑龙、虎、鹿动物图像就是明证。高庙文化夸张的虎头经过良渚文化的改造与传承，最终成为商周青铜器的饕餮纹饰。由是观之，湘西史前遗存的特殊意义不言而喻，湘西史前的问题说不透彻，中国古代文明起源的问题就讲不清楚。同样，湘西史前遗存若不能与中国古史联系，重构中国古史体系就是一句空话。因为，如此色彩斑斓，如此破天荒的贡献，如此意义重大的考古学遗存都不能参与"重构"的大业，那还能拿何种考古学文化参加讨论呢？尽管《湘西史前遗存与中国古史传说》目前还将古礼系统概括为"神系"，并没有直呼高庙文化就是代表古礼的南方大系，但其笔锋所向，已经进入到问题的本质。所以，视野之开阔和志趣之高远是该书的第四个特点。

中国考古学发展到今天，真是期盼《湘西史前遗存与中国古史传说》一类的高质量学术著作能够更多一些。作者曾用刘禹锡"千淘万滤虽辛苦，吹尽狂沙始到金"的诗句，形容他发现湖南洪江高庙遗址的心情。毫无疑问，但凡从事过田野考古的人都能体会到那份艰辛和喜悦。然而，该书的出版，又何尝不是更深层次、更高境界、更值得称道的"吹尽狂沙始到金"呢？

（原载于《中国文物报》2015年3月13日）

岭南考古的新篇（代序）

在岭南的文明进程中，还没有哪一位历史人物能够像西汉南越王赵佗那样开拓进取，筚路蓝缕，居功至伟，影响深远。因此，但凡与这位文献记载的岭南第一人相关的史迹和遗存便成为岭南历史与考古的重大课题令人瞩目；他的行踪和线索也成为牵动学术神经的敏感题材引人入胜。

20世纪80年代全国第二次文物普查发现的广东省五华狮雄山遗址，就是因为那里主要遗存的年代和性质拥有与赵佗的不解之缘，而在岭南考古中占有特殊重要的地位。1982年，五华县博物馆采集到的一批秦汉时期的绳纹瓦片和戳印方格纹陶片引起了广东省文物工作者的高度重视。1984~1990年，广东省博物馆、广东省文物考古研究所和五华县博物馆，对狮雄山遗址进行了四次考古发掘，揭露面积共计768平方米。共发现建筑基址三处，出土了建筑材料、陶器、铜器、铁器、石器等遗物。据此，推测狮雄山建筑遗址的年代应属于汉代，将遗址称为"狮雄山汉代建筑遗址"，并根据文献记载将其指向南越国时期赵佗所筑之"长乐台"。一时间该遗址声名鹊起，考古名流接踵而至，参访者应接不暇。正是这个原因，该遗址首批进入了广东大遗址保护名单。

2011年围绕广东省大遗址保护规划对狮雄山遗址进行的考古调查与发掘，再度引起社会舆论与媒体的极大兴趣，更得到了各级政府高度重视和鼎力支持。而这次工作的成果则提出了许多新课题、新线索，使人们对该遗址的认识进一步深化，在某种意义上说甚至是发生了颠覆性的变化，从而，掀开了岭南考古新的一页。

首先，是考古学研究最关心的遗存年代问题。狮雄山遗址包含有几个不同时期的遗存，不是单纯的汉代遗址。本报告有详尽的描述，在此不赘述。就主体的秦汉遗存而论，过去所知的年代也失之于笼统。2011年以后的发掘和遗址年代的分期研究表明，这里的秦汉遗存能够分期，最早的年代约在秦代末年，或者秦汉之际。由于秦朝二世而亡，时间短暂，故岭南所见者甚少。广州虽有零星发现，但层位关系和整体面貌依旧不够清晰。因此，新的发现为识别和认识岭南地区秦代末年的考古学遗存提供了可资比较的参照，毫无疑问具有年代学标尺的意义。更重要的是这个年代与赵佗叱咤风云的岭南开拓期完全吻合，与文献的记载相呼应，这位重要历史人物的行踪正在被考古学的发现与研究推出水面。

其次，是秦统一岭南的重大历史课题被揭示出来。过去，囿于考古工作的规模，认为狮雄山属于汉代建筑遗址的认识属于阶段性的成果；全方位的钻探，科技含量较高的测绘，多层次的遗址解剖证明这里曾经是精心修筑的城池。加之，大量封泥文字的破土而出，一个曾经高高矗立但又不见史籍记忆的古城简直就是扑面而来。"定楬"是军事要塞的称呼，还是行政治所的名称？人们可以根据自己的认识和理解加以研究，但是，可以确定的是这个被历史尘埃淹埋了数千年之久的"名称"终于水落石出，大白于天下，怎能不是重大的发现呢？岭南是最先纳入秦帝国政治版图的边陲地区。因此，狮雄山秦汉城址以及封泥等资料就显得格外重要。新的发现为探索秦统一进程中开拓岭南、推行郡县制度的历史提供了新的内容；为探讨统一的多民族国家形成的重大课题研究增加了新史料；新的发现为进一步提升广东考古学研究的课题意识注入了新鲜的活力。近几十年来，由于广州市南越国遗址和南越王墓葬的科学发掘使赵佗的形象不断丰满和日趋鲜活，岭南地区的秦汉考古早就期盼着重大的考古学发现，以解决两大悬疑：其一，南越国以前的秦代城址在何处？其二，秦代的典型器物是啥样？现在，终于发现了新的线索，为岭南秦汉时期考古研究提供了弥足珍贵的资料。因此，认为这次工作在填补空白方面具有突破性的意义，是符合实际的客观评价。

最后，多学科的综合性研究与文化遗产的科学保护被提到日程上来。狮雄山遗址出土了大量的炭化植物样品。其中，以粟、稻两种粮食作物为大宗。此外，还有炭化豆类籽粒和南方常见的李属果核。这对于研究秦代晚期到南越国时期的社会经济生活，是一批不可多得的重要材料。新的发现为广东省科技考古的发展提供了新的平台。狮雄山秦汉城址的发现修正了过去关于它是汉代建筑基址的认识。它是座城池而不是只有台式建筑的基址；其面积近40000平方米，而不能用区区数百平方米概括之。这些认识为重新确定其保护范围、制定保护规划和考古遗址公园建设提供了新的科学依据。为广东文化遗产保护事业提供了新的经验。同时，2011年度五华狮雄山遗址的发掘与研究表明，广东考古基本形成了在加大文化遗产保护力度的过程中发现新课题，推进新研究的机制。正因为如此，可以预期，今后将有更多重要的考古发现破土而出，供学术界分享。

在中国的考古学历史上，**有一种考古发现**，是由于出土物品的美不胜收而惊艳了时光；**有一种考古发现**，是因其建筑场景的规模宏大而震动了社会；**有一种考古发现**，是触摸到重大学术课题才放飞心中的理想。广东五华狮雄山秦汉城址的发现与发掘无疑属于后者。它填补了岭南秦汉时期考古工作的空白，突破了传统的认识，获得了大遗址保护的经验，触摸到重大的学术课题，奠定了新的学术起点，因而，成就了几代广东考古人的梦想。

《五华狮雄山》即将刊出，人们将欣喜地从中看到广东乃至岭南考古人的理想与追求，感悟到岭南考古学研究的传承与发展，品味出真实与科学地复原那些被遗忘历史的重要意义之所在。笔者曾于2011年和2012年在该遗址工作，当然，能够更充分地感受到报告的字里行间跃动着对五华人民的感谢之情，使人每每想起那些难忘的探索与追求，那些淳朴真挚的友谊和情感，那些与日俱增的思念与牵挂。

2014年8月8日

（原载于《五华狮雄山》，科学出版社，2016年）